Inhalt

Gunter Gebauer · Dietmar Kamper
Dieter Lenzen · Gert Mattenklott · Christoph Wulf
Konrad Wünsche

Historische
Anthropologie

Zum Problem
der Humanwissenschaften heute oder
Versuche einer Neubegründung

rowohlts enzyklopädie

rowohlts enzyklopädie

Herausgegeben von Burghard König

Originalausgabe
Veröffentlicht im Rowohlt Taschenbuch Verlag GmbH,
Reinbek bei Hamburg, April 1989
Copyright © 1989 by Rowohlt Taschenbuch Verlag GmbH,
Reinbek bei Hamburg
Umschlaggestaltung Werner Rebhuhn
Satz Times (Linotron 202)
Gesamtherstellung Clausen & Bosse, Leck
Printed in Germany
1880-ISBN 3 499 55486 0

Vorwort

Was heißt heute Anthropologie? Die mindestens 200jährigen Anstrengungen dieser Wissenschaft, die sich den Menschen in seiner Gänze zum Gegenstand gemacht hatte und ihn folglich von allem Nichtmenschlichen (von der Natur und von Gott) unterschied, sind bei einer menschlichen Gegenwart in allen Dingen gegenstandslos geworden, jedenfalls obsolet und in diesem Sinne historisch. Darum reden die Autoren dieses Buches mit erheblicher Distanz von ihren Gegenständen. Sie beschäftigen sich wohl mit dem Menschlichen, jedoch nicht im Sinne einer Erneuerung der Anthropologie; sie denken über die bisherige Anthropologie nach, aber sie bewegen sich nicht etwa neu auf den Menschen zu, vielmehr halten sie einen solchen Versuch für ein inzwischen hybrides Verlangen. Sie sehen keinen isolierbaren Gegenstand ‹der Mensch› mehr, sondern finden sich in einer einzigen Szenerie der Menschen und Menschengeschichte und bewegen sich darin, zwangsläufig. Die inneren Differenzen sind wichtiger geworden als alle Abgrenzungen nach außen.

Freilich erinnern sie sich noch an die Motive der alten Anthropologie und greifen diese auch auf. Aber gehen vom Körper, von der Wahrnehmung, von der Sprache, von der Geschichte, von der Bildung des Menschen noch Spuren aus, können sie noch Brennpunkte des Interesses oder gar Beweggründe des Handelns sein? Die Fragestellungen der Autoren sind solchen, auch ihnen gewohnten Rubriken nur bedingt zuzuordnen. Was bisher zu den entsprechenden Gegenständen gesagt worden war, wird von ihnen memoriert und überprüft, und diese Überprüfungen führen die Autoren wohl vor die Wahrheitsfrage; dieses alles aber gibt ihnen keinen Anlaß zu einer Gegentheorie oder zur Errichtung eines eigenen wissenschaftlichen Lagers. Die Autoren sind in erster Linie darauf aus, an den anthropologischen Wissensbeständen Erfahrungen zu machen. Sie konzentrieren sich auf bestimmte Themenstellungen, die ihnen aussichtsreich erscheinen. Sie gehören unterschiedlichen akademischen Disziplinen an, bilden jedoch keine interdisziplinäre Forschergruppe. Sie haben sich seit einigen Jahren häufig zu Gesprächen zusammengefunden, vielleicht durch verwandte Zweifel mehr als durch gemeinsame Überzeugungen einander nahestehend. So enthält dieser Band kein Manifest und keine Botschaft, sondern sechs Muster, unterschiedlich in Färbung, Stoff, Struktur, aber gleichberechtigt nebeneinander, eines so wichtig wie das andere für das Gelingen ihrer Absicht.

Der Beitrag von *Dieter Lenzen* befaßt sich mit methodologischen Fragen der Historiographie und versucht, eine doppelte Aufgabe zu erfüllen: Zum einen knüpft er an die vorfindbaren Ansätze historischer Anthropologie in der Geschichtswissenschaft an, zum anderen entwirft er methodische Elemente für eine historische Anthropologie, die über den geschichtswissenschaftlichen Rahmen hinausgeht. Die Überlegungen setzen bei der Frage ein, was in den kollektiven Diskursen der Moderne angesichts der Akkumulation des Wissens unter den Bedingungen von ‹Wissensfortschritt› eigentlich mit dem ‹überholten› Wissen geschieht. Sein Verlust wird als Prozeß der Geschichtsvernichtung gedeutet, als Prozeß der Trauerarbeit, dem eine melancholische Einstellung im Sinne paradoxer ‹Verlustbewahrung› gegenübergestellt wird. Sie hat Folgen für die Verortung historischer Anthropologie im Kontext der jüngeren Auseinandersetzungen zum Verhältnis von Wirklichkeit und Fiktion sowie für eine veränderte Einschätzung einer vielfachen Historizität, der historisch-anthropologische Arbeit unterliegt. Diese Folgerungen münden in einer Skizze methodischer Bestimmungsstücke.

Dietmar Kamper thematisiert einen blinden Fleck der geläufigen Konzepte und Theorien der Zivilisation: das gesellschaftliche Imaginäre in seiner Geschichte. Die Entmaterialisierung der Körper sollte zur Geltung einer sprachlichen, symbolischen Ordnung führen, die aber schließlich durch die Gewalt der Bilder bestritten wird. An Beispielen aus den Werken von Elias, Horkheimer / Adorno, Foucault und Lacan wird der Versuch einer zulänglichen Theorie der Phantasie unternommen, der die Illusion, die ‹gewollte Selbsttäuschung› zum Problem erhebt.

Angesichts der Verbildlichung der Welt kommt einer Rekonstruktion der Mimesis besondere Bedeutung zu. Die Analyse dieses Begriffs nimmt ihren Ausgangspunkt bei zwei unzulässigen Verkürzungen. Einmal darf Mimesis nicht auf Nachahmung reduziert werden; sie bezeichnet auch Prozesse des ‹Ausdrucks›, der ‹Darstellung› und der ‹Vor-Ahmung›. Außerdem darf sie nicht auf Kunst, Dichtung und Ästhetik beschränkt werden; denn sie spielt in annähernd allen Bereichen menschlichen Vorstellens, Sprechens, Denkens und Handelns eine Rolle. Der Beitrag *Christoph Wulfs* zielt darauf, einen umfassenden, die sozialen Prozesse einbeziehenden Mimesisbegriff zu entwickeln.

Wie kann der Reflexion über die Sprache eine anthropologische Dimension zurückgewonnen werden? Eine lange Folge von Protesten begleitet die Geschichte der Sprachtheorien, scharfe Kritiken an deren Begründung als ‹reine Wissenschaft›. In dieser Linie argumentiert *Gunter Gebauer* in seinem Beitrag: Das aus seinen Bezügen in der Praxis herausgetrennte, isolierte sprachwissenschaftliche Objekt schneidet die Sprache von der Rede ab, stellt eine Eindeutigkeit her, die in tatsächlichen Gebräuchen nicht vorfindbar ist, und versperrt den Blick auf die wichtigsten Leistungen sprachlichen Handelns, das in erster Linie Beziehungen zwischen Sprechern herstellt und ordnet. In Gebauers Überlegungen, die bei Wittgensteins radikaler Regelskepsis (S. Kripke) einsetzen, wird die Sprache an die Person (Ich, Du und Er) und ihre Geschichte gebunden und in ihren dialogischen Beziehungen zu den anderen betrachtet. Eine Theorie über die Ursprünge und die Wirkungen der Sprache wird nicht mehr für möglich gehalten. Aber auf diese Frage bedürfen wir in unserem Selbstverständnis als Personen befriedigender Antworten. Eine Möglichkeit liegt darin, diese in Form von ‹notwendigen Erzählungen› vorzubringen. So kann dargestellt werden, wie aus körperlichen Prozessen das Sprechen entsteht, wie die Person in ‹Protodialogen›, die der Sprachverwendung vorhergehen, in das Beziehungsgeflecht einer Sprachgemeinschaft aufgenommen wird und wie sich die Sprache als eine Art Spiel mit paradoxaler Grundstruktur organisiert.

«Die Bemühungen um einen anthropomorphen Menschen» sind aus der Geschichte des Erziehungs- und Unterrichtswesens abgelesen. Die Anthropologie hatte ein Bild des ganzen Menschen entworfen; die Pädagogik wollte es vom Kinde realisieren lassen, sie selbst suchte die rechtlichen, persönlichen, räumlichen und zeitlichen Voraussetzungen dafür zu schaffen. ‹Bemühungen› werden hier die pädagogischen Überlegungen und Aktivitäten darum genannt, weil sie hoffnungsvoll begannen, doch mehrmals in Resignation mündeten und am Ende schienen. Sie wurden dann trotz aller Zweifel mit revidierter Schuleinrichtung, Psychologie und Bildungstheorie wieder in Angriff genommen, da vermutlich unentbehrlich. Jedenfalls scheint dies die herrschende Meinung zu sein nach der Diskussion über das Ende der Kindheit und über das Aus für die Bildungsreform. *Konrad Wünsche* zeichnet ein Modell der Bildungsbemühungen, die Menschenähnlichkeit im Sinne der klassischen Anthropologie zum Ergebnis haben möchten.

In den Künsten, die mit *Gert Mattenklotts* Beitrag in das Blickfeld geraten, hat die Moderne zu ihrer eigenen Sprache gefunden, indem sie vor alle Geschichte zurückging und nach den Impulsen fragte, auf welche sich die verschiedenen historischen Kulturen gemeinsam beziehen.

Mit der Ästhetisierung der Mythologie im Verlauf der deutschen Klassik und der Autonomisierung der Künste ist seitdem die Frage nach dem Ursprung verbunden, dem die Künstler in höherer Verantwortung verpflichtet sind als irgendeinem historischen oder gesellschaftlichen Auftrag. Von Schillers Welt der Ideale und Goethes Kosmos der Symbole bis zu Nietzsches Anthropologie der Kunsttriebe reichen seitdem die Versuche, die ästhetischen Bedürfnisse und Vermögen als daseinsunmittelbare Gattungsmerkmale zu deuten. In den Künsten wird dieser Gedanke in immer neuen Variationen einiger zentraler Phantasmagorien – Helena, Narziß, Dionysos – entfaltet. Anthropologie und Geschichte treten dabei in ein Verhältnis wechselseitiger Relativierung, wie es dem Changieren von Wahrheit und Fiktion im Schein des Schönen entspricht. Exemplarisch wird hier Helenas Erscheinen in Goethes zweitem «Faust» gedeutet.

In jedem der Beiträge zeigt sich ein Bruch mit der Orthodoxie, mit den Gewißheiten, an denen vielfach festgehalten wird, aus Sorge, die Orientierung zu verlieren. Man vergißt leicht, daß Gewißheiten den Blick auf etwas Wichtigeres versperren: In ihnen stecken grundsätzliche Auffassungen vom Menschen, die die Wissenschaftsprogramme wie auch die Methoden von innen her gestalten. In den Wissenschaften vom Menschen besteht ein fundamentales Problem darin, daß alle am Wissenschaftsprozeß beteiligten Instanzen von anthropologischen Grundannahmen durchdrungen sind: die Theorie, mit deren Hilfe Daten gewonnen werden, die erklärende Theorie, der Beobachter und die Kritik der Ergebnisse. Worin sich die Autoren einig sind, ist der Zweifel an wissenschaftlichen Idealisierungen des Menschen mit Hilfe von Modellen und Regelsystemen, an der Darstellung der Zukunft des Menschen in Begriffen des Fortschritts und der Steigerung, insbesondere wenn sie angeblich konstruktiv zur Veränderung von Menschen führen soll. Skepsis aber auch gegenüber den Gegentendenzen: eifernde Ideologiekritik, Zivilisationspessimismus, Rückgang auf Authentizität und Lebensalternativen – denn alle diese kontroversen Entwürfe sind von demselben Baum gepflückt worden. Beide Richtungen haben ein vergleichbares anthropologisches Grundverständnis: Menschen sind einer formbaren Masse vergleichbar, ihre Vergangenheit spielt keine Rolle; geformt wird mit Hilfe von Erziehung, Sozialisation, idealen Gemeinschaften, von der ‹unmittelbaren Erfahrung›. Wenn nur die rechten Formungsprozeduren angewendet werden, können definitive Zielformen erreicht werden, dann wird emanzipiert, kommt freie Erkenntnis oder herrschaftsfreie Kommunikation zustande, gelangt der Mensch zur Harmonie, ins Gleichgewicht, oder sein Körper wird gesund.

Angesichts dieser Situation könnte das vorliegende Buch zur Bestimmung des Begriffs «Historische Anthropologie» beitragen: *Historische Anthropologie* erschöpft sich weder in einer Geschichte der Anthropologie noch im Beitrag der Geschichtswissenschaft zu den Forschungen dieses Fachs. Sie versucht vielmehr, die Geschichtlichkeit ihrer Perspektiven und Methoden und die Geschichtlichkeit ihres Gegenstandes aufeinander zu beziehen. Historische Anthropologie kann daher die Ergebnisse der Humanwissenschaften, aber auch diejenigen einer geschichtsphilosophisch fundierten Anthropologiekritik zusammenfassen und für neuartige, paradigmatische Fragestellungen fruchtbar machen. Im Kern ihrer Bemühungen herrscht eine Unruhe des Denkens, die nicht stillgestellt werden kann. Historische Anthropologie ist weder auf bestimmte kulturelle Räume noch auf einzelne Epochen beschränkt. In der Reflexion ihrer eigenen Geschichtlichkeit vermag sie sowohl den Eurozentrismus der Humanwissenschaften als auch das lediglich antiquarische Interesse an Geschichte hinter sich zu lassen und offenen Problemen der Gegenwart wie der Zukunft den Vorzug zu geben.

Berlin, im Oktober 1988   *Die Autoren*

Dieter Lenzen

Melancholie, Fiktion und Historizität

Historiographische Optionen
im Rahmen einer Historischen Anthropologie

*«Ich liebe die alten Fragen.
Ah, die alten Fragen, die
alten Antworten, da geht
nichts drüber!»*

Hamm in Becketts *Endspiel*

Unübersichtlichkeit

In einer Zeit, in der eine Übersichtlichkeit gesellschaftlicher Verhältnisse als Ausdruck des «Vertrauens der westlichen Kultur in sich selbst»[1]
gewertet werden kann und dementsprechend Unübersichtlichkeit in
den Wissenschaften beklagt wird, legt sich der bereits fest, der noch
einmal von ‹dem› Menschen und seiner Geschichte reden möchte. Sein
Sujet ist unübersichtlich – anders, als wenn er sich für die Geschichte
menschlicher Gesellung: ‹Sozialgeschichte› entschiede. Dabei könnte
alles so einfach sein, und alle, fast alle, könnten zustimmen: Übersichtlichkeit als Ziel der Wissenschaft. – Fast schien es nämlich, als ob Thomas S. Kuhn auf unerwartete Weise, ausgerechnet aus der Sozialphi-
losophie, und von unerwarteter Seite, ausgerechnet von der seiner
Kritiker, Recht bekommen hätte, zumindest partiell, zumindest was
seine Auffassung betrifft, die «neue» Wissenschaft löse die «normal
science» deswegen ab, weil sie einfacher ist.[2] Und in der Tat: Die Neuerungen, an denen die spätfrankfurter Verlängerungen der kritischen
Theorie mitgewirkt haben, lassen sich ebenso als Beiträge zur Übersichtlichkeit lesen wie manche Einlassungen ihrer Kontrahenten. Dabei
muß man gar nicht vermuten, wie Dieter Henrich, daß solcherlei Übungen dazu dienen, «die Regungen des Zeitgeistes in den Wandlungen der
Theorie aufzuspüren und in das Licht zu rücken, das (ihm) das rechte zu
sein scheint»[3]. Nicht nur die fleißige Einarbeitung jeder sich regenden
theoretischen Novität, sondern auch die Übersichtlichkeit der Systeme,
in die sie montiert werden, spricht für sich. So waren es *drei* Erkenntnis-
interessen[4], die uns umtreiben, während dem Positivismus vorzuwerfen

war, daß er die Rationalität *halbiere*[5]. Demgegenüber waren *vier* Krisentheoreme für Legitimationsprobleme im Spätkapitalismus zu unterscheiden[6], und der «*Dualismus* von Natur- und Geisteswissenschaften»[7] sollte durch das Beharren auf einem Dritten, auf den Sozialwissenschaften, überwunden werden. Manches andere blieb ganz einfach dual: «Technik und Wissenschaft»[8], «Arbeit und Interaktion»[9], «Technischer Fortschritt und soziale Lebenswelt»[10], «Verwissenschaftlichte Politik und Öffentliche Meinung»[11], «Naturrecht und Revolution»[12].

Popper, um nur einen der frühen Kontrahenten herauszugreifen, hatte das nie anders gesehen: «Einfachere Sätze sind (wenn wir ‹erkennen› wollen) deshalb höher zu werten als weniger einfache, weil sie *mehr sagen*, weil ihr empirischer Gehalt größer ist, weil sie besser überprüfbar sind»[13]. Luhmann, gleichfalls auf der anderen Seite, übertraf solcherart kategoriale Reduktion dadurch, daß er die Mechanismen der Komplexitätsreduktion in sozialen Systemen nicht nur zum Prinzip, sondern auch zum Gegenstand seiner Untersuchungen machte.

Man kann gegenüber diesem «Mythos der Einfachheit»[14] auf Komplexitätssteigerung bestehen.[15] Dieser Einwand markiert einen – vielleicht historischen – Punkt, an dem das Fortschrittsmuster des Wissens in eine Krise geraten ist: Trotz angestrengter Bemühungen[16] gelingt die Resorption des theoretischen Erbes der seit 1968 fünfzehn Jahre lang erfolgreich denunzierten Strukturalisten[17] nicht mehr. Dieses Erbe wurde unter Nihilismus-Verdacht[18], unter dem Verdacht der Rechtfertigung des Faschistischen[19], unter dem Verdikt der «gelehrsam-positivistischen Geschichtsschreibung»[20] und unter dem Vorwurf der Erbschleicherei[21] ausgeschlagen, weil es in das theoretische Grundvermögen nicht mehr integrierbar schien. Die Komplexität droht zu steigen und mit ihr die Unübersichtlichkeit.

1. Melancholie

Wissensfortschritt

Es drohen also vorneuzeitliche Verhältnisse, zumindest was die Fortschrittsidee des Wissens betrifft. Mehr noch: Etwas könnte wiedergefunden werden, der Gedanke, daß das Gewußte, das je entfaltete Wissen, ein Bestand ist, von dem sich zu entfernen, weg-zuschreiten nicht

das nächstliegende Streben der Wissenschaft sein muß, die als Wissens-
hege vermutlich eine zutreffendere Bezeichnung gefunden hätte. Das
klassische Altertum scheint diese Vorstellung der fortschreitenden Distanzierung nicht gehabt zu haben.[22] Ihre Naturwissenschaft war am
Vorbild der Beständigkeit orientiert, und der Einfluß der Wissenschaften auf das tägliche Leben blieb gering, schon wegen der immensen
Bedeutung der Sklavenarbeit, die eine bestimmte Schwelle des wissenschaftlich angeleiteten Technikbedarfs gar nicht überstieg.[23] Auch
dürfte im Mittelalter und noch in der Renaissance die Idee des Fortschreitens der Wissenschaft eher die Ausnahme gewesen sein.[24] – Zilsel
hat exemplarisch gezeigt[25], daß eher persönliche Motive wie die Vermehrung des Ruhms denn die Steigerung des Wissens handlungsstimu-
lierend waren. Die Vermutung, daß im Frühkapitalismus die unter
ökonomischem Konkurrenzdruck arbeitenden Handwerker das tech-
nisch-wissenschaftliche Fortschrittsdenken befördert haben, da «sie...
nicht gut wie die Humanisten nach literarischer Unsterblichkeit streben
[konnten]»[26], verdeutlicht, was Wissenschaft einmal gewesen sein mag:
ein literarisches Unternehmen. Wenn die Grenzen zwischen Wissenschaft und Literatur jetzt erneut fließend werden, so könnte sich Zilsels
frühe These bestätigen: Zwar ist der ökonomische Druck keineswegs
gewichen, aber die Maschinen beginnen – als Maschinen, die Maschinen bauen – ein Eigenleben zu führen: ein Umstand, der, wie einst die
Sklavenarbeit, Freiräume für Wissenschaft wenn nicht als Literatur so
doch als zweckentlastete Wissenschaft aufscheinen läßt. Die performa-
tivistische Erzählung von der zweckhaften Wissenschaft verlor sukzes-
sive an Glaubwürdigkeit.[27] – Bacon ist die Rolle zugeschrieben worden,
den Fortschritt des Wissens zum Nutzen der Menschheit propagiert zu
haben[28]; als Wissenschaft und Technik bewegender Gedanke existierte
diese Idee wohl, viel handwerklicher, eher.[29]

Insofern gehörte es zu den Ex-Post-Stilisierungen neuzeitlicher Wissenschaft, wenn der Fortschrittsdrang des Wissens 1925 von Whitehead
noch ungebrochen als «Vereinigung des leidenschaftlichen Interesses an
den Tatsachen im einzelnen mit einer ebenso großen Hingabe an die
abstrakte Verallgemeinerung»[30] gekennzeichnet wurde. Die Metaphern
aus dem Reich der Leidenschaften wecken nach 60 Jahren, nach *diesen*
60 Jahren, in diesem Kontext der Rationalität Beklommenheit. Ungläu-
big lesen wir: «Der Glaube an die Vernunft ist das Vertrauen, daß sich
die Dinge ihrer innersten Natur nach in einem Einklang befinden, der
bloße Willkür ausschließt. Dabei handelt es sich um den Glauben, daß
wir auf dem Grund der Dinge nicht bloß willkürliche Geheimnisse finden.»[31] Und müde hören wir: «Die moderne Wissenschaft hat der

Menschheit die Notwendigkeit des Wanderns auferlegt. Ihr fortschrei-
tendes Denken und ihre fortschreitende Technik machen den Übergang
durch die Zeit, von Generation zu Generation, zu einer Wanderschaft in
unbekannte abenteuerliche Gewässer. Der Segen des Wanderns liegt
gerade darin, daß es gefährlich ist und Fertigkeiten verlangt, um Übel
abzuwehren. Daher müssen wir erwarten, daß die Zukunft Gefahren
enthüllen wird. Es ist die Aufgabe der Zukunft, gefährlich zu sein; und
es gehört zu den Verdiensten der Wissenschaft, daß sie die Zukunft für
ihre Aufgaben ausrüstet.»[32]

Nachdem eben diese Wissenschaft das Denken der Kategorie Zukunft so sehr erschwert, wenn nicht unmöglich gemacht hat, stehen wir
vor dem Beginn eines neuen Zeitverständnisses. Unser Bedarf an Ge-
fährlichkeit scheint erfüllt. Dabei will die Kategorie Zukunft einmal das
Signet der Moderne gewesen sein und mit ihr eine «eigentümliche Art
der Beschleunigung»[33]. Im Felde des «Wissensfortschritts» ist es strittig,
als was diese Beschleunigung sich darstellte. Resultierte sie aus der ex-
ponentiell wachsenden Zahl von Wissenseinheiten, die sich akkumulie-
ren nach dem (umgekehrten) Bilde der Riesen auf den Schultern der
Zwerge? Die Apologeten des Fortschritts pflegen so zu glauben. Ihnen
ist entgegengehalten worden, daß die Entwicklung des Wissens eher in
Brüchen verläuft, durch Revolutionen gar, die eine «normal science»
durch ein neues Paradigma ablösen lassen.[34] Unzutreffend sei die Auffassung, daß die neuen Erkenntnisse die bereits gewonnenen Einsichten
unangetastet ließen.[35]

Verbleib des Antiquum – das Beispiel Begabung

Diese Meinungsverschiedenheit muß nicht entschieden werden. Ein
drängenderes Thema historiographischer Betrachtungen ist jene durch
sie implizierte Frage, die kaum gestellt wird: Was geschieht mit dem
Antiquum? Dieser atavistische Terminus umschließt drei Elemente: das
alte Wissen, die überholten Methoden und die (Erkenntnis-)Haltun-
gen, denen vindiziert wird, sich überlebt zu haben. Die Tragweite dieser
Frage läßt sich exemplarisch anhand des Umgangs studieren, den die
Pädagogik und die ihr nahestehenden Wissenschaften mit dem Verhältnis von Erbe und Umwelt gepflegt haben. Seitdem dem Adel seine qua
vermeintlich ererbter Kompetenz führende Rolle durch ein Bürgertum
streitig gemacht wurde, hat das ‹Wissen› über die Anteile von Erbe und
Umwelt an der Begabung eines Menschen in schnellem Wechsel neue
Formen angenommen. So brach sich zunächst, wie an Stellungnahmen

zur sogenannten Studiersucht zwischen 1761 und 1828 gezeigt wurde[36], die Auffassung Bahn, daß es große Genies durchaus in allen Ständen geben könne. Sodann machte sich die Sorge vor der Verdrängung von Kindern ‹vornehmerer Stände› durch Kinder ‹gemeiner Leute› breit. Die Zahl der Studenten auf den deutschen Hochschulen verringerte sich bis zu einem Tiefststand im Jahre 1815. Adel und Bürgertum, so jedenfalls Friedrich Paulsen, wurden sich einig in dem Interesse, «sich der von unten nachdringenden Masse zu erwehren»[37]. Die Zahl der Begabten schien abzunehmen. Am Beginn des Ersten Weltkriegs stieg sie im Zuge der Forderung, ‹freie Bahn den Tüchtigen› zu gewähren; die Reformpädagogik stützte sich bis in das Ende der Weimarer Zeit darauf, daß solche Tüchtigkeit klassenunabhängig sei. Nach dem nationalsozialistischen Interim, währenddessen zwar auf Vererbung, weniger aber wohl auf die Vererbung von Begabung gesetzt wurde, und nach einer kurzen Zeit der Ruhe in der Rekonstruktionsphase der Bundesrepublik Deutschland setzte, ausgelöst durch die Prognose einer deutschen Bildungskatastrophe[38], die erneute Relativierung des biogenetischen Anteils an der Begabung mit dem Gutachtenband «Begabung und Lernen» des Deutschen Bildungsrats[39] ein. Heinrich Roth stellte fest, «daß Lernleistungen von weit mehr und vielleicht auch von weit bedeutsameren Bedingungsfaktoren abhängig sind als nur von dem Faktor Begabung, wie dieser Begriff landläufig zur Erklärung von unterschiedlichen Leistungen benutzt wird, nämlich im Sinne einer erblich eindeutig vorgegebenen Anlage»[40].

Die Dynamisierung des Begabungsbegriffs war die legitimatorische Voraussetzung für den Angriff auf das dreigliedrige Schulsystem und die Einrichtung von Gesamtschulen. Umgekehrt formuliert: Die politisch gewollte Entdifferenzierung des Schulsystems produzierte die Renaissance der Idee von der umweltabhängigen Begabung, und die Gesamtschule erfuhr als begabungsfördernde Umwelt ihre Legitimation.[41] Unter dem Eindruck des Interesses an der Förderung sogenannter Hochbegabter[42] haben sich die Einstellungen im *main stream* der Begabungswissenschaftler gleich welcher disziplinären Herkunft inzwischen wieder geändert. So behauptet Eysenck, «daß die nationalen und rassischen IQ-Unterschiede zu einem großen Teil genetisch bedingt sind. Die Bemühungen, eine *Leistungsgleichheit* herbeizuführen, führen zwangsläufig zu einer diktatorischen Einmischung in das Leben der Menschen. Eine Gleichmacherei, die zu solchen Extremen führt, ist der Feind der Freiheit und ist unvereinbar mit dem Fortbestand einer richtig verstandenen Demokratie»[43].

Man kann den ständigen Wechsel des Begabungsbegriffs natürlich

politisch dahingehend deuten, daß «Begabung sich durch ihre gesellschaftliche Nutzbarkeit»[44] definiert. So ließe sich anhand der stets wechselnden Absolventenzahlen des höheren Schulwesens zeigen, daß es jeweils so viel ‹Begabte› gibt, wie eine Gesellschaft sie benötigt. Aber das
geht an der historiographisch relevanten Frage nach dem Verbleib des
‹alten Wissens› vorbei: Nur weil die Fortschrittssuggestion des je
‹neuen› Wissens zum Thema Begabung überhaupt greift, ist es möglich,
daß in Abhängigkeit von politischen Interessenlagen altes Wissen über
die entweder erblich oder umweltlich bedingte Begabung als neues Wissen in periodischen Abständen vorgelegt werden kann, welches nur deshalb als neues erscheint, weil es anders ist als das je gegenwärtig gültige.
Der fast modische periodische Innovationsbedarf an Wissen über Begabung produziert die Vorstellung, das jeweils neu hervorgebrachte Wissen sei ein Fortschritt in dem Sinne, daß es über alte Wissensbestände
hinausgeht. Dieses gelingt, weil das jeweils vor-letzte Wissen über Begabung nicht nur vergessen, sondern offenbar so exkommuniziert wird,
daß es dem Status der Nichtexistenz gleichkommt.

Unterstützt wird dieser Annullierungsmechanismus durch eine weitere Suggestion, nämlich diejenige, daß das neue Wissen deshalb zutref-
fend, weil mit besseren Forschungsmethoden hervorgebracht worden
sei, denen gegenüber diejenigen überholt seien, die das alte Wissen ge-
nerierten. In dieser Weise operierte auch die Begabungsforschung. Von
der zielbewußten Spekulation Humboldts, daß «der gemeinste Tagelöh-
ner, und der am feinsten Ausgebildete... in seinem Gemüt ursprünglich
gleichgestimmt werden [muß]»[45], bis zur Gentechnologie zeichnet sich
eine parabolische Linie, deren Koordinaten einerseits durch die Behauptung wachsender Präzision im Detail, andererseits durch den
Übergang von hermeneutischer Wirklichkeitsauslegung zur quantifizie-
renden Vermessung von IQ-Differenzen definiert sind. Die Gemeinsamkeit, welche beide Koordinaten verbindet, ist die Unterstellung, die
Methoden und mit ihnen das Wissen kämen der Wirklichkeit immer
näher. Dabei läßt sich anhand der Begabungsforschung überdeutlich
sehen, wie diese Methoden Wirklichkeiten erzeugten, die den je herrschenden Interessen konvenierten, deren Vertreter wiederum jene Forschung unterstützen, die ihnen die benötigten Hyperwirklichkeiten lie-
ferte.

Mit diesem ‹Überholungsvorgang› geht eine Veränderung wissenschaftlicher Haltungen einher. Gemeint ist damit der lebensweltliche
Stellenwert von Wissenschaft. Wenn es tatsächlich einmal der Habitus
des Wissenschaftlers gewesen ist, «Geheimnisse zu entschleiern»[46], so
finden wir in der Geschichte der Begabungsforschung davon wenig,

vielleicht noch am ehesten in frühen Formen der Erforschung anatomischer Zusammenhänge zwischen Körperform und Begabung, wie sie in der «Phrenologie» des 19. Jahrhunderts betrieben wurde.[47] Bei aller Absurdität der Resultate steckte hinter dieser Form des Forschens vielleicht ein Realisierungsversuch von Wissenschaft als Lebensform, wie er anhand des Aristotelischen Theorie-Begriffs skizziert worden ist.[48] Die Einstellung des IQ-Forschers mag dann eher im Bilde des Schillerschen Brotgelehrten zu erblicken sein, während der Umstieg des Genbiologen von der Erforschung der erblichen Anteile der Begabung auf ihre Manipulation mit einer Macher-Attitüde einhergeht, die in der Bezeichnung des Übergangs von *research* zu *development* eher verharmlost wird.

Man kann – und dieses gilt für vielerlei Fortschrittswissen – das seltsame Verhältnis des Begabungsdiskurses zu einer ihm korrespondierenden Wirklichkeit nur erfassen, wenn man nach dem Verbleib eben jenes Antiquum fragt. Die Entfernung des Redens über Begabung von einer menschlichen Wirklichkeit, die sich in dem Zirkeltanz der Begabungsbegriffe ebenso spiegelt wie in den nur scheinbar wirklichkeitsadäquaten Methoden sowie in der schwindenden Bereitschaft, die humane Wirklichkeit (oder Natur) einer Begabung rudimentär unangetastet zu lassen und sie nicht zu manipulieren – dieses Eigenleben, das eine wissenschaftliche ‹Tatsache› im Medium ihrer Begriffe führt, wird als solches nur erkennbar, wenn man sich das Zurückgelassene vor Augen führt.

Aber das ist mehr, als an das alte Wissen zu erinnern. Das als altes eben auch andere Wissen repräsentiert Antworten auf andere Fragen, auf alte Fragen, auf solche, die gleichfalls vergessen worden sind oder die doch nicht mehr gestellt wurden über eine lange Zeit. Diejenige nach dem Menschen ist eine davon. Sie verweist auf eine andere Erkenntnishaltung, weder auf die des Humaningenieurs noch auf die des gut trainierten Forschungsroutiniers, aber auch nicht auf die des Entdeckers. Es gibt nichts mehr zu entdecken, und das, was sich als Entdeckung ausgibt, ist in der Regel Konstruktion zum Nutzen lenkender Interessen. An die alten Fragen und Antworten zu rühren, heißt also auch nicht, sie mit Geltungsanspruch wieder herzustellen oder bloß zu wiederholen. Jeder Tataufruf ist unangebracht. Nur kann es um Geschichte gehen.

Vernichtung des Antiquum als Abwehr

Es gilt zunächst zu fragen, welche wissenschaftshistorische Auffassung bezüglich der Frage herrschend geworden ist, wie der Verlust des Antiquum kollektiv ‹verarbeitet› wird. Denn es handelt sich um einen Verlust. Je weniger das so empfunden wird, desto dringlicher stellt sich der Verdacht der Verdrängung ein.

In der Tat sprechen jenseits aller Auffassungsdifferenzen über den Mechanismus des Entstehens wissenschaftlicher Neuerungen die Kontrahenten eine bildreiche gemeinsame Sprache. Beginnen wir an einer Stelle, an der die jüngere wissenschaftshistorische Debatte einsetzte, bei Kuhn. Er ging davon aus, daß «eine neue Theorie erst zutage (tritt), nachdem eine normale Problemlösungstätigkeit offensichtlich versagt hatte»[49]. «Eine neue wissenschaftliche Wahrheit», so zitierte er Max Planck, «pflegt sich nicht in der Weise durchzusetzen, daß ihre Gegner überzeugt werden und sich als belehrt erklären, sondern vielmehr dadurch, daß die Gegner allmählich aussterben und daß die heranwachsende Generation von vornherein mit der Wahrheit vertraut gemacht ist.»[50] Und: «Die eine oder die andere Gruppe muß erst die Bekehrung erfahren, die wir Wechsel des Paradigma genannt haben, bevor sie auf volle Kommunikation miteinander hoffen können.»[51]

Was bedeuten diese Sätze für das Antiquum? – Es hat versagt, der Tod seiner Vertreter ist herbeizuwünschen, und die Überlebenden sind Heiden, die füglich zu bekehren sind. Für Popper hatte sich der Theoriewandel grundlegend anders dargestellt, nicht als Ersetzung einer ‹inkommensurablen› alten Theorie durch eine neue, sondern als kontinuierliches Produkt von Falsifikationen. Aber: Das alte Wissen war ‹nicht standhaft›, nicht männlich (?) genug in bezug auf Widerlegungsversuche. Lakatos schließlich bezog sein Bild aus der Metaphernwelt der Viehzucht: Die alten Theorien sind «degenerierend»[52]. – Beide ‹Lager›, um in der den Fortschrittsdiskurs beherrschenden Metaphorik des Krieges zu bleiben, sind, so oder so, als Fortschrittsexempel gefeiert worden; verglichen mit ihnen nahm sich der Darwinistische Schwächevorwurf gegenüber den alten Theorien durch Toulmin[53] nachgerade harmlos aus.

Was Wunder, daß für den Verbleib oder den Verlust von Versagern, Sterbenden, Heiden, Degenerierten und Schwächlingen sich kaum jemand interessieren mochte; wie umgekehrt einem der wenigen wissenschaftstheoretischen Ansätze, die das Antiquum nicht dem Crash-Test der Falsifikationen unterwerfen wollten, Holzkamps auf dem Exhaustionsprinzip beruhende «Wissenschaft als Handlung»[54], kein Erfolg beschieden war. Die Reichweite von Theorien durch Exhaustion widersprechender Fakten einzuschränken und so das alte Wissen zu retten, schien den weiterreichenwollenden Alles-oder-nichts-Theoretikern offenbar zu tantenhaft.

Man mag sich fragen, wie dieser interesselose Umgang mit dem Verlorenen beschrieben werden kann, wenn die Auffassung, von einem Verlust zu sprechen, durch den *main stream* der Wissenschaftsgeschichte nicht einmal geteilt wurde. In den Bildern der Psychoanalyse gesprochen, handelt es sich auch bei einer derartigen Existenzleugnung, Beseitigung oder Annullierung um einen Mechanismus der Abwehr. Er wirft zwei Fragen auf: Warum bedarf es der Abwehr? Welche alternativen Umgangsformen mit dem Verlorenen wären denkbar, wenn sich die Idee einer Rekonstruktion als nostalgisches Gedankenspiel erweist?

Offenbar erzeugt die Dissonanz zwischen dem neuen und dem alten Wissen einen Konflikt, der neuroseträchtig ist. Unter den Techniken, damit umzugehen (Verdrängung – Regression – Konversion – Reaktion – Projektion – Introjektion – Kompensation – Autoaggression – Sublimation – Rationalisation – Substitution – Isolation und Skotomisation[55]), scheint das kollektive Ich des Wissenschaftsfortschritts eine Mixtur aus mehreren zu selegieren, wobei Verdrängung, Konversion, Sublimation und Rationalisation eine besondere Rolle spielen. ‹Normale› Trauer indessen als Form der Reaktion auf den Objektverlust des Antiquum gehört nicht zu den Verhaltensweisen der Wahl, weil Verlust als Gewinn (des neuen Wissens) umgedeutet wird. Diese Art von Trauerarbeit wird allenfalls in populärwissenschaftlichen Texten über die ‹großen Entdeckungen› geleistet, wobei die Attitüde des Beifalls überwiegt.

Daraus erhellt, daß die Trauer über das Antiquum es selbst vernichtet. Trauerarbeit am alten Wissen, an den überholten Methoden und an den überlebten Haltungen heißt, sich mit der Tatsache des Verlusts zu arrangieren, ihn zu vergessen. Das mag zwar vor manischen Exaltationen des Fortschritts schützen, weil es das ‹andere›, das das Alte ist, aus dem Konflikt entfernt, aber es dient letztlich dem Fortschreiten selbst. Nach getaner Trauerarbeit ist der Patient wieder genuß- und arbeitsfähig; denn «die Realitätsprüfung hat gezeigt, daß das geliebte Objekt nicht mehr besteht, und erläßt nun die Aufforderung, alle Libido aus ihren Verknüpfungen mit diesem Objekt abzuziehen»[56]. Freuds Trauerbegriff umschließt eine Denunziation der Melancholie, die er pathologisch gefaßt hat als krankhafte Reaktion auf einen Verlust, welcher einhergeht mit Ich-Verlust, Befriedigung sadistischer Tendenzen, Selbstbestrafung und Nichtbereitschaft, die Libido auf ein anderes Ob-

jekt zu verschieben statt der Identifizierung des Ich mit dem aufzuge-
benden Objekt. Das letzte Merkmal beleuchtet die vorwärtsstürmende
Gewalt psychoanalytischen Denkens. Übertragen auf den Umgang mit
dem wissenschaftlichen Antiquum ist ihm die Möglichkeit kaum verfügbar, an den Beständen festzuhalten und dennoch weiterzugehen. Die
Ver-luste sind nicht zu vergessen, die Lust ist dem Neuen zuzuwenden. –
«Laß die Toten ihre Toten begraben, Du aber folge mir.»

Wissensverlust in melancholischer Einstellung.
Zum epistemologischen Habitus
einer Historischen Anthropologie

Dieses Konzept läßt sich in bezug auf den Umgang mit dem Alten,
Überholten und Überlebten nicht länger aufrechterhalten. Es entspricht einem permanenten Prozeß von Geschichtsvernichtung, der
durch positivistische Geschichtsschreibung und Museumsgründungen
nicht kompensierbar ist. Vielmehr gehören solche Formen des Umgangs mit dem Antiquum dem Muster jener Trauerarbeit selbst an.
Worum es heute geht, ist die nicht zer-arbeitende Erinnerung an das
Antiquum, zu dem auch Aufklärung geworden ist. Es geht um eine (historiographisch zu sichernde) Melancholie, die ihre Anlässe in der Vorwegnahme der Nachgeschichte von etwas findet. Gert Mattenklott hat
am Beispiel der «Räuber» auf diese Figur aufmerksam gemacht. Die,
trotz aufklärerischem Melancholieverbot, dort aufkommende Melancholie «gilt nicht dem Verfehlen der bürgerlichen Klassenziele, sondern
der Antizipation ihrer Verwirklichung»[57]. Darin kann eine «Treue der
Schwermut zum Ungewordenen» gesehen werden, die «sich gegen sein
Vergessen» sperrt und «versteckt seine Verwirklichung für die Zukunft
(postuliert)»[58]. Das ist, in der Aufschichtung von Vergangenheit, Gegenwart und Zukunft gedacht, indessen die Position des Gegenwärtigen, das das vergangene Antiquum für seine Realisierung in der Zukunft retten möchte. Wer zu derlei Hoffnung keinen Anlaß erblickt,
wird auch ohne ein Schielen auf die fort-zu-erschreitende Zukunft an
dieser Melancholiefigur festhalten wollen. Dieses allerdings nicht in der
gegenwärtigen Vorwegnahme der Vorgeschichte von etwas, das heißt
nicht als trauernde Ahnung über die antizipierbar unerfüllbaren Ver-
sprechungen eines künftigen Antiquums, sondern als nachträgliche
Vorwegnahme der Nachgeschichte von etwas. Das ist nicht der Gestus
des am Ende einer Geschichte stehenden Besserwissers, der seinem Pu-

blikum verrät, daß schon damals erkennbar gewesen sein müsse, welche Chancen und welche Folgen das seinerzeit gewollte Zukünftige haben würde. Diese Haltung enthielte noch immer die Attitüde des möglichen Fortschritts: Das nächste Mal ist füglich aus der Geschichte zu lernen – ein Postulat, dem mancher Nachkriegsgeschichtslehrer seinen Lebensunterhalt verdankt.

Nein, die melancholisch sich zum Antiquum, zum alten Wissen, zu den überholten Methoden und zu den überlebten Haltungen sich zurückbeugende Bewegung entspringt der Treue zum Niemalswerdenden. Als solche ist sie zweck-, wenngleich nicht funktionslos. Daran ist zu erinnern, bevor man sich vorschnell zu einem ‹Ja› entschließt, wenn etwa Habermas Benjamin dahingehend interpretiert, «daß die jeweils gegenwärtige Generation nicht nur für das Schicksal künftiger Generationen Verantwortung trägt, sondern auch noch für das unschuldig erlittene Schicksal vergangener Generationen»[59]. Gewiß, Benjamin schrieb von unserer «*schwachen* messianischen Kraft…, an welche die Vergangenheit Anspruch hat»[60]. Aber er schrieb auch, daß es darum gehe, in jeder Epoche «die Überlieferung von neuem dem Konformismus abzugewinnen, der im Begriff steht, sie zu überwältigen»[61]. Fast klingt es so, als ob er damit auch jene Harmonisierung gemeint haben könnte, die zu einfach ein weiteres Mal einen Dualismus zu lösen sich anschickt: «Indem wir uns vergangene Erfahrungen zukunftsorientiert aneignen, bewährt sich die authentische Gegenwart als Ort von Traditionsfortsetzung und Innovation zumal, die eine ist ohne die andere nicht möglich, und beide verschmelzen zur Objektivität eines wirkungsgeschichtlichen Zusammenhangs.»[62] Denn weiter schrieb Benjamin über ‹den› (eben einen anderen) historischen Materialisten, daß er nicht verzichten könne «auf den Begriff einer Gegenwart, die nicht Übergang ist, sondern in der die Zeit einsteht und zum Stillstand gekommen ist.»[63] Vielleicht ist es diese ‹Stillstellung› der Gedankenbewegung, für die das melancholische Verhältnis zum Antiquum funktional sein könnte. Historiographie bedarf heute dieses melancholischen Stillstands, ohne sich allerdings vorschnell dem Antiquum in zukunftsorientierter Haltung zu nähern, wie Jürgen Habermas es gern sieht und Hermann Lübbe: «Die Zukunftsfähigkeit unserer Zivilisation ist von ihrem Verhältnis zur eigenen Vergangenheit nicht unabhängig. Zukunftsfähig ist, wer in der Lage ist zu sagen, wie sich die Geschichte, die er hinter sich hat, über Kontinuitäten oder auch über Brüche sinnvoll fortsetzen ließe.»[64]

In einer Welt, in der der Sinn für die Fortsetzung der Geschichte nicht mehr ungeteilt definierbar ist, nimmt sich ein solcher Ratschlag für den

Nutzen der Historie widersprüchlich aus, besonders wenn man mit Lübbe durchaus diagnostizieren mag, daß die steigende Intensität gegenwärtiger Vergangenheitszuwendung sich einem Zeitphänomen verdankt, das als solches neuzeitlich ist: eine Verkürzung der Gegenwart und damit eine wachsende Nähe der Zukunft (im nicht-emphatischen Sinne), die unkalkulierbar geworden ist. Da klingt von Hobbes noch zuviel mit: «*tantum possumus quantum scimus.*»

Es scheint, als ob gerade die jüngsten Formen der Vergangenheitsbearbeitung, -bewältigung und -entsorgung sich eher einem ganz anderen strukturellen Mechanismus verdanken: der Erfüllung eines Bedarfs an Geschichtsvernichtung, wie wir sie aus den Apokalypsen kennen.[65] Seitdem die Vorstellung von einem individuellen Lebenszyklus zugunsten einer *linearen* Lebenszeit aufgegeben wurde, zerbrach auch die Analogie, der zufolge die Geschichte zyklisch ist.[66] Das heißt aber umgekehrt, daß die Beschäftigung mit einer Vergangenheit, die als solche linear gedacht wird, einen Beitrag zur Verdrängung der eigenen Todestatsache liefert. Deshalb ist es für den mit dem Phantasma des endlosen Lebens ausgestatteten modernen Menschen so schwer, sich melancholisch dem Antiquum in stillstehender Gegenwart zu nähern. Es heißt deshalb, auf gewisse Weise gefaßt mit der eigenen Todestatsache umzugehen, wenn in jener Stille noch einmal danach gefragt wird, «welche Dunkelheiten, Verdrängungen diese Kontrolle (des wissenschaftlichen Wissens; D. L.) erzeugt, welche Vorstellungen aus dem offiziellen Kanon ausgeschlossen sind und warum.»[67]

Das kulturelle Phänomen der Moderne also, welches darin besteht, daß das Wissen, die Methoden und die Haltungen einem schnellen Wechsel unter dem Signet des Fortschritts unterliegen, fordert Historiographie heute ebenso heraus wie der damit verbundene Umstand, daß das jeweilige Antiquum permanenten Annullierungsprozessen ausgeliefert ist. Unter diesen Bedingungen könnte sich eine ‹moderne› Historiographie ebenfalls darauf verlegen, historisches Wissen zu produzieren, das solchen periodischen Innovationsbedürfnissen folgt. Das hieße Geschichtsschreibung aus dem Interesse an der Vernichtung von Geschichte. Historiographie könnte aber auch der Versuchung unterliegen, Re-Konstruktion unter dem präsumtiven Interesse einer wie auch immer gearteten Zukunft leisten zu wollen. Das wäre entweder naiv, wenn es von der Hoffnung einer Wiederherstellung des Vergangenen ausginge, oder nostalgisch oder beides. In jedem Falle hieße es: sich mit dem Status des Verlustes des Antiquum nicht abfinden zu können.

Es wäre lohnend zu untersuchen, ob dieses Urteil auch für das zweite große Strukturmerkmal gilt, durch welches unsere Kultur, neben der Geschichtsvernichtung durch Fortschritt, gekennzeichnet ist, für die Renaissancen. Denn trotz der periodischen Liquidationen des dann zum Antiquum werdenden Gegenwärtigen lassen sich jene Wiedergeburten des Vergessenen nicht übersehen. Vieles spricht dafür, daß vom Hellenismus bis zum Historismus, das in den manieristischen Epochen ein Motiv zumindest mittragend war: sich der Bestände als eines Besitzes zu versichern, von dem Kraft, Aktivität, womöglich für den weiteren Weg, ausgeht. In jedem Falle handelte es sich um Re-Aktivierungen, die alles andere als den Eindruck hinterließen, durch sie sollte die Unwiederbringlichkeit vergangener Verhältnisse dokumentiert werden.

Demgegenüber wäre darauf zu bestehen, in stillstehender Gegenwart das Vergangene in der Betrachtung zu vergegenwärtigen, zu ‹veraugenblicklichen› und dieses aus einem doppelten Grunde: Zum einen kann sich niemand den akzelerierten Innovationswünschen auch der ‹wissenschaftlichen Welt› entziehen. Jede veröffentlichte Äußerung, auch die wissenschaftliche, ist deshalb dem Augenblick verhaftet. Zum zweiten liegt darin eine Chance: Das sich in der Aktualität aufbrauchende Werk, so hat Baudelaire gemeint, bietet die Möglichkeit des Authentischen, wenn sich im Augenblick das Aktuelle mit dem Ewigen verbindet und den Eindruck «der flüchtigen, vergänglichen Schönheit des gegenwärtigen Lebens»[68] sichtbar werden läßt. Historiographie im Rahmen Historischer Anthropologie müßte in diesem Sinne *Wissenschaft des Augenblicks* sein, mit einer offenen Grenze zum Kunstwerk, und *Wissenschaft des Verlusts*, insofern die Veraugenblicklichung des Antiquums in melancholischer Einstellung im nicht pathologischen Sinne zu vollziehen wäre.

2. Fiktion

Ereignis und Erzählung in der Tradition der Historiographie

Wenn mit dem Antiquum ein Dreifaches gemeint ist, das alte Wissen, die überholten Methoden und überlebten Erkenntnishaltungen, dann verbirgt sich hinter der Option für eine Wissenschaft des Augenblicks und des Verlusts zunächst eine Vorstellung für das letztgenannte, den *epistemologischen Habitus*. Ihn als melancholischen zu denken, hat Implikationen methodischer Art. Wenn die Historiographie als Wissenschaft sich zur Kunst hin entgrenzt und wenn der melancholische Blick auf verlorene Bestände wie auf beständige Verluste gerichtet ist, kann nicht mehr nach dem gesucht werden, was wahrhaftig oder gewiß geschehen ist. Dann ist nämlich eine Vorentscheidung getroffen worden bezüglich einer für die jüngere Historiographiediskussion charakteristischen Polarität zwischen Ereignis und Erzählung, zwischen Realität und Fiktivität in der Geschichte, und das bedeutet zwischen der theoriegeleiteten Historik als Wissenschaft und einer narrativen Historiographie.[69] Historiographie als Wissenschaft des Augenblicks und des Verlusts muß zu einer Favorisierung von Erzählung und Fiktivität tendieren.

Die Polarität zwischen Ereignis und Erzählung ist so alt wie die Geschichtsschreibung. Die theoretische Betrachtung dieses Verhältnisses hat in der Antike ihren ersten Ort in der Rhetorik gehabt.[70] So lautete die Ausgangsfrage des Aristoteles[71]: Wie kann der gegenwärtigen Kommunikationsgemeinschaft ein überzeugendes Bild der Vergangenheit vermittelt werden? Die Antwort hieß: durch *inventio*, *dispositio* und *elocutio*, das bedeutete: Sicherstellung des Realitätsgehalts des Stoffes, synthetische Stofforganisation und verbale Gestaltung. Schon bei dieser Anlage einer rhetorischen Problemlösung wurde die Polarität von gewesener Wirklichkeit und ihrer rhetorischen Darstellung deutlich. Die Frage lautete nicht unbedingt, wie die Wirklichkeit bzw. die historische Wahrheit möglichst getreu abzubilden, sondern wie sie darzustellen sei, damit die Sicht des Redners auf diese Wirklichkeit als wahr akzeptiert wird. Dabei erschien es Aristoteles nützlich, sich um die Wahrheit der Ereignisse zu bemühen, weil er sie für überzeugender hielt als das Unwahre.[72] Um eine *conditio sine qua non* handelte es sich dabei aber nicht. Das galt auch für Cicero, der zur Erläuterung dieses Problems zwischen einer *ratio rerum* und einer *ratio verborum* unterschied und den Anschein von Parteilichkeit zu vermeiden forderte. Nicht so Quintilian, der erfahren hatte, daß das Wahre oft unwahrscheinlicher klang als das Unwahre und deshalb die Wahrheitsfrage in den Bereich der Darstellungsart verschob. Die Wahrhaftigkeit wurde zu einer Frage der Haltung, die sich zum Beispiel in der gemäßigten Sprache der *narratio* manifestieren sollte. Ganz anders argumentierte Lukian, der strenge Anforderungen an die Wahrhaftigkeit des Dargestellten formulierte, weil die *historia* eine *magistra vitae* nur sein könne, wenn wirklichkeitsnah berichtet werde. Als die gelungene historische Erzählung erschien deshalb die, deren mimetische Kraft am größten war. Eine intentionsfreie Geschichtsdarstellung wurde also in keinem Fall verfolgt; unterschiedlich beurteilt wurde lediglich die Frage, ob die Intention der ‹leitenden Theorie› eher durch ein möglichst mimetisches Verhältnis zu den

Ereignissen oder eher durch einen ästhetischen Überschuß einzulösen sein würde.

Auf den ersten Blick scheint sich diese Auffassung im Mittelalter geändert zu haben, weil die Geschichte in der christlichen Auffassung eine *institutio dei* war und weil die Offenbarung gewährleisten sollte, daß die historische Gesetzmäßigkeit der Ereignisse erkannt wird. Dementsprechend mußten die Ereignisse nur hinsichtlich ihres providentiellen, also von der Vorsehung bestimmten Gehalts her betrachtet und dargestellt werden.[73] Aber die mittelalterlichen Historiker machten offenbar eine Erfahrung, die derjenigen des Quintilian ähnlich war. Der *ordo naturalis* ließ die *providentia* Gottes nicht immer klar erkennen, so daß es eines *ordo artificialis* bedurfte. Die quasi wissenschaftliche Erkenntnis des Heilsgeschehens allein reichte nicht aus. Die Erzählung sollte den eigentlichen integrativen Akt leisten.

In der Renaissance wurde das Vertrauen in eine Einsehbarkeit der historischen Gesetzmäßigkeiten nicht zuletzt durch Ereignisse apokalyptischen Ausmaßes wie Seuchen, Kriegen und Zusammenbrüche bestehender Ordnungen gestört. Petrarca griff deshalb auf das rhetorische Verständnis der *narratio* zurück.[74] Danach konstituierte erst der Historiker die Einheit der Geschichte. Durch den Umstand, daß die *res gestae*, die Taten der Menschen, nun zum Gegenstand der Erzählung wurden, rückte der Mensch als Subjekt der Geschichte in das Blickfeld. Die historische Arbeit vor der *elocutio*, vor der verbalen Darstellung, war die der Auswahl, des *delectus* der geeigneten Taten. In dem Maße, in dem dieses die großen, guten, ruhmreichen Taten waren, bedurfte es wiederum einer leitenden Theorie der Darstellungsintention. – Erst mit Descartes' «discours de la méthode» von 1637 endete das rhetorische Moment der Geschichtsschreibung, weil wegen der Universalität der *ratio* Geschichte als methodisch erforschbar erscheinen mußte. Damit entstand jedoch das Problem der Faktenmenge, die erforscht, aber nicht anders als durch Selektion und Reduktion bewältigt werden konnte, wenn sie noch Sinn machen sollte. An der *narratio* führte kein Weg vorbei.

Von dieser Einsicht ist auch im Gefolge aufklärerischer Geschichtswissenschaft kein Dispens erteilt worden. Allerdings traten die beiden großen Zugehensweisen auf die Geschichte, die wissenschaftliche Forschung und die literarische Darstellung, nicht unbedingt in ein Konkurrenzverhältnis, sondern in eine Symbiose. So griff Ranke *expressis verbis* auf Platon zurück, wenn er schrieb: «Uns tritt die Aufgabe, Kunst und Wissenschaft, die an sich nicht zu trennenden, im Begriff, aber nicht in der Ausübung verschiedenen, in Einheit zu verbinden, völlig [?]

gelöst in den Schriften Platons entgegen.»[75] – Wissen und Kunst blieben für ihn verbunden: «Die Aufgabe des Historikers ist zugleich literarisch und gelehrt; die Historie ist zugleich Kunst und Wissenschaft. Sie hat alle Forderungen der Kritik und der Gelehrsamkeit so gut zu erfüllen wie etwa eine philosophische Arbeit, aber zugleich soll sie dem gebildeten Geist denselben Genuß gewähren wie die gelungenste literarische Hervorbringung.»[76] – Und Humboldt sah die Möglichkeit einer Vermittlung in der Kraft der Mimesis: «Die historische Darstellung ist, wie die künstlerische, Nachahmung der Natur. Die Grundlage von beiden ist das Erkennen der wahren Gestalt, das Herausfinden des Nothwendigen, die Absonderung des Zufälligen. Es darf uns daher nicht gereuen, das leichter erkennbare Verfahren des Künstlers auf das mehr Zweifeln unterworfne des Geschichtsschreibers anzuwenden.»[77] Dieser Zusammenhang ist dann eigentlich erst durch Droysens und Gervinus' Einseitigkeiten wieder zerschlagen worden, wenn diese sich auf den methodischen Vollzug der Geschichtsforschung einerseits bzw. auf eine Historik als Poetik der Geschichtsschreibung andererseits verlegten.[78] Die alte Polarität trat erneut auf.

Auch in der jüngeren historiographietheoretischen Diskussion gehören die Implikationen eines narrativen Ansatzes zu den Selbstverständlichkeiten des Diskussionsstandes. Dieses gilt sowohl für die notwendige Fiktionalisierung der historischen *narratio*[79], für die damit verbundene Standpunktfixiertheit der Ergebnisse[80] wie auch für die Auffassung, daß narrative Geschichtsschreibung nicht anders als theoriegeleitet vollzogen werden könne.[81]

Das bedeutet aber, daß der Status der Erzählung in der Historiographie nicht unstrittig ist. Diese Vermittlungsversuche sind der Mühe geschuldet, sich gegen Irrationalismus und identitätsstiftende Erinnerung zu wehren[82] und dem Engagement auf der Suche nach Authentizität die glasharte Methode entgegenzuhalten[83], auf der im empirisch-positivistischen wie im gesellschaftstheoretischen Sinne seit der sozialwissenschaftlichen Wende in der Geschichtswissenschaft unter dem Rubrum «Sozialgeschichte»[84] bestanden wird. Die sozialwissenschaftliche Orientierung verhält sich – bei aller Anerkennung im Detail – im übrigen kritisch zum Modell der Strukturgeschichte[85], das in Deutschland durch Brunner und Conze vorformuliert wurde[86] und vor allem in Frankreich im Kontext des Strukturalismus entstanden war. Braudels Mittelmeerbuch[87], das im übrigen die Verbindbarkeit von Sozialgeschichte und Narration belegt, stand neben anderen am Anfang eines Weges, der durch «Mentalitätengeschichte»[88], «Geschichte des Privatlebens», Schule der «Annales»[89] und in jüngster Zeit «Alltagsgeschichte»[90] gekennzeichnet ist. Auch darf die Verwandtschaft zu dem Typus von historischen Studien nicht übersehen werden, wie Foucault ihn geprägt hat, wenngleich der narrative Anteil daran eher gering ist. Ihm ging es bekanntlich um die Suche nach den Strukturen solcher Regelsysteme und deren Funktionen, die einen ‹Diskurs› wie den der Sexualität oder den von Überwachen und Strafen gesteuert haben und steuern.[91] Dort stellt sich nicht mehr die Frage, warum bestimmte historische Subjekte zu bestimmten historischen Zeitpunkten in bestimmter Weise gehandelt haben; es geht also nicht um eine Art Kausalitätsanalyse, sondern um die Funktionsweise von Systemen des Symbolverkehrs über zentrale menschliche ‹Dispositive›. Das Resultat solcher Analysen ist denn auch in gewisser Weise eine Erzählung, aber nicht eine chronologische, sondern eine diachronische, strukturale. Da der Glaube an die steuernde Kraft intentionaler Theorien hier nicht bestimmend ist, kann die die Analyse leitende Theorie auch keine solche sein, die den Menschen als Subjekt der Geschichte versteht. Sie sieht ihn eher als Opfer oder auch Objekt machtvoller Strukturen. Das ist keineswegs antiaufklärerisch, sondern eher vor dem Hintergrund des Verhältnisses von Optimismus und Pessimismus beurteilbar. In jedem Fall ist das Interesse der Fragerichtung weiterhin der Mensch, betrachtet unter dem Gesichtspunkt grundlegender Strukturen.

Fiktionale Historiographie.
Zur Methode Historischer Anthropologie

Eingedenk aller Differenzen im Detail läßt sich für den ‹Stand› der Diskussion über das Verhältnis von Ereignis und Erzählung eine Bereitschaft zur Re-Rhetorisierung der Historiographie sogar bei solchen Historiographietheoretikern finden, die wie Koselleck[92] unverdächtig sind, einem vordergründigen Historismus das Wort zu reden. Der Grund für diese Offenheit ist indes derselbe wie der für die Ablehnung bei Kocka: Die Frage des Erzählens wird als Frage nach einem narrativen Anteil verstanden, als reines Problem der (literarischen oder eben ‹nur› wissenschaftlichen) Darstellung. Um so leichter fällt den Apologeten der narrativen Historiographie die Versicherung, es gehe bei der Verwissenschaftlichung nicht um eine «Entliterarisierung»[93], sondern die alte Polarität sei aufzuheben. Und den Gegnern wird mitgeteilt, daß nur der eine narrative Historiographie fürchten müsse, der «einem überholten, irrationalistisch gefärbten Literaturbegriff anhängt»[94].

Das ist nicht richtig. Die ‹Furcht› vor epistemologisch nicht einholbaren Elementen der Narration kann durchaus berechtigt sein, wenn erzählende Historiographie nicht als reines Darstellungsproblem betrachtet wird. Die Annahme, «exemplarisches Erzählen» und «erzählerische Mimesis»[95] als Ex-Post-Beigaben historischer Forschung wirkten auf die Substanz der Resultate nicht zurück, verkennt in der Tat die wahrheits*konstituierende* Kraft der Sprache. Jauß hat weitergehend darauf aufmerksam gemacht, daß Fiktionalisierung in jeder geschichtlichen Erfahrung immer schon am Werk ist, und zwar nicht nur durch das Wie der Darstellung, sondern schon durch das perspektivische Wann von Wahrnehmung und Rekonstruktion. Diese Ästhetisierung umschließt eine dreifache Fiktion, die Illusion eines vollständigen Verlaufs, diejenige eines ersten Anfangs und definitiven Endes des Erzählten sowie die eines objektiven Bildes der Vergangenheit.[96] Daraus mag man die Konsequenz ziehen, sich lieber nach wahrheitsgetreuen, wissenschaftlichen Gestaltungsformen der Historiographie umsehen zu wollen. Das ist der Weg des Fortschritts.

Nicht möglich scheint es dagegen, einer narrativen Historiographie gleichsam hinterrücks die Stabilisierungsstäbe theoriegeleiteter Geschichtsschreibung einziehen zu wollen. Etwas Derartiges hat Rüsen vorgeschlagen.[97] Er unterscheidet zunächst zwei Typen, das «traditionale» und das «exemplarische» Erzählen. Der erste Typ dient, indem Zeit als sinnhaft vergegenwärtigt wird, der Herrschaftslegitimation, und der zweite repräsentiert das Muster einer *historia magistra vitae*, einer Historik also in praktischer Absicht. Ihnen steht gewissermaßen drittens der Typus des «kritischen Erzählens» gegenüber. Durch ihn soll Zeit als Sinn nicht verewigt, sondern beurteilbar werden. Ihr zufolge würde eine Geschichte der Frauen beispielsweise eine Dekomposition der bisherigen Geschichtsschreibung erfordern. Viertens wird ein Modus «genetischen» Erzählens hervorgehoben, in welchem Zeit als Sinn verzeitlicht wird, in welchem die Vergangenheit als Versprechen einer Zukunft interpretierbar ist. In einem wechselseitigen Implikationszusammenhang dieser Typen sieht Rüsen das favorisierte Programm. Es unterliegt jedoch den gleichen Bedenken, hier nur auf die Erzählung bezogen, wie sie im Kontext der Wissenschaftsgeschichte als Fortschrittsgeschichte zu artikulieren waren. Daraus ist die Konsequenz zu ziehen, den fiktionalen Gehalt der historischen Rede nicht zu verheimlichen oder als reines Darstellungsproblem zu verschleiern, sondern das Maß der Fiktionalität von anderen Kriterien abhängig zu machen als denen der Verständnisoptimierung historischer Wahrheiten. Dieses sind ästhetische Kriterien; demzufolge wird sich die Qualität fiktionaler

Historiographie an der Erfindungsgabe messen lassen müssen, mit der sie Problematisierungen vertrauter Fraglosigkeiten leistet, sowie an der Kunst, mit der es ihr gelingt, «die Künstlichkeit der Menschentatsachen bemerkbar zu machen»[98].

Die Zulassung des Fiktiven in der Historiographie kann, wegen der damit verknüpften Dispensierung vom Wahrheitsanspruch der dargestellten historischen Tatsachen, als Antwort auf die eingangs skizzierte Akzeleration der Produktion ‹neuen› Wissens gewertet werden. Die Hervorbringung von Fiktivem füllt auf eine Weise die Rede von einer Wissenschaft des Augenblicks, insofern es bei dem aufklärerischen Vorurteil einsetzt, etwas als ‹fiktiv› zu bezeichnen, hieße, es als unwahr oder unwirklich zu entlarven. Diese Scheidung läßt sich im Angesicht nicht nur der Explosion von Wissensmengen keinesfalls aufrechterhalten: «Die jeweils große Mehrheit der Handlungsteilnehmer ist nicht mehr in der Lage, den Realitätsgehalt der Orientierungsdaten wirklich zu beurteilen: synchron zur zunehmenden Legierung von Realität und Fiktion verwischt sich auch der Unterschied von Realitätswahrnehmung und Fiktionsbewußtsein.»[99] Abgesehen von dieser Registratur des modernen Wirklichkeitsverständnisses der Alltagsmenschen können selbst diejenigen sich nicht von Fiktionen lösen, deren Geschäft auf eben der Scheidung zwischen Fiktivität und Wirklichkeit beruht. So operiert Habermas seit seinen ersten Bemühungen um eine Theorie kommunikativen Handelns mit der «kontrafaktischen» Annahme einer «idealen Sprechsituation» und steht damit in prominenter Derivationslinie zu Kants regulativen Ideen, die dieser selbst als «heuristische Fiktionen» aufgefaßt hat.[100] Die Wahrheit, ihr Begriff, ist selbst Fiktion.

Die – mit Nietzsche – über Fiktionskritik und Aufdeckung der Fiktivität der Wirklichkeit hinausgehende Indifferenz gegenüber der sogenannten Wahrheit bietet Produktivität und «die Einladung in eine Freiheitserfahrung, die dem höheren Wissen, das sich der Rechtfertigung entschlagen hat, zu verdanken ist»[101]. Insofern genügt es nicht, Fiktionen *nolens volens*, weil sie sich ohnedies einschleichen, in einem kontrollierten Rahmen, etwa als Darstellungsmittel, zuzulassen und ihnen so einen gewissen Gebrauchswert beizumessen. Ihr Gebrauch kann sich auf etwas richten, welches sich unter Umständen erst erschließt, indem der Gebrauch erfolgt.[102] Darin steckt zugleich eine Antwort auf die Frage, warum, wenn nicht in der pragmatischen Absicht der Optimierung von Vergangenheitsdarstellung, überhaupt fingiert werden soll. Der mögliche Gebrauch der historiographischen Fiktion bleibt offen. Allerdings kann sie nicht mehr ohne weiteres mit der Idee verknüpft werden, Wissenschaft in Kunst zu transformieren. Diese Grenze wird zwar faktisch aufgelöst, wenn die Differenz zwischen Wirklichkeit und Fiktion in ihrem Verschwimmen produktiv aufgenommen wird. Aber: Wenn alles fiktiv und alles auf seine Weise wahr ist, verliert die Kunst ihr Spezifikum gegenüber der Wissenschaft. Eine bloße Transformation der wissenschaftlichen in künstlerische Historiographie wäre nicht ohne weiteres erkennbar. Marquard hat aus diesem Befund den Schluß gezogen, eine so um ihre Unersetzlichkeit diminuierte Kunst müsse geradezu zur Antifiktion werden. Darin sei die «Zuflucht der theoria»[103] zu erblicken, ein Ort, an dem das Übersehene, die «wirkliche Erfahrung», etwa in Form der autonomen Kunst vorgefunden werden könne. Was das für die Öffnung der Historiographie in die Richtung der Kunst bedeuten könnte, läßt sich nur undeutlich ausmachen. Aber vielleicht liegt in dieser ersten Unklarheit eine Chance im Sinne des Sich-Einstellens eines Gebrauchs, der in der Historiographie nicht schon vorweggenommen werden darf und kann.

3. Historizität

Radikale Historizität.
Zum Gegenstand Historischer Anthropologie

Der epistemologische Habitus, der sich auf die Augenblicksbindung der historiographischen Resultate sowie auf die melancholische Attitüde gegenüber den Verlusten stützt, und die implizite radikalisierte methodische Entscheidung zugunsten auch des Fiktionalen – diese beiden Optionen bleiben nicht ohne Folgen für den Gegenstand der historischen Anthropologie, ‹den› Menschen. Von ihm kann im Sinne normativer Anthropologie nicht mehr gesprochen werden. Die Kantische Idee ‹einer Anthropologie in pragmatischer Absicht› ist gescheitert. Die im Namen ‹des› Menschen erfolgten Vernichtungen und Beschädigungen der Menschen (unter anderem durch Erziehung) zeugen davon ebenso wie die Ausgrenzung derjenigen, die die je favorisierten Menschheitskonzepte nicht auszufüllen bereit oder in der Lage waren. Da diese Konzepte nicht an allem Anfang standen, sondern vielmehr die Produkte fortgesetzter Reduzierungen der den Menschen einmal verfügbaren Möglichkeiten waren, müssen wir wissen wollen, was abseits gelassen wurde an Menschenmöglichem. In diesem Sinne hat Anthropologie heute historisch zu sein. Wenn von Historischer Anthropo-

logie die Rede ist, dann soll nicht gesprochen werden von der Geschichte
des Menschen, sondern von dem ‹Menschenhaften› im Prozeß der Geschichte, die an ihrem Ende nicht viel mehr übriggelassen hat als ein
normatives Abstraktum. Eine radikal als Wissenschaft des Augenblicks
apostrophierte Historiographie verzichtet auf die Verführung, Gesetzmäßigkeiten der Geschichte zu suchen und so der historischen Betrachtung wiederum eine leitende Theorie einzuziehen. Sie muß nicht nur
davon ausgehen, daß es konstante ‹Menschentatsachen› in der Geschichte nicht gibt, sondern diesen Satz auch auf sich selbst anwenden:
Der Standpunkt ihrer eigenen ‹Augenblicks›-Analyse ist ebenso historisch wie die Analyseresultate. Anders unterschiede sie sich nicht von
einer Anthropologie, die nach dem Beständigen des Menschen in seiner
Natur suchte und zum Gegenstand geschichtsphilosophisch akzentu-
ierter Kritik wurde. Wenn aber die Suche nach Gesetzen, nach Konstanten des Wandels zu einer Aporie führt, dann wäre natürlich zu überlegen,
ob nicht die Suche nach dem Wandel des vermeintlich Beständigen der
Einsicht eher entspricht, daß das Konzept ‹Mensch› nur noch in seiner
Entstehungs- und Reduktionsgeschichte von Interesse ist.

Welchen Sinn könnte eine solche Umkehrung haben? – Oskar Köhler
hat in seinem Begründungsversuch einer Historischen Anthropologie
eine Deutung angeboten, wenn er fragt, ob nicht ein Ansatz anzustreben
sei, in welchem «die Dichotomie vom Menschen als *‹Naturwesen›* und als
‹geschichtlichem Wesen› überholt wird, indem nicht Beständigkeit seiner
‹Natur› und Geschichte seinem *‹Wandel›* zugeschrieben, sondern Beständigkeit selbst als geschichtliche Leistung (und ihr Mangel als Fehllei-
stung) begriffen wird, welche Leistung jedoch nur im Wandel erbracht
werden kann, der nicht adiaphorisch um das Beständige herum geschieht..., sondern gerade als Wandel das Beständige in seiner Beständigkeit hält?»[104]

Köhlers Versuch ist gleichsam das theoretische Resümee einer langen
Folge von Arbeiten im Kontext der Zeitschrift für Universalgeschichte,
«Saeculum», die einen der Kristallisationspunkte einer Historischen Anthropologie darstellt, neben der französischen Annales-Schule, dem
Institut für anthropologische Verhaltensforschung in Stuttgart, dem Institut für Historische Anthropologie in Freiburg, den «Comparative Studies in Society and History» und einigen anderen, deren Entstehung
teilweise sogar bis in die zwanziger Jahre dieses Jahrhunderts zurück-
reicht. Dieser «Disziplinenkontakt»[105] aus Historie und Anthropologie
hat seit seiner Aufnahme Ergebnisse hervorgebracht, die sich von denen
traditioneller, auch traditionell-sozialhistorischer Art unterscheiden.

Der Schwerpunkt der Differenz liegt in der Auswahl der Gegenstände.

Der Blick auf den Wandel von Beständigkeiten des Menschen ist eine
Sicht auf elementare menschliche Strukturen und Prozesse. Ihr Wandel
wird als Indiz für einen Epochenwandel gedeutet.[106] Zu ihnen gehören
Bereiche der «Reproduktion des Lebens und der Sexualität, die Analyse lebensgeschichtlicher Konstanten und der Bedrohungen des Lebens», im einzelnen etwa Familie, Kindheit, Geburt, Essen, Krankheit
und Tod. Die unter dem Namen Historische Anthropologie subsumier-
ten oder sich subsumierenden Arbeiten sind methodisch außerordentlich heterogen, und oft ist die Differenz zu sozialhistorischen Resultaten
nicht erkennbar, ja nicht einmal intendiert. Auch wird die historisch-
anthropologische Fragestellung oft unter dem Gesichtspunkt betrachtet, ob sie nur ein ‹Defizit› der Sozialgeschichte sei.[107] Der Rekurs auf
Historische Anthropologie in ihren vorfindbaren Beispielen[108] kann
also nicht mehr sein als die Aufnahme des in der Chiffre ihres Namens
repräsentierten Gedankens einer radikalen Anwendung der Historizi-
tätsthese. Diese Entscheidung hat dann allerdings Implikationen, die in
den vorliegenden historisch-anthropologischen Arbeiten bislang nicht
bedacht, geschweige denn realisiert worden wären. Das mag damit
zusammenhängen, daß es eine entfaltete Theorie Historischer Anthropologie nicht gibt und daß der einzige programmatische Versuch, derjenige Köhlers, aus einer Generalisierung vorgefundener Untersuchungen gewonnen wurde, nicht aber aufgrund einer methodologischen
Reflexion vor aller Forschung.

Der Zeitpunkt, zu dem eine Aufnahme anthropologischer Gesichts-
punkte in die Historiographie in wachsendem Maße erfolgt, ist nicht
zufällig. Die Lage, in die die gesellschaftlichen Entwicklungen der westlichen Industrienationen gemündet sind, mutet vielen als ausweglos, auf
Dauer gestellt an. Die Veränderungspotentiale erscheinen entweder als
versiegt oder institutionell resorbiert. Das gilt für die faktischen politischen Verhältnisse wie für die Ideen. In dieser Lage ist an das 1905 von
Bouglé geprägte Wort vom «posthistoire» erinnert worden[109], an die
Beschreibung eines Zustandes, in welchem das Warten auf die epocha-
len Veränderungen aufgegeben worden ist. Die großen ‹Erzählungen›,
unter ihnen die emanzipatorische Erzählung[110], haben nicht zuletzt im
Angesicht ihrer maßlosen Blutopfer für viele an Glaubwürdigkeit verloren. Es scheint ein Status erreicht, in dem die Ideengeschichte abge-
schlossen ist. Gehlen[111] hatte das ebenso prognostiziert wie schon Leopold v. Ranke[112]. Kurz: Es wird von einem Ende der Geschichte in
ihrem emphatischen, subjektorientierten Sinne gesprochen. In dieser
Lage könnte eine Rückkehr zur Anthropologie als den festen Beständen des Menschen naheliegen. Aber noch einmal: Das wäre ein Rück-

fall hinter den Stand des Gewußten. Es hieße, die erkannte Veränderlichkeit selbst anthropologischer Elementaria in der Geschichte zu
ignorieren. In dieser Krise subjektorientierter Geschichte nach den ge-
habten Veränderungen der anthropotypischen Bestände zu fragen,
würde indessen Sinn machen. Dieses jedoch nur dann, wenn man nicht
der Versuchung erneut verfiele, nach Gesetzmäßigkeiten in der Art und
Weise zu suchen, wie die Menschen mit ihren Beständen umgegangen
sind. Dieser Gefahr unterliegen die vorfindbaren Ansätze Historischer
Anthropologie, wenn in ihnen beispielsweise nach Epochenschwellen,
nach der Struktur historischer «Konfigurationen»[113] oder nach langfri-
stigen Transformationen von Persönlichkeitsstrukturen gefragt wird.
Vor diesem Abgleiten in die Aporie von Gesetzmäßigkeit und Historizität schützt vermutlich nur die Annahme einer radikalen Historizität mit
einer Reihe von Implikationen.

Pragmatische Implikationen

Diese Implikationen betreffen, gewissermaßen als Konsequenz der
Überlegungen zu Ereignis und Erzählung, noch einmal den *fiktionalen
Gehalt* der Gegenstände und Resultate Historischer Anthropologie. Sodann ist aus dem Umstand der grundsätzlichen Zeichenhaftigkeit aller
Gegenstände Historischer Anthropologie die radikale Konsequenz zu
ziehen, sich, auch im Sinne jener Fiktionalitätsthese, den ‹Tatsachen› als
mythischen Diskursen zuzuwenden. Vor diesem Hintergrund ist drittens
an konkrete Folgerungen zu denken, die sich für die *Darstellungsform*
der im strengen Sinne nicht mehr szientifischen Resultate ergeben
könnten. Die Darstellungsform unterliegt selbst dem historischen Wandel und muß deshalb offenbleiben. Die Resultate sind, viertens, als (Re-
)*Konstrukte* zu sehen, deren Strukturen der historischen Singularität
ihrer Konstrukteure verpflichtet sind. Der *gegenwärtige* und als solcher
historische Standpunkt der Konstrukteure ist es schließlich auch, der
das Selektionskriterium für die Gegenstände selbst abgibt.

Fiktivität. Wenn Droysen in seiner Polemik gegen die narrative Geschichtsschreibung Rankes zur Stützung seiner Objektivitätsforderung
auf drei erschlichene «Illusionen» der erzählenden Historiographie hin-
wies[114], dann müssen genau diese kritisierten Illusionen heute, nach
dem Ende des Objektivitätsglaubens, zum Bestandteil einer Poetik hi-
storisch-anthropologischer Textverfertigung werden[115] – allerdings nicht
in dem kruden Sinne einer Wiederherstellung dieser Illusionen, denn sie
waren Illusionen der Objektivität. So wird die Illusion der Vollstän-

digkeit des Dargestellten einer erkennbaren Lückenhaftigkeit weichen müssen, indem der Autor eklektizistisch darstellt und der Rezipient die entstehenden Interpretationsspielräume selber füllt. Die Illusion des ersten Anfangs und definiten Endes der dargestellten Geschichte wird sich, was den Anfang betrifft, in der Zulassung der von Droysen kritisierten Mythen als den *res fictae* vor den *res factae* erfüllen und, was das Ende betrifft, in der Akzeptanz des Gedankens an ein Ende der Geschichte, natürlich nicht im katastrophistischen Sinne. Die Illusion der Objektivität des Dargestellten wird sich schließlich nach dem Zusammenbruch des Objektivitätsglaubens nicht mehr im Sinne einer Beschwörung dieser Objektivität, sondern als Bekenntnis zur Fiktionalität erfüllen. Plessner hat der Illusion der Objektivität eine andere, notwendige Illusion gegenübergestellt: «Nur in der Dämmerung hält sich die Illusion, nur in der Illusion gedeiht die zeugende Tat. Eine verselbständigte Geschichtsschreibung, Wissenschaft um der Wissenschaft willen, ist Historismus, der das schützende Dunkel des Unbewußten zerstört.»[116] Um Fiktion zu erzielen, muß allerdings der Rahmen des rein Narrativen verlassen werden können, weil er kontrafaktisch zu leicht suggeriert, alles sei so gewesen wie erzählt, während doch das Dargestellte als Fiktives tatsächlich eine Funktion der Historizität des Standpunktes ist. Heute erzählen wir andere Geschichten über die Geschichte als gestern und morgen. Aber immer erzählen wir, immer produzieren wir Zeichen. Die historischen Fakten gibt es nicht, außer in zeichenhafter Repräsentation. Jede historische Quelle ist ein Produkt menschlicher Zeichenkodierung, wie ihre Interpretation Produkt menschlicher Zeichenkodierung ist. Das, womit wir uns befassen, wenn wir Geschichte schreiben, sind Zeichen, in ihrer Konfiguration sind es Diskurse.

Mythische Diskurse. Wenn wir die Diskurse zurückverfolgen, nimmt ihre Referenz auf eine Wirklichkeit spürbar ab, bis wir eine Schwelle überschreiten, jenseits deren wir von Mythen sprechen. Was gibt uns die Sicherheit, diesseits dieser Schwelle nicht von Mythen zu sprechen, sondern von Fakten? – Es ist der Glaube, diesseits der Schwelle wüßten wir, was geschehen ist; dabei wissen wir nur, was über das gesagt wurde, was geschah. Das ist auch der Grund dafür, daß das Fortschrittsdilemma eingangs anhand der Wandlungen des *Wissens*, nicht der *Ereignisse* zu zeigen war. Es gibt keinerlei Evidenz für die Annahme, daß ausgerechnet ab dem Zeitpunkt das Reden über das, was geschah, nicht mehr mythisch war, ab welchem wir glauben sagen zu können, es gäbe Beweise dafür, daß das tatsächlich geschah, von dem gesagt wurde, daß es geschah. Die erzählte Geschichte davon, daß und wie Hannibal über die

Alpen zog, ist wesentlich mehr und anderes als die Auffindung von Stoßzähnen und Knochen ebendort verendeter Elefanten.

Der Strom der Mythen fließt fort, jede noch so rationalistische Analyse und Kritik schützt nicht vor dem ‹Rückfall›, vor dem Einswerden mit diesem Strom.[117] Die Kritik wird Bestandteil des Stroms der mythischen Diskurse. Diesen mythischen Diskursen ist Aufmerksamkeit zu widmen, wenn der Blick auf die Geschichte ein anthropologischer wird. In ihnen sind die anthropologischen Elementaria aufgehoben, an ihnen ist eine kulturübergreifende Recherche möglich, im Blick auf sie kann der enge Betrachtungsrahmen einer Fachwissenschaft transzendiert werden, der sich – die Pädagogik ist ein Beispiel dafür – in vielen Fällen einer Konfiguration verdankt, die selbst nur historisch ist.

Zum Gegenstand historisch-anthropologischen Schreibens gehören in diesem Sinne mythische Diskurse. Die Konzentration auf sie verlangt es, nach ihrer Repräsentation in allen Typen von Zeichenkonstellationen zu suchen, nicht nur in theoretischen Texten, die der falschen Suggestion Vorschub leisten, in ihnen habe das Geschichtssubjekt sein Handeln vorbereitet. Zu ihnen gehören Texte also ebenso wie Bilder, wie Musik, wie Symbole, wie Riten, welche immer auf einen zugrunde liegenden Mythos verweisen.[118]

Kaum irgendwo findet die Idee von der Historizität des Gegenstandes ihren Ausdruck nachhaltiger als in einer Auffassung der Diskursgeschichte als Mythologie. In den Mythen läßt sich zeigen, wie ein Faktum, das Thema einer herkömmlichen Historiographie wäre, sich wandelnde Formen annimmt; ein Prozeß, der dem Blick auf das Faktum als solches verborgen bleibt. An zahllosen Beispielen der Kindheitsgeschichte ließe sich dieses verdeutlichen. So wird, um nur eines zu geben, das historische und auch heute noch in etlichen Kulturen vorfindbare ‹Faktum› des Kindes‹mordes› *post partum* nur begreiflich, wenn man weiß, daß das Kind in der mythischen Tradition vieler Kulturen erst nach seiner Aufnahme durch den Vater als menschliches Wesen betrachtet wird. Für die Einordnung des Diskurses über den Schwangerschaftsabbruch ist dieser Kontext aber wichtig, weil dadurch ermöglicht wird, bestimmte Argumente für bzw. gegen Abtreibung auf dem Hintergrund dieser Mythengeschichte und als deren Bestandteil zu erzählen.[119]

Ähnliches gilt für den Erziehungsbegriff.[120] Es ist nicht sinnvoll, eine jahrtausendealte Geschichte der Erziehung schreiben zu wollen, weil dieser Versuch unterstellt, daß die Konnotationen dieses Begriffs, die für uns keine zweihundert Jahre alt sind, immer schon galten. So produziert man eine falsche Mythengeschichte im pejorativen Sinne, die von

der konstanten Existenz des ‹Faktums› Erziehung ausgeht. Diese Vorstellung ist aber falsch. Schon wenn die Analyse nur bis ins Mittelalter
zurückgeht, wird deutlich, daß, wenn wir die Quellen jener Zeit überhaupt verstehen können, diese Begrifflichkeit unangemessen ist, die in
zahlreichen Geschichten der Erziehung wie selbstverständlich auf jede
Vergangenheit, sogar auf andere Kulturen, angewendet wurde.

Das Beispiel läßt die Frage nach der Wahrheit des Mythos stellen.
Hier ist zu differenzieren zwischen der Wahrheit des Mythos und der
seiner Analyse. Der Mythos selbst ist im wissenschaftlichen Sinne nicht
wahrheitsfähig. «Im wissenschaftlichen Sinn ist dasjenige wahr, was
Aussichten auf Verwendung in wirksamen technologischen Verfahren
besitzt»[121], während metaphysische Fragen, die der Mythos bearbeitet,
«technologisch unfruchtbar» sind. Im wissenschaftlichen Denken liegt
als «leitende Idee» das Gesetz oder die Regel zugrunde[122]; die leitende
Idee des Mythos ist die Arche, ein singuläres Ereignis der Vor-Zeit, das
sich zum Beispiel in einem Ritus oder in Symbolen des alltäglichen Lebens wiederholt. Was nun die Wahrheit der Analyse betrifft, so ist die
Frage kaum anders zu beurteilen, allerdings aus anderen Gründen. Die
Historizität des Gegenstandes bleibt nicht ohne Folgen für die Historizität der Darstellungsweise – eine Dimension, die mit derjenigen der Fiktionalität der Historiographie eng verknüpft ist.

Darstellung. Wer heute über einen Mythos berichten will, der seine
Wirksamkeit augenscheinlich fortdauernd entfaltet, könnte nur um den
Preis seiner Glaubwürdigkeit eine Darstellungsform wählen, wie sie in
der Odyssee oder in einem mittelalterlichen Epos vorgefunden wird.
Für etliche Generationen hat eine objektivistische Darstellungsform
szientifischer Texte, und seien sie nur das Produkt hermeneutischer und
nicht empirisch-analytischer Anstrengung, eine besondere Glaubwürdigkeit gehabt. Seit indessen die Interessengeleitetheit wissenschaftlicher Forschung und ihrer Darstellung nicht zuletzt durch die Anstrengungen der späten kritischen Theorie einsehbar und durch politische,
kriegerische und ökologische Ereignisse erfahrbar geworden ist, kann
gegenüber wissenschaftlichen Texten nicht selten ein antiszientifischer
Affekt registriert werden, der den Gedanken an alternative Darstel-
lungsformen nahelegt.

Für die Darstellung der Befunde und Inventionen aus der historisch-
anthropologisch akzentuierten Analyse von Mythen gibt es keine
geschichtslosen Formen, wohl aber solche, die einer bestimmten Re-
zeptionszeit angemessen sind. Dieser Überlegung ist die Forderung geschuldet, die Frage der Darstellungsform offenzulassen. Allenfalls ließe
sich sagen, aber auch das nur für den Zeitpunkt, zu welchem wir reden,

daß die szientifische Form gegenwärtig auf eine abnehmende Rezeptionsbereitschaft treffen dürfte; die narrative Form ist gewiß eine Alternative, wenn sie nicht mit der Suggestion einer gültigen Chronologie der Ereignisse einhergeht. Vielleicht wäre es letztlich eine Art der Collage, ein Konstrukt in jedem Fall, welches dieser Gefahr entränne.

(Re-)Konstruktion. Ein Konstrukt, das in der Form der Collage oder auch des Essays ästhetische Reflektiertheit signalisiert, scheint die Folgerung aus der Methode zu sein, mit welcher mythische Diskurse analysiert werden können. Hier ist die Wahrheitsfrage erneut aufzuwerfen. Wenn man den Darstellungsgegenstand als jenen Strom der Mythen versteht, in dem die Gattung sich kultur- und zeitspezifisch an ihren menschlichen Beständen abarbeitet, also diese modifiziert oder auf Dauer zu stellen versucht, dann kann die Wahrheitsfrage nicht mehr im Sinne empirischer Gültigkeit (was geschah wirklich?) verstanden werden. Dieses wird vom erfahrungswissenschaftlichen Standpunkt als ein Theorietyp der historischen Generalisierung gefordert.[123] Auch die Frage eines zweiten Theorietyps, Theorie als ‹Erklärungsmittel› (warum ist eingetreten, was der Fall ist?), macht im Kontext der Diskursanalyse wenig Sinn. Wir kommen der Bedeutung des Arche-Noah-Mythos keinen Schritt näher, wenn wir seine Existenz damit erklären, daß es irgendwann aufgrund einer Klimaveränderung durch das partielle Abschmelzen der Polkappen eine Steigerung der Meeresspiegel und in ihrem Gefolge Überschwemmungen gegeben hat, denen einzelne Menschen durch die Flucht mit Schiffen zu entkommen suchten, in denen sie ihre ganze Habe verstauten.

Aber auch der Zugang der reinen Texthermeneutik ist unzureichend. Die strukturale Analyse der Mythen, wie Lévi-Strauss sie vorgenommen hat, zeigte bereits die Notwendigkeit, von einer zweiten Bedeutungsschicht auszugehen und die Möglichkeit, den Sinn hinter dem Sinn, beispielsweise im Falle des Ödipus-Mythos, durch den interkulturellen Mythenvergleich freizulegen.[124]

Worum es bei der Analyse der Geschichte mythischer Diskurse geht, ist deshalb etwas anderes als Erklärung oder Deutung, es ist *(Re-)Konstruktion.* Es handelt sich also um die Herstellung von Modellen, von Bildern einer Mythengeschichte – ein Verfahren, das nicht gelernt werden kann wie eine Programmiersprache. Es ist eng an die Person des Rekonstrukteurs gebunden. Die Resultate sind Ergebnisse einer «Bricolage», wie Lévi-Strauss es genannt hat, einer Art von Bastelei. Die Rekonstrukte sind, um einem möglichen Mißverständnis, das auf eine Beliebigkeit der Resultate abheben könnte, vorzubeugen, deshalb nicht unwahr. Allein, die Wahrheitsfrage im Sinne überzeitlicher Gültigkeit stellt sich hier nicht, weil die die Analyse leitende ‹Theorie› (oder besser: Orientierung) nicht geschichtsphilosophisch fundiert ist. Die leitende Orientierung der Analyse entstammt nicht einem Interesse an der Entdeckung überzeitlicher anthropologischer Strukturen oder der Entdeckung einer inneren Gesetzmäßigkeit der Mythenentwicklung, sondern, viel bescheidener, vielleicht nicht mehr als einer Verblüffung über Phänomene, die der Rekonstrukteur in seiner Gegenwart erfährt.

Gegenwärtiger Standpunkt. Es mag sein, daß es mehr ist als Verblüffung: Erstaunen, vielleicht Erschrecken. Möglicherweise erfährt jemand ein Befremden über Phänomene seiner Gegenwart dadurch, daß er bemerkt, wie innerhalb kurzer Zeit eine diskursive Selbstverständlichkeit einer neuen Redeweise zu weichen beginnt, die ihrerseits selbstverständlich wird. So bemerkt er vielleicht, wie ehedem verbürgte Differenzierungen diskursiv zu verschwinden beginnen, etwa die Differenz zwischen Kindern und Erwachsenen, zwischen Frauen und Männern, zwischen Gesunden und Kranken. Diese zeitgebundene Erfahrung macht er heute vielleicht deshalb eher, weil die Diskurse einer ungeheuren Beschleunigung unterliegen. Wenn also beispielsweise die medizinische Tätigkeit innerhalb weniger Jahre ihren Schwerpunkt von der Wiederherstellung des intakten Körpers, der Gesundheitsfürsorge über die Chiffre ‹Prävention› dorthin verlegt, gesunde Körper allererst zu machen, wie die Techniken von medizinisch indiziertem Schwangerschaftsabbruch bis zur In-vitro-Fertilisation zeigen, dann ist das ein Vorgang von großer Tragweite, weil er erwarten läßt, daß der kranke Körper nicht mehr beklagt, sondern wieder geächtet wird in einer Form der Euthanasie *ante partum* oder, als Sterbehilfe, *ante mortum*. Die Reichweite des Veränderungsprozesses zeigt sich erst, wenn an die vergangenen Mythen von Krankheit und Gesundheit erinnert werden kann.

Hinsichtlich einer Mythengeschichte der Kindheit ist das nicht anders. Unsere Vorstellung von Erziehung erscheint in einem ganz anderen Licht, sie wird als historische Erscheinung deutlich, wenn wir an Phänomenen des Alltags eine Eskalation des Kindlichen in das vorherige Erwachsenenleben hinein entdecken.[125] Die letztlich geschichtsphilosophische Frage, ob daran etwas geändert werden solle, wenn denn etwas zu ändern ist, könnte erst gestellt werden, wenn der selbstläufige Prozeß der Veränderungen mythischer Diskurse entdeckt wird, wenn der Vorgang auch als Wiederaufnahme älterer anthropologisch elementarer Vorstellungen begriffen wird. Aber das wäre die Frage nach dem ‹Gebrauch› der Fiktionen, welche offenzubleiben hat.

Insofern muß unbeantwortet bleiben, ob etwas zu ändern ist, weil dazu die Auskunft über eine trächtige Orientierung fehlt, die dem historischen Mythen-Strom, anders als die Geschichte der Aufklärung mit ihrer eigenen mythenstiftenden Wirkung, nicht entstammte. Ob eine solche Orientierung «vor» dem Mythos, in der «Schrift der Materie», in den «abstrakten Figuren des Gedächtnisses der Menschheit, wie sie im Körper konserviert sind»[126], zu suchen und zu finden ist, muß einstweilen offenbleiben.

Denkbar scheint immerhin, daß, vielleicht durch eine Historische Anthropologie der Mythen, ein Zustand überwunden werden könnte, der von vielen gegenwärtig auf diese Weise erfahren wird: «Wurde Geschichte als solche nicht zu einer Sache, die Mühe hat, ihren Rang im Wirklichen zu behaupten? Es ist nicht ausgemacht, ob wir das historisch Zurückliegende noch ohne weiteres als ‹eigene Geschichte› ansehen können, die uns Vermächtnisse, Bindungen und Zukunftschancen ausgehändigt hätte. Längst verhält sich die Mehrheit der Zeitgenossen zu ihrer belanglos gewordenen Vergangenheit enterbt, entbunden und so, als wären schon gestern die Gelegenheiten von morgen verspielt worden. Die moderne Ratlosigkeit vor der fliehenden Zeit ist durch welthistorisches Erzählen nicht mehr zu trösten. Die große *Geschichte* von einst entpuppt sich als eine evolutionäre List, die sich nicht verraten dürfte, wenn sie wirksam bleiben wollte: als ein aktiver autohypnotischer Mythos.»[127]

Dieser Autosuggestion scheinen gegenwärtig, zumindest in der Bundesrepublik Deutschland, die Angehörigen der beiden großen Lager zu unterliegen, welche sich aus Anlaß des sogenannten Historikerstreits performiert haben. Denn gleich, ob die einen in der durch Geschichte zu erzeugenden «Herkunftstreue» (Lübbe) eine Möglichkeit sehen, «die Folgelasten von Modernisierungsprozessen» zu verringern, oder ob ihre fortschrittsorientierten Gegner ihnen vorwerfen, «Entsorgung der Vergangenheit» (Habermas) zu betreiben, beide funktionalisieren Geschichte und Historiographie in bezug auf Zukunft. Als ob das immer so weiterginge. Wo ihnen *historia* nicht *magistra vitae* ist, dient sie ihnen als Versteck. Wie auch immer: Sie dient. Sie hat ihren Zweck, und über diese Zweckhaftigkeit für das Morgen hat sie «Dimensionen des Menschlichen»[128] ausgeblendet, eine Feststellung, die als solche schon genügt, einem den Vorwurf der Irrationalität, der Lauheit einzuhandeln.[129] Dieser Verdächtigung wird man sich in potenzierter Weise aussetzen, wenn man nicht einmal den Genuß des «Märchenteppichs»[130] reklamiert, sondern darauf besteht, daß es um nichts anderes gehen kann als darum, sich abzufinden mit dem Gewesenen und das Bewußtsein von der Tatsache der Gewesenheit des Vergangenen auf Dauer zu stellen.

Insofern laufen Überlegungen zur Pragmatik der Historiographie Gefahr, konkretizistisch mißverstanden zu werden und den Eindruck zu hinterlassen, sie füllten methodisch den großen Rahmen nicht aus, der mit der Option für eine melancholische Haltung gegenüber der Historiographie in anthropologischer Absicht gesteckt werde. Dieser Eindruck ist richtig, aber nicht ungewollt. Es kann eine entfaltete Pragmatik, ein System der Forschung heute nicht mehr geben, das nicht Gefahr liefe, den bekannten forschungstechnizistischen Einseitigkeiten eine weitere hinzuzufügen. Die unter anderen Umständen als logische Konsequenzen zu charakterisierenden pragmatischen Optionen waren deshalb vorsichtig als ‹Implikate› zu kennzeichnen, mit einiger Offenheit.[131] Wichtig an ihnen sind letztlich ihre beiden Prämissen: melancholische Einstellung und Bereitschaft zur Fiktion in der Rekonstruktion. Damit wird über die Idee einer «historischen Ästhetik»[132] sowie einer «Anthropopoetik» hinausgegangen, die im Erfinden bestünde, und zwar erst ‹nach der Rekonstruktion› der Trennung von Natur und Geschichte, wie sie an dem Menschen und durch ‹den› Menschen vollzogen wurde.[133] Denn wenn es einen Kern des Menschen nicht gibt außer als ‹Gedicht›, als ‹liebende Einbildung›, dann muß dies auch für die ‹Rekonstruktion› der Geschichte jener anthropologischen Fiktion gelten. Dem Zirkel der Imagination kann sich niemand entziehen, auch dann nicht, wenn diese Fiktionen im Gewande der Geschichtswissenschaft einherkommen, die immer Geschichtspoesie ist.

Anmerkungen

1 J. Habermas: Die Neue Unübersichtlichkeit. Frankfurt/M. 1985, S. 143.

2 Vgl. Th. S. Kuhn: Die Struktur wissenschaftlicher Revolutionen. Frankfurt/M. 1973, S. 191 ff.

3 D. Henrich: Was ist Metaphysik, was Moderne? In: Merkur 40 (1986), H. 6, S. 495.

4 Vgl. J. Habermas: Erkenntnis und Interesse. Frankfurt/M. 1968.

5 Vgl. J. Habermas: Gegen einen positivistisch halbierten Rationalismus. In: Kölner Zeitschrift für Soziologie und Sozialpsychologie 16 (1964), H. 4, S. 636–659.

6 Vgl. J. Habermas: Legitimationsprobleme im Spätkapitalismus. Frankfurt/M. 1973, S. 73 ff.

7 J. Habermas: Zur Logik der Sozialwissenschaften. Frankfurt/M. 1970, S. 71 ff.

8 Vgl. J. Habermas: Technik und Wissenschaft als ‹Ideologie›. Frankfurt/M. 1968.

9 A. a. O., S. 9.
10 A. a. O., S. 104.
11 A. a. O., S. 120.
12 Vgl. J. Habermas: Naturrecht und Revolution. In: ders.: Theorie und Praxis. Neuwied/Berlin 1963, S. 52–88.
13 K. R. Popper: Logik der Forschung. Tübingen 1969, S. 103.
14 Vgl. Y. Elkana: Anthropologie der Erkenntnis. Frankfurt/M. 1986, S. 290 ff.
15 Vgl. z. B. E. Morin: Komplexität als Herausforderung. In: Tumult (1987), S. 93–108.
16 Vgl. z. B. J. Habermas: Die Neue Unübersichtlichkeit. Frankfurt/M. 1985.
17 Vgl. z. B. durch U. Jaeggi: Ordnung und Chaos. Frankfurt/M. 1970, oder durch A. Schmidt: Geschichte und Struktur. Fragen einer marxistischen Historik. München 1971.
18 So Habermas über Derrida; vgl. J. Habermas: Die Neue Unübersichtlichkeit. Frankfurt/M. 1985, S. 191 ff.
19 So Habermas über Bataille: a. a. O., S. 258.
20 So Habermas über Foucault: a. a. O., S. 292.
21 So Habermas über Luhmann: a. a. O., S. 426 ff.
22 Vgl. E. Zilsel: Die sozialen Ursprünge der neuzeitlichen Wissenschaft. Frankfurt/M. 1976, S. 128 f.
23 Vgl. H. Diels: Antike Technik. Leipzig 1924, S. 29–35 und S. 40 ff.
24 Vgl. z. B. bei Thomas v. Aquin: «augmentum factum est», Summ. Theol. II,2 qu. I, art. 7, obj. 2.
25 Vgl. E. Zilsel: Die sozialen Ursprünge der neuzeitlichen Wissenschaft. Frankfurt/M. 1976, S. 132.
26 A. a. O., S. 133 (Umstellung D. L.).
27 Vgl. J.-F. Lyotard: Das postmoderne Wissen. Bremen 1982, S. 79 ff.
28 Vgl. z. B. F. Bacon: de augmentis scientiarum (1632).
29 Vgl. E. Zilsel: Die sozialen Ursprünge der neuzeitlichen Wissenschaft. Frankfurt/M. 1976, S. 148.
30 A. N. Whitehead: Wissenschaft und moderne Welt. Frankfurt/M. 1984, S. 13.
31 A. a. O., S. 31.
32 A. a. O., S. 241.
33 R. Koselleck: Vergangene Zukunft. Zur Semantik geschichtlicher Zeilen. Frankfurt/M. 1979, S. 19.
34 Vgl. Th. S. Kuhn: Die Struktur wissenschaftlicher Revolutionen. Frankfurt/M. 1973.
35 Vgl. C. Castoriadis: Durchs Labyrinth. Seele, Vernunft, Gesellschaft. Frankfurt/M. 1981, S. 145.
36 Vgl. H.-G. Herrlitz: Studium als Standesprivileg. Frankfurt/M. 1973.
37 F. Paulsen: Geschichte des gelehrten Unterrichts auf den deutschen Schulen und Universitäten vom Ausgang des Mittelalters bis zur Gegenwart, Bd. 2. Berlin/Leipzig ³1921, S. 17.
38 Vgl. G. Picht: Die deutsche Bildungskatastrophe. Olten/Freiburg 1964.
39 Vgl. H. Roth (Hg.): Begabung und Lernen. Stuttgart 1968.
40 H. Roth: Vorwort. In: ders.: a. a. O., S. 22.

41 Vgl. H. Rumpf: Die Bibel der Verschulung. Ein Rückblick auf das Gutachten des Deutschen Bildungsrats 1968. In: Kursbuch (1985), H. 80, S. 119–130.

42 Vgl. E. Weinert/H. Wagner: Die Förderung Hochbegabter in der Bundesrepublik Deutschland: Probleme, Positionen, Perspektiven. Bad Honnef 1987.

43 H. J. Eysenck: Intelligenz: Struktur und Messung. Berlin/Heidelberg/New York 1980; zit. n. C. Niemitz: Erbe und Umwelt. Frankfurt/M. 1987, S. 283.

44 H. Scholtz: Begabung und gesellschaftliche Förderung der Intelligenz. Zur Geschichte der politischen Nutzung des Begabungsbegriffs. In: C. Niemitz (Hg.): Erbe und Umwelt. Frankfurt/M. 1987, S. 56. Für die ältere Situation des Begabungsdiskurses vgl. P. Drewek: Begabungstheorie, Begabungsforschung und Bildungssystem in Deutschland 1890–1918. In: K.-E. Jeismann (Hg.): Bildung, Staat, Gesellschaft im 19. Jahrhundert. Stuttgart 1988, S. 387–412.

45 W. v. Humboldt: Litauischer Lehrplan. In: Gesammelte Schriften. Hg. v. der Preußischen Akademie der Wissenschaften, Bd. 13. Berlin 1920, S. 278.

46 A. N. Whitehead: Wissenschaft und moderne Welt. Frankfurt/M. 1984, S. 24.

47 Vgl. z. B. G. Scheve: Phrenologische Bilder. Zur Naturlehre des menschlichen Geistes und deren Anwendungen auf das Leben. Leipzig 1874.

48 Vgl. J. Mittelstraß: Wissenschaft als Lebensform. Frankfurt/M. 1982, S. 22.

49 Th. S. Kuhn: Die Struktur wissenschaftlicher Revolutionen. Frankfurt/M. 1973, S. 107.

50 M. Planck: Wissenschaftliche Selbstbiographie. Leipzig 1948, S. 22.

51 Th. S. Kuhn: Die Struktur wissenschaftlicher Revolutionen. Frankfurt/M. 1967, S. 149.

52 I. Lakatos: Die Geschichte der Wissenschaft und ihre rationalen Rekonstruktionen. In: W. Diederich (Hg.): Theorien der Wissenschaftsgeschichte. Frankfurt/M. 1974, S. 72.

53 Vgl. S. Toulmin: Die evolutionäre Entwicklung der Naturwissenschaft. In: W. Diederich (Hg.): Theorien der Wissenschaftsgeschichte. Frankfurt/M. 1974, S. 249–275.

54 Vgl. K. Holzkamp: Wissenschaft als Handlung. Berlin 1968.

55 Vgl. A. Freud: Das Ich und die Abwehrmechanismen. München 1973.

56 S. Freud: Trauer und Melancholie. Studienausgabe Bd. III. Frankfurt/M. 1982, S. 198.

57 G. Mattenklott: Melancholie in der Dramatik des Sturm und Drang. Königstein/Ts. 1985, S. 176.

58 A. a. O., S. 11.

59 J. Habermas: Die Neue Unübersichtlichkeit. Frankfurt/M. 1985, S. 24.

60 W. Benjamin: Über den Begriff der Geschichte. Gesammelte Schriften, Bd. I.2. Frankfurt/M. 1974, S. 694.

61 A. a. O., S. 695.

62 J. Habermas: Die Neue Unübersichtlichkeit. Frankfurt/M. 1985, S. 23.

63 W. Benjamin: Über den Begriff der Geschichte. Gesammelte Schriften, Bd. I.2. Frankfurt/M. 1974, S. 702.

64 H. Lübbe: Fortschrittsreaktionen. Graz/Wien/Köln 1987, S. 153.

65 Vgl. D. Lenzen: Childhood as redemption, Mimeo. New York 1986.
66 Vgl. W. Krohn: Die «Neue Wissenschaft» der Renaissance. In: G. Böhme
   u. a.: Experimentelle Philosophie. Frankfurt/M. 1977, S. 58.
67 G. Böhme: Alternativen der Wissenschaft. Frankfurt/M. 1980, S. 74.
68 Ch. Baudelaire: Gesammelte Schriften, Bd. 4. Hg. von M. Bruns, Darmstadt 1982, S. 325 f.
69 Vgl. z. B. R. Koselleck/W.-D. Stempel (Hg.): Geschichte – Ereignis und
   Erzählung. München 1973; J. Kocka/Th. Nipperdey (Hg.): Theorie und Erzählung in der Geschichte. München 1979.
70 Vgl. zum folgenden E. Kessler: Das rhetorische Modell der Historiographie.
   In: R. Koselleck u. a. (Hg.): Formen der Geschichtsschreibung. München
   1982, S. 37–85.
71 Vgl. Aristoteles: Ars rhetorica. Hg. v. W. D. Ross. Oxford 1959.
72 Vgl. auch Platon: Phaidros oder Vom Schönen. Stuttgart 1957.
73 Vgl. Augustinus: De doctrina christiana. Œuvres de S. Augustin, Œuvres
   Bd. 11. Paris 1949, S. 28 und S. 44.
74 Vgl. Petrarca: De viris illustribus. Florenz 1964.
75 L. v. Ranke: Tagebücher. Hg. v. W. P. Fuchs. München/Wien 1964, S. 101.
76 L. v. Ranke: Sämtliche Werke, Bd. 33/34. Leipzig 1874, S. VII.
77 W. v. Humboldt: Über die Aufgabe des Geschichtsschreibers. In: Werke,
   Bd. 1. Stuttgart 1980, S. 591.
78 Vgl. J. G. Droysen: Historik. Vorlesungen über Enzyklopädie und Methodologie der Geschichte. Darmstadt 1967; G. G. Gervinus: Grundzüge der
   Historik. Leipzig 1837.
79 Vgl. H. R. Jauß: Der Gebrauch der Fiktion in Formen der Anschauung und
   Darstellung der Geschichte. In: R. Koselleck u. a. (Hg.): Formen der Geschichtsschreibung. München 1982, S. 416.
80 Vgl. a. a. O.
81 Vgl. etwa J. Rüsen: Die vier Typen des historischen Erzählens. In: H. Lutz/
   J. Rüsen (Hg.): Formen der Geschichtsschreibung. München 1982, S. 26,
   sowie der Dritte Teil «Vermittlungsversuche». In: J. Kocka/Th. Nipperdey
   (Hg.): Theorie und Erzählung in der Geschichte. München 1979,
   S. 229–370.
82 Vgl. z. B. J. Kocka: Zurück zur Erzählung? In: Geschichte und Gesellschaft
   10 (1984), S. 395–407.
83 Vgl. z. B. H.-U. Wehler: Geschichte – von unten gesehen. In: DIE ZEIT
   Nr. 19 vom 3. 5. 1985.
84 Vgl. z. B. J. Kocka: Sozialgeschichte. Begriff – Entwicklung – Probleme.
   Göttingen 1986.
85 Vgl. a. a. O., S. 77 ff.
86 Vgl. z. B. O. Brunner: Sozialgeschichtliche Forschungsaufgaben. In: Anzei-
   ger der phil.-hist. Klasse der Österreichischen Akademie der Wissenschaften, Jg. 1948, S. 335–362; W. Conze: Die Stellung der Sozialgeschichte in
   Forschung und Unterricht. In: Geschichte in Wissenschaft und Unterricht 3
   (1952), S. 648–657.
87 Vgl. F. Braudel: La Méditerranée et le monde méditerranéen à l'époque de
   Philippe I. Paris 1949.
88 Vgl. U. Raulff (Hg.): Mentalitäten-Geschichte. Berlin 1987.

89 Vgl. M. Erbe: Zur neueren französischen Sozialgeschichtsschreibung. Darmstadt 1979.

90 Vgl. z. B. J. Kuczynski: Geschichte des Alltags des deutschen Volkes, 5 Bde. Berlin/Köln 1980–1982.

91 Vgl. z. B. M. Foucault: Überwachen und Strafen. Die Geburt des Gefängnisses. Frankfurt/M. 1977; ders.: Sexualität und Wahrheit. Frankfurt/M. 1979.

92 Vgl. R. Koselleck: Terror und Traum. Methodologische Anmerkungen zu Zeiterfahrungen im Dritten Reich. In: ders.: Vergangene Zukunft. Frankfurt/M. 1979, S. 278–300.

93 Vgl. J. Rüsen: Verwissenschaftlichung als Entliberalisierung? In: H. W. Blanke/J. Rüsen (Hg.): Von der Aufklärung zum Historismus. Zum Strukturwandel des historischen Denkens. Paderborn u. a. 1984, S. 66 ff.

94 G. Seibt: Der Ort des Alltags. Die Historiographie. In: Freibeuter (1988), H. 36, S. 80.

95 A. a. O., S. 81 f.

96 Vgl. H. R. Jauß: Der Gebrauch der Fiktion in Formen der Anschauung und Darstellung der Geschichte. In: R. Koselleck u. a. (Hg.): Formen der Geschichtsschreibung. München 1982, S. 416 und 422 ff.

97 Vgl. J. Rüsen: Die vier Typen des historischen Erzählens. In: H. Lutz/J. Rüsen (Hg.): Formen der Geschichtsschreibung. München 1982, S. 514–605.

98 U. Raulff: Vorwort. Vom Umschreiben der Geschichte. In: ders. (Hg.): Vom Umschreiben der Geschichte. Berlin 1986, S. 13.

99 O. Marquard: Kunst als Antifiktion – Versuch über den Weg der Wirklichkeit ins Fiktive. In: D. Henrich/W. Iser (Hg.): Funktionen des Fiktiven. München 1983, S. 48.

100 Vgl. a. a. O., S. 39.

101 D. Henrich: Versuch über Fiktion und Wahrheit. In: D. Henrich/W. Iser (Hg.): Funktionen des Fiktiven. München 1983, S. 514.

102 Vgl. a. a. O., S. 515.

103 Marquard a. a. O., S. 53.

104 O. Köhler: Versuch einer «Historischen Anthropologie». In: SAECULUM 25 (1974), S. 142.

105 W. Lepenies: Geschichte und Anthropologie. Zur wissenschaftlichen Einschätzung eines aktuellen Disziplinenkontakts. In: Geschichte und Gesellschaft 1 (1975), S. 325–343.

106 Vgl. W. Lepenies: Probleme einer Historischen Anthropologie. In: R. Rürup (Hg.): Historische Sozialwissenschaft. Göttingen 1977, S. 139.

107 Vgl. J. Kocka: Historisch-anthropologische Fragestellungen – ein Defizit der Historischen Sozialwissenschaft? In: H. Süßmuth (Hg.): Historische Anthropologie. Göttingen 1984, S. 73–83.

108 Vgl. u. a. M. Bloch u. a.: Schrift und Materie der Geschichte. Hg. v. T. Stoianowich. Frankfurt/M. 1977; G. Dux (Hg.): Philosophische Anthropologie. Frankfurt/M. 1970; M. Erbe: Zur neueren französischen Sozialgeschichtsforschung. Darmstadt 1979; A. Heuss: Zum Problem einer geschichtlichen Anthropologie. In: H.-G. Gadamer/P. Vogler (Hg.): Neue Anthropologie, Bd. 4. Stuttgart 1973, S. 150–194; D. Kamper: Soziologie und Anthropologie. Ihr Verhältnis in systematischer und historischer Hinsicht.

Kurseinheit 2. Fernuniversität Hagen 1986; J. Kocka: Sozialgeschichte. Begriff – Entwicklung – Probleme. Göttingen 1977; O. Köhler: Erinnerung und Erwartung. In: H. Rombach (Hg.): Die Frage nach dem Menschen. Aufriß einer philosophischen Anthropologie. Festschrift für Max Müller. Freiburg 1966, S. 105–129; O. Köhler: Versuch einer «Historischen Anthropologie». In: SAECULUM 25 (1974), S. 129–246; W. Lepenies: Geschichte und Anthropologie. In: Geschichte und Gesellschaft 1 (1975), S. 325–343; Th. Nipperdey: Bemerkungen zum Problem einer historischen Anthropologie. In: Die Philosophie und die Wissenschaften. Festschrift für Simon Moser. Meisenheim 1967, S. 350–370; Th. Nipperdey: Kulturgeschichte, Sozialgeschichte, historische Anthropologie. In: Vierteljahresschrift für Sozial- und Wirtschaftsgeschichte 55 (1968), S. 145–164; A. Nitschke: Plädoyer für eine alternative Anthropologie. In: Geschichte und Gesellschaft 2 (1976), S. 261–263; U. Raulff (Hg.): Mentalitäten-Geschichte. Zur historischen Rekonstruktion geistiger Prozesse. Berlin 1987; E. Ströker: Zur gegenwärtigen Situation der Anthropologie. In: Kant-Studien 51 (1959/60), S. 461–479; H. Süssmuth (Hg.): Historische Anthropologie. Der Mensch in der Geschichte. Göttingen 1984.

109 Vgl. D. Kamper: Zur Soziologie der Imagination. München/Wien 1986, S. 63.

110 Vgl. J. F. Lyotard: Das postmoderne Wissen. Bremen 1982, S. 128f.

111 Vgl. A. Gehlen: Über kulturelle Kristallisation. In: ders.: Studien zur Anthropologie und Soziologie. Neuwied 1963, S. 232.

112 Vgl. L. v. Ranke: Über die Epochen der neueren Geschichte. Darmstadt 1965, S. 11.

113 Vgl. A. Nitschke: Plädoyer für eine alternative Anthropologie. In: Geschichte und Gesellschaft 2 (1976), S. 262.

114 J. G. Droysen: Historik. Vorlesungen über Enzyklopädie und Methodologie der Geschichte. Darmstadt 1967, S. 144 und 149.

115 Vgl. H. R. Jauß: Der Gebrauch der Fiktion in Formen der Anschauung und Darstellung der Geschichte. In: R. Koselleck u. a. (Hg.): Formen der Geschichtsschreibung. München 1982, S. 415–451.

116 Vgl. H. Plessner: Zum gegenwärtigen Stand der Frage nach der Objektivität historischer Erkenntnis. Gesammelte Schriften, Bd. IX. Frankfurt/M. 1985, S. 151.

117 Vgl. R. Schlesier (Hg.): Faszination des Mythos. Studien zu antiken und modernen Interpretationen. Basel/Frankfurt 1985, S. 7.

118 Vgl. W. F. Otto: Die Gestalt und das Sein. Darmstadt 1954, S. 79.

119 Vgl. D. Lenzen: Unsere Abtreibungskultur. In: Zeitwende 59 (1988), H. 5, S. 154–169.

120 Vgl. B. Schwenk: Erziehung. In: D. Lenzen/K. Mollenhauer (Hg.): Enzyklopädie Erziehungswissenschaft, Bd. 1. Stuttgart 1983, S. 386–394.

121 L. Kolakowski: Die Gegenwärtigkeit des Mythos. München 1973, S. 13.

122 Vgl. K. Hübner: Mythische und wissenschaftliche Denkform. In: H. Poser (Hg.): Philosophie und Mythos. Berlin/New York 1979, S. 84.

123 Vgl. K. Acham: Historizität und Generalisierung. Zur Rolle des Historischen in den theoretischen Sozialwissenschaften. In: J. Kocka/Th. Nipper-

dey (Hg.): Theorie und Erzählung in der Geschichte. München 1979, S. 154.

124 Vgl. zu dieser Frage M. Oppitz: Notwendige Beziehungen. Abriß der strukturalen Anthropologie. Frankfurt/M. 1975, S. 177 ff.

125 Vgl. D. Lenzen: Mythologie der Kindheit. Reinbek bei Hamburg 1985.

126 D. Kamper: Zur Soziologie der Imagination. München/Wien 1986, S. 66.

127 P. Sloterdijk: Kopernikanische Mobilmachung und ptolemäische Abrüstung. Frankfurt/M. 1987, S. 24.

128 Vgl. K. H. Bohrer: Vorwort. In: Merkur 41 (1987), H. 463/464, S. 731 f.

129 J. Kocka: Geschichte als Aufklärung? In: J. Rüsen/E. Lämmert/P. Glotz (Hg.): Die Zukunft der Aufklärung. Frankfurt/M. 1988, S. 97.

130 Vgl. K. H. Bohrer: Vorwort. In: Merkur 41 (1987), H. 463/464, S. 731 f.

131 Sie verdanken sich im übrigen weniger der logischen Deduktion als einer Extrapolation von historiographischen Merkmalen aus eigenen Rekonstruktionsversuchen, z. B. D. Lenzen: Mythologie der Kindheit. Reinbek bei Hamburg 1985; ders.: In-vitro-Fertilisation und Funktionswandel der Familie. In: Medizin – Mensch – Gesellschaft 12 (1987), H. 1, S. 33–40; ders.: Pornographie und sexuelle Wirklichkeit – Vom notwendigen Ende des pornographischen Diskurses. In: A. Schuller/N. Heim (Hg.): Vermessene Sexualität. Berlin/Heidelberg 1987, S. 122–141; ders.: Der Aids-Diskurs. Überlegungen zur historisch-anthropologischen Deutung. In: Medizin – Mensch – Gesellschaft 12 (1987), H. 3, S. 183–193; ders.: Unsere Abtreibungskultur. In: Zeitwende 59 (1988), H. 3, S. 154–169.

132 Vgl. z. B. U. Raulff: Vorwort: Vom Umschreiben der Geschichte. In: ders. (Hg.): Vom Umschreiben der Geschichte. Berlin 1986, S. 11.

133 Vgl. D. Kamper: Zur Soziologie der Imagination. München/Wien 1986, S. 15 und 19.

Dietmar Kamper

Tod des Körpers – Leben der Sprache
Über die Intervention des Imaginären im Zivilisationsprozeß

Vorwort

Was im folgenden ausprobiert wird, ist nicht mehr – aber auch nicht weniger – als die ‹Philosophie eines Gedankenstrichs›. Dieser war, in der Verklammerung der beiden Termini Tod des Körpers – Leben der Sprache, historisch außerordentlich virulent. Er konstituierte gewissermaßen die ‹Vorschrift› der europäischen Zivilisation, ihre maßgebliche Maxime: Absterben des Körpers heißt Aufleben der Sprache. Er gab die Richtung an, den der zivilisatorische Transformationsprozeß immer aufs neue zu nehmen hatte, vom Materiellen ins Immaterielle. Er garantierte den Zusammenhang: Distanzierung, Unterdrückung und Aufschub der körperlichen Wünsche und Bedürfnisse sind Voraussetzungen für Dauer und Festigkeit, Deutung und Sinn einer verbindlichen, gemeinsamen sprachlichen Welt; der Untergang des ‹Realen› bedingt den Aufgang des ‹Symbolischen›; die Überwindung der Natur, nahe beim Chaos, ermöglicht die Errichtung einer ‹symbolischen Ordnung› im Leben der Gattung und der einzelnen Menschen.[1] – Der Gedankenstrich war also eine Kurzformel für die Abstraktionsleistung des Abendlandes, des christlichen zumal.

Hier hatte zwar die Botschaft eine entgegengesetzte Richtung: Fleischwerdung des Wortes statt Wortwerdung des Fleisches. Aber die Medien ihrer Aufnahme, die Väter-Theologie und die Mönchs-Askese, verdrehten geradezu den Sinn: Exkarnation statt Inkarnation. Von der ausgeführten Dogmatik des Kreuzestodes Christi, von der Aufforderung zur Nachfolge über die asketischen Mönchsregeln bis in die protestantische Ethik mit ihren säkularisierten und säkularen Auslegern in der bürgerlichen Erziehung und Disziplinierung reicht die Karriere dieser Vorschrift: Tod des Körpers – Leben der Sprache. Nach wie vor bietet sie ein Programm mit der größten Reichweite, da das Muster der Abstraktion, die Entmaterialisierung des Materiellen, die Substituierung des Körperlichen durch sprachliche Zeichen die gesamte Tech-

nik, Interaktion und Kommunikation der inzwischen globalen Weltzivi-
lisation durchzieht und beherrscht. Trotzdem mehren sich die Zweifel
daran, ob die Maxime ‹Absterben des Körpers heißt Aufleben der Sprache› eingelöst werden kann, ob sie nach Lage der Dinge überhaupt je-
mals aufgeht. Der den Zusammenhang garantierende Gedankenstrich
verliert zusehends seine Festigkeit. Er bröckelt ab. Zwar ist heutzutage
der Tod des Körpers fast perfekt, aber er hat das Leben der Sprache
nicht nach sich gezogen. Sinn und Deutung einer ‹menschlichen Welt›
konnten nicht auf Dauer errichtet und erst recht nicht dingfest gemacht
werden. Die innerste Klammer der Fortschrittsgeschichte im Komplex
‹Zivilisation›, die Selbstkontrolle des einzelnen Menschen[2], unterliegt
gegenwärtig zerfasernder Auflösung. Ihre Verbindlichkeit ist dahin. Es
gibt, bereits über längere Zeit, Erfahrungen mit Gegenläufen: Traditionen der Selbstmaskierung und Selbsttäuschung, die aber – in der
Sprengung verordneter Identität – nur vereinzelt gelingen. Allenthalben jedoch kommt es zu einem Siechtum der Fortschrittsidee und des
Konzepts einheitlicher Subjektivität. Seitdem wird das Individuum
buchstäblich dividiert, und die Einheit der Gattung verliert sich in vager
Indifferenz. Seitdem wuchern die Körper; und die Sprache zerfällt
in Idiome und Slangs, die schier archaischen Zwang ausüben. Seitdem
fällt jede Pointierung des Progressiven unvermittelt regressiv aus,
und es kommt immer öfter zu einem Oszillieren zwischen Symptom
(Körper) und Symbol (Sprache), das Ambivalenzen en masse produziert.

Die Ursachen für solche kontraintentionalen Effekte liegen wahrscheinlich in einer gewissen Engstirnigkeit der Zivilisationsprogramma-
tik, die auf ausgerechnet zwei Terme fixiert blieb und die dabei andere
im Umfeld von menschlicher Natur und Geschichte sorgsam ausklam-
merte, zum Beispiel das ‹Leben des Körpers‹ und den ‹Tod der Sprache›.
Wenn man den ersten Term der Vor-Geschichte und den letzten der
Nach-Geschichte zuordnet, diese jedoch nicht epochal, sondern als per-
manente ‹Begleitumstände› der im Zivilisationsprozeß vermittelten beiden anderen Terme versteht, dann ergibt sich ein vierfach gegliederter
Spannungsbogen, der anthropologisch mehr sehen läßt und auch noch
das Scheitern des Gedankenstrichs zu thematisieren erlaubt.[3] Der ‹Bogen›, der der Artikulation der kommenden Probleme dient, lautet mithin: ‹Leben des Körpers› (Prähistorie: Übergang von Ritus zu Mythos;
Mimesis); ‹Tod des Körpers› – ‹Leben der Sprache› (Zivilisationsgeschichte: Abstraktionsprozeß; Differenz von Realität und Symbol);
‹Tod der Sprache› (Posthistoire: Übergang von der Phantasie zur Maschine; Simulation).[4]

Genau am Punkt des gedanklichen Bindestrichs passiert eine Intervention des Imaginären, die das gespannte Verhältnis zwischen dem ‹Realen› und dem ‹Symbolischen› zerbricht. Das ist die Hauptursache des Mißlingens. Intervention soll heißen: Es kommt etwas dazwischen, unerwartet, ein Störfall mit unabsehbaren Folgen. Indem die Menschen etwas tun, was sie wollen, tun sie zugleich etwas, was sie nicht wollen. Dieses Ungewollte interveniert, und zwar um so heftiger, je entschiedener es ausgeschlossen wird. Indem mittels eines überfordernden Programms das Verhältnis zwischen Körper und Sprache gerichtet werden soll, erscheint unversehens, aber mit Macht, das Imaginäre als anderer Schauplatz des menschlichen Begehrens, entreißt die beiden ‹Randbedingungen› der Vergessenheit, schließt das Archaische mit dem Technischen zusammen und macht das Programm der Zivilisation, vor allem seine Unzulänglichkeit, in einem doppelten Licht anders lesbar. Auf eine solche Re-Lektüre kommt es im folgenden an. Die angedeutete Modellkonstruktion wird dabei durch Anwendung auf Sachverhalte und Theoreme erläutert. Dem Text vorausgesetzt ist die Überzeugung, daß die nur halbwegs zivilisierte Menschheit den Raum der Geschichte bereits verlassen hat und dabei ist, etwas Ungeheuerliches anzuzetteln.

1. Das aktuelle Problem: transhumane Expansion

Es wird immer schwieriger, das gegenwärtige Geschehen mit Abstand wahrzunehmen. Das, was geschieht, ist denen, die es tun oder leiden, ganz nahe auf den Leib gerückt. Versuche zur Zeitdiagnose geraten deshalb immer kurzlebiger.[5] Schon die geringste Distanzierungsleistung zeigt völlig neue Ansichten, und ein durchgehaltener fremder Blick bringt ganze Ketten inkommensurabler Hypothesen hervor, ohne daß sich an deren Wirkungslosigkeit prinzipiell etwas ändern würde. Es gibt keinen gemeinsamen zentralperspektivischen Nenner mehr. Erst recht verschwimmt so das Bild des Ganzen. Deshalb ist einerseits Zurückhaltung angebracht, wenn es um eine Charakterisierung dessen geht, was eine Zeit insgesamt und im Kern ausmacht. Andererseits kann man nicht darauf verzichten, wenigstens tentativ Annahmen zu treffen, da jeder heute spürt, daß Entscheidendes auf dem Spiel steht. Diese Annahmen hätten den Sinn, Brückenschläge zu unternehmen, auch ohne die Gewißheit, ob die Konstruktion die adäquate Distanz aushält und sich in den Zwischenraum zwischen Perspektiven und Aspekten einfügt.

Versuchsweise sei also angenommen, daß seit einiger Zeit, offenbar mit Zwangsläufigkeit, halb absichtlich, halb unbewußt eine ‹transhumane Expansion› stattfindet; das soll heißen: eine mehrfache Überschreitung herkömmlicher Grenzen, eine Überspannung menschlicher Maßstäbe, eine Verlagerung fundamentaler Interessen auf ein ‹Jenseits› des Menschen, eine Betonung und Bevorzugung solcher Fähigkeiten und Fertigkeiten, die bisher als ‹unmenschlich› galten. An verschiedenen und verschiedenartigen Fronten, zum Beispiel in der Gentechnologie, in der Erkundung und Durchführung der fertilisatio in vitro, in der Computerisierung der Arbeit, in der Intensivierung der Ausbeutung von begrenzten Ressourcen, in der permanenten Erschöpfung der menschlichen Bedürfnisse, in der vorzeitigen Ruinierung der menschlichen Seelen, überhaupt im Haß auf alles, was wächst..., werden zur Zeit Anstalten getroffen, die irreversible Prozesse auslösen sollen. Der jeweilige ‹point of no return› erscheint dabei nicht mehr als Warnboje, sondern umgekehrt als Signal unwiderstehlicher Attraktivität. Eine historisch vergleichsweise spät ausgebildete Mentalität, die nach dem Motto von ‹Let's go West›[6] die Schiffe der Rückkehr bereits verbrannt hat, ist als Norm hochgespielt und als Normalität durchgesetzt worden. Sie hat die ‹höllische› Fähigkeit zur Automation und bietet von daher die Gewähr blinden Funktionierens und ununterbrochenen Weitermachens. Worum es hier geht, sind nicht die Veranstaltungen im einzelnen, sondern die Hintergründe für ihren Einsatz. Die Frage lautet: Was macht die transhumane Expansion nicht allein möglich, sondern wahrscheinlich – trotz der zum Teil gewußten Folgen? Und was kostet sie?

Die Externalisierung produzierter Innerlichkeit

Kaum daß zivilisationstheoretisch die ‹menschliche Natur›, diese ‹innere Menschheit› mit ihren Normen und Werten, als Produkt subtiler Techniken der «Selbstsorge»[7] entdeckt und beschrieben worden ist, wird sie erneut aufs Spiel gesetzt. Die unendliche Mühe asketischer, erzieherischer, disziplinierender Traditionen, die Innenräume der Seele zu weiten[8], zu erbauen und zu formieren, scheint sich kaum gelohnt zu haben. Die Chancen einer «figurativen Sozietät»[9], wie sie sich nach den Anstrengungen einer Überwindung bodenständiger Konstellationen in Familie und Gesellschaft ergeben hatten, schwinden erneut. – Das Geschehen der transhumanen Expansion löscht die Errungenschaften der Zivilisation, soweit sie den einzelnen Menschen betreffen, rigoros aus. Obwohl sie selbst als Gipfel einer Technologie der Seele erscheint, übt sie keinerlei Rücksicht. Sie läßt sich nähren von den Kräften der Innerlichkeit, ist jedoch selbst pure Äußerlichkeit. Es hat den Anschein, als ob historische Investitionen zurückfließen würden in einen Hort von Apparaturen und Maschinen, dessen Zeit erst kommen wird. Diese Externalisierung zuvor internalisierter Vermögen legt den Verdacht nahe, daß die menschlichen Körper Orte für ein Virulentwerden gewesen sind, nichts weiter. Wie «Alien»[10], das Monstrum des Überlebens, den lebenden Organismus zur Regeneration braucht, so hat eine externe Logik eingegriffen, um ein Begehren zu konstituieren, das sich verausgabt und schließlich jene Kräfte wachsen läßt, welche die transhumane Expansion betreiben. Die Annahme, daß es sich bei der aktuellen Verlagerung der menschlichen Sehnsüchte nach außen um eine ‹Rückgabe› handelt, um eine Art Rache, öffnet den Blick für größere historische Räume und legt Motive frei, die im Starren auf die Gegenwart unentdeckt blieben. Nach Auffassung der ältesten Mythen entstehen die Ungeheuer dort, wo der Natur eine Überforderung, eine List, eine Täuschung angetan wird. Vielleicht läßt sich die Zivilisationsgeschichte als ein derartiges listiges Täuschungsmanöver interpretieren, welches die betroffenen Menschen derart überfordert hat, daß sie nun als Natur in Person Rache üben und durch ‹Rückzahlung› zugefügter Schmerzen den Boden für die Entstehung neuartiger Ungeheuer bereiten.[11]

Was erklärt werden muß, ist die menschliche Anfälligkeit für ein anonymes automatisches Geschehen, ist das unterschwellige Einverständnis mit dem Verlust des ‹Humanum›, ist die stillschweigende Entscheidung für eine Karriere des ‹Un-Menschlichen›, die letztlich auch den, der dafür ist, in Mitleidenschaft zieht und vernichtet. Denn das Schreckliche, das normalerweise erst mit dem Überschreiten der Grenzen verbunden wird, ist schon da. Noch hat es bedrohliche Konturen. Überhaupt wirkt es diesmal nur vorher. Danach betrifft es niemand mehr. Man wird nicht mehr wissen, um was es gegangen ist. Das Schreckliche, das seine Schatten derart vorauswirft, liegt darin, daß eine Ereigniskette, vor der alle Beteiligten Angst haben, nicht unterbrochen werden kann.

Die Entlastung durch die Maschine. Selbstreferenz

Mit der Behauptung, alles höhere gesellschaftliche und individuelle Leben sei selbstreferentiell, begann vor Jahrzehnten der Aufschwung der Systemtheorie.[12] Dabei wurde der Umstand, daß die Wirkungen eines Systems zugleich neue Ursachen desselben sein können, also über

Rückkopplungen produktiv gemacht werden, als ‹Errungenschaft› apostrophiert. Selbstreferenz ist seitdem ein Ausweis für Komplexität, die in der Biologie, der Psychologie, der Soziologie u. a. nicht mehr unterschritten werden darf, wenn man auf der Höhe der Erkenntnis sich halten will. In Verbindung mit der These der «Autopoiesis»[13], also einer Art Selbsterschaffung des Lebendigen, ist die Theorie der Selbstreferenz aus den Human- und Sozialwissenschaften nicht mehr wegzudenken. In Rücksicht jedoch auf die transhumane Expansion ergeben sich Zweifel, ob dergleichen als Errungenschaft interpretiert und bewertet werden kann. Hier legt sich vielmehr ein anderer Gedanke nahe: ob in der genannten Form der Komplexitätssteigerung nicht eine unfreiwillige Mimesis an die höhere Maschine vorkommt, die das menschliche Leben in seinen Verläufen derart prägt, daß es schließlich durch eine externe, maschinenmäßige Logik übernommen werden kann. – Die Menschen selbst würden dann eine solche Übernahme als Entlastung empfinden, die ihnen Mühe und Zeit spart – und das Nachdenken darüber, wie weit sie durch Externalisierung produzierter Innerlichkeit aufs neue enteignet sind.

Der Gedanke, der zunächst an die Ängste erinnert, welche die Maschinenstürmerei begleitet haben, bekommt einen hohen Grad von Wahrscheinlichkeit, wenn man sich den Charakter der neuen industriellen Revolution strukturell vor Augen führt. Bei den Apparaten, die gegenwärtig ihren Siegeszug angetreten haben, geht es nicht mehr um Erweiterungen, Verlängerungen und Verfeinerungen des menschlichen Körpers. Die herkömmliche Anthropologie der Technik, die am Modell des ‹L'Homme Machine› festhält und einer Instrumentalisierung bzw. Bewaffnung des Menschen, soweit er ‹res extensa› ist, das Wort redet, versagt völlig angesichts der laufenden Maschinisierung der ‹res cogitans›, wie sie sich in der Veräußerung der Symbolfunktion des menschlichen Geistes gegenwärtig abspielt. Es geht dabei nicht mehr so sehr um Raumbeherrschung, um Dominanz über die ausgedehnte Welt, sondern um Zeitregie, um Effektivierung eines nicht-ausgedehnten Denkens, genauer der Zeit, die der menschliche Geist beim Denken braucht.[14] – Das mag um so besser gelingen, je qualitätsloser die gebrauchte Zeit ist, weshalb auch hier alles viel früher beginnt, als eine auf Sichtbarkeit angewiesene Betrachtung annimmt. Die Attraktivität der Denk- und Rechenmaschinen hat ihren systematischen und historischen Grund in der Maschinenhaftigkeit des menschlichen Denkens, Rechnens und Zählens.

Die Inszenierung der Zeit.
Rückschlüsse auf die Geschichte

Obwohl Ereignisse nicht inszenierbar sind, werden sie neuerdings in Szene gesetzt.[15] Damit bringen sich die Menschen in ein Gewaltverhältnis zu dem, was ihnen bislang noch entgangen ist: zum unverfügbaren Charakter der Zeit. Chronokratie ist angesagt. In ihr scheint die angestrebte Selbstmächtigkeit der Menschheit ihre alles entscheidende Erfüllung zu finden. Erst wer Zeit wirklich hat, kann sich Herr und Meister nennen. Darin liegt ihre unerhörte Provokation. Jahrhunderte der Raumbesetzung schwinden dahin vor dieser Herausforderung, Zeit endlich in Regie nehmen zu können. Noch hat das Unternehmen, abgesehen vielleicht von den militärischen Planspielen, einen Zug ins Unernste. Vornehmlich im Medium der Kultur finden gegenwärtig die Inszenierungen statt. Sie leben vom Pathos der Substituierung des Ernstfalls[16], lassen jedoch auch Symptombildungen erkennen, die aufschlußreich sein könnten für die Zukunft. Auffallend ist zunächst die Zunahme der Paradoxien, die jedoch niemanden im Ernst irritieren. Akzeptiert ist der Satz: Je mehr Zeit man spart, desto weniger hat man. Die darin liegende Enttäuschung eines ersten, phantasielosen Umgangs ist schon verschmerzt. Schwerer geht es mit der einsetzenden Langeweile bei pausenlos betriebener Kurzweil. Hier helfen vielleicht Gegenparadoxien: kulturelle Manifestationen einer inszenierten Leere der Zeit. Eine Klippe besonderer Art ist die mit der Entqualifizierung einhergehende Sinnlosigkeit zeitlicher Erfahrungen, die durch Wiederholungen nicht etwa schwindet, sondern zunimmt. Die Frage erhebt sich: Wie halten die Menschen auf Dauer qualitätslose Zeitkreise aus, die nur durch Zeitstrecken und Zeitpunkte ohne jeglichen Inhalt unterbrochen werden?

Da helfen vorübergehend nur die Bilder, die schon immer gute Dienste bei ‹horror vacui› geleistet haben, und Hoffnungen auf Entlastung durch Zeitmaschinen. Der Rückstau von Resten an den Grenzen der menschlichen Macht wird längst nicht mehr durch Nachlassen der Anstrengung, sondern durch ihre Intensivierung bewältigt. Krisen und Katastrophen werden nicht als Widerstand der sterbenden Dinge verstanden, sondern als Schmiermittel der Übertreibung benutzt. Sowenig wie die Kapitalisierung der Produktivkräfte durch deren Umschlag in Destruktivkräfte gebremst wird, sowenig läßt sich die Inszenierung der Zeit durch handfeste Beweise ihrer Unmöglichkeit aufhalten. Das zwingt zur Umdeutung der Geschichte, wie es dazu kommen konnte. Alle, auch die kühnsten Theoreme der Zivilisation haben eine Logik des Lebens, zumindest des Überlebens unterstellt. Falls man sich jedoch zur Annahme einer transhumanen Expansion entschließt – wie die vorgeführten Exempel sie nahelegen –, dann ist dergleichen weiterhin nicht möglich. Geschichte kann nur noch unter dem Zusatz einer passierenden Selbstvernichtung der Menschheit gedacht werden.[17] Und dazu braucht man die Bombe nicht einmal zu bemühen.

Die Spannung von Prähistorie und Posthistoire: Leben des Körpers, Tod der Sprache

Als Problem formuliert, ist die transhumane Expansion unlösbar. Weder ist es möglich, damit aufzuhören noch einer Lösung näherzukommen, die sich nicht nachträglich wieder als Problem herausstellt. Die Paradoxien wachsen. Die Symptome, die unter dem Druck der Lösungsstrategien sich bilden, werden schmerzlicher. Zu ihnen gehört, im Umfeld der Geschichte, die sich von selbst vernichtet, eine neuartige Spannung von Vorgeschichte und Nachgeschichte, die auf Gleichzeitigkeit beider drängt. Das hat mit dem Umstand zu tun, daß die Zeit, von aller historischen Verkleidung entblößt, unter der Zwangsregie einer Maschinisierung des Geistes das Imaginäre aus sich entläßt, eine Bilderflut, die in die Leere der menschlichen Erfahrung einfließt und dort ihre Gesetzmäßigkeit entfaltet. Dabei werden Prähistorie und Posthistoire kurzgeschlossen, das Leben des Körpers mit dem Tod der Sprache.

Diese Verquickung von Vor-Mythos und Post-Moderne, die früh im 20. Jahrhundert zu Bewußtsein gekommen ist, hat eine doppelte Lesart gefunden. Entweder akzentuiert man das Undurchdringliche und gelangt so zur Annahme eines mittleren menschlichen Lebensraums, der nach rückwärts und nach vorwärts verbaut ist. Das Leben würde dann einer Art Pendelschwung zwischen Moderne und Mythos, zwischen Mythos und Moderne folgen, die gegeneinander errichtet und deshalb füreinander Mauern sind.[18] Oder man betont die Durchlässigkeit, die osmotischen Prozesse; dann wirken das Früheste und das Späteste wie Spiegel, in denen die lebendigen Menschen jeweils die Kontur des anderen wahrnehmen. Der Mythos spiegelt die Moderne und umgekehrt. Das Früheste erscheint im Spätesten und umgekehrt. Je mehr Vergangenheit, desto mehr Zukunft und umgekehrt.[19] Zugleich wird klar, daß keine der Seiten ohne die andere zu haben ist, jedenfalls nicht unter den Bedingungen, die mit dem Imaginären und seiner schleichenden Vorherrschaft gegeben sind.

Das führt zu argen Verwirrungen. Die Stillstellung der historischen Dynamik zugunsten des Augenblicks, der im Imaginären zum weitesten Reflexionsmedium wird, macht Differenzen unmöglich, die man für lebenswichtig hielt. Der Kurzschluß zwischen dem ‹Leben des Körpers› und dem ‹Tod der Sprache›, zwischen Poesie und Klartext, zwischen Mimesis und Simulation läßt die Unterscheidungen offen und verhindert die Entscheidung darüber, ob ein Bild ursprünglich oder reproduziert ist. Die vorgeschichtliche Metamorphose, der das ‹Leben des Körpers› zugehört, und die nachgeschichtliche Metastase, die den ‹Tod der Sprache› ausmacht, erscheinen ineinander kopiert.[20]

So betrachtet käme alles darauf an, eine zulängliche Theorie des Imaginären, das interveniert, zu erarbeiten, gesetzt, daß Theorie selbst noch nicht vollends zu einem Fall des Imaginären geworden ist. Man darf es sich an dieser Stelle keineswegs leicht machen. Die transhumane Expansion, dieser automatische Fortschritt der Zivilisation über den Punkt jeglichen Sinns hinaus, ist eine imaginäre Obsession von unvorstellbarer Gewalt. Daß die Menschen etwas tun, was sie nicht wissen, war lange Zeit die Regel. So kam das Schlimme in die Welt. Daß sie nun etwas tun, dessen verheerende Folgen sie wissen, wobei sie sich nach wie vor von unbewußten, fixen Ideen und Bildern leiten lassen, ist ein Thema, das alle Anstrengungen des Nachdenkens und Vordenkens lohnt.

2. Der vorläufige Endzweck der Zivilisation

In Rücksicht auf die Beweisgänge für die Annahme einer ‹transhumanen Expansion›: der angstmachenden Gleichzeitigkeit von Archaik und Technik, der forcierten Zeitregie, die das Imaginäre nolens volens mitproduziert, der Hoffnung auf Entlastung durch Maschinisierung kreislaufender Nöte und der ‹Rückgabe› historisch internalisierter Figuren der Innerlichkeit an ein anonymes Außen, kann der in den Zivilisationstheorien behauptete ‹Zweck› der jahrhundertelangen Anstrengungen nur als vorläufig eingeschätzt werden. Zu prüfen wäre, ob sich an den Konstrukten, wie sie ausgewählten Theoremen als Grundorientierung dienen, bereits Anzeichen für die schlimme Wendung finden lassen, die hier unterstellt wird. In der Tat akzentuieren die folgenden fünf Autoren – in je anderen Kontexten – die umrissene Abstraktionstendenz des Zivilisationsprozesses. Elias kommt in seiner Darstellung nicht um das Konzept des «homo clausus» herum, eines abstrakten wissenschaftlichen Begriffs, der zwar insgesamt unzutreffend sei, dem jedoch eine eigenartige Realität entspreche. Horkheimer und Adorno führen den zwanghaften Leerlauf der «Dialektik der Aufklärung» bis an die vorgeschriebenen Selbstbilder heran, die von der Kulturindustrie subkutan eingepflanzt werden und den Menschen massenhaft ‹Eigenwilliges› erlauben. Foucaults Analysen der Wirkungsweisen der Disziplinarmacht gipfeln im «Panoptismus», in jenem nach wie vor unaufgeklärten Komplex, der die Normierung des menschlichen Verhaltens über das Gesehenwerden zu regeln erlaubt, wobei es gleichgültig ist, ob die Kontrolle wirklich stattfindet oder ob sie eingebildet ist. Und Lacan muß an verschiedenen Stellen seines Werkes zugeben, daß das Symbolische – von ihm als Lösung der Verkennungen im Verhältnis des Imaginären zum Realen hochgehalten – Zwangscharakter annehmen kann und also immer wieder der Kritik bedarf. Aus derartigen Bruchstücken soll die Bahn zusammengefügt werden, auf der gedanklich voranzukommen wäre und eine Bestimmung des Imaginären aus disparaten Befunden möglich wird. Daß die Körper, statt weiterhin zur Sprache gebracht werden zu können, im Bild verschwinden[21], bleibt so lange ein Rätsel, bis der gesellschaftliche und der wissenschaftliche Stellenwert des Imaginären entschlüsselt ist. Aus Wirkungen, für die man noch keine adäquaten Ursachen gefunden hat, kann man schließen, daß dieser Stellenwert sich radikal in Richtung eines nie dagewesenen Vorrangs verschoben hat. Deshalb wäre es gut für die Erkundung, schon bei der Revision der ausgewählten Zivilisationstheorien[22] das Hauptaugenmerk, notfalls gegen die referierten Autoren, auf jene konstitutionelle Doppeldeutigkeit der Bilder zu lenken, welche die Beziehung der Menschen zu ihrem eigenen Körper strukturieren, also Angstbewältigung versprechen und dennoch Merkzeichen nie verwundener Verwundungen bleiben.

homo clausus: Vollendete Selbstkontrolle – Elias (Zur Reifikation eines anthropologischen Modells)

Nach Elias[23] ist der Zivilisationsprozeß ungeplant, hat aber eine Richtung, die nach einigem Hin und Her eingehalten wird. Man kann sie nachträglich rekonstruieren. Sie ergibt sich, grob formuliert, aus einem Abstandnehmen vom Körper, zunächst vom Körper des anderen, dann vom eigenen Körper. Das Abstandnehmen impliziert Zwänge, die in Form von Kontrollen ausgeübt werden. Die Kontrollen beziehen sich auf die Körperfunktionen, auf die Schlaf- und Essensgewohnheiten, auf die Umgangsformen usf. und wirken sich als Dämpfung des körperlichen Affektlebens aus. Das ist besonders deutlich in der Erhöhung der Scham- und Peinlichkeitsschwellen, wie im historischen und interkulturellen Vergleich menschlichen Verhaltens noch immer leicht nachprüfbar ist. Das Abstandnehmen vom Körper favorisiert die Sinne der Distanz, hauptsächlich das Auge, und vernachlässigt die Nahsinne: Riechen, Schmecken, Tasten. Die favorisierten Sinne bilden eine neue Basis für Abstraktions- und Rationalisierungsprozesse und dienen den initiierten Kontrollmaßnahmen. Durch Nachdruck und Wiederholung von außen und ein gewisses Entgegenkommen von innen wird die Außenkontrolle nach und nach ‹internalisiert›. Der zivilisierte Mensch bildet Selbstkontrolle aus, ein subtiles Überprüfungsverfahren, in dem ein höheres Selbst ein niederes Selbst kontrolliert. Das Verfahren stammt aus der doppelten Buchführung der Kaufleute und wird über Tagebuch und Autobiographie für den intimen Umgang der Menschen mit sich angeeignet. Die Selbstkontrolle erlaubt einerseits neuartige Differenzen, eine Verringerung der Kontraste, eine Erweiterung der Spielarten und die Integration der Menschen in größere Zusammenhänge. Das menschliche Individuum wird vom eigenen Körper unabhängiger, zugleich aber abhängiger von Apparaturen und Institutionen. Es ist schließlich staatsfähig geworden. Andererseits tendiert die Selbstkontrolle zur Perfektion, das heißt zur Abkopplung von jeglicher Außenkontrolle. Dann entsteht ein geschlossenes System zwangsneurotischen Verhaltens, das den Namen «homo clausus» zu Recht trägt.

Trotz heftiger Abneigung gegen Tatbestand und Sachverhalt der «geschlossenen Persönlichkeit» muß Elias die genannte Konsequenzvariante aus dem Zivilisationsprozeß zulassen. Im Interdependenzverhältnis von Pluralität und Zentralismus votiert er zwar entschieden für die Figurationen im Wandel, für das Geflecht des Sozialen und die Textur aus relativen Autonomien, die historisch mühsam herausgearbeitet wurden; er kann jedoch nicht umhin, sich Gedanken über die wissenschaftliche Dignität des «homo clausus» zu machen. Die Wissenschaften hätten ein falsches Bild vom Menschen. Die Metapher des Selbst, das einer Kapsel mit Inhalt entspricht, sei eine irrige. Die Haut sei keine Mauer und die Innerlichkeit nicht wie ein Behälter konstruiert. Doch damit unterschätzt Elias die Macht der Bilder. Diese Macht wird nicht auf der symbolischen Ebene verhandelt, sondern auf der realen. Auch ein falsches Bild kann Realität setzen. So betrachtet, sieht man sich zu der Folgerung veranlaßt, daß auf dem Felde der Anthropologie eine Reifikation von Modellen möglich ist, falls letztere Anschluß halten an determinierende imaginäre Obsessionen. Die Realität des «homo clausus» ist historisch mit der vollendeten Selbstkontrolle gegeben. Die Humanwissenschaften haben dabei nicht einmal die Führung, sondern nur Verstärkerfunktion. Aktiv ist vielmehr die eingeschlagene und eingehaltene Richtung, die im Körper auf Abstand das selbstreferentielle System einer Kontrolle in Potenz errichtet hat. In dieser Figur, die im Leerlauf am besten funktioniert, bricht sich der Sinn des bisherigen Zivilisationsprozesses. Noch sei Zivilisation nicht zu Ende, schreibt Elias am Ende des zweiten Bandes seines Hauptwerks. Seine späteren Bezugnahmen versuchen denn auch, die Linien der Richtung weiterzuzeichnen. Doch im Nadelöhr des selbstkontrollierten «homo clausus» hat sich der Faden verhakt, aus dem Geflechte und Texturen für die Zukunft gestrickt werden könnten.

Selbstbehauptung ohne Selbst – Horkheimer/Adorno (Zur Dialektik der Aufklärung in der Kulturindustrie)

«Die Geschichte der Zivilisation ist die Geschichte der Introversion des Opfers.»[24] Der Satz paßt in die Landschaft der avisierten Probleme. Er markiert zum einen die Richtung, die auch Elias beschreibt: daß der Körper durch Ableben und Entsagung getauscht wird gegen ein Selbst, das an sich bereits Opferform hat, nämlich strenggenommen «selbstlos» ist. Zum anderen wird – wiederum in Parenthese – der Weg nach innen beschrieben, auf dem die äußere Zurichtung innere Ordnung wird, ein Weg der «Einbildung» im genauen Wortsinn. Insofern kommt die «Introversion» nicht bei der Sprache an, der aufgeklärten, kommunizierbaren, vom Zwang entlasteten Menschenwelt, sondern aufs neue in einer paradox verdrehten Natur. Unterwegs geht das Entscheidende verloren, das, was den Weg, die ungeheuerliche Anstrengung, sich auf ihm zu halten, gelohnt hätte. «So führt Zivilisation als auf ihr letztes Ergebnis auf die furchtbare Natur zurück. Die tödliche Liebe, auf die bei Sade alles Licht der Darstellung fällt, und Nietzsches schamhaftunverschämte Großmut, die dem Leidenden um jeden Preis die Beschämung ersparen möchte: die Einbildung von Grausamkeit wie die von Größe verfährt in Spiel und Phantasie so hart mit den Menschen wie dann der deutsche Faschismus in der Realität. Während jedoch der bewußtlose Koloß des Wirklichen, der subjektlose Kapitalismus, die Vernichtung blind durchführt, läßt sich der Wahn des rebellischen Subjekts von ihr seine Erfüllung verdanken und strahlt so mit der schneidenden Kälte gegen die als Dinge mißbrauchten Menschen zugleich die ver-

kehrte Liebe aus, die in der Welt von Dingen den Platz der unmittelbaren hält. Krankheit wird zum Symptom des Genesens. Der Wahn erkennt in der Verklärung der Opfer ihre Erniedrigung. Er macht sich
dem Ungeheuer der Herrschaft gleich, das er leibhaft nicht überwinden
kann. Als Grauen sucht Imagination dem Grauen standzuhalten.»[25]

Der evolutionär frühe Mechanismus der mimetischen Vorwegnahme
versagt in der fortgeschrittenen Zivilisation. Er steht unter einem per-
versen Zwang, den Wahn zu inkarnieren, ohne ihn brechen zu können.
Das Mißlingen der Versöhnung eröffnet jedoch einen neuen Schauplatz
des Geschehens: Imagination, die in Spiel und Phantasie ans Grauen
grenzt. Dieser Schauplatz ist im Zivilisationsprozeß nicht mehr hinter-
gehbar. Er strukturiert ein unendliches Gefüge von Bedingungen und
bildet die neue Welt der Medien aus. Die Kulturindustrie ist der Revers
der gescheiterten Zivilisation wie der Positivismus die Rückseite der
Aufklärung, die dem eigenen Wahn nicht beikommt. Die Leidtragen-
den sind die einzelnen Menschen, die nachdenken und sich dem Spiel
der Maschinerie des Imaginären aussetzen, leidtragend im Sinne ent-
täuschter Hoffnungen und des unvermeidlichen Betrugs gerade im «Ei-
gensten». Skandalös am «Ungeheuer der Herrschaft», am «bewußtlo-
sen Koloß des Wirklichen» ist nicht, daß die Menschen sich nur noch
selbst behaupten können, sondern daß in dieser Behauptung (in dem
ein Haupt gegen ein Kapital[26] ausgespielt wird), kein Selbst mehr vorkommt. Skandalös ist nicht die massenhafte Egozentrik, die von der
bürgerlichen Gesellschaft seit jeher produziert und bekämpft wurde,
sondern der Umstand, daß jenes große Ich, um das noch Kreise geschlagen werden könnten, verschwunden ist. Was übrigblieb, sind Symptome, verschlüsselte Botschaften eines malträtierten, abgetöteten,
geschändeten Körpers, der – wie die Autoren betonen – nicht mehr
zurückverwandelt werden kann in den Leib. Er bleibt die Leiche, die er
wurde. Die Transformation ins Tote, die in seinem Namen schon sich
anzeige[27], ist Hauptmoment und -motiv des Zivilisationsprozesses, der
wegen der Intervention des Imaginären sein Ziel verfehlt. Wer allerdings die Symptome zu lesen versteht, dürfte im Detail mehr erfahren
als die immerwährende Bestätigung eines totalen Verhängnisses, das
die «Philosophischen Fragmente» von Horkheimer/Adorno so maßlos
prägt. «Daß alles Lebendige unter einem Bann steht», kann, obwohl es
das letzte Wort des Buches ist, nicht das letzte Wort sein.[28]

Seele: Gefängnis des Körpers – Foucault
(Zur Produktion des Individuums durch die Disziplinarmacht)

Im Unterschied zu Elias, der sich als Zeitspanne seiner Beschreibung den fließenden Übergang vom Mittelalter zur Neuzeit wählt, und zu Horkheimer/Adorno, die sich die europäische Aufklärung von Francis Bacon bis Friedrich Nietzsche (mit Rückgriffen auf den griechischen Mythos als Aufklärung) vornehmen, schränkt Foucault sich ein. In seiner Abhandlung «Überwachen und Strafen. Die Geburt des Gefängnisses»[29] ist ein knappes Jahrhundert (von 1750 an) Gegenstand der Untersuchungen. Es geht nicht um große Zusammenhänge, nicht um eine Theorie, die aufs Ganze geht, sondern um die Aufdeckung unterschwelliger Maßnahmen und Prozeduren, die einen völlig anderen gesellschaftlichen Umgang mit dem menschlichen Körper bewirken. Zugleich will Foucault an der Disziplin, die seitdem eingesetzt wird, demonstrieren, daß Macht als subkutane Körperpolitik die Menschen keineswegs nur unterdrückt, sondern sie auch hervorbringt, ‹produziert›, als Individuen. Was wie Humanisierung aussieht: die Milderung der Strafen, die Einführung der Psychologie in den Strafapparat, das Verstehen des Täters und der Tat, ist subtilere Kontrolle, Eröffnung eines neuen Kapitels der Zivilisation, über der von nun an jener dem Buch schon vorauslaufende Satz geschrieben steht: «Seele: Gefängnis des Körpers».

Die durch die Schrecken der Marter und der Folter geweiteten Innenräume der menschlichen Erfahrung werden in der Folge besetzt und mittels Techniken der Raumordnung (Klausur), der Zeitordnung (Parzellierung), der Organisation (Funktionsstellengliederung) und der Rangzuweisung (Hierarchie der Abhängigkeiten) ausstaffiert. Die «gelehrigen Körper» bringen gegen die «Mittel der guten Abrichtung» (Überwachung, Sanktion, Normierung, Prüfung) jene «Innerlichkeit» hervor, jenes Arsenal der zentralperspektivischen Subjektivität, das lange Zeit als das Eigenste des Menschen gelten konnte, da es als «ungewordene Natur» verstanden wurde. Seit Foucaults Analysen ist ein solches Selbstverständnis obsolet. Das ändert sich auch nicht (wie einige Kritiker vorschnell annahmen) mit den Bänden 2 und 3 der Geschichte der Sexualtät.[30] Der «Gebrauch der Lüste» und die «Sorge um sich» sind weiterhin um die Frage bemüht, wie die Menschen durch Praktiken, Rituale und Prozeduren dazu gebracht werden, sich selbst «als Begehrenssubjekte zu entziffern, anzuerkennen und einzugestehen»[31]. Der einzelne Mensch, wie er als Reflexionssubjekt in die Voraussetzungen der Aufklärung, der Human- und Sozialwissenschaften, der bürgerlichen Anthropologie eingeht, ist kein Anfang, sondern das Ende einer langen Zurichtung und Abrichtung, einer historischen ‹Richtung›, die hier Zivilisation heißt. Wahrscheinlich wird der 4. Band des großangelegten Werkes von Foucault: «Die Geständnisse des Fleisches» (aus dem Nachlaß) die Erpressung und Verführung der menschlichen Körper zur Sprache thematisieren, also das im Titel notierte Problem auch dieser Abhandlung.

Bleibt noch eine Nuance zu klären, der Foucault nicht genug Aufmerksamkeit schenkt: die Funktionsweise des Panoptismus[32], daß die Menschen über ein wirkliches oder eingebildetes Gesehenwerden wie unter Zwang normierte Verhaltensweisen ausbilden. In seiner Schilderung des historischen Einsatzes der Disziplinargesellschaft erwähnt Foucault die vorübergehende Gleichzeitigkeit dreier Technologien der Macht[33]: der Folter, die schon unerträglich ist, des Theaters der Grausamkeit, das auf die Gewalt des Sichtbaren setzt, der disziplinären Prozeduren, die ins Unsichtbare reichen. Die beiden ersten verschwinden dann und sind, zumindest in der Strafpraxis, nicht mehr aufgetaucht. Es mag sich jedoch der Verdacht einstellen, daß die zweite Variante im Panoptismus verschoben wiedergekehrt ist. Wenn die Innerlichkeit ausgeräumt würde, bliebe immerhin eine Bühne übrig, eine leere Szene mit Kulissen und Beleuchtung, auf der der «homo clausus» sein immerwährendes Endspiel aufführt. Die Aktionen und Reflexionen haben nämlich etwas von einem Strafritual, dessen Schuldhintergrund uneinsichtig bleibt.

Symbolische Ordnung als Zwangsneurose – Lacan
(Zur technologischen Substituierung der Heilsgeschichte)

Zwischen Wiederholung und Wiederholungszwang ist nur Platz für eines Messers Schneide.[34] Darauf ist das Denken mit Lacan geraten. Wer sich dennoch in der Balance halten kann, wird einen unwahrscheinlichen Zusammenhang entdecken, den zwischen Maschine und Phantasie. – Lacan hat das Schicksal des modernen Menschen als erweiterte Zwangsneurose beschrieben, die Ausdruck einer jederzeit krisenhaften Zeitregie ist.[35] Die Konturen dieses Schicksals sieht er zusammengesetzt aus einer Schmerzlust, die in sich selbst verschlossen zu bleiben sucht und in solcher Klausur einen Krankheitsgewinn findet, aus purer Gedankenarbeit, die anstelle von Handlungen passiert und unter starker Regelhaftigkeit mit quasi-religiösen Tabus abläuft, aus einer bestenfalls noch autoerotischen Sexualität, die tendenziell jedes äußere Objekt als inneres Bild nimmt und, indem sie den Zugang zum Anderen verliert, in unproduktiver Depression versinkt, schließlich aus einem permanenten Wechsel von nagendem Selbstzweifel, der nicht zu Ende kommt, und großspurigem Omnipotenzwahn, der immerzu kläglich in Ritualen der Beschwichtigung endet. Die verschiedenen Verläufe in der Zeit folgen einer einheitlichen Logik. Freud sprach hier von Apparaturen, Lacan von Maschinen, um die zwanghaften Prozesse zu kennzeichnen. «Das ist etwas, das durch Öffnung oder Nichtöffnung vor sich geht... Das ist etwas Artikuliertes, von derselben Ordnung wie die grundlegenden Oppositionen des symbolischen Registers. In einem bestimmten Moment muß dieses Etwas, das sich dreht, ins Spiel kommen oder nicht. Es ist immer bereit, eine Antwort vorzubringen und sich in diesem gleichen Akt zu vervollständigen, das heißt aufzuhören, als isolierter und sich drehender Kreislauf zu funktionieren, bereit, in ein allgemeines Spiel einzutreten. Das kommt durchaus dem nahe, was wir als den Zwang begreifen können, den Wiederholungszwang.»[36] Das, was derart auf sich selbst zurückkommt, ist die Maschine, die modernste Maschine, «die ein Gedächtnis hat und für den Menschen viel gefährlicher [ist] als die Atombombe, die Rechenmaschine»[37].

Trotz der Warnung versucht sich Lacan an einer unvoreingenommenen Situierung der Maschine im Kontext von Mensch, Leben und Tod. Sie «...ist nicht schlechthin das Gegenteil des Lebendigen... Daß sie gemacht worden ist, um etwas zu verkörpern, das sich die Zeit nennt und das Geheimnis der Geheimnisse ist...»[38] So erscheint sie als Inkorporation der Zeit, als materiell gewordene symbolische Ordnung, die sich in Zahlenspielen abbilden läßt. Das Tödliche daran wird jedoch nicht unterschätzt: «Das Leben ist in das Symbolische nur zerstückelt... einbezogen. Das menschliche Wesen selbst steht teilweise außerhalb des Lebens, es hat teil am Todestrieb.»[39] Erst im Kraftfeld dieser Struktur wird der aktuelle Entlastungsversuch plausibel, der in einer Externalisierung internalisierter, unerträglich gewordener Regelkreise der Zeit das Heil sucht. So erhalten die großen Topoi der abendländischen Heilsgeschichte überraschenderweise eine neue Anordnung, eine technologische. Der Wiederholungszwang, die Maschine (als Verkörperung radikaler symbolischer Aktivität) und der Todestrieb (in Liaison mit der Phantasie) haben gewissermaßen die Regie für ein Geschehen übernommen, das die Bahn der zivilisierten Menschheit am Ende der Moderne determiniert. Was derart geschieht, kann verleugnet, aber nicht umgangen werden. Nur im gebahnten Wiederholungszwang kann die Wiederholung stattfinden, die den Zwang bricht. Dazu gehört es, das zu tun, was ohnehin geschieht... In solchen Sentenzen stecken die Zumutungen, die Lacan hinterließ. Er hat sich – zur Rettung des Symbolischen – nahe an die transhumane Expansion herangewagt. Dort herrschen aber die reale Zerstückelung und das Imaginäre, dem er Einheit zuschrieb. «...der Mensch findet seine Bahn nicht mehr auf dem Wege der... Erinnerung, sondern auf dem der Wiederholung.»[40] Es gibt also auch auf der Ebene des Textes Grund genug, noch einmal anzufangen.

3. Das übersehene Imaginäre

Es war nicht die Wiederkehr des Körpers, die sich vor mehr als einem Jahrzehnt da und dort ankündigte. Es war nicht die Befreiung der Sinnlichkeit, der menschlichen Bedürfnisse und Wünsche, die in heftigen programmatischen Vorläufen bereits gefeiert wurde. Was kam, waren Bilder vom Körper, Inszenierungen für die Augen, eine Flut erotischer Werbung. Es waren Bilder, von Anfang an mediatisiert, die offenbar ähnliche Zwänge ausüben wie Sozialisationsstrategien, Erziehungskonzepte und Zivilisationsparadigmata. Was kam, war ein in seiner Perfektion neuartiges Imaginäres, das seitdem, mittels erweiterter Kulturindustrie, in der menschlichen Lebenswelt nicht nur, sondern auch in den Human- und Sozialwissenschaften für Unruhe und Unsicherheit sorgt, aber auch für Faszinationen und strahlende Karrieren des Scheins.

Auf dieser Differenz muß man bestehen: Emanzipation der Körper ja, aber im Bilde, in effigie, im Spiegel. Hatten sie bis dahin unter dem Druck der Normen von Zivilisation, Erziehung und Sozialisation gestanden, so wurden sie, so werden sie nun ‹befreit› zu Spiegelbildern, zu Gespenstern, zu Körperphantomen, die – sogar rückwirkend – Macht und Gewalt ausüben. Auch wo sie sich dem Anschein nach tummeln, im Sport, im Konsum, im Sex, folgen die Körper den Bildern, ihren kaum bedachten Gesetzmäßigkeiten; denn nichts ist hinsichtlich des Imaginären unzulässiger als die Annahme, daß es einen freien Lauf der Phantasie gäbe. Die Logik der Bilder funktioniert wie eine Falle. Das hat sich lange vorbereitet. Das gibt zu denken.[41]

Deshalb muß man der bevorstehenden Theorie des Imaginären den weitesten Umriß geben und die höchste Spannung. Die alte Arbeitsteilung von Ikonoklasten und Ikonodulen ist längst überholt; eine Neuauflage derselben wäre verlorene Liebesmüh. Die Doppelfrage, ob das

Bild selbst schon, nicht erst sein Gebrauch luziferisch ist oder ob es jene Sprengkräfte gegen Vernunft und Verstand enthält, die zur Überwindung unmenschlicher Abhängigkeiten notwendig sind, löst die paradoxe Spannung und die Weite in Umriß und Grundriß des Problems schon auf, bevor es zur Erfahrung und zur Sprache kommen kann. Hier ist wie nirgend anders Angst im Spiel, die ihre eigene Verarbeitung braucht und nicht gleich methodisch abgewehrt werden sollte. Wenn in den Wissenschaften vom Menschen der Wunsch als Vater des Gedankens gilt, dann muß man die Angst als Mutter der Methode bezeichnen.[42] Wer dem ersten nicht unmittelbar folgt, sollte auch der zweiten Widerstand leisten. In der Anthropologie, heißt das, entscheidet bereits der methodische Ansatz über die Chancen der Erkenntnis. Das Ideal wäre, so unmethodisch wie möglich zu verfahren, ohne der Willkür oder der Prätention Tür und Tor zu öffnen.

Eine gewisse Richtung der Aufmerksamkeit ist allerdings bereits eingeschlagen. Die Befunde der diversen Zivilisationstheorien, formuliert mit Blick auf den ‹Zweck›, ergaben ein Spektrum, das im Gedächtnis bleiben sollte. Der *Wiederholungszwang* ist Resultat einer depravierten symbolischen Ordnung, die nicht mehr dazu taugt, das Geheimnis der Zeit zu tradieren. Dieses ist freigesetzt und derzeit ohne Fassung. Das Imaginäre aber ist ‹zeitlos› wie der Traum, trotz seiner Kettung an den Augenblick, und eignet sich nicht, das Verhältnis der Menschen zur Zeit geschichtlich zu organisieren. Im *Panoptismus* wird die Transparenz zum Motor der Zwänge. Das widerstreitet allen historischen Hoffnungen, die auf Licht und Aufklärung gesetzt worden sind. Von nun an sind es Mauern aus lichten Phantasmen, die die Menschen einsperren. Was bestenfalls ‹panoptisch› auftauchen kann, ist der Gefängnischarakter der Bilder. Die *Kulturindustrie* macht die Probe aufs Exempel der Zivilisation mit einem Modell von Mythos und Moderne, das nach innen verkeilt und verbohrt ist. Der unaufhaltsame Umschlag von Vernunft in Wahn soll mit einem Spiegel verhindert werden, der aus dem Grauen gemacht ist, das er zeigt. Die Mimesis ans Schreckliche, Verzweiflungskonzept der modernen Kunst[43], ist in Gefahr der Ästhetisierung, der Wiederholung, der simulativen Verdopplung. Im reifizierten Begriff *homo clausus* ist Angst Methode geworden. Das wissenschaftliche Menschenbild der Human- und Sozialwissenschaften dient als Abwehrkonstrukt, das es erlaubt, Widersprüchlichkeit und Vielfältigkeit der menschlichen Existenz *nicht* wahrzunehmen. Trotzdem wird es rückgekoppelt und setzt theoretisch Normen, die praktisch befolgt werden. Das liegt an der nicht-festgestellten menschlichen Natur und an der Handlichkeit eines Begriffs, der auch dem Sicherheit verspricht, der

Objekt der Wissenschaft ist. Wer in weitester anthropologischer Reflexion dieser selbstreferentiellen Kreisbewegung folgt, hat einen guten Eindruck von der Macht des Imaginären.

Das dramatische Fundament der Moderne.
Sloterdijks Nietzsche

In seiner kleinen Schrift «Der Denker auf der Bühne. Nietzsches Materialismus»[44] hat Peter Sloterdijk eine erstaunliche Entdeckung gemacht: daß die europäische Geschichtsphilosophie, insbesondere das Nachdenken der Aufklärung über den Stand der Entwicklung des Menschengeschlechts, gar keine epische, sondern eine dramatische Grundstruktur hat. Das aufgeklärte Bewußtsein wurzelt im Drama, nicht in der Erzählung. Die tiefste Grundlage der neuzeitlichen Philosophie, wahrscheinlich der Philosophie überhaupt, ist eine Bühne, ein Theater, ein nicht hintergehbares Szenario. Theorie, heißt das, ist transzendental aufs Theater bezogen. Ein metaphorischer Gebrauch der Metapher wäre deshalb unzulässig. Der Satz: «Wir alle spielen Theater»[45] enthält keinen übertragenen Sinn, sondern ist wörtlich gemeint. Er hat auch keinerlei ideologiekritische Bedeutung, die zur Demaskierung dienen könnte; vielmehr sind die Maskenspiele des Denkens die Essenz der Sache. Die Tätigkeit der denkenden Vorstellung ist immer Vorstellung als Schauspiel. Begriffe sind letztlich Gestalten, die ihre theatralische Geschichte miteinander haben. Erst recht das Imaginäre, die Bilder, die Fiktionen, die Lügen sind Derivate einer universalen Inszenierung, die nichts außer sich hat.

«Wenn Nietzsche sich das Recht nimmt, eine Theorie des Dramas zu formulieren, die sich zu einer Urgeschichte der Subjektivität ausweitet, dann hat er sich ostentativ auf ein Podium gestellt, das nicht mehr das seines Lehrstuhls ist und das nicht länger als Fundament eines bürgerlich-akademischen Rollenspiels in Frage kommt... Auf eine solche Bühne gehoben, wird die Theorie dramaturgisch porös und von den triebmächtigsten existenziellen Spannungen der Denkenden durchschossen... Wer die Bühne betritt, will sich in einem besonderen Sinn hervortun: er will sich selbst verraten. Dies jedoch will er, um das Dilemma, als dessen Maske er sich fühlt, unter offenem Himmel auf die Spitze zu treiben – bis es sich verrät... Wer als Denker auf die Bühne steigt und sich als Sprecher einer experimentellen Existenz aufs Spiel setzt, hat von da an eine umfassendere Haftung für den unmittelbaren und mittelbaren Wahrheitswert seiner Vorstellung zu übernehmen. Zugleich hat er ein Recht darauf erworben, daß alles, was er vorbringt, vor Gericht gegen ihn verwendet werden kann, gegen ihn, doch ebenso gut für ihn... Nietzsche... hat sein Gefährlich-Denken wie kaum ein zweiter mit allem, was er war, bezahlt. In seiner Bühnenaktion, die ihn als neuen dionysischen Heros wahrmachen sollte, erwies er sich zuletzt als ein zeitgemäßer Held: als Held der Selbstwiderlegung.»[46]

Nietzsche als Aufklärer der Aufklärung, als «postmetaphysischer Denker» – so Sloterdijk – legt mit seinem eigenen «sapere aude!» ein gut verschwiegenes Fundament der Philosophie frei: die Bühne als Auge des Dionysos, der sich beim Drama seines Werdens selbst erblickt, seine grausame Zerstückelung und waghalsige Verwandlung, die eine für Menschen unerträgliche Wahrheit ergeben. Seit Nietzsche läßt sich der theatralische Mechanismus der philosophischen Wahrheitssuche durchschauen. Die Wahrheit selbst hält niemand aus, statt dessen gibt es das Denken, das als Ereignis an ihre Stelle tritt. «Denken... ist ein Ereignis, das sich nur noch in Kategorien vollzieht, die aus der Entsprechung zum Drama leben... In dieser Dramaturgie des Geistes gelten keine Sätze mehr, sondern nur noch Szenen; keine Ideen mehr, sondern nur noch Spielzüge; keine Diskurse mehr, sondern nur noch Herausforderungen. Denken ist das Ereignis des Denkens: das Abenteuer des Erkennenden – das Drama der Dramen.»[47] Diese Selbstreferenz schließt nichts mehr auf, sondern etwas zu: die unerträgliche Wahrheit. Denken auf der Bühne (als Ereignis des Denkens selbst) ist bereits Moment und Motor einer Strategie der Erträglichkeit, deshalb die notwendige Lüge, die Fiktion, der Schein, schließlich der Kunstzwang, der das «Inkarnationstheater Nietzsches» vollendet, eine subtile Algodizee, die Ehrenrettung eines Schmerzes, der in gelungener Formulierung übermittelt und überliefert wird.

Sloterdijk, der genau beschreibt, und das, was er beschreibt, forciert bejaht, charakterisiert den Ertrag seiner Nietzsche-Lektüre wie folgt: Es gehe nach dem Tragödienbuch um eine planetarische Therapeutik oder Psychonautik, die sich der Unentrinnbarkeit der menschlichen Zwangslage stellt. «Dionysisches Lernen meint das Aufblitzen der Einsicht auf der Spitze der Gefahr, Erkenntnis auf Messers Schneide; es bezeichnet das Denken auf jener Bühne, von welcher es kein Entrinnen gibt, weil es die Wirklichkeit selbst ist: das Leben ist die Falle, die eine Bühne ist, und die Bühne, die eine Falle ist.»[48] – Das ist weiterhin affirmativ gemeint. Aber eine «Conditio humana», dargestellt in voller Öffentlichkeit: kein Gott zu sein und an dieser Wahrheit zugrunde zu gehen, provoziert auch die Dunkelseite der Anthropogenese, die Macht der Ungeheuer. Diese verdrehen auf der Stelle den Sinn des Lichtes. «Sichtbarkeit als Falle» – die Kurzformel Lacans für das Imaginäre – wiederholt den Zwang, der vom Panoptismus ausgeht. Wenn die Bühne sich derart ausdehnt wie die Wirklichkeit, wie das Leben selbst, gibt es kein Entkommen. Im Imaginären kondensiert sich diese Erfahrung einer unerträglichen Wahrheit auf raffinierte Weise, nämlich darin, daß das Szenario, das Theater, die Bühne an die Stelle der Unerträglichkeit treten. Das Imaginäre ist immer eine Anspielung des Todes, der sinnlosen Vernichtung, der Auflösung ohne Hoffnung, des Grauens also, aber so, daß es nur Bilder des Grauens sind.

Zwischen Ödipus und Narziß. Lacans Hamlet

Man hat zeitig vor Jahren bemerkt, daß sich in der Bedürfnis- und Wunschstruktur der vergesellschafteten Menschen – psychoanalytisch gesprochen – eine ‹Regression› vollzieht, die mit dem Schicksal der Partialtriebe zu tun hat. Diese kommen nicht mehr voran bis zur strukturierenden Kraft des Ödipuskomplexes, sondern geraten in die Stagnation eines neuartigen Narzißmus. – In Anbetracht des Imaginären als eines transzendentalen Szenarios der menschlichen Lebensfristung wäre es angebracht, die Rückkehrbewegung von Ödipus zu Narziß zu unterbrechen und bei Hamlet einige Zeit zu verweilen. Diese große Figur des europäischen Theaters, oft benutzt, um das neuzeitliche Konglomerat von Gedankenblässe und Handlungslähmung zu exemplifizieren, steht selbst gewissermaßen zwischen Ödipus, dem Täter, der sich selbst überführen muß, und Narziß, dem schönen Menschen, der nicht geliebt werden wollte und in der Melancholie des Immer-schon-Verlorenen versinkt. Jacques Lacan, der in den Jahren 1958/59 mehrere Vorlesungen über Hamlet hielt[49], nimmt ihn als Beispiel aus der abendländischen Geschichte des Begehrens, das von Shakespeare in einer Tragödie zugespitzt wurde. Im Unterschied zu Ödipus und Narziß – so Lacan – ist Hamlet das Subjekt, das weiß (vom geschehenen Verbrechen), das Subjekt, das spricht – und zwar gerne, das Subjekt, das nicht wollen und nicht ‹lieben› kann, und das Subjekt, das nur handelt zur Stunde des anderen, um dadurch zugrunde zu gehen. Dies ist genau das Begehren der Zwangsneurose, wie sie als Charakteristikum im Schicksal des modernen Menschen von Lacan selbst beschrieben wurde. Wichtiger aber als die Einzelheiten des Vaterauftrags, der von einem Gespenst ergeht, und der Mutterbindung, die ihn, Hamlet, an ein unwürdiges Objekt fesselt, ist die Exposition des Szenarios im Ganzen; denn nur von dort her fällt ein Licht auf die bestimmte Version des Verhältnisses von ‹Tod des Körpers› und ‹Leben der Sprache›, die Hamlet darstellt.

Man muß – sagt Lacan – die Gesamtheit des Werks, seine Artikulation, seine Maschinerie, sein Stützwerk sozusagen, betrachten. Denn weder Hamlet noch Shakespeare versteht das, was geschieht. Hamlet ist die Figur, «die aus dem leeren Platz gebildet ist, um unsere Unwissenheit zu situieren... Situierte Unwissenheit ist nichts anderes als die Vergegenwärtigung des Unbewußten. Genau das verleiht Hamlet seine Tragweite und Kraft... Die Dimension, welche das Vorstellen (sc. der Schauspieler dem Unwissen und Nichtverstehen von Protagonist und Autor) hinzufügt, ist genau analog demjenigen, wodurch wir selbst betroffen sind in unserem eigenen Unbewußten.»[50] Mit anderen Worten: Die Vorstellung des (mehrfach unmöglichen) Begehrens auf der Bühne korrespondiert direkt mit dem Theatercharakter der tiefsten menschlichen Leidenschaften. Was in der Rhetorik der Schauspieler und in der Katharsis der Zuschauer zusammenfließt, ist der Stoff des Imaginären. «Denn unser Verhältnis zum Unbewußten ist aus unserem Imaginären gewebt, ich will sagen, aus unserem Verhältnis zu unserem eigenen Körper.»[51] Das Imaginäre ist «Körpergeistigkeit»[52]. «Mit unseren eigenen Gliedern – das Imaginäre, das ist genau das – machen wir das Alphabet dieses Diskurses, der unbewußt ist, jeder von uns in verschiedenen Verhältnissen, denn wir bedienen uns nicht der gleichen Elemente. Ebenso gibt der Schauspieler seine Glieder her, seine Gegenwart, nicht einfach wie eine Marionette, sondern mit seinem durchaus realen Unbewußten, d. h. dem Verhältnis seiner Glieder zu einer gewissen Geschichte (sc. des Begehrens), die die seinige ist.»[53]

Hamlet als Figur, als Stück, als «eine Art Apparat, Geflecht, Vogelfängernetz» ist also nicht real, auch nicht symbolisch, weder purer Körper noch pure Sache (oder das Fehlen derselben), sondern ein Drama im Imaginären, eine Drehscheibe für das menschliche Begehren und seine Tragödie zwischen Ödipus und Narziß, zwischen der symbolischen Kastration und der realen Privation: die frustrierende Trauer um das verlorene Objekt des eigenen Körpers, die einem Verbrechen korrespondiert. Hamlet ist eine Veranstaltung der «großen Illusion» eines «radikalen» Aufs-Spiel-gesetzt-Seins, das als «play scene» auf dem Theater und im Leben die Fiktionsstruktur der Wahrheit vergegenwärtigt. Wenn aber das Imaginäre das Verhältnis der Menschen zu ihrem Körper ist, dann ist der fiktive Charakter der Wahrheit überall unvermeidlich, dann hat das Szenario den ersten Rang, jedenfalls einen völlig anderen Stellenwert als den der bloßen Abbildung unscheinbarer Realität, dann ist die genannte Korrespondenz von Schauspiel (dem die

Körperglieder gehören) und Drama des Begehrens (dessen Diskurse Szenen sind) in der Tat die absolute Grundlage sozialen und sozialwissenschaftlichen Umgangs geworden. Dann gründet die Anthropologie schon seit etwa 1600 wortwörtlich in einer «Illusion» (im Sinne von illudere, aufs Spiel setzen). «Eine Illusion ist nicht die Leere... zu sagen, daß Hamlet eine Illusion ist, die Veranstaltung der Illusion, ist nicht dasselbe, wie zu sagen, daß man träumt über die Leere.»[54] Unnötig zu ergänzen, daß hier eine Differenz der Zeiten angedeutet wird, die sich in der Zeitlosigkeit des Imaginären auseinanderfaltet: die Leere als Leere, gestellt zwischen die Fülle der Zeit am Anfang und den Wiederholungszwang am Ende.

Zwischen Symptomatik und Symbolik. Der Stellenwert der Bilder

Wortwerdung des Fleisches statt Fleischwerdung des Wortes – so heißt die Formel ex post für den Prozeß, der im Imaginären stillgestellt wurde. Die Hauptrichtung der ‹Ex-Karnation› ist von der anderen, der Inkarnation, nur selten gestört worden. Gegen die Abstraktionen der Geschichte kamen die Konkretionen des Mysteriums nicht auf. (Dieses ist übrigens christlich und griechisch dasselbe, weshalb Nietzsches letzter Aufschrei auf der Bühne: «Dionysos gegen den Gekreuzigten!» danebengeht.[55]) Das Wort konnte nur da und dort Fleisch werden; im Hauptstrom der Zivilisation wurde dagegen das Fleisch ins Wort und weiter in den Begriff transformiert. Gleichwohl ist die Erinnerung an die Gegenbewegung nicht vollends gelöscht worden. Das hängt wahrscheinlich mit der Tradition der Opfergesellschaft zusammen und mit deren Umschlag in eine Massakergesellschaft, wie sie seit der beginnenden Neuzeit, mit Kolumbus und den postkolumbischen Welteroberern verzeichnet wurde.[56] Die Fleischwerdung des Wortes setzt immer eine Art Selbstopfer, eine symbolische ‹Rückzahlung› der mit der körperlichen Existenz gegebenen Gnade des Lebens voraus. Die Wortwerdung des Fleisches geht in ihrer Übersteigerung einher mit der Extermination des anderen. Die über einen bestimmten Punkt hinausgetriebene Abstraktion fördert ein körperloses Denken, das immerzu ans Verbrechen grenzt. Keine der beiden Richtungen aber hat bisher das Problem zu lösen vermocht, das in der menschlichen Individuation, in der endlichen Zeit der Körper und in der Dauer der Sprache des Menschengeschlechtes liegt. So betrachtet, hat es den Anschein, als ob die

Bilder ein Stillhalteabkommen im Streit der Richtungen zwischen Fleisch und Wort darstellen. Die Symptomatik als Sprachlichkeit des Körpers und die Symbolik als Körperlichkeit der Sprache werden durch das Imaginäre gegeneinander stillgehalten, aber auch – und da liegt die höchste Gefahr – ins Unmenschliche transformiert. Einerseits bieten die Bilder wegen ihrer intermediären, ihrer medialen Struktur die Chance, Abstand zu nehmen von den Unerträglichkeiten der menschlichen Existenz. Andererseits geben sie der transhumanen Expansion Nahrung, also einer geballten Gewalt, für die die Opfer und Massaker der bisherigen Geschichte nur harmlose Vorspiele bieten.

In dieses Spektrum wären nun die Befunde einzutragen, die sich bei den verschiedenen Anläufen zu einer Theorie des Imaginären schon ergeben haben.[57] Die einfachste Bestimmung der Phantasie lautet noch immer: sich Dinge auch vorstellen zu können, wenn sie nicht anwesend sind. Das bringt schon den Zusammenhang der Zeiten ins Spiel: das Vermögen, im Augenblick abwesende, vergangene und zukünftige Dinge präsent zu machen. Bilder wären so Abzüge von wirklichen Dingen und ohne diese Wirklichkeit undenkbar. Die Betonung liegt auf der Geistesgegenwart. – Ein Blick jedoch auf den Traum in seiner Nacht- und Tagform läßt augenblicklich die Enge einer solchen Bestimmung sichtbar werden. Es gibt zweifellos ‹Urbilder›, die mit der Wirklichkeit nichts zu tun haben, von denen eher umgekehrt die wirklichen Dinge Abzüge sind. Das Vermögen dazu wird als archaische Kraft interpretiert, die mit der Tatsache des Lebens selbst gegeben sei und ein unhintergehbares Fundament der menschlichen Erfahrung mit zwingenden Gesetzmäßigkeiten abgebe. (Im Schritt von Kant zu Heidegger wird die Annahme einer «transzendentalen Synthesis» noch einmal vertieft zu der These, daß die Einbildungskraft die Zeit des Menschen sei, die «zeitigende Zeit».) – Noch eine dritte Version des Imaginären kursiert: die der Psychoanalyse. Hier werden die Bilder als Schutzschirme gegen die traumatisierende Gewalt der nackten Wirklichkeit verstanden. Das Phantasma schützt den Menschen vor dem Trauma; umgekehrt erhält sich in jedem Bild die Spur der Verletzung, die zum Anlaß unendlicher Wiederholungen werden kann. Die Imagination hat eine Doppelfunktion; sie neutralisiert sowohl die Zumutungen der Körper als auch die Überforderungen der Sprache. An dieser Stelle entstehen die Ambivalenzen.

Alle fünf Versionen, die Substituierung der Wirklichkeit, die Akzentuierung des Augenblicks, das Reservoir der Obsessionen, die Ambivalenzen im Komplex: Trauma/Phantasma, der Ort der Verwerfung und der Wiederkehr der Ungeheuer bilden gegenwärtig ein verknotetes

Konglomerat, dessen Struktur durch geduldige theoretische Arbeit immerhin bis zur «Transparenz der Verstrickung»[58] aufgeklärt werden kann. Es bleibt noch zu klären, was es mit dem neuen Stellenwert, mit der Weite und Spanne der leeren Bühne auf sich hat, als die das Imaginäre sich historisch installiert hat. Die folgenden Bedingungen scheinen eine solche Installation begünstigt zu haben: das Schwinden der Differenz von Realität und Fiktion, das mit der Externalisierung internalisierter Kontrollverfahren einhergeht; die bis zur Selbstreferenz als Norm gediehene Komplexität der bürgerlichen Gesellschaft, die eine ‹Äquivalenz› von einzelmenschlichem Autismus und gesamtgesellschaftlicher Automation produziert; der Angriff kalkulierender Macht auf die Einbildungskraft qua zeitigender Zeit, der mit der Bereitschaft erkauft wird, in Bilderfluten zu ertrinken; schließlich die Stillstellung der Geschichte in ihren Begleitumständen, so daß Vor- und Nachgeschichte, Mimesis und Simulation ununterscheidbar werden. Darüber erhebt sich als absolutes Kunstwerk die Bühne für das dramatische Geschehen des Unbewußten, an das nun prinzipiell jeder Mensch per Maschine angeschlossen werden kann.

Die ‹große Illusion›: grundlegendes Szenario, notwendige Fiktion, gewollte Selbsttäuschung

Was Sloterdijk mit einigem Enthusiasmus entdeckte, als er Nietzsches Erstlingswerk wiederlas: das Leben des im Zivilisationsprozeß erstarrten Menschen als Dramaturgie, was Lacan mit nüchterner Neugier beschrieb: die Veranstaltung der ‹Illusion›, die eine Melancholie der leeren Zeit überwindet, soll noch einmal nach dem Muster der strikten Ambivalenz dargestellt werden. – Es gibt derzeit kein hinlängliches Kriterium, das Positive und das Negative der Phantasie gegeneinander abzugrenzen. Ein genauer Unterschied zwischen einem ‹Ur-Bild› und einem gemachten, reproduzierten, technisch hergestellten Bild kann nicht getroffen werden. Die Mimesis als Vermögen der Einbildung und des ‹ahmenden› Ausdrucks fließt in eins mit der Simulation als dem Vermögen der täuschend ähnlichen Reproduktion. Das liegt am gegenwärtigen Zustand des Imaginären, das übersehen wurde, weil es der Boden ist, auf dem die Menschen agieren. Das liegt am Kurzschluß von Archaik und Technik, der sich von seiten des Körpers mit der Zeitbemächtigung einer großangelegten Chronokratie eingestellt hat. Und das liegt an der ‹Hilfestellung›, die eine wachsende Ohnmacht der Sprache allenthalben in der Welt unfreiwilligerweise leistet.

Aber der schleichende Übergang von der (angstmachenden) Phantasie zur (entlastenden) Maschine, der simulativ erfolgt, läßt sich spiegelbildlich auf den Übergang vom Ritus zum Mythos beziehen, den die Mimesis betreibt. Inwiefern sind, in solcher Betrachtung, Riten Maschinen?[59]

Wenn man darin zunächst nur Veranstaltungen sieht, die Zeit ins Lebensdienliche zu wenden und eine Angst durch gemäßigte Wiederholung derselben zu bändigen und zu sänftigen, dann geht die Übereinstimmung sehr weit. Dann entsprechen sie einander wie Zauber und Bann. Der Zauber löst die Stockungen der Zeit durch vorgeschriebene Körpergesten, ‹heilige› Handlungen und wiederholte Sprachformeln. Der Bann ergibt sich aus dem mehr oder weniger geübten Wollen, mit Maschinenkraft die Zeit beliebig oft und an jeder Stelle zu nutzen. Aber beides funktioniert! Im Zauber der Riten und im Bann der Maschinen funktioniert bis auf den heutigen Tag ein großes Arsenal magischer Kräfte, die mit der Täuschung und dem Willen zu tun haben. Was Wunder, daß aus dem Kurzschluß beider eine neuartige Strategie gefolgert wird. Diese heißt im vorliegenden Kontext probeweise ‹gewollte Selbsttäuschung›.

Auf den ersten und zweiten Blick ist eine so geheißene Strategie natürlich ein ‹Unding›. Kein Mensch kann sich willentlich selbst täuschen; denn wenn er es täte, wüßte er es, und die Täuschung entfiele. Doch offenbar ist der Mechanismus des Eintritts in einen Ritus nichts anderes als eine derartige Selbsttäuschung, wenn auch keine gewollte. Und der Wille ist nun einmal im Spiel seit dem Verlust des Paradieses. So wären, damit das Spiel nach dem Ende der Aufklärung überhaupt noch beginnen kann, Wille und Täuschung zugleich angebracht. Wie kommt man aber um das Selbst herum, um jenen vorgeschobenen Wachtposten der Kontrolle? Ist er wichtig? Muß man um ihn herum? – ‹Gewollte Selbsttäuschung›, das wäre das Gegengift gegen die vollendete Selbstkontrolle. So wie letztere nicht möglich ist, ist erstere nicht unmöglich, weil das Selbst als Hort des Authentischen und der Strenge der Spielregeln eine verblasene Kunstfigur darstellt. Gesetzt also, dieses Selbst ist unwichtig, der Wachtposten ist gar nicht besetzt und das suggerierte Kontinuum einer menschlichen Identität ist zeitabhängig, dann erweist sich die gewollte Selbsttäuschung als ein Verfahren mit Aussicht auf Erfolg. Man täuscht (nicht sich selbst, sondern) das zivilisatorisch importierte Selbst, um den Bann der leeren Zeit zu brechen und den Zauber der Zeitenfülle aufs neue erfahren zu können. Das geht wahrscheinlich auch mit Maschinen. Es käme auf eine Probe an. Vielleicht wird es längst geübt. Wichtig ist nur, daß die Spur der Illusion nicht verlassen

wird, welche die notwendigen Fiktionen der Bühne und die Gesetzmäßigkeiten des grundlegenden Szenarios im Theater der Welt als Möglichkeiten des Lebens zu wahren erlaubt. Der Abstand zum Verhängnis
ist gering. Und niemand kann verurteilt werden, den Stand der Dinge,
der sich aus der Vorarbeit Hunderter Generationen ergibt, ungesche-
hen zu machen. Die harten Konsequenzen aus der neuen Lage lassen
sich ohnehin nur verschieben oder wenigstens erträglicher machen.

Die ‹große Illusion› wäre also groß, wenn der Wortsinn streng zweideutig gehalten werden könnte. Sie beschreibt den imaginären Ort, an
dem der Mensch der Gegenwart sich aufs Spiel gesetzt und in ein unauf-
hebbares Risiko verwickelt weiß. Sie ist weder eine Angelegenheit der
Realität noch eine der Symbolik, weder Materie noch Immaterie, weder
körperlich noch sprachlich, sondern ein Bildschirm, der nichts zeigt, der
aber durch diesen Vorenthalt der Bilder möglicherweise das Körper-
trauma zum Sprachspiel zu transformieren und – als Drehscheibe für
das Begehren – den Kreis von der archaischen Mimesis zur posthistori-
schen Simulation zu schlagen erlaubt. Das Imaginäre, das es gibt, das
historisch mit allerlei Plunder, aber auch mit Sprengsätzen aus hochex-
plosivem Stoff ausgestattet wurde, nach und nach in eine leere Bühne zu
verwandeln, das wäre eine Strategie, die, obzwar fatal,[60] dem anderen
noch eine Chance läßt.

Nachwort

Das, was neu (oder wieder) entdeckt wird, bedarf der mehrfachen Artikulation. Deshalb sei eine Zusammenfassung erlaubt. Zweierlei wurde
versucht: eine neue Lesart des zivilisatorischen Prozesses und die Kon-
turierung des intervenierenden Imaginären, das die Vorschrift ‹Tod der
Körper› – ‹Leben der Sprache› hoffnungslos ablenkt von ihrem Ziel.
Um diese beiden Absichten zu realisieren, wurde ein Spannungsbogen
von insgesamt vier Termini um einen Gedankenstrich herum konstruiert, der den Blick auf den Sachverhalt weit machen sollte. Der Gang
der Untersuchung führte rückwärts von einer diagnostischen Annahme
über Theorien zur Genealogie bis zur mehrfachen Bestimmung von
Phantasie, Imagination und Einbildungskraft, die bei der Eröffnung der
‹großen Illusion› beteiligt sind. Dieses Kunstprodukt menschlicher Tätigkeit, kaum erst entdeckt, erwies sich als radikal ambivalent, was eine
Erwägung der bestehenden Chancen schwierig machte. Der ‹point de
vue› von Anfang an war die in einem subtilen Wiederholungszwang sich

äußernde ‹transhumane Expansion›, die im Komplex ‹Selbstkontrolle›
auftauchte und nun wieder daran arbeitet, die Körper überflüssig zu
machen und jegliche Sprache in rekursiven Klartext zu transformieren,
der maschinenlesbar ist. Der Zweck der Zivilisation erscheint von da
aus als Maschinisierung des Geistes, als Exteriorisierung einer über
Techniken hergestellten Innerlichkeit, als ‹Rückgabe› einer apparativ
erzwungenen Struktur an die Apparate. Somit erweist sich der neueste
Abstraktionsschritt der Zivilisation als keineswegs frei gewählt, sondern als Versuch der Entlastung einer unerträglich werdenden Zwangsneurose durch Maschinen.

Rückfragen in Richtung der Genese trafen auf jene Transformation
der menschlichen Körper in Etappen, die allgemein Gegenstand der
Zivilisationstheorien ist. Das Körperliche wird zum Opfer gebracht, damit die Sprache lebendig sei und einen größeren sozialen Zusammenhang stiften kann. Dabei geht es um ‹Internalisierung› von Außenkontrolle, die sich als ‹Internierung› des Körpers durch Techniken und
Prozeduren auswirkt. Das ‹Selbst im Gehäuse› ist als Reifikation eines
im Zivilisationsprozeß vorschwebenden anthropologischen Modells zu
verstehen. Auf der einen Seite fungiert der ‹homo clausus› als vorläufi-
ges Endergebnis einer Verschiebung von der Geozentrik zur Egozentrik. Auf der anderen Seite erscheint die Seele als ‹Gefängnis des
Körpers› und kann das Subjekt als Statthalter der Staatsmacht ‹im›
Menschen durchschaut werden. Der Verdacht, daß es sich um Spätwir-
kungen des Christentums handelt, hielt stand: Die Fleischwerdung des
Wortes, die schon in archaischen Gesellschaften verbindlich war, wurde
durch die christliche Abstraktion (durchaus gegen ihren Stifter) gewendet und umgekehrt. Schon die innerkirchliche Erpressung des Körpers
zur Sprache, in der Inquisition, in der Beichte, schließlich in der prote-
stantisch inspirierten Autobiographie hat die menschlichen Individuen
zuerst gerichtet, zur Strecke gebracht und dann auseinandergebrochen,
so daß die Stücke seit der Säkularisation in der unaufhaltsamen Wortwerdung des Fleisches blind und zusammenhanglos weiterverarbeitet
wurden. Die symbolische Ordnung des Christentums enthielt selbst den
Sprengsatz, der sie schließlich auflöste. Das Wort wurde nicht Fleisch,
sondern das Fleisch wurde Wort, damit es Begriff werden konnte, um so
der Maschinerie der Wiederholung als Software zu dienen.

Ist die Logik dieser Geschichte am Ende eine ‹Logik des Opfers› oder
eine ‹Logik des Massakers›? Geht es auf Kosten des Selbst oder des
anderen? Und welche Rolle spielt das Imaginäre darin? Eine des abgebildeten Grauens, das stillstellt in Totstellreflexen? Wie kommt es trotz
der Konjunktur des Augenblicks von der Wiederholung in der Meta-

phorisierung des Materiellen zum Wiederholungszwang, zur zwanghaften Verschiebung, zur Metonymisierung des Verlustes? Die Hoffnung auf Imagination in der Rückführung des Begriffs auf das Wort, der Sprache auf den Körper hat nicht mit der Metastase der Bilder gerechnet, die neuerdings um sich greift. Die Geschichte ist nach rückwärts verbaut durch das «bunte Gewimmel der alten Götter»[61]. Also muß man es nach vorwärts versuchen. Man kann einer Spur folgen, die schon gelegt ist: in der Komplexitätssteigerung wider Willen, die aus dem übersehenen Imaginären stammt.

Anmerkungen

1 Für Beschreibung und Erläuterung der mit dem Thema gegebenen Problematik benutze ich – in experimenteller Wortwahl – Ausdrücke, die erst am Exempel, nicht in vorheriger Definition, ihre Brauchbarkeit erweisen können. Angemerkt sei allerdings, daß ich Jacques Lacan viel verdanke, insbesondere seiner «Instanzenlehre», die vom «Realen», vom «Symbolischen» und vom «Imaginären», also von den drei «Hauptbegriffen» des Titels handelt. Außerdem versuche ich, seine Unterscheidung von «Artikulation» und «Argumentation» einzuhalten, der zufolge erstere den Vorrang hat und letztere, also die Argumentation, um so konsequenter durchgeführt werden kann, je gründlicher die Artikulation von Problemen gelingt.
2 Vgl. Dietmar Kamper/Friedhelm Guttandin (Hg.): Selbstkontrolle. Dokumente zur Geschichte einer Obsession. Marburg/Berlin 1982, und Dietmar Kamper: Zur Soziologie der Imagination, Kapitel 4 und 5. München 1986.
3 Schon in meiner Habilitationsschrift: Geschichte und menschliche Natur (München 1973) habe ich diese Engführung moniert und durch die Konstruktion einer Differenz-Anthropologie zu erweitern versucht. Über die Notwendigkeit einer Annahme größerer ‹Bögen› vgl. Zur Geschichte der Einbildungskraft. München 1981 (Einleitung «Ereignis, Geschichte, Struktur, Praxis», S. 7 ff).
4 Zur Verdeutlichung läßt sich die Reihe auch als Schema notieren, in hyperbolischer Anordnung

Abstraktionsprozeß

Tod des Körpers – Leben der Sprache

Leben des Körpers　　　　　　　Tod der Sprache

(Prähistorie)　　　　　　　　　(Posthistoire)

Intervention

des Imaginären

5 Das erste Kapitel faßt in gedrängter Form Momente einer eigenen Zeitdiagnose zusammen, wie ich sie seit meiner ‹Berliner Zeit›, also seit 1980, in Vorträgen und Aufsätzen unternommen habe, ohne daß das Unternehmen zu

einem wenigstens vorläufigen Abschluß gebracht werden konnte; vgl. die Aufsatzsammlungen Das gefangene Einhorn. Texte aus der Zeit des Wartens. München (Edition Akzente) 1983, und Hieroglyphen der Zeit. Texte vom Fremdwerden der Welt. München (Edition Akzente) 1988; vgl. auch die Beiträge in den Sammelbänden, die von Christoph Wulf und mir seit 1982 in verschiedenen Verlagen unter dem Titel «Logik und Leidenschaft» herausgegeben worden sind und sich an einer Bestandsaufnahme von Ansätzen zur Historischen Anthropologie versuchen. Hier geht es um gedrängte Zuspitzung mit der Absicht, trotz aller Diversifikation der Probleme eine einheitliche Artikulation der Problemlage zustande zu bringen.

6 Vgl. den Aufsatz gleichen Titels in: Das gefangene Einhorn, a. a. O., S. 73 ff.

7 Vgl. Michel Foucault: Die Sorge um sich. Sexualität und Wahrheit 3. Frankfurt/M. 1986.

8 Vgl. Kamper/Guttandin: Selbstkontrolle, a. a. O., Kapitel I: Askese und II: Zucht und Erziehung, die für eine solche Ausweitung der Innerlichkeit Belege angeben.

9 Vgl. Norbert Elias: Über den Prozeß der Zivilisation. Soziogenetische und psychogenetische Untersuchungen. (Suhrkamp Taschenbuch Wissenschaft 158/159) Frankfurt/M. ³1977. Für Elias ist die «figurative Sozietät» jenseits der traditionellen Formen der Vergesellschaftung, aber auch jenseits des «homo clausus» eine Art Hoffnungsträger.

10 Vgl. den Science-fiction-Film von Ridley Scott aus dem Jahre 1979.

11 Vgl. des näheren Dietmar Kamper, Hieroglyphen der Zeit, a. a. O., S. 133 ff (Über die Fabrikation von Ungeheuern im Posthistoire).

12 Vgl. die Schriften von Niklas Luhmann, seiner Gewährsleute und Schüler.

13 Neuerdings insbesondere Humberto Maturana/Francisco Varela: Der Baum der Erkenntnis. Die biologischen Wurzeln des menschlichen Erkennens. München 1987.

14 Vgl. André Leroi-Gourhan, Hand und Wort. Die Evolution von Technik, Sprache und Kunst. Frankfurt/M. 1980, insbesondere den II. Teil: Das Gedächtnis und die Rhythmen, S. 271 ff. – Diese Unterscheidung zwischen einer Extension der jeweiligen Körperfähigkeit und einer Verlagerung der Symbolfunktion nach außen wird in einem Filmessay von Peter Krieg (Maschinenträume; Sendung am 13. 9. 1988 in den Dritten Fernsehprogrammen der Nordkette) bereits elaboriert dargestellt und zum Ausgangspunkt einer Visualisierung zweier sehr unterschiedlicher Strategien der ‹Sozialisation› genommen. Rückblickend erscheinen so die Riten der Menschheit als ‹Zeitmaschinen›, die in Klöstern, Kasernen und Schulen Anwendung fanden.

15 Vgl. Kulturgesellschaft, Heft 67/68 der Zeitschrift Ästhetik und Kommunikation. Berlin 1987; darin meinen Beitrag: Inszenierte Ereignisse. Kultur als Theater der Erinnerung, Exposé eines Vortrages für den Soziologentag 1988 in Zürich.

16 Bazon Brock hat in seinem einleitenden Essay zum Documenta-Katalog 1987 diese Substituierung des Ernstfalls als Charakteristikum schlechthin des gegenwärtigen Kulturbetriebs hervorgehoben.

17 Eine entscheidende theoretische Frage ergibt sich aus der Einstellung zu dem, was derart passiert. Oft ist mir das Argument entgegengehalten worden, man dürfe das Schreckliche nicht denken, um es nicht zu befördern. Es

gäbe eine Kollaboration mit dem schlimmen Wirklichen allein dadurch, daß man versteht. Das mag zutreffen. Und insofern ist ein theoretischer Vorbehalt gegen ein ‹Denken der Vernichtung› verständlich. Andererseits gibt es für den, der sich eingelassen hat, keine Wahl. Er kann das, was er zu denken hat, nicht nicht denken. Außerdem relativiert sich jedes eingesehene Verhängnis mit der Zeit. Es hat weitergehende Einsichten in petto. Man darf nur nicht zu früh mit dem Denken aufhören.

18 So scheint mir der theoretische Hintergrund der von Karl-Heinz Bohrer herausgegebenen Schrift Mythos und Moderne (Frankfurt/M. 1983) zwischen solchen Tabu-Zonen festgelegt zu sein, die bestenfalls eine endlose Dialektik erlauben. Wer weiter kommen will, als das Verhängnis einer «Dialektik der Aufklärung» reicht, muß aber mindestens vier Terme benutzen; vgl. dazu: Hieroglyphen der Zeit, Einleitung a. a. O., S. 7 ff.

19 So lautet die Grundannahme des existentiellen Dialogismus, wie ihn Eugen Rosenstock-Huessy in seiner Soziologie, Bd. 1: Die Übermacht der Räume. Stuttgart 1956; Bd. 2: Die Vollzahl der Zeiten. Stuttgart 1958, und in seiner Sprache des Menschengeschlechtes. Zwei Bände. Heidelberg 1963, ausgebaut hat. Er plädiert, um den Überstieg ins ‹Dritte Jahrtausend› überhaupt leisten zu können, für eine Rehabilitierung von mythisch-mythischer Gesellschaftskörper und thematisiert die entsprechende Anthropologie unter dem Stichwort des «Vor-Homerischen Menschen».

20 Was die Reihung «Metamorphose, Metaphorik, Metastase» betrifft, so dient sie Jean Baudrillard als eine experimentelle Figur zum Nachweis der historischen Gleichzeitigkeit diverser Körperzustände der Geschichte; vgl. seinen Beitrag in: Die Wiederkehr des Körpers (Bd. I der genannten Reihe: Logik und Leidenschaft). Frankfurt/M. 1982, S. 359 ff; eine ausführliche Probe aufs Exempel wäre nachzulesen in Dietmar Kamper: Poesie, Prosa, Klartext. Von der Kommunion der Körper zur Kommunikation der Maschinen. In: ders.: Hieroglyphen der Zeit, a. a. O., S. 95 ff.

21 Der Sachverhalt eines «Verschwindens der Körper im Bild» ist mir in der Radikalität seiner Konsequenzen vergleichsweise neu. Eine erste Annäherung habe ich unternommen im Katalog der Ausstellung Bi-Nationale (Dumont: Köln 1988). Weitere Versuche in den beiden folgenden Aufsätzen: Im Spiegel des Bildschirms. Das unaufhaltsame Ende der Theorie. In: Florian Rötzer (Hg.): Kunst-Machen. (Boer Verlag) München 1989, und: «nature morte» und Mimesis des Schreckens. Über Körpertexte in Schriftbildern. In: Dietmar Kamper/Christoph Wulf (Hg.): Transfigurationen des Körpers. Spuren der Gewalt in der Geschichte. (Reimer Verlag) Berlin 1989.

22 Vgl. dazu meine bereits früh mit dem Thema befaßte Schrift Abstraktion und Geschichte. Rekonstruktionen des Zivilisationsprozesses. München 1975, die im Durchgang der Konzeptionen von Marx, Freud, Max Weber, Elias, Horkheimer/Adorno und Habermas Grundlinien einer Logik der Geschichte herausgearbeitet hat.

23 Vgl. sein Hauptwerk Über den Prozeß der Zivilisation (zwei Bände, a. a. O.), besonders die Einleitung, die erheblich später geschrieben wurde als der Haupttext.

24 Horkheimer/Adorno: Dialektik der Aufklärung. Philosophische Fragmente. Hier zitiert nach der Fischer Taschenbuchausgabe. Frankfurt/M. 1971, S. 51.

25 A. a. O., S. 102.

26 Im Sinne eines unfreiwillig aufschlußreichen Wortgebrauchs wäre noch einmal eigens darauf zu achten, welchen Niederschlag die Abstraktion in der
Sprache gefunden hat. Über mehrere Umwege zieht auch der Terminus «Kapital» seine Bedeutung aus der «Verkopfung» der Menschen.

27 Vgl. das Stichwort «Körper» in Grimms Wörterbuch der deutschen Sprache.

28 A. a. O., S. 230.

29 Michel Foucault: Überwachen und Strafen. Die Geburt des Gefängnisses.
Frankfurt/M. 1976.

30 Michel Foucault: Der Gebrauch der Lüste. Sexualität und Wahrheit 2; Die
Sorge um sich. Sexualität und Wahrheit 3. Frankfurt/M. 1986.

31 Michel Foucault: Der Gebrauch der Lüste, Einleitung, a. a. O., S. 12.

32 Vgl. Überwachen und Strafen, III Disziplin 3. Der Panoptismus, S. 251 ff.

33 Siehe das Schema ebd., S. 170.

34 Eine gründlichere Darstellung im Kontext der psychoanalytischen Begriffs-
bildung habe ich gegeben in: Wiederholungszwang. Über unbewußte Mechanismen der Selbstbestrafung, zugleich Versuch einer retrospektiven Anthro-
podizee. In: Hieroglyphen der Zeit, a. a. O., S. 141 ff.

35 Vgl. Jacques Lacan: Das Ich in der Theorie Freuds und in der Technik der
Psychoanalyse. Olten 1980.

36 A. a. O., S. 117 f.

37 A. a. O., ebd.

38 A. a. O., S. 99.

39 A. a. O., S. 119.

40 A. a. O., S. 116.

41 Um dem Dilemma auszuweichen, das in einer unzulänglichen Theorie des
Imaginären liegt, habe ich im Nacheinander und mittels pendelnder Akzent-
setzungen verschiedene Annäherungen an das Thema versucht. «Zur Geschichte der Einbildungskraft» (1981) war eine Ehrenrettung, «Zur Soziologie der Imagination» (1986) eine Anklage; im «Gefangenen Einhorn» hatte
ich mit der Raumfixierung der Imagination in den «Hieroglyphen der Zeit»
mit der Zeit als Einbildungskraft zu tun. Aber noch war es nicht möglich, der
strikten Ambivalenz ohne Ausweichen standzuhalten, was ich in einem ab-
schließenden Band «Zur Theorie der Phantasie» (demnächst) wenigstens
versuchen möchte.

42 Die von Georges Devereux aufgeworfene Problematik um «Angst und Methode in den Verhaltenswissenschaften» hat eigentlich nur in der Ethnologie
eine adäquate Resonanz gefunden. Die Human- und Sozialwissenschaften
müßten mit der Diskussion erst noch beginnen. Für eine Historische Anthropologie steckt die Problematik das methodologische Hauptkapitel in Umris-
sen ab.

43 Vgl. dazu die unter Anmerkung 21 genannten Aufsätze.

44 Erschienen in der edition suhrkamp. Frankfurt/M. 1986.

45 Vgl. Erving Goffmans Schrift gleichen Titels und die Debatte um den symbolischen Interaktionismus, die halbherzig bei der Metaphorik blieb (ausgenommen einige Fassungen des ‹labeling-approach›; diese haben in der
Rechtsprechung und in einigen helfenden Berufen tatsächlich Angst
bewirkt, weil das Problem der Referenz unlösbar zu werden schien). Die

fortschreitenden Verhältnisse werden eine Wiederaufnahme der Debatte erzwingen.

46 Sloterdijk: Der Denker auf der Bühne, a. a. O., S. 38 ff.

47 A. a. O., S. 138.

48 A. a. O., S. 185 f.

49 Diese Vorlesungen sind bisher noch nicht auf Deutsch erschienen. Aber es gibt Auszüge in einem Leseheft zu Hamlet: The road to Elsinore (übersetzt von H.-J. Metzger) der Schaubühne am Lehniner Platz. Berlin 1983, und in zwei Ausgaben der Zeitschrift WO ES WAR, 2 (1986) und 3–4 (1987), erschienen in Ljubljana; zitiert wird im folgenden nach der Zeitschrift (verschiedene Übersetzer).

50 WO ES WAR, 2 (1986), S. 37.

51 Ebd.

52 Um einen Ausdruck von Sloterdijk aufzunehmen, a. a. O., S. 137.

53 WO ES WAR, 2/1986, S. 38.

54 A. a. O., S. 34.

55 Vgl. Dietmar Kamper: Das Phantasma vom ganzen und vom zerstückelten Körper. In: Die Wiederkehr des Körpers. Hg. von Kamper/Wulf. Frankfurt/M. 1982, S. 125 ff, und ders., Der Körper des Königs. Über einen dauernden Effekt der symbolischen Ordnung im Ausland. In: Zur Geschichte der Einbildungskraft. München 1981, S. 205 ff.

56 Vgl. Tzvetan Todorov: Die Eroberung Amerikas. Das Problem des Anderen. Frankfurt/M. 1985.

57 Vgl. für das folgende Das Elend der Einbildungskraft. Kleine Geistesgeschichte einer langen Verdrängung, in meiner Geschichte der Einbildungskraft. München 1981, S. 86 ff.

58 So das Eingangskapitel meiner Soziologie der Imagination, a. a. O., S. 21 ff, das auch die hier genannten Bedingungen näher ausführt.

59 Vgl. zu dieser Frage die Anmerkung 14.

60 Jean Baudrillard bezeichnet als fatale (d. h. letale) Strategien alle großangelegten Absichten, die sich heute einem Begehren des Subjekts verdanken. Demgegenüber nimmt er Strategien der Verführung an, die immer vom Objekt ausgehen. Er konzediert, daß es möglicherweise nur eine einzige fatale Strategie gibt: Erkenntnis, Theorie, Wissenwollen.

61 So ein Terminus aus der politischen Frühromantik, die an kommende Götter glaubte, vgl. das älteste Systemfragment des deutschen Idealismus. Von daher stammt auch das Konzept der ‹absoluten Künstlichkeit der Welt›, das eine fatale Ähnlichkeit mit dem hier skizzierten intervenierenden Imaginären hat.

Christoph Wulf

Mimesis

Einleitung[1]

Die gängigen Vorstellungen von Mimesis begrenzen diesen Begriff in zweifacher Hinsicht in unzulänglicher Weise. Einmal bedeutet Mimesis nicht nur Nachahmen, sondern auch ‹sich ähnlich machen›, ‹zur Darstellung bringen›, ‹ausdrücken›, ‹vor-ahmen›. Zudem darf Mimesis nicht auf Kunst, Dichtung und Ästhetik eingeschränkt werden. Die mimetische Fähigkeit spielt in annähernd allen Bereichen menschlichen Handelns, Vorstellens, Sprechens und Denkens eine Rolle und stellt eine unerläßliche Bedingung gesellschaftlichen Lebens dar. Auf dem Hintergrund eines solchen Verständnisses greifen Bestimmungen von Mimesis zu kurz, die einen Gegensatz zwischen Mimesis und der Selbstmächtigkeit des modernen Menschen konstruieren[2] oder die das Wirken der Mimesis lediglich in der Unterschiedlichkeit literarischer Darstellungen von Wirklichkeiten sehen.[3]

Nach dem Tode Gottes und dem Ende einer verbindlichen normativen Anthropologie gewinnt Mimesis besondere Bedeutung.[4] Mit dem Wegfall der Garanten einer gesicherten göttlichen bzw. menschlichen Ordnung sind die Referenzpunkte des Wissens erschüttert, verschieben sich und geraten in Bewegung. Durch den Bezug aufeinander ändern sie sich, unaufhörlich. Es entsteht ein mimetisches Verhältnis der Zeichen zueinander, in dem längst nicht mehr eine ‹Wirklichkeit› das Modell der Nachahmung bildet, sondern in dem Wort- und Bildzeichen selbst zum Modell anderer Zeichen werden, die sie nachahmen und dabei verändern, so daß in einem komplexen mimetischen Prozeß Neues entsteht.

Mimesis hat keine ein für allemal feststehende Bedeutung. Der Begriff hat viele Bedeutungsnuancen; sie zeigen sich in der klassischen Verwendung des Begriffs bei Platon und bei Aristoteles. Mimesis bedeutet ‹Nachahmung›, aber auch ‹Darstellung› und ‹Ausdruck›. Der Begriff kann sich auf das Verhältnis von vorgegebener und dargestellter Wirklichkeit beziehen; dann bezeichnet er ein Repräsentationsverhältnis. Er kann aber auch die ‹Nachahmung› von etwas bezeichnen, das selbst nicht gegeben ist, etwa die Darstellung eines Mythos, der immer nur in dieser Darstellung gegeben ist und dem kein bekanntes Modell außerhalb dieser Darstellung zugrunde liegt. Mimesis hat hier eine den Mythos konstituierende Funktion. Auch im Fall des Symbols geht es nicht um ein reines Nachahmungsverhältnis; sondern das Symbol verweist auf ein Neues, das in einer jeweils gegebenen Wirklichkeit nicht anzutreffen ist. Es schafft etwas Eigenes, das nicht durch den Bezug auf ein Vorgegebenes erklärt werden kann, sondern das auf ein Ganzes verweist, das außerhalb des Symbols liegt.

Wie die Natur schafft auch der Künstler mit Hilfe der Mimesis Neues und Anderes. Es kommt zu einer Erweiterung des Wirklichkeitsbegriffs, die diesen fast überflüssig werden läßt. In der mimetischen Aneignung von Vorgegebenem gestaltet die Einbildungskraft des Rezipienten den Nachahmungsprozeß mit, so daß im Nachahmenden das Vorgegebene eine neue Qualität gewinnt. Mimesis schließt den nachgeahmten Gegenstand, den Prozeß der Nachahmung und den Nachahmenden zusammen, wobei im nachgeahmten Gegenstand die Strukturen schon angelegt sind, die die Richtung des mimetischen Prozesses im Nachahmenden steuern. Seine Ergebnisse werden zudem von der individuellen Situation des Nachahmenden bestimmt. Wenn sich die mimetische Aneignung auf sprachliche oder bildliche Erzeugnisse bezieht, die selbst in einem mimetischen Verhältnis zu anderen stehen, sind diese Prozesse besonders komplex. Bei allen kulturellen Produkten ist dies der Fall, bei denen es keinen ‹Nullpunkt› gibt und bei denen die Referenzpunkte durch mimetische Prozesse erzeugt und verschoben werden. Hier ist ein offener, lediglich situativ eingeschränkter Horizont von Sinnmöglichkeiten gegeben. Mimesis ist also nicht in dem Sinne rückwärts gewandt, daß sie nur auf die Nachahmung eines Gegebenen zielt. Sie richtet sich auch nach vorn.[5] Der prinzipiell offene Charakter des Kunstwerks ermöglicht diese Wendung der Mimesis zum Noch-nicht-Geschaffenen.[6] Das Ziel ist nicht vorgegeben; es entfaltet sich gleichermaßen in seinem Werden und in seiner Rezeption.[7]

Schon Aristoteles weist darauf hin, daß Mimesis dem Menschen angeboren ist; «sie zeigt sich von Kindheit an, und der Mensch unterscheidet sich dadurch von den übrigen Lebewesen, daß er in besonderem Maße zur Nachahmung befähigt ist und seine ersten Kenntnisse durch Nachahmung erwirbt – als auch durch die Freude, die jedermann an Nachahmungen hat.»[8] Diese besondere Fähigkeit zur Mimesis ist in anthropologischer Hinsicht an

– die Frühgeburt des Menschen und seine dadurch bedingte Angewiesenheit auf Lernen,

– seine residuale Instinktausstattung und

– den Hiatus zwischen Reiz und Reaktion

gebunden. Greifbar wird diese Fähigkeit lediglich in ihren historischen Ausprägungen. Wie diese bestimmt werden, ist von der eigenen unhintergehbaren konzeptuellen und historischen Position abhängig. Einer *historisch-anthropologischen* Analyse erscheint Mimesis als ein Konstrukt mehrerer Vorstellungen und Diskurse, die verschiedene Funktionen akzentuieren. Welche Vorstellungen und Diskurse konstituieren den Mimesisbegriff und werden für unser Verständnis von Mimesis bestimmend? Eine Rekonstruktion ausgewählter Aspekte mit einer beträchtlichen Bedeutungsvielfalt soll hier Antwort geben. Dabei zeigt sich: Mimesis ist theoriewiderständig; sie widersetzt sich dem Versuch, sie eindeutig zu machen, und verweist auf ihr komplexes Verhältnis zu Imagination, Sprache und Körper.

Mimesis entfaltet sich, bevor sich die ethische Frage stellt, ob das Nachgeahmte ‹gut› oder ‹schlecht› ist und welche Wirkungen es auf die Nachahmenden hat. Oft wird dieser vorethische Charakter der Mimesis als bedrohlich empfunden und fordert dazu heraus, die Ambivalenz des Mimetischen zu kontrollieren. Einerseits knüpfen sich hohe Erwartungen an die im Zentrum ontogenetischer und phylogenetischer Entwicklung stehende mimetische Fähigkeit des Menschen. Andererseits erscheint sie als Ermöglichung von Anpassung, Verzicht auf Selbstbestimmung und Ursprung von Gewalt. Ferner wird Mimesis als eine Kraft begriffen, die Zwänge zweckrationaler Vernunft aufzubrechen und Verdinglichungen abzubauen. Sie erscheint selbst dann noch als Möglichkeit von Freiheit, wenn die Kritik längst überführt wird, selbst Gefangene des kritisierten Sachverhalts zu sein.

Im weiteren werden wichtige paradigmatische Veränderungen der Mimesis in der Ästhetik, im Sozialen und in der Konvergenz beider Bereiche in der Gegenwart untersucht.

1. Mimesis und Ästhetik

In der europäischen Geschichte taucht ‹Mimesis› zunächst in einer geringen begrifflichen Differenzierung auf. Während der Mimesisbegriff zunächst in sozialen und ästhetischen Zusammenhängen ohne Unterschied verwendet wird, bildet sich allmählich eine eigene ästhetische Bedeutung des Begriffs heraus, die bei Platon noch auf soziale und erkenntnistheoretische Prozesse verweist, sich dann aber mehr und mehr verselbständigt. Viele Jahrhunderte lang war Mimesis ein zentra-

ler Begriff der Kunst- und Dichtungstheorie. Erst in der Ästhetik der
Neuzeit verliert der Begriff allmählich an Bedeutung. Die Vorstellung
von der originären Kreativität des Menschen kollidiert mit einem auf
Nachahmung (imitatio) reduzierten Mimesisverständnis und führt zu
einer Abwertung des Begriffs. Das Subjekt der Neuzeit will sich nicht
mehr von den Traditionen der Vergangenheit bestimmt wissen. Bereits
seit dem 16. Jahrhundert geht der Kampf gegen die Kanonisierung der
Stilmittel und für eine Erweiterung der individuellen Ausdrucksformen.[9] Zurückgedrängt, jedoch nie vollständig vergessen werden Vorstellungen über das mimetische Verhältnis zwischen Welt und Mensch.

Wie der Demiurg die Gegenstände schafft, so erzeugt bei Platon der
Künstler die «Welt des Scheins». Im Mittelalter erscheint die Welt als
Buch Gottes, das es zu lesen und mimetisch zu erschließen gilt.[10] Das
menschliche Leben wird unter den Anspruch der «imitatio christi»
gestellt, aus der die Normen der Lebensführung und Erziehung herge-
leitet werden. Im 15. Jahrhundert will der Renaissance-Künstler den
Entwurf und die Signaturen der Welt in seinen künstlerischen Arbeiten
erfassen.[11] Für Paracelsus formiert sich jede Erkenntnis über ein mimetisches Verhältnis zwischen dem Mikrokosmos Mensch und dem Makrokosmos.[12] Auch wenn derartige Vorstellungen in anderen historischen Zeiten wieder in den Hintergrund treten, werden sie nie ganz
‹vergessen›; wiederholt tauchen sie in veränderten Kontexten auf. So ist
für Johann Georg Hamann die Natur ein Text, den es zu entziffern gilt;
so gibt es für Goethe eine unaufhebbare Entsprechung zwischen
Mensch und Welt; und so postuliert selbst Baudelaire eine «correspon-
dance» zwischen Mensch und Welt. Unabhängig von der jeweiligen
Epoche scheint es nicht an diese gebundene Formen der ‹Zeitgenossenschaft› zu geben, die sich über Jahrhunderte hinweg bilden und die es
kaum ermöglichen, eine systematische Geschichte der Mimesis zu
schreiben.

Dies hat bereits Auerbach in seinem berühmten Buch «Mimesis» betont, in dem er die «Interpretation des Wirklichen durch literarische
Darstellung oder ‹Nachahmung›» behandelt[13] und mit dem er eine
Sammlung literarischer Fallstudien vorlegt, an denen er sich zu zeigen
bemüht, wie in verschiedenen Epochen Wirklichkeit literarisch gestaltet wird. Dabei zeigt seine Analyse, daß es im Mittelalter und in der
Renaissance durchaus möglich war, «die alltäglichsten Vorgänge der
Wirklichkeit in einem ernsten und bedeutenden Zusammenhang darzustellen, in der Dichtung und auch in der bildenden Kunst»[14]. Erst im
17. Jahrhundert scheinen von den Vertretern einer strengen Nachahmung der antiken Literatur Normen aufgestellt worden zu sein, gegen

die sich im Sturm und Drang und in der Romantik die Revolte richtet. Auerbach untersucht die von ihm ausgewählten «realistischen Werke ernsten Stils und Charakters» daraufhin, wie sie Wirklichkeit darstellen; dabei interessieren ihn weniger eine «zeitliche oder kausale Entwicklung» als eine die Vielfalt der Verarbeitungsformen von Wirklichkeit zur Darstellung bringende Form.[15] So faszinierend einzelne Studien des Auerbachschen Werkes sind und so wichtig es auch für eine neue Auseinandersetzung mit Mimesis geworden ist, die Zeitgebundenheit dieser Position zeigt sich an ihrem Festhalten am Wirklichkeitsbegriff.

In ähnliche Richtung weist Feldmanns Unterscheidung zwischen einer repräsentationalen und einer seinskonstituierenden Form der Mimesis.[16] Ihre repräsentationale Seite bleibt an eine vorgegebene «Wirklichkeit» gebunden, die sie jedoch nicht nur nachahmt, sondern die in der «künstlerischen Transformation» verändert wird. Daher ist die Darstellung des Kunstwerks nie eine Verdopplung der «Wirklichkeit», sondern lediglich ihre Repräsentation. Die seinskonstituierende Seite der Mimesis erzeugt eine neue «Wirklichkeit». Hier zeigt sich die Kraft der Mimesis, eine imaginäre Welt hervorzubringen, die unabhängig von der vorgegebenen «Wirklichkeit» ist. Wie bei Auerbach stellt sich die Frage, ob «Wirklichkeit» geeignet ist, als Bezugspunkt der Mimesis zu dienen, oder ob nicht angesichts der heutigen Krise der Repräsentation von einer radikalen Pluralität der Wirklichkeitsauffassungen auszugehen ist, von denen jede einzelne zum Ausgangspunkt mimetischer Prozesse werden kann, so daß nicht länger sinnvollerweise «Wirklichkeit» zum Bezugspunkt für Mimesis genommen werden sollte. Denn mimetische Prozesse beziehen sich meistens auf bereits existierende Setzungen und Interpretationen, Bilder und Texte, die nicht in ein repräsentationales Verhältnis zur «Wirklichkeit», sondern zu anderen Repräsentationen treten. – Ein ähnlicher Zweifel richtet sich auf den Begriff einer «seinskonstituierenden Seite» der Mimesis. Wenn sich Mimesis im Bereich der Kunst und Dichtung in der «Welt des Scheins» entfaltet, dann erzeugt sie kein neues Sein, sondern bringt lediglich Neues in einer Welt des Scheins in Erscheinung.[17] Mimesis konstituiert also eine Welt des Scheins, nicht aber des Seins. Auch wäre zu fragen, inwieweit Mimesis in der Kunst der Gegenwart im Hinblick auf eine Welt des Scheins nicht weniger konstituierend als *dekonstruktiv* wirkt. In jedem Fall zeigt sich hier nicht nur die reproduktive, sondern auch die produktive Seite der Mimesis, die auf eine Ausweitung und Gestaltung der Welt der Imagination und des Scheins zielt.

Im weiteren sind wichtige Stadien der historischen Entwicklung des Mimesisbegriffes zu skizzieren. Dabei wird sich herausstellen, daß der

Begriff unterschiedlich verwendet wird und begriffliche Eindeutigkeit nicht herstellbar ist. Selbst die Darstellung ausgewählter Beispiele aus der Geschichte der Mimesis muß unvollständig bleiben und läßt sich nicht bis in die Gegenwart fortführen. So konnten die Wandlungen des Mimesisbegriffs in der Renaissance, in der französischen und deutschen Klassik, der Romantik und in der Ästhetik des 20. Jahrhunderts nicht bearbeitet werden. Montaigne, Diderot, Rousseau, Stendhal und Balzac, aber auch Baudelaire, der Surrealismus und die postmoderne Kunst der Gegenwart lohnten eine Untersuchung.

Die Entstehung des Mimesisbegriffs

Der europäische Mimesisbegriff entsteht in der griechischen Antike. Nach Koller liegt sein Ursprung im Tanz.[18] Von dieser Überzeugung ausgehend, erweitert Koller den Mimesisbegriff. Mimesis bedeutet nicht mehr nur Nachahmung, sondern auch Darstellung und Ausdruck. In der *Politeia* entfaltet sich der Begriff. Während er im dritten Buch noch in seiner allgemeinen Bedeutung verwendet wird, findet im zehnten Buch eine Einschränkung auf die Kunst und eine damit verbundene Abwertung statt. Diese Behauptungen Kollers haben eine umfangreiche und intensive Diskussion hervorgerufen. Nicht haltbar ist seine Vermutung, der Begriff Nachahmen stamme aus dem Delischen Hymnos und stehe in seinen Anfängen im Zusammenhang mit dem Tanz und den bacchantischen Kulten. Problematisch und wenig überzeugend ist auch die These von den zwei einander widersprechenden Mimesis-Theorien des dritten und zehnten Buches der Politeia.

Sprachgeschichtliche Untersuchungen haben gezeigt, daß der von Koller postulierte enge Zusammenhang zwischen dem Wort ‹nachahmen›, dem Tanz und der Musik nicht gegeben ist.[19] Auch seine Behauptung, Platon greife auf Damons Musiktheorie zurück, ist zweifelhaft.[20] In der Auswertung einer bedeutungsgeschichtlichen Untersuchung aller zur Mimesis-Gruppe gehörenden Worte und Textstellen kommt Else für das 5. Jahrhundert zu folgenden Bedeutungen: 1. «Nachahmen» als direkte Darstellung des Aussehens, der Handlung und der Äußerungen von Tieren und Menschen durch Sprache, Gesang und/oder Tanz... 2. «Nachahmung» der Handlungen einer Person durch eine andere, in einem allgemeinen Sinn, ohne unmittelbares Nachahmen (im ethischen Sinn)... 3. «Abbildung»: ein Bild oder Abbild einer Person oder eines Dings in materieller Form...[21] Insgesamt lassen diese Bedeutungen des Begriffs es nicht zu, schon zu dieser Zeit von einer Mimesis-Theorie zu

sprechen; vielmehr handelt es sich um ein Bündel ähnlicher Wortver-
wendungen, in deren Zentrum die Nachahmung einer Person oder eines
Tieres mit Stimme und Geste steht. Häufig erfolgt sie auch im Medium
der Musik und des Tanzes. Mit Hilfe menschlicher Mittel wird etwas
Vorästhetisches nachgeahmt.[22]

Im Unterschied zu Kollers Auffassung muß man davon ausgehen,
daß ‹Nachahmen› als Begriff aus Sizilien, der Heimat der Mimen, nach
Griechenland gekommen ist und sich in Ionien und Attika erst allmählich durchsetzt. ‹Mimesis› findet jedoch erst im 5. Jahrhundert eine größere Verbreitung; zur Zeit Platons dürfte dieser Begriff gebräuchlich
gewesen sein. Die dargelegten Differenzierungen führen, selbst wenn
man sie nicht für notwendig hält[23], zu zwei Erkenntnissen. Mimesis
steht nicht in einem besonderen Zusammenhang mit Musik und Tanz,
sondern hängt eher mit ‹Mimos› zusammen. Nachahmen bzw. eine Ähnlichkeit herstellen ist zunächst nicht die Bedeutung von Mimos, sondern: eine Posse aufführen, sich wie ein Mime verhalten ist hier die
Bedeutung des Begriffs; sie verweist auf das ‹niedrige› Leben, das bei
den Feiern der Reichen mit der Absicht, sie zu unterhalten, vorgeführt
wurde. Diese Aufführungen waren oft deftig und despektierlich; in ihnen wurden Menschen getäuscht und betrogen. Erst allmählich erlangt
Mimesis die Bedeutung von ‹nachstreben›, ‹nacheifern›, die im dritten
Buch von Platons *Politeia* entfaltet wird.

Von 63 Textstellen mit einem Wort aus der Mimesisgruppe, die vor
den Werken Xenophons und Platons bekannt sind, finden sich nur 19 in
einem ästhetischen Kontext, ohne daß sich allerdings hier ihre Wortbedeutung von der Verwendung des Wortes im außerästhetischen Kontext unterscheidet.[24] Ansatzweise bei Xenophon, dann vor allem bei
Platon und Aristoteles ändert sich die Situation; Mimesis entwickelt
nach und nach seine volle Bedeutung im Bereich der Ästhetik.

Im dritten Buch der *Politeia* umfaßt der Mimesisbegriff mehrere Bedeutungen. Einmal meint er «sich einem anderen gleichsetzen nach
Stimme oder Haltung (Gestalt), d.h. ihn darstellen»[25]; Mimesis führt
hier zu der Form der Dichtung, die in der Tragödie, der Komödie und in
Teilen des Epos erscheint, in der Personen unmittelbar zur Darstellung
gebracht werden. Von dieser darstellenden Dichtung wird die reine Erzählung, wie sie im Dithyrambus und in Teilen des Epos erfolgt, unterschieden. Mimesis dient Platon als Merkmal für die Entwicklung einer
Typologie der Dichtung.

Davon ausgehend, daß in der griechischen Erziehung die Dichter
eine große Rolle spielen, welche nach Platons Auffassung allmählich
durch die Philosophen ersetzt werden, wird nach der *erzieherischen*

Wirkung der Mimesis gefragt. Für Platon steht sie außer Zweifel; nach seiner Auffassung ist Mimesis eine «conditio humana», die die Möglichkeit der Erziehung bedingt und mit deren Hilfe Erziehung stattfindet. Gerade in der Jugend sind viele entscheidende Lernprozesse mimetisch. Daher will Platon im Rahmen der Pläne für seinen idealen Staat unbedingt die Kontrolle über die Mimesis. Einmal soll sie sich auf Inhalte beziehen. So seien die Wächter nicht mit Dingen zu konfrontieren, die sie schwächen anstatt zu stärken. Ihre Erziehung soll sie befähigen, ihre Aufgaben zu erfüllen. Unter diesem Gesichtspunkt habe auch die Auswahl der Inhalte der Dichtung und Dichter zu erfolgen. Verbreitet werden sollen nur solche dichterischen Inhalte, von denen die jungen Wächter lernen und an denen sie wachsen können. Die Darstellung der Unzulänglichkeiten der Götter und großen Männer ist daher abzulehnen, und, wenn sie erfolgt, im Staat nicht zuzulassen. Dies ist um so mehr erforderlich, als es höchst zweifelhaft ist, ob die Darstellung der Unzulänglichkeiten von Göttern und Helden der Wahrheit entspricht; denn zweifellos sind für Platon Größe und Schwäche unvereinbar. Aufgrund ihres vorethischen Charakters ist Mimesis, wenn sie sich auf Negatives bezieht, eine Gefahr, die den Menschen schwächt und ihn von der Erfüllung seiner gesellschaftlichen Aufgaben abhält. Deshalb muß die Auswahl der Inhalte kontrolliert werden, die für eine mimetische Auseinandersetzung freigegeben wird.

Aus dieser Bestimmung ergibt sich, daß die Darstellung von erwünschten Handlungen durchaus ihren Sinn hat. Denn sie fordern zur Nachahmung im Sinne des *Nacheiferns* heraus. Ziel des mimetischen Prozesses ist es, den vorbildlichen Handlungen bzw. Menschen nachzustreben, ihnen ähnlich zu werden und sich ihnen anzugleichen. Derartige Prozesse gelingen um so eher, wenn sie auch den Prozessen der Arbeitsteilung und der Konzentration unterworfen werden: Die Wächter sollen Gelegenheit bekommen, sich die dargestellten Handlungen, die für die Erfüllung ihrer Aufgaben wichtig sind, mimetisch anzueignen; zugleich sollen sie sich auf diese konzentrieren. Denn nur durch Konzentration kann die Kraft aufgebracht werden, die für das Lernen der notwendigen Dinge erforderlich ist. Mimesis bekommt hier eine *ethische* Komponente. Mit Hilfe der mimetischen Fähigkeiten soll etwas Vorbildliches nachgeahmt und dadurch Teil des Eigenen werden.

Umstritten ist, ob im dritten und im zehnten Buch widersprüchliche Mimesisbegriffe zugrunde gelegt werden. Koller vertritt diese Auffassung, der in der Folge jedoch intensiv widersprochen wird.[26] M. E. ergeben sich die Differenzen zwischen den beiden Büchern der *Politeia* eher aus dem Kontext, das heißt aus der Stellung des zehnten Buchs nach dem Linien- und Höhlengleichnis und nach der Entwicklung der platonischen Seelenvorstellung. Zunächst wird hier eine ontische Rangfolge erarbeitet, die insofern zur ‹Abwertung› des Malers und Dichters führt, als diese am wenigsten dazu in der Lage sind, die Idee nachzuahmen. Somit ergibt sich eine Stufenfolge. Den in ontischer Hinsicht höchsten Status hat die Idee, die der Schöpfergott hervorbringt. Danach kommt der Handwerker, der Demiurg, der die Idee schaut und in ihrer Anschauung einen Gegenstand wie eine Liege schafft. Den dritten Platz nimmt schließlich der Maler ein, der weder die Idee schaut noch die Sachkenntnisse hat, einen Gegenstand aus der Schau der Ideen hervorzubringen; wie jemand, der mit Hilfe eines Spiegels Spiegelbilder erzeugt, ist er lediglich in der Lage, Abbilder der geschaffenen Dinge hervorzubringen. Er ist der ‹Mimetes›, also der Nachahmende schlechthin, der nur Abbilder mit einem geringen ontischen Status schafft. Dem Maler wird der Dichter gleichgesetzt; auch er produziert nur Abbilder. Beide benötigen keine spezielle Sachkenntnis der von ihnen abgebildeten Gegenstände. Statt dessen haben sie die Fähigkeit, alles abzubilden bzw. nachzuahmen. Nicht nur, daß diese Fähigkeit Gegenstände geringen ontologischen Wertes hervorbringt; sie verstößt zudem gegen das im dritten Buch entwickelte Postulat der Konzentration auf eine Aufgabe und das ihr zugrunde liegende Prinzip der Arbeitsteilung. Trotz dieser Unzulänglichkeiten sollte dem Maler und dem Dichter durchaus Achtung bezeugt werden; jedoch seien sie im Idealstaat, der nach anderen Prinzipien zu gestalten ist, nicht zugelassen.

Maler und Dichter produzieren also nicht wie Gott Ideen und Handwerker Gebrauchsgegenstände. Sie bringen die Erscheinungen der Dinge hervor, wobei sie nicht auf bestimmte Dinge beschränkt sind. Malerei und Dichtung sind nicht auf die künstlerische Darstellung der Dinge begrenzt, sondern auf die künstlerische Darstellung der Erscheinungen, wie sie erscheinen. Ziel ist also nicht die Darstellung der Realität oder der Wahrheit, sondern die künstlerische Darstellung von Phantasmen, Erscheinungen in ihrem Erscheinen. Daher kann Malerei und mimetische Dichtung eben auch prinzipiell alles Sichtbare zur Erscheinung bringen.[27] Hier geht es in erster Linie um die Bilder und Illusionen schaffende Mimesis, bei der die Differenz zwischen Modell und Abbild unwichtig wird. Ergebnis ist nicht die wahre Nachbildung bzw. Ähnlichkeit, sondern der *Schein des Erscheinenden*.[28] Hier werden Kunst und Ästhetik bereits als eigener Bereich konstituiert, in dem der Künstler bzw. Dichter der Meister ist. Dieser hat zwar in Platons Sicht nicht die Fähigkeit, Seiendes zu produzieren, ist dafür aber frei vom Wahrheitsanspruch, dem sich die Philosophie zu stellen hat und der dem Idealstaat zugrunde liegt. Somit gewinnt der ästhetische Bereich bereits eine gewisse Unabhängigkeit von den Belangen der Philosophie, ihrer Wahrheits- und Erkenntnissuche, ihrem Bemühen um das Gute und Schöne. Der dafür zu entrichtende Preis ist der Ausschluß aus dem Idealstaat, der den unkalkulierbaren Charakter von Kunst und Dichtung nicht akzeptieren will.

Platon spricht Kunst und Dichtung die Fähigkeit ab, die Ideen zur Darstellung zu bringen. Denn sie haben es mit Mimesis und nicht mit Methexis zu tun. Von hier aus erfolgt eine Abwertung der Mimesis gegenüber den Ansprüchen der Philosophie auf Ideenschau und Erkenntnis des Wahren, Guten und Schönen. Andererseits ist die platonische Philosophie von der Erkenntnis der Bedeutung der Mimesis für Erziehung, Politik und Ästhetik fasziniert. Auf diese Seite gehört auch der mimetische Charakter der platonischen Philosophie selbst, die schließlich darin besteht, Sokrates und seine Gesprächspartner zur Darstellung zu bringen, und zu zeigen, wie Erkenntnis in Gesprächen gesucht wird und Annäherungen an das Wahre, Gute und Schöne erfolgen. Somit bleibt das Verhältnis Platons zur Mimesis widersprüchlich und enigmatisch.

Auch für Aristoteles ist Kunst Nachahmung. Besonders die Musik ist Nachahmung des Ethos; im Unterschied zur Malerei und Plastik, die sichtbare Linien gestalten, schafft sie eine hörbare innere Bewegung. Diese ist Ausdruck eines Charakters; sie hat ethische Wirkungen. Im Mittelpunkt der Poetik steht die *Tragödie* als Mimesis handelnder Menschen. In der Tragödie wird nichts zur Darstellung gebracht, was bereits stattgefunden hat. Denn ihre Themen und Handlungskonzepte münden im Mythischen, über das Wirklichkeitsaussagen unsinnig wären. Die Handlung der Tragödie soll so aufgeführt werden, daß der Zuschauer sich mimetisch verhält und das ‹Schauererregende› und das ‹Jammervolle› erlebt, eine kathartische Erfahrung macht und dadurch in seinem Charakter gestärkt wird.[29]

Mimesis meint bei Aristoteles nicht die Kopie eines Wirklichen, bei der der Unterschied zwischen Vorbild und Nachbild nach Möglichkeit verschwinden soll. Mimesis ist nachschaffen und verändern in einem, zielt auf eine ‹Verschönerung› und ‹Verbesserung›, eine ‹gestaltende Nachahmung›. Homers Achill-Darstellung ist dafür ein Beispiel; in ihr wird Achill als ein jähzorniger leichtsinniger Mann gezeigt, der insgesamt jedoch als rechtschaffener Held in Erscheinung tritt. Im Bereich der Dichtung hat Mimesis es mit der Gestaltung des Möglichen und des Allgemeinen zu tun; dadurch kommt ein neues Element in den Nachahmungsprozeß hinein, das im bloßen Abbildungsprozeß nicht enthalten ist.

Dichtung, Malerei und Musik sollen die Natur nachahmen. Wie dies zu verstehen ist, hängt allerdings von dem zugrunde gelegten Naturbegriff ab. Dieser ist bei Aristoteles nicht der die Natur auf ein Objekt reduzierende des 19. und 20. Jahrhunderts. Vielmehr bezeichnet Physis die Natur mit der ihr innewohnenden Kraft, Leben zu erzeugen – die belebte Natur.[30] Wenn nun die Kunst als Dichtung, Malerei und Musik diese Natur nachahmen soll, kann es sich nicht um die Herstellung einer bloßen Reproduktion oder um die ‹naturalistische› Wiedergabe von etwas handeln. Geht man von der Vorstellung einer ‹belebten Natur› aus, in der ein geistiges Prinzip wirksam ist, so muß Naturnachahmung eine andere Bedeutung haben.[31] In diesem Fall heißt Naturnachahmung: Die Kunst muß die Kraft der Natur nachahmen. Mit dieser Vorstellung tritt der Nachahmungsaspekt im engeren Sinne in seiner Bedeutung zurück; statt dessen soll etwas zur Darstellung gebracht werden, von dem der Künstler ein Bild in sich hat, unabhängig von der Frage, wie weit dieses irgendwelchen in der Welt gegebenen Dingen oder Personen entspricht. Nachahmen bedeutet nun nicht die Herstellung eines Abbildes, sondern die Herstellung eines Bildes, das zwar auch auf ein Vorbild bezogen ist, dieses jedoch nicht einfach verdoppelt.

Mimesis zielt auf die Ausgestaltung eines inneren dem Maler bzw. Dichter vor Auge stehenden Bildes. Im künstlerischen Gestaltungsprozeß entsteht dabei etwas Neues. Der die Gestaltung leitende Entwurf löst sich mehr und mehr in das Bild, das Drama oder das Musikstück hinein auf, das in einem anderen Medium als der imaginierte Entwurf entsteht. Dabei kommt es zu Veränderungen, Auslassungen, Ergänzungen und dergleichen, so daß Ähnlichkeit nur noch im begrenzten Maß gegeben ist. Verschiedentlich sind die Vorbilder, auf die sich die Bilder und Entwürfe der Künstler beziehen, unbekannt, da es sie entweder nie gab oder sie nicht mehr erhalten sind. Im Zentrum des künstlerischen Prozesses steht das Bild, sei es, daß es Bezüge zu Vorbildern erfaßt oder lediglich durch den künstlerischen Prozeß in ein Kunstwerk überführt wird. In jedem Fall umfaßt die Schaffung des Bildes die Transformation des Vorbildes.

Wenn der Künstler die Natur nachahmen soll, dann bedeutet das ‹Schaffen wie die Natur›. Der erste Schritt in diesem Prozeß ist die Schaffung eines Bildes bzw. Entwurfs. In der Verarbeitung dieses Bildes gewinnt das Kunstwerk Gestalt; es kommt zu einem wiederholten Verbessern, Korrigieren, Neu-Entwerfen. Wie Emil Staiger in seiner Interpretation der sieben Fassungen von Conrad Ferdinand Meyers Gedicht «Die tote Liebe» zeigen konnte, finden die entscheidenden Veränderungen von Fassung zu Fassung im Verhältnis der Worte, Klänge, Reime,

Verse zueinander, nicht jedoch im Bereich der inhaltlichen Bestimmungen statt.[32]

Wie ist das Verhältnis von Vorbild und Abbild? Wird letzteres durch ersteres geschaffen? Oder wie muß das Verhältnis begriffen werden? Im Bezug auf die berühmte Zeus-Darstellung des Phidias erhebt sich die Frage, ob und wenn wo es ein Vorbild für diese gegeben hat. Da es jedoch kein Vorbild für diese Darstellung gegeben haben kann, ist dieses Bild des Zeus neu. Im künstlerischen Prozeß selbst, in der Arbeit am Material ist es entstanden. Wer die Statue sieht, erkennt das Bild, obwohl man das Vorbild ‹Zeus› nicht kennt, das vor dieser Darstellung auch nicht existiert hat. Zuckerkandl spitzt seine Überlegungen in der Behauptung zu, daß das «Kunstwerk ein Bild auf der Suche nach einem Vorbild sei», das geschaffen wird, «um in dem Geiste der Menschen ein Vor-Bild zu finden und so seine Bestimmung zu erfüllen, Bild zu werden.»[33] Dieses ‹Bild› ist nicht eindeutig; es ist keine ‹Antwort›, sondern eher eine Frage, die durch das Kunstwerk an den Rezipienten gestellt wird und die dieser unterschiedlich beantworten kann. Durch die im Kunstwerk bzw. im literarischen Stück implizite Struktur werden Bilder, Sinnzusammenhänge und Deutungen erzeugt, die erst die Komplexität und Materialität des Kunstwerks ausmachen. So gesehen entstehen Kunst und Literatur erst in dem Zusammenwirken von Werk und Rezipienten.[34] Damit verlagert sich das mimetische Verhältnis. Das Kunstwerk läßt sich nicht mehr als Nachahmung eines Vorbildes begreifen. Vielmehr findet die Nachahmung zwischen Kunstwerk und Rezipienten statt. Als Ort mimetischen Verhaltens gewinnt die ästhetische Erfahrung eine zentrale Bedeutung. Das Kunstwerk beinhaltet zwar bestimmte Inhalte und Formen, Sinnbezüge und Aussagen; jedoch gewinnen diese erst in der «ästhetischen Erfahrung» bzw. im «Akt des Lesens» (Iser) ihre Lebendigkeit.

Mimesis in der Kunst des Mittelalters

Der von Aristoteles übernommene Satz «ars imitatur naturam» kann als ein Leitgedanke der mittelalterlichen Kunstphilosophie angesehen werden. Allerdings erhält dieser Topos eine andere Bedeutung als bei Aristoteles. Auch im Mittelalter bezeichnet Kunst nicht nur das Hervorbringen des Kunstwerks, sondern auch seine Gestalt und sein Urbild.[35] Kunst stellt das Ergebnis eines komplexen, die Natur nachahmenden Prozesses dar, der widerstreitende Deutungen auf sich zog. Für den Satz «die Kunst ahmt die Natur nach» bieten sich mehrere Deutungen an.

«Er konnte die Kunst als Epiphänomen der alles umfassenden Natur
erscheinen lassen und damit die Kunst überhaupt in Frage stellen; er
konnte aber auch zur Unterordnung der Natur unter die Kunst mit der
Begründung führen, daß ein denkendes Wesen die wahre Natur besser
nachahmen könne, als es die sinnlichen Dinge vermögen. Er konnte als
Erinnerung an die Grenzen des menschlichen Könnens gemeint sein:
Wir ahmen die Natur nach, ohne sie erreichen zu können.»[36] Die Tätigkeit der Künstler erreicht nie die schöpferische Tätigkeit Gottes; als
menschliche Kunst bedarf sie stets der Vorgaben der von Gott geschaffenen Natur. Begrenzt wird die Kunst also durch die «Geschöpflichkeit»
und «Naturabhängigkeit» des menschlichen Künstlers, dessen Werke
hinter der unendlichen Kunst und Schöpferkraft Gottes zurückbleiben.
In dieser Richtung weist die ästhetische Theorie auf Ontologie und Metaphysik.

Im Anschluß an Platon geht Plotin davon aus, daß die Kunst die Idee
in drei Schritten nachahmt.[37] Selbst wenn der Künstler meint, die Natur
nachzuahmen, arbeitet er an der Idee; denn die Natur ahmt ihrerseits
den Geist nach. Sodann bemühen sich viele Künste um einen Aufstieg
zu den geistigen Formen. Der Künstler begreift sich nicht in erster Linie
von der Natur her, sondern als denkender, schaffender Mensch, der die
Natur gestaltet. So sind die Künste in der Lage, etwas aus sich heraus zu
schaffen, da sie Zugang zur Schönheit haben. Folglich kann die sichtbare Natur von der Kunst korrigiert und vollendet werden.

Für Eriugena gibt es «nicht zwei Substanzen des Menschen, eine allgemeine in den göttlichen Ideen und eine partikuläre in Raum und
Zeit»[38], sondern lediglich zwei Auffassungsweisen der einen Substanz
des Menschen. Wie die Natur der Dinge göttlich ist, so ist auch der
menschliche Geist «ein lebendiger produktiver Spiegel des Univer-
sums» und als solcher göttlich. Der Mensch als Mikrokosmos und die
Natur als Makrokosmos entsprechen sich. Da die Objekte im Geist des
Künstlers wahrer als in sich selbst sind, kann das Kunstwerk auch einen
höheren Rang als die Naturdinge erreichen.

In der Schule von Chartres fallen alle Dinge in drei Bereiche: die
Werke Gottes, die Werke der Natur und die Werke der die Natur nachahmenden Künstler.[39] Die Natur erscheint als Simulacrum der göttlichen Idee, die Produktivität des menschlichen Geistes als Voraussetzung zur Erkenntnis des göttlichen Geistes. Was der Mensch aber
schafft, erscheint im Vergleich zu den Produkten Gottes nichtig; das gilt
auch für das Kunstwerk, das ähnlich nichtig wie er selbst ist. So wird hier
eine unaufgelöste Spannung zwischen den Möglichkeiten und den Realisierungen des menschlichen Geistes sichtbar.

Bei Thomas von Aquin wird die Natur als Gedankeninhalt der göttlichen Kunst bestimmt. Der menschliche Künstler ist auf die «Nachahmung der Natur angewiesen, weil seine Erkenntnis durch die Sinne aus
den Naturdingen geschöpft ist... Die Naturdinge sind nachahmbar,
weil sie von einem geistigen Prinzip hingeordnet sind auf ihr Ziel, so daß
jedes ‹opus naturae›, ein ‹opus intelligentiae› sei.»[40] Für Thomas sind
die Dinge von Gott vorgedacht und können daher vom Menschen erkannt werden. Die Erkenntnisfähigkeit des Menschen ist also Gott geschuldet. Kunst und Natur ähneln sich insofern, als sie in ähnlicher
Weise ihre Mittel zu verwirklichen und zum Ziel zu gelangen versuchen.

Platon, Plotin, Eriugena, die Schule von Chartres und Thomas von
Aquin gehen davon aus, daß die Natur geistig ist und jeder Sache ihre
Idee vorausgeht. Für Nicolaus von Cues entsprechen sich Weltseele und
menschliche Vernunft; Natur und Kunst ahmen die Idee nach. Die Idee
der Dinge ist nicht sinnlich; sie ist die Einheit einer Vielheit von Bestimmungen, denen sie selbst nicht unterliegt. Natur und Kunst stehen nicht
getrennt nebeneinander. Die Vernunft erscheint als die begründende
Einheit von Natur und Kunst. Einige Jahrhunderte später entwickelt
Goethe ähnliche Vorstellungen: «Die Nachahmung der Natur durch die
Kunst ist um so glücklicher, je tiefer das Objekt in den Künstler einge-
drungen und je größer und tüchtiger seine Individualität selbst ist. Ehe
man andern etwas darstellt, muß man den Gegenstand erst in sich selbst
neu produziert haben.»[41]

In Anlehnung an Kurt Flasch lassen sich folgende Schlüsse für die
mittelalterliche Kunst und den Stellenwert der Mimesis in ihr ziehen:

– Natur und Idee sind nicht getrennt; der Naturbegriff ist nicht der re-
  duktionistische der Naturwissenschaften des 19. und 20. Jahrhunderts.

– Begriffe, Denken und Kunst werden nicht im nachhinein an die Natur
  herangetragen; sie gehen ihr voraus. Die Natur ist das Abbild; eine
  naturalistische Deutung der Mimesis ist nicht möglich.

– Es fehlt eine Phänomenologie des Kunstwerks und ein Sinn für das
  Geschichtliche der Kunst.

– Die göttliche Kunst ist die unendliche Kunst und der Maßstab jeder
  menschlichen Kunst. Natur ist als Natur etwas Geistiges, wie der
  Mensch von Gott Geschaffenes. Wegen der sich mit ihr auseinander-
  setzenden Vernunft ist sie es wert, nachgeahmt zu werden. Vom Menschen kann sie nachgeahmt werden, weil er in seiner Sinnlichkeit der
  Natur ähnlich ist.

– Kunst muß durch die Nachahmung des Wesens der Natur mehr als
  ihre Oberfläche zur Erscheinung bringen. Nachahmung meint also

mehr als die bloße Imitation des Äußeren der Kunst; in diesem ‹Mehr› liegt die Freiheit des Menschen, etwas Neues zu schaffen, das in der Natur selbst kein Vorbild hat. Hier ist der Mensch das Abbild Gottes als Schöpfer und Künstler.

In einer anderen Richtung stellt sich der ästhetischen Reflexion die Frage, wie eigenständig die mittelalterliche Kunst ist. Ist etwa die romanische Architektur durch die ‹Unfähigkeit› der Künstler zur genauen Nachahmung der römischen Kunst gekennzeichnet?[42] Oder stellt die romanische Kunst einen eigenen Entwurf dar, der sich nicht unter dem Begriff der Nachahmung im Sinne von Reproduktion fassen läßt?[43] Unterstellt man eine schlechte Nachahmung, dann ergibt sich die Frage: Was wird in der romanischen Kunst dargestellt, und was fehlt in der Darstellung? Diese Kategorien der gleichzeitigen ‹Anwesenheit› und ‹Abwesenheit› in der Darstellung verweisen auf Mimesis. Wie die Metapher bringt Mimesis etwas zur Darstellung, das selbst abwesend ist und in der Darstellung auch abwesend bleibt. So entsteht ein interbildlicher Dialog zwischen dem Vorbild und dem dargestellten (Ab-)Bild. Das Ausmaß der Transformationen, die zwischen dem Vorbild und dem Abbild stattfinden, entscheidet über die Eigenständigkeit des Abbildes – in diesem Beispiel über die Originalität der romanischen gegenüber der römischen Architektur. So zeichnet sich die romanische Kunst dadurch aus, daß Elemente aus der römischen Kunst übernommen, jedoch in ihrer Bedeutung vollständig verändert werden, so daß etwas bislang Neues entsteht. An dem Lothar-Kreuz aus dem Aachener Kirchenschatz lassen sich diese für die mittelalterliche Kunst so charakteristischen mimetischen Prozesse verdeutlichen.

Das Kreuz datiert aus der Zeit um 1000. Die in seinem Zentrum zu sehende Gemme stellt Augustus dar und stammt aus seiner Zeit; die kleine Kaiserdarstellung am Fuß des Kreuzes wird durch eine Inschrift als Darstellung Lothar II., des Enkels Karl des Großen, ausgewiesen. Offensichtlich handelt es sich bei diesem Kreuz aus der Zeit der Ottonen um eine Verbindung von Elementen aus mehreren historischen Perioden, die so zusammengestellt worden sind, daß sie trotz historischer Veränderungen die Kontinuität der Geschichte zum Ausdruck bringen. Gezeigt werden soll durch die Symbolik dieses Kreuzes, daß die Ottonen in der Tradition des Römischen Reiches stehen. Der Regierungszeit des Augustus kommt dabei insofern besondere Bedeutung zu, als in ihr Christus zur Welt gekommen ist, dessen Kreuzigung auf der Rückseite des Kreuzes dargestellt wird. Zu dieser Darstellung des leidenden Christus steht die Abbildung des unbewegten starken Kaisers im Gegensatz.

Seine Unbeweglichkeit kontrastiert mit der sich fortwährend ändern-
den Welt und wird als Hinweis auf Jupiter, die Göttlichkeit des Kaisers,
aber auch die Göttlichkeit des Menschen überhaupt verstanden. Die
Einfügung dieser Gemme ins Zentrum des ottonischen Kreuzes ist ein
mimetischer Akt, der Ausdruck der «renovatio imperii» der Ottonen ist.

Das Regierungsprogramm der Ottonen knüpft an die Göttlichkeit
des Kaisers Augustus an, die eine spezielle Würde durch das Leiden
Christi während der Kreuzigung erhält. Das Kreuz wird zu einem Dialog unterschiedlicher Traditionen und Intentionen, die in ihm gebündelt
werden und der Auslegung bedürfen. Die Details der Darstellung erhalten im Zusammenhang mit der Programmatik des Kreuzes neue Bedeutungen. Sie ergeben sich aus der *intertextuellen* Lektüre des Kreuzes, in
deren Rahmen die Eindeutigkeit der Bedeutung bisherigen Leidens
durch die Überschneidung mit neuen Bedeutungen aus anderen Kontexten aufgelöst wird. Eine bis dahin nicht gekannte Mehrdeutigkeit
entsteht. Sie ist das Ergebnis mimetischer Beziehungen zwischen gleichzeitig präsenten unterschiedlichen Bedeutungen des gleichen Zeichens.
Ein solches Zeichen ist der kaiserliche Adler der Augustus-Gemme, der
auf dem Hintergrund der Kreuzigungsdarstellung und im Zentrum des
Kreuzes die Bedeutung einer Taube erhält und damit auf den Heiligen
Geist verweist. Auch der Lorbeer wird zum Zeichen des göttlichen Sie-

ges, der Präsenz der Trinität, der Glorie des göttlichen Reiches. Das Kreuz verbindet die Augusteische Reichsordnung mit der göttlichen Ordnung; eingelöst werden soll diese Verbindung durch die Erneuerung des Reiches durch die Ottonen.

In deutlicher Differenz zur römischen Kunst entwickelt die romanische Kunst eigene Ausdrucksformen und Bedeutungen; eine eigene Kreativität entsteht. Durch die Überlappung der römisch-heidnischen und der christlichen Traditionen bilden sich neue Horizonte. In der mimetischen Verarbeitung heterogener Vorbilder werden Werke geschaffen, die zwar mit Vorbildern aus mehreren Traditionen in Verbindung stehen, jedoch in der romanischen Kunst radikal neue Bedeutungen erhalten. Im ‹Gespräch› der verschiedenen Traditionen und Sprachen entsteht die für die mittelalterliche Kunst charakteristische Vieldeutigkeit.

Mimesis in der Ästhetik des 18. Jahrhunderts

In der Folgezeit blieben Mimesis und Ästhetik über den Anspruch, die Kunst solle die Natur nachahmen und sie vollenden, eng verbunden. Zu Unrecht hat man in dieser Konzeption eine Beschränkung der schöpferischen Kräfte des Menschen gesehen, aus der sich der Mensch erst allmählich zu befreien begann.[44] Nach dieser Auffassung repräsentiert der Löffelschnitzer des Nicolaus von Cues aus dem Jahre 1450 den neuen in einer alltäglichen Handlung in Erscheinung tretenden selbstbewußten Menschen, der Kunst nicht mehr als Nachahmung der Natur, sondern als Nachahmung der «unendlichen Kunst» Gottes begreift und der den Blick weniger in den Kosmos als auf die menschgeschaffene Dingwelt richtet. Bedeutend ist zudem, «daß hier das ganze Pathos des schöpferisch-originären Menschen und der Bruch mit dem Nachahmungsprinzip beim *technischen*, nicht beim *künstlerischen* Menschen hervortreten.»[45] In Blumenbergs Deutung konstituiert sich der schöpferische Mensch über den Einfall (entusiasmo); seine Vollendung findet er in der Vorstellung vom Originalgenie, von der aus Naturnachahmung als eine Beschränkung der Kräfte des Menschen erscheint.

In der Ästhetik setzt sich diese Veränderung innerhalb eines Jahrhunderts durch. Am Anfang des 18. Jahrhunderts stand die Dichtungstheorie noch ganz unter dem Einfluß der italienischen, französischen und englischen Poetiken. So heißt es in Gottscheds «Kritischer Dichtkunst» von 1730 ausdrücklich: «Ich sage also ernstlich: ein Poet sei ein geschickter Nachahmer aller natürlichen Dinge.» Die Ähnlichkeit zur aristotelischen Poetik ist deutlich. Der Akzent liegt auf der Mimesis, weniger auf der Praxis des Genies. «Das Verhältnis von Mimesis und Poiesis läßt sich also schematisieren als ein Zirkel, den Dichter und Leser, Hörer bzw. Zuschauer gemeinsam schlagen: der Dichter verfremdet das Wahrscheinliche ins Wunderbare, der Leser reduziert das Wunderbare aufs Wahrscheinliche, auf Erfahrungswirklichkeit; der Dichter maskiert die Wahrheit und die Natur als Fiktion, der Leser demaskiert die Fiktion als Wahrheit und Natur.»[46] Dem Dichter ist es erlaubt, die Wahrheit so darzustellen, daß sie gefällt. Dem Leser obliegt es, diese Darstellung, dieses Bild mit dem ihm zugrunde liegenden Vorbild zu vergleichen und so die Dichtung als ‹wunderbare› Nachahmung der Natur zu verstehen. In diesem Prozeß liegt der Kern der ästhetischen Erfahrung.

Johann Elias Schlegel hat in seiner «Abhandlung von der Nachahmung» (1742/45) in diesem Vergleich zweier Vorstellungen den Ursprung des ästhetischen Vergnügens gesehen. Kritisch haben die Schweizer Johann Jacob Bodmer und Johann Jacob Breitinger sich gegen Gottscheds Poetik gewandt. In Breitingers «Kritischer Dichtkunst» von 1740 bleibt zwar das Prinzip der Naturnachahmung durchaus noch gültig; doch finden sich hier schon Formulierungen, die auf romantische Poetiken vorausdeuten. So wird dem Dichter die Aufgabe zugeschrieben, mit Hilfe der Phantasie nicht die gegenwärtige Welt abzubilden, sondern neue Begriffe und Vorstellungen zu ersinnen, die in einem anderen «möglichen Weltgebäude zu suchen sind». Daher sind Dichter auch Schöpfer, die eine neue «poetische Welt» schaffen, in der «alles der Zeit und dem Raum nach ineinander gegründet» sein soll.[47]

In der deutschen Aufklärung des 18. Jahrhunderts wird Batteux' in Deutschland intensiv rezipiertes ästhetisches System bestimmend. In seinem Mittelpunkt steht die Naturnachahmung. In einem deduktiven Verfahren leitet er sein zentrales ästhetisches Postulat, nach dem die «schönen Künste» die schöne Natur nachahmen sollen, aus dem Geist und den Regeln des Geschmacks ab. Aus einer Nachahmung der Natur wird immer mehr eine «Idealisierung der schönen Natur» im Kunstwerk.[48] Das Verhältnis des Künstlers zur schönen Natur wird durch zwei seiner Eigenschaften bestimmt: den Geist (génie) und den Geschmack (goût). Seine Begeisterung ist die Kraft, mit der der Künstler sein Verhältnis zur Natur darstellt. Das Vernunftprinzip wirkt auf mimetische Prozesse so ein, daß eine Ordnung in der Mannigfaltigkeit und eine Symmetrie der Teile im Verhältnis zum Ganzen entstehen, die sich aus dem Zusammentreffen des menschlichen Geistes mit der Natur bilden. Die mimetischen Prozesse des menschlichen Geistes sind individuelle

Äußerungen der allgemeinen Vernunft; diese erkennt die Ordnung, die Symmetrie und die Einheit der Natur. Der Geschmack ist das dabei mitwirkende emotionale Element; durch ihn werden die Gegenstände auf den Menschen selbst bezogen. Der ‹gute Geschmack› wird zum Beurteiler der schönen Künste – ein Gedanke, den Kant aufgreifen und in sein System einfügen wird.

Gottsched, K. W. Ramler und J. A. Schlegel tragen zur Verbreitung dieser Vorstellungen in Deutschland bei; schon bald üben sie auf die Berliner Sulzer, Nicolai und Mendelssohn und auf Lessing ihren Einfluß aus. Deren Auseinandersetzung mit Batteux ist heftig und führt allmählich zur Überwindung dieser Theorie der Nachahmung. Kritisiert wird vor allem die zentrale Stellung des Nachahmungsprinzips in den schönen Künsten und der rationalistische deduktive Charakter dieser Theorie, der die Natur der Empfindungen der Menschen außer acht läßt. Der Sturm und Drang, die deutsche Klassik und die Romantik greifen diese Vorstellungen von Naturnachahmung als Zentrum der Kunst und Dichtung scharf an und entwickeln neue ästhetische Perspektiven, die hier nicht mehr behandelt werden können.

Jean Pauls in der «Vorschule der Ästhetik» von 1804 geäußerte Vorstellung, daß «Dichtung die Darstellung der Subjektivität der Welt durch Subjektivität sei», gibt eine Perspektive für die Entwicklung an, in der das eigenständig gestalterische Element der Mimesis radikalisiert wird. In die gleiche Richtung weist die Forderung des Novalis: «alles muß poetisch sein». Die ‹Poetisierung der Welt›, die die Romantiker fordern, impliziert ebenfalls diese Subjektivierung der Mimesis und der mimetischen Prozesse. Nach dem Selbstverständnis der Romantiker zielt die Poetisierung der Welt auf einen Prozeß, für dessen Ergebnisse es kein Vorbild gibt, das nachgeahmt wird, in dem vielmehr die ‹poetisierte Welt› selbst das Ziel ist. Zweifellos spielt in diesen Fällen die Einbildungskraft die entscheidende Rolle. Denn außerhalb der Kunst gibt es nichts, auf das sie sich unmittelbar beziehen kann. Entscheidend wird die Übersetzung des in der Einbildungskraft entworfenen Bildes, das selbst nicht mehr auf Vorbilder reduzierbar ist, in das Medium der Kunst oder Dichtung. Im Verlauf des 19. und 20. Jahrhunderts nehmen die subjektiven Variationen in diesem Übersetzungsprozeß zu. Intensiv imaginieren die Avantgarden neue Bilder und Vorstellungen als Ausgangspunkte des künstlerischen Prozesses. Ein radikaler *Pluralismus* mit mimetischen Beziehungen zwischen den Künsten entsteht und führt zu einer zunehmenden Selbstreferentialität der Kunst.

2. Soziale Mimesis

Außer in Kunst und Dichtung spielt Mimesis in der Phylogenese und Ontogenese, im Zivilisations- und Sozialisationsprozeß eine zentrale Rolle. Sie ist eine Voraussetzung der Kultur, des Sozialen und der Erziehung und durchzieht viele Bereiche menschlichen Handelns, Interagierens und Produzierens. Mimetische Prozesse beeinflussen das Verhältnis des Menschen zur Natur, zur Gesellschaft und zum Anderen. An vier Beispielen soll dies verdeutlicht werden. Mimikry ist bei Pflanzen und Tieren das Ergebnis von Mutation und Selektion, also des Evolutionsprozesses. Angesichts der gefahrvollen Natur scheint es auch beim Frühmenschen derartige Prozesse des Angleichens an die Natur gegeben zu haben, die Schutz gegen deren Schrecken boten und somit zu einem Mittel des Überlebens wurden. Mit dem Entstehen der Magie ändert sich die Situation. Nun dienen die mimetischen Fähigkeiten dem Menschen dazu, ‹Ahmungen› zu entwerfen. Mimesis erscheint nicht als Nachahmung, sondern als ‹Vor-Ahmung› der Natur. Sodann gilt es, die destruktive gesellschaftliche Seite der Mimesis herauszuarbeiten. Hier kommt den durch Mimesis produzierten gesellschaftlichen Gewaltpotentialen und den Verfahren, diese handzuhaben, besonderes Interesse zu. Schließlich ist jede Begegnung zwischen Menschen auf deren mimetische Fähigkeit angewiesen, da ohne sie Sympathie, Verständnis und Intersubjektivität nicht möglich sind. Mimesis ist somit eine unerläßliche Voraussetzung des Sozialen. Daher erscheint es durchaus als gerechtfertigt, den Begriff ‹soziale Mimesis› einzuführen, der weiterer, diesen Rahmen sprengender Bearbeitung bedarf.

Mimikry: Die ökologische Mimesis

Formen der Mimesis finden sich nicht nur beim Menschen, sondern auch bei Tieren und bei Pflanzen. Allerdings unterscheiden sich hier die mimetischen Prozesse, so daß es sich empfiehlt, eher von der Mimikry als der Mimesis der Pflanzen und Tiere zu sprechen. Pflanzen sind zu außerordentlichen Anpassungen an ihre Umwelt in der Lage. Drei Elemente spielen dabei eine Rolle: das Vorbild, der Nachahmende und der Signalempfänger bzw. das Tier, das zwischen Vorbild und Nachahmer keine sichere Unterscheidung treffen kann.[49]

Nachgeahmt werden Farben, Gestaltmerkmale, Verhaltensformen. Im Unterschied zur Mimesis des Menschen handelt es sich bei der Mimikry von Pflanzen und Tieren um das Ergebnis einer Evolution. Diese bringt schließlich durch Selektion und Mutation über mehrere Generationen die für das Überleben geeigneteren Merkmale hervor. Voraussetzung für die Entwicklung einer Mimikry durch Evolution ist ein Fortpflanzungsvorteil, den der Nachahmende durch Mimikry hat.

Eine der bekanntesten Formen der Mimikry bei Pflanzen besteht in der Nachahmung einer ungenießbaren Art mit dem Ziel, nicht gefressen zu werden. In diesem Fall ist das bloße Überleben der sich anpassenden Pflanze bereits ein Überlebensvorteil gegenüber anderen dazu nicht fähigen Pflanzen. Ähnliches gilt für Tiere, die sich ihrer Umwelt in Form und Farbe so anpassen, daß sie von ihren Feinden nicht identifiziert und gefressen werden können, oder die sich totstellen und dadurch überleben.

Eine andere Form der Mimikry besteht zwischen Pflanzen und ihren Bestäubern. Hier ist die Beziehung symbiotisch; beide haben einen Vorteil aus ihr. Diese Situation machen sich auch Pflanzen zunutze, deren Form den Bestäubern zwar Nektar verspricht, ihn ihnen aber nicht gibt, obwohl sie die Leistungen der Bestäuber durch deren Täuschung erhalten. Ein bekanntes Beispiel ist die Orchidee Rotes Waldvögelein, die in Gebieten, in denen sie mit der Glockenblume zusammen wächst, deren Form nachahmt und so trotz fehlendem Nektar von Wespen bestäubt wird. Beide Pflanzen unterscheiden sich für unser Auge durch unterschiedliche Farben der Blüten, nicht jedoch für die Wahrnehmungsorgane der Insekten, von denen viele rotblind sind, so daß sie beide Pflanzen verwechseln.

Ein weiteres Beispiel für Mimikry gibt die zu den Orchideen gehörende Ragwurz. Hier sondern die Blüten statt Nektar einen Duftstoff ab, der dem Sexuallockstoff der Insekten ähnelt. Dies führt dazu, daß die männliche Biene eine Pseudokopulation mit der Blüte vollzieht, die zudem für das Bienenmännchen wie eine weibliche Biene aussieht. Wenn die Biene auf der Pflanze landet, nimmt sie Pollen auf, die sie nach Verlassen der einen Pflanze bei der anderen abstreift. So bietet die Pseudokopulation der Pflanze erhebliche Vorteile. Auch Aasblumen geben den Insekten fast nie Nektar; sie täuschen durch ihren Aasgeruch die Insektenweibchen, die Aas für die Ablage ihrer Eier suchen und so von Blume zu Blume fliegen und sie bestäuben.

Diese Prozesse der Mimikry zielen auf eine verbesserte Anpassung an die Umwelt, die der Pflanze bzw. dem Tier bessere Überlebenschancen bietet. Sie werden durch Mutation eingeleitet und durch Selektion in der für das Überleben richtigen Richtung gehalten. Ähnliche Prozesse haben auch die Geschichte der Vormenschen bestimmt und legen Hypothesen nahe, warum bestimmte Formen des Homo Australopithecus

sich nicht weiterentwickelt haben.[50] Am «mutmaßlichen Anfang des
Menschengeschlechts» (Kant) stand der Schrecken vor der gefährlichen
Natur. Dem Frühmenschen blieb häufig nichts anderes übrig, als sich tot
zu stellen, also eine Kleintieren vergleichbare Erstarrungsreaktion zu
zeigen. Mit Hilfe dieser «Angleichung ans Tote» machte der Früh-
mensch sich unangreifbar; er überlebte, allerdings als «wehrloses
Opfer»[51]. Noch gelingt ihm keine Distanzierung gegenüber der übermächtigen Natur; sein einziger Überlebensweg ist diese Verhärtung, Erstarrung, Entfremdung und Verdinglichung bewirkende Anpassung an
die übermächtige Lebensumwelt. Mit dieser Tranformation ins ‹Tote›
wird bereits hier eine Seite des Zivilisationsprozesses sichtbar, die bis
heute diesen mitbestimmt. Ist sie zunächst an den Raum gebunden, in
dem der Mensch lebt, so erfaßt sie später in Form einer bis zum Exzeß
getriebenen Chronokratie auch seine Lebenszeit.[52] In jedem Fall ist der
Mensch in dieser Perspektive Opfer in einem sich weitgehend unabhängig von ihm vollziehenden Evolutions- und Zivilisationsprozeß.

Mimesis und Magie

Distanz und Unabhängigkeit gegenüber der Natur gewinnt der Mensch
erst mit der Entwicklung der Magie. Wenn sie im Verhältnis zu seiner
Umwelt zu einem bestimmenden Merkmal wird, betritt er eine im Vergleich zur bloßen Anpassung an die Natur und zur ‹Angleichung ans
Tote› neue Phase der Geschichte. Der Mensch entwickelt Vorstellungen
über die in der Natur beobachteten Zusammenhänge und versucht,
diese durch sein Handeln zu beeinflussen. Er beginnt, der Natur etwas
vorzuschreiben, dessen Nachvollzug er von ihr erwartet. So ändert sich
allmählich das mimetische Verhältnis zwischen Mensch und Natur. War
es zunächst ein Totstellreflex gegenüber der übermächtigen Natur, so
wurde es allmählich eine ‹Vorahmung›, in der der Mensch Vorstellungen entwickelt, von denen er erwartet, daß die Natur sie ‹befolge›.
    Die Wirksamkeit der Magie, die in allen frühen Kulturen den Versuch
des Menschen darstellt, Macht über die Natur und andere Menschen zu
gewinnen, hängt von der Intensität der Emotionen im magischen Akt
des Ausführenden und dem mimetischen Ausdruck ab. Soll beispielsweise mit einem magischen Akt Schrecken abgewehrt werden, so muß
sich der Zauberer so verhalten, als ob ihn selbst Angst befällt. Er muß
zittern, schreien und sich so darstellen, als habe ihn das Entsetzen ge-
packt; der Zauberer muß sich also dem gefürchteten Gefühl mimetisch
angleichen und es so vor den Augen aller handhabbar machen. In ande-

ren Fällen wird versucht, mit Hilfe eines Ritus ein Ziel zu imitieren, also mit Hilfe einer Handlung ihr Resultat vorwegzunehmen. Der Versuch, durch eine brünstige Vereinigung auf den vertrocknenden Äckern diese wieder zur Fruchtbarkeit zu bringen, ist dafür ein Beispiel. Entscheidend ist die Übertragung der magischen Kraft auf das Objekt, den Schrecken oder die unfruchtbare Natur, mit der Hoffnung, daß diese sich anstecken lassen und sich mimetisch zur investierten magischen Kraft verhalten. Um diese Ansteckung zu sichern, kommt es zu Beschwörungen mit Geräuschen, mit dem vitalen Gebrauch von wunschbezogenen Worten und mythologischen Anspielungen.[53] Magie ist eine nur dem Menschen innewohnende Kraft, die mit Hilfe von Stimme, Körperausdruck (Tanz) und Ritus dargestellt wird und der spezielle Aufgaben zugewiesen werden. Der mimetische Prozeß besteht darin, ein Bild von der erwünschten Situation und den zu ihrer Veränderung notwendigen Handlungen zu entwerfen und mit der Absicht nachzuahmen, durch die Nachahmung zu seiner Realisierung beizutragen. Hier hat die Magie Berührungspunkte mit frühen Formen der Wissenschaft. Nach Malinowskis Unterscheidungsversuch geht Wissenschaft davon aus, «daß Erfahrung, Anstrengung und Vernunft Gültigkeit haben», und beruht Magie auf der Annahme, «daß Hoffnung nicht fehlschlagen und der Wunsch nicht trügen kann»[54]. Wie weit diese Unterscheidung greift, muß hier offenbleiben. Doch sind Zweifel angebracht; denn die Entwicklung der Wissenschaft basiert stärker als oft angenommen darauf, Konzepte und Theorien in der Hoffnung zu entwickeln, daß sie gültig sind.

Obwohl instrumentelles Denken und Handeln sowie der Gebrauch von Werkzeugen und Instrumenten in frühen Kulturen eine eigenständige Rolle spielen und über die Zuständigkeit und Reichweite dieses Gebrauchs klare Vorstellungen herrschen, gibt es Bereiche und Zusammenhänge, für die lediglich die Magie zuständig ist. In diesen ist es Aufgabe des Zauberers, mit seinen Mitteln Natur und andere Menschen zu beeinflussen. Dies geschieht mit Hilfe der «Ahmung» – so jedenfalls Leopold Ziegler. Damit ist nicht gemeint, daß der Mensch die Natur nachahmt; vielmehr «ahmt er voraus. Er schauspielert und stellt dar. Er drückt mimisch aus, was er von der urhebenden *natura naturans* erwartet, und er drückt es mit der höchsten ihm möglichen Drastik aus.»[55] Noch einmal wird deutlich: Der Ansatzpunkt magisch-mimetischen Verhaltens liegt im Menschen, nicht in der Natur.

Mit Hilfe seines Denkens schreibt der Mensch der Natur vor, was er von ihr erwartet. Durch die Intensität seiner Emotionen und Darstellungen will er sich ihrer Macht entziehen und Einfluß über sie gewinnen.

Man könnte hierin einen Ansatzpunkt zur allmählichen Emanzipation
des Menschen von der Natur sehen. Mimesis wäre dann die Kraft, die
durch Angleichung an die «urhebende natura naturans» Einfluß auf
diese gewinnt. In der Mimesis gäbe es nicht wie in der Wissenschaft die
Subjekt-Objekt-Spaltung und den Versuch eines Subjekts, die zum Objekt gemachte Welt zu erkennen und zu beherrschen. Sondern durch
Angleichung und Annäherung des in enger Beziehung zur Natur stehenden Menschen soll die Natur im Sinne des Menschen beeinflußt werden. Der Umwelt wird das nahegelegt, was man von ihr als Mensch
erwartet. Die schaffende Natur soll durch «Ahmung» zur erwünschten
Antwort auf die menschlichen Wünsche gebracht werden. Allerdings
stehen die Wünsche der Menschen noch im Einklang mit der Natur und
haben sich noch nicht von ihr gelöst und verselbständigt. Dieser Prozeß
der «Ahmung» stellt einen ersten Versuch dar, sich eine kosmische Ordnung zu schaffen, in der die Trennung von Ursache und Wirkung noch
nicht vollzogen ist. Durch die Darstellung von Wunschbildern und
Wunschhandlungen zielt Magie darauf, die Natur zur Nachahmung dieser Bilder zu verleiten. Vertraut wird auf die vom ‹Bild› ausgehende
ansteckende Wirkung, durch die die gewünschten Bilder und Handlungen auf seiten der Natur und anderer Menschen hervorgebracht werden.

Vorausgesetzt wird eine Möglichkeit zur Ansteckung, Verführung
bzw. Nachahmung durch Vor-Handlungen. Magische Wirkungen werden von den vom Zauberer entworfenen Vorstellungsbildern und den
diesen Bildern folgenden mimetischen Handlungen erwartet. Da sich
diese Wunschvorstellungen manchmal erfüllen und da dieser Erfüllung
nach magischen Handlungen besondere Aufmerksamkeit zukommt,
können auch immer wieder Wirkungen und Erfolge magisch-mimetischen Handelns festgestellt werden, in deren Folge der kultisch-gesell-
schaftliche Wert der Magie steigt.

Magische Wirkungen entfalten sich auf der Grundlage von drei Prinzipien: Kontiguität, Similarität und Kontrast. Einmal wird die magische
Handlung des Menschen wirksam, wenn der Teil, auf den sie sich richtet, für das Ganze steht, auf das sich die magische Kraft bezieht. So steht
ein Gegenstand aus dem Besitz eines Feindes in Kontiguität mit dem
Feind selbst. Was dem Gegenstand getan wird, soll sich auf seinen Besit-
zer übertragen. Sodann wird der magische Akt wirksam, wenn eine
Ähnlichkeit zwischen dem Objekt gegeben ist, auf das er sich richtet,
und dem Objekt, dessen Beeinflussung intendiert ist. Bereits wenn eine
Kontiguität vorliegt, spielt das Mimetische eine Rolle. Wo Ähnlichkeiten gegeben sind, kommt das Mimetische besonders zur Wirkung.[56] Wo

derartig strukturierte Formen magischer Handlungen in modernen Gesellschaften angetroffen werden, lassen sich auch heute noch Formen mimetischen Handelns entdecken.

Mimesis und Gewalt

Zunächst wurde Mimesis in der Form pflanzlicher und tierischer Mimikry und damit in der Form des ‹Angleichens ans Tote›, des Totstellreflexes der frühen Menschen angesichts der Überlegenheit der gefahrvollen Natur, behandelt. Sodann zeigte sich Mimesis im Zusammenhang mit Magie als Fähigkeit, Distanz und Handlungsfähigkeit gegenüber der Natur zu gewinnen, und als Fähigkeit der «Ahmung», die der Natur Vorgaben macht, deren Erfüllung erwartet wird. Nun erscheint Mimesis als der Zwang, Hierarchien und soziale Differenzierungen aufzuheben. Die Außerkraftsetzung von Verboten und Ritualen in Krisensituationen, die bis dahin die Differenzen zwischen den Menschen aufrechterhielten, bewirkt den Zusammenbruch von Ordnungen. Mimetische Prozesse führen zur Ansteckung vieler situativ einander ähnlich werdender Menschen. Dieser Verlust an Unterscheidungen zwischen den Menschen läßt sich als ein Grund für das Entstehen gesellschaftlicher Gewalt ansehen. Nur durch das Opfer eines Sündenbocks und durch den Zusammenschluß aller gegen einen werden wieder Differenzen hergestellt und läßt sich die der Gesellschaft inhärente Gewalt besänftigen. Die mimetischen Prozesse zwischen den Menschen geraten hier vor allem in der die Gesellschaftsordnung gefährdenden Form in den Blickpunkt.

Die Erkenntnis des ‹Ansteckungscharakters› der Mimesis, von dem auch im Kontext mimetischer Magie die Rede war, ist der Ausgangspunkt einer wichtigen Theorie über die Entstehung gesellschaftlicher Gewalt.[57] Einerseits ist Mimesis eine durch die Exzentrizität des Menschen ermöglichte Fähigkeit, von frühem Alter an zu lernen. Indem man andere nachahmt, eignet man sich an, was sie vormachen. Dabei handelt es sich um ‹Aneignungsmimesis›. Mit ihrer Hilfe werden die in einer Kultur entwickelten Einstellungen, Fähigkeiten und Verhaltensweisen von Generation zu Generation weitergegeben und modifiziert. Die mimetische Fähigkeit des Menschen ist für den Aufbau von Gesellschaften und die Entwicklung von Individuen konstitutiv. Andererseits ist sie ein Grund für die Entstehung von Gewalt zwischen den Menschen. Denn die mimetische Aneignung von Einstellungen und Handlungsformen schafft zur gleichen Zeit Konkurrenz und Rivalität zwischen den nachgeahmten und den nachahmenden Menschen, die zum Ausgangspunkt von Gewalthandlungen werden. Eine widersprüchliche Situation entsteht: Die vom Nachahmenden erstrebte Aneignung bestimmter Eigenschaften des Nachgeahmten verträgt sich nicht mit dem Wunsch beider, sich zu unterscheiden und einmalig zu sein. In diesem Wunsch nach Unterscheidung und Einmaligkeit ist die durch Mimesis erzeugte Gleichheit und Unterschiedlichkeit eine Bedrohung, die die gesellschaftlichen Gewaltpotentiale erhöht.

Handlungen mit großer emotionaler Intensität scheinen in besonderem Maße Mimesis herauszufordern; der ansteckende Charakter des Lachens, der Liebe und der Gewalt ist sprichwörtlich. In frühen Kulturen wurde jede Gewalthandlung mit weiteren Gewalthandlungen beantwortet. Immer wieder kam es zu einem ‹Teufelskreis› der Gewalt, der ihr Ausmaß und ihre Intensität verstärkte. Dadurch wurde nicht selten der Zusammenhalt der Gesellschaft gefährdet. Mit Hilfe von Verboten und Ritualen versuchen Gesellschaften auch heute noch, mimetisch bedingter Gewalthandlungen Herr zu werden.

Verbote sollen alles ausschließen, was eine Gemeinschaft bedroht. Zugelassen werden Konkurrenz- und Rivalitätskonflikte nur so lange, wie sie ein bestimmtes, der gesellschaftlichen Entwicklung förderliches Ausmaß nicht überschreiten. Ausgeschlossen werden auf jeden Fall Gewalthandlungen. Mit Verboten eingeschränkt wird ein Nachahmungsverhalten, das auf die Auslöschung von Differenzen zielt, die für die Erhaltung der inneren Ordnung der Gesellschaft strukturell erforderlich sind. Zu diesen gehören die durch Arbeits- und Funktionsteilungen und Hierarchien bedingten Unterschiede zwischen den Gesellschaftsangehörigen. Sie müssen erhalten bleiben, da sie eine Inteationsfunktion haben, die durch die Zulassung einer uneingeschränkten Mimesis gefährdet würde. Eine Gratwanderung zwischen der die Gesellschaft zusammenhaltenden und der sie auflösenden Macht der Mimesis mit Hilfe der sie einschränkenden Verbote ist notwendig. Daher werden mimetische Konkurrenz- und Rivalitätskonflikte in bezug auf die in einer Gesellschaft jeweils begehrtesten Objekte nur in eingeschränkter Weise zugelassen. Verboten wird, daß sie in offene, die gesellschaftliche Ordnung zerbrechende Gewaltkonflikte münden.

Während viele Verbote durch den Ausschluß mimetischer Rivalität darauf zielen, die in ihr potentiell enthaltene Gewalt zu unterdrücken, stellen zahlreiche *Riten* den Versuch dar, die manifeste mimetische Krise so zu kanalisieren, daß der Zusammenhalt der Gesellschaft nicht gefährdet wird. Werden die die mimetische Rivalität steuernden Verbote übertreten, kommt es zu einer die Gesellschaft gefährdenden Gewaltkrise. Aufgabe von Riten ist es, die Gefährdung der Gesellschaft in der mimetischen Krise in einen Akt gesellschaftlicher Zusammenarbeit zu überführen. Indem Rituale die gefährliche Auflösung der Gesellschaft mimetisch vor Augen führen und dadurch die Integrationswünsche und die Kräfte des Zusammenhalts stärken, wehren sie die drohenden Krisen ab. Während Verbote die Entstehung mimetischer Krisen verhindern sollen, dienen Riten dazu, sie dadurch zu überwinden, daß sie bestimmte, die Gesellschaft konstituierende integrative Handlungen wiederholen. Die Wiederholung der Riten soll die integrativen Kräfte aktualisieren und die in der Rivalität steckende auflösende Gewalt überwinden. Indem diese Riten gemeinsam vollzogen werden, hat die Gemeinschaft über den mimetischen Prozeß an ihrer versöhnenden Kraft teil. Riten und Verbote sollen also die durch Mimesis aktualisierbare Gewalt vermeiden oder überwinden helfen.

In mimetischen Krisen, in denen Gewalthandlungen stattfinden, deren Eindämmung nicht mehr zu gelingen droht, kann es zur rituellen Opferung eines *Sündenbocks* kommen, mit deren Hilfe es gelingen kann, die Krise beizulegen.[58] In diesen Situationen wird ein potentielles Opfer gemeinschaftlich ausgewählt, als Sündenbock bestimmt und gemeinsam geopfert. Im Zusammenschluß der Gemeinschaft entwickelt sich eine ‹Gegenspielermimesis›, das heißt eine Allianz gegen das zum Feind erklärte Opfer. Einmütig wird in der Regel jemand bestimmt, der sich nicht verteidigen kann und dessen Tötung keine weiteren Gewalthandlungen nach sich zieht. Zwar ist die Opferung selbst eine Gewalthandlung; doch wird von ihr erwartet, daß sie den mimetischen Zirkel der Gewalthandlungen abschließt. Denn sie konzentriert die Solidarität der Kollektivität gegen das oft nach dem Zufallsprinzip bestimmte Opfer und gibt ihr die Möglichkeit, sich durch diese Handlung von der ihr selbst inhärenten Gewalt scheinbar zu befreien. Das Ende der Krise wird durch folgenden Umkehrmechanismus erreicht. Einmal wird das Opfer für die der Gesellschaft innewohnende Gewalt verantwortlich gemacht, indem ihm eine Macht zugeschrieben wird, die es nicht hat; doch entlastet sich die Gesellschaft dadurch von ihren eigenen Gewaltpotentialen. Andererseits wird dem Opfer die Kraft der Versöhnung zugesprochen, die die Gesellschaft nach dem Tod des Opfers erlebt. In beiden Fällen handelt es sich um Zuschreibungen und Übertragungen, die sicherstellen sollen, daß das Opfer die erwarteten Ergebnisse bringt. Die Rückkehr zur Ruhe erscheint als Beweis dafür, daß das Opfer für die mimetische Krise verantwortlich war. Diese Überzeugung ist freilich eine Illusion. Nicht die Gesellschaft leidet unter der Aggression des Opfers, sondern dieses unter der Gewalt der Gesellschaft. Damit jedoch dieser Umkehr-Mechanismus funktioniert, dürfen beide Übertragungen auf das Opfer nicht als solche durchschaut werden. Sonst besteht die Gefahr, daß das Opfer seine versöhnende, Befreiung bringende Kraft verliert.

Vielleicht handelt es sich bei der Durchführung dieser Opfer um stellvertretende Opfer, die an einen eine Gesellschaft häufig begründenden Mord erinnern. Nach dieser – von Freud angeregten – Interpretation würden Menschen Opfer darbringen, da ein «spontaner erster Mord die Gemeinschaft tatsächlich zusammengebracht und einer wirklichen mimetischen Krise ein Ende gemacht hat» (Girard). Dann wären Opferriten Versuche, eine drohende Krise abzuwehren, die jedoch in diesem Fall nicht um ihrer selbst willen produziert wurde, sondern vielmehr die Wiederholung eines früheren kollektiven Mordes war. Viele Mythen wären nach dieser Hypothese Erinnerungen und mimetische Verarbeitungen des die Gesellschaft und Kultur schaffenden Gründungsmordes und der damit verbundenen Schrecken erzeugenden Gewalt.

Aufgrund der mimetischen Rivalität wird häufig ein ‹Double› geopfert. Es gefährdet die Differenz und eignet sich besonders dazu, die in der mimetischen Rivalität steckende Gewalt durch seinen Tod zu versöhnen. Romulus und Remus, Kain und Abel sind Belege dafür, daß ein Double sterben muß, dessen Tod sich auch als Gründungsmord zu Beginn der jeweiligen Gesellschaft interpretieren läßt. Während im Falle Roms der Tod des Remus aufgrund seiner Provokation des Romulus als gerechtfertigt erscheint, wird die Tötung Abels durch Kain von vornherein als Verbrechen angesehen. Damit wird übrigens ein Charakteristikum der jüdisch-christlichen Geschichte deutlich, die sie von den Riten und Mythen vieler anderer Kulturen unterscheidet: Die Geschichte wird vom Standpunkt des Opfers, nicht jedoch – wie in den meisten anderen Kulturen – vom Standpunkt des Siegers erzählt.

Mimesis ist also in der Konstitution und Destruktion von Gesellschaften von Anfang an wirksam. Mimetische Prozesse durchdringen die gesellschaftlichen Hierarchien und Ordnungen und wirken sich auf die Entstehung sozialer Strukturen aus. Sie zeigen ihre Ambivalenz; sie bauen Ordnungen auf, zugleich aber gefährden sie sie und führen zu ihrer Zerstörung. Einerseits lassen sie sich auffangen und kanalisieren, andererseits drohen sie – wie etwa im Massenphänomen –, wildwüchsig und unkontrollierbar zu werden.[59]

Mimesis und der Andere

Nach der Analyse der konstruktiven und destruktiven Rolle mimetischer Prozesse in Gesellschaften unterschiedlicher historischer Entwicklung soll nun die zentrale Rolle der Mimesis bei der Begegnung mit anderen Menschen verdeutlicht werden. Ausgangspunkt ist die Frage, welche Prozesse ablaufen, wenn sich zwei Menschen begegnen, der eine dem anderen gegenübersteht, sie sich anschauen, sich aufeinander beziehen und jeder den Versuch macht, sich das Bewußtsein des Anderen zu erschließen.[60] Das Bewußtsein des Anderen kann ich nur dadurch erfahren, daß der Ausdruck der Gefühle des Anderen und meine Gefühle in Bezug zueinander gesetzt und mein mimetischer Ausdruck mit meinen psychischen Gegebenheiten verglichen wird. Die Wahrnehmung des Anderen geht solchen Erfahrungen voraus. Die beobachteten Beziehungen zwischen meinem mimischen Ausdruck und dem mimischen Ausdruck des Anderen können mir Auskünfte über den Anderen geben. Hier liegt nach Merleau-Pontys Auffassung der Ursprung der Intersubjektivität.[61] Sie erwächst durch die innere Beziehung zwischen meinem Körper, meinem Bewußtsein und seinem Körper, die den Anderen als Vollendung dieses Systems erscheinen läßt. Die Evidenz des Anderen ist möglich, weil ich selbst für mich nicht transparent bin und meine Subjektivität meinen Körper hinter sich herzieht. Meine Ausdrucksbewegungen, die ich vor allem kinästhetisch verspüre, und die Ausdrucksbewegungen des Anderen, die ich vor allem mit den Augen aufnehme, werden «durch die nach ‹innen› und nach ‹außen› gehende innere Wahrnehmung» aufeinander beziehbar. Die Verbindung zwischen diesen beiden Formen innerer und äußerer Wahrnehmung ist nach Max Schelers Auffassung der *Ausdruckssinn*.[62]

Ob die ‹Brücke› des beiden Zonen gemeinsamen Ausdruckssinns immer gangbar ist, um Mimesis zu erklären, ist zweifelhaft. Zwar spielen die Intersubjektivität der ausdruckshaften Züge und die Bewegungen des Verhaltens, Benehmens und Gebarens sowie die Prozesse der Sympathie und der Antipathie in mimetischen Zusammenhängen eine Rolle. Doch erfordert die Möglichkeit der Nachahmung mehr. Nach Plessners Analysen muß «eine lokalisierte Übertragung der gesehenen Gestalt in die mir verfügbare Zone meines Aussehens stattfinden können, die mir als solche primär nicht visuell gegeben ist.»[63] In dieser Begegnung meines Blickes mit dem des Anderen liegt eine Grunderfahrung der Reziprozität zwischen mir und dem Anderen. Wenn ich das Auge des Anderen sehe, sieht er mich und nicht nur mein Auge. Der andere Mensch hat ein bestimmtes Aussehen; zugleich sieht er mich an und steht mir gegenüber; mit ihm kann ich die Position tauschen. In der Austauschbarkeit des Blickpunktes ist er ein ‹Anderer›, wie ich für ihn ein Anderer bin. Der Blick gehört zur äußeren und zur inneren Wahrnehmung; er schafft die sinnliche Bildhaftigkeit und die in ihr sich zeigende Ausdruckshaftigkeit; zugleich wird er durch beide geschaffen. Unter Führung des Blicks, der dem Anderen begegnet, kann die *Reziprozität des Körperschemas* entdeckt werden, die wahrscheinlich mit der Ausbildung und Beherrschung der Motorik einhergeht. «Gerade weil meine Augen, ‹mit› denen ich blicke, mir selbst unsichtbar bleiben, treten seine Augen als Blicksender und Blickempfänger zu ihnen ins Wechselverhältnis.»[64] Dadurch werden das Gesicht und die Gestalt des Anderen auf mein ‹Bewegungsschema› abgebildet. Sein Aussehen bleibt in der Blickbewegung reproduzierbar und bleibt zugleich für die Wiederherstellung seiner Bewegungen in meinem Bewegungssystem ausreichend konstant. Das Gesicht des Anderen ist mein Gesicht in Umkehrung. Das gilt für den gesamten Körper, dessen Teile Gegenbilder meiner Bewegungsfelder sind.

Im Blick, der dem Anderen begegnet, wird die Reziprozität des Körperschemas erfaßt. Allerdings muß dazu der Blick in dieser Bedeutung erlebt werden; dies ist dem Menschen nur aufgrund seiner *exzentrischen Position* möglich. Sie erst erlaubt die Begegnung der Blicke, der Blickenden, der Reziprozität im Blick. Die Exzentrizität ist die Bedingung für die Reziprozität, dafür, daß der Körper und die Bewegung des Anderen mit Hilfe des Blicks auf das eigene Körperschema bezogen und nachgeahmt werden können. Damit es zu einem mimetischen Prozeß kommen kann, ist die Ablösung des Gesehenen und seine Nachbildung in der menschlichen Imagination erforderlich. Dazu bedarf es einer Rückbeziehung auf den Körper. Verkörperung und Vergegenständlichung sind Voraussetzungen von Mimesis. Jeder mimetische Akt verweist auf den eigenen Körper. Während der Mensch in Erscheinung tretende Bilder als Bilder nachahmen kann, sind Tiere lediglich zum bloßen Mitvollzug fähig, in dem bestimmte Bewegungen wiederholt werden. Im Unterschied zu einem an die Gegenwart gebundenen bloßen Nachvollzug wird der Mensch als soziales Wesen durch Vorgänger bzw. Doppelgänger» ermöglicht. Im Akt der Namensgebung wird zum Beispiel der Bezug zu den herausragenden Trägern der jeweiligen Namen hergestellt. Zu diesen soll das Kind in ein Verhältnis der Nachahmung und des Nacheiferns treten. Im Vollzug derartiger mimetischer Prozesse wird das Kind zu einem neuen, sich bestimmten Vorbildern, Aufgaben und Pflichten stellenden Gesellschaftsmitglied.

In anthropologischer Hinsicht wird Mimesis ermöglicht durch den

Hiatus zwischen Reiz und Reaktion, die «besondere Stellung des Menschen im Kosmos» (Scheler), die Exzentrizität (Plessner). Letztere ist die Bedingung für die «unaufhebbare Fernstellung» des Menschen zu sich, die damit gegebene Möglichkeit der Vergegenständlichung von Eindrücken sowie für die Erfahrung der Reziprozität des Körperschemas als anthropologische Voraussetzung der Mimesis.

3. Die Konvergenz sozialer und ästhetischer Mimesis

Aus den sprachgeschichtlichen Untersuchungen des Mimesisbegriffes wurde deutlich: Anfangs gab es keine Unterscheidung zwischen der Mimesis in sozialen und in ästhetischen Zusammenhängen. Erst bei Platon bildet sich diese heraus; jedoch werden auch hier noch beide Dimensionen der Mimesis in engen Bezug zueinander gedacht. Allmählich wird Mimesis zu einem zentralen Begriff der Kunst- und Dichtungstheorie – der Ästhetik. Die Bedeutung mimetischer Prozesse für die gesellschaftliche und soziale Organisation der Menschen scheint in Vergessenheit geraten zu sein, wenngleich diese sich in einer historischen Rekonstruktion sozialer Verhältnisse nachweisen ließe. Zwar sind mimetische Prozesse auch im sozialen Bereich wahrgenommen, doch selten in ihrer Bedeutung für die Entwicklung der Wissenschaften vom Menschen erkannt worden; Mimesis findet vor allem im Bereich der Kunst und der Dichtung Anwendung.

Gegenwärtig werden die Grenzen zwischen Kunst, Wissenschaft und Leben durchlässig. Bislang gültige Differenzierungen verlieren ihre Unterscheidungskraft. Einschränkungen von Vorstellungen, Konzepten und Begriffen auf bestimmte Bereiche werden zurückgenommen. Neue Verbindungen und Unterscheidungen bilden sich; Begriffszuweisungen werden außer Kraft gesetzt; neue Denkordnungen entstehen. Diese Entwicklung führt dazu, daß die in vielen Bereichen übersehenen mimetischen Prozesse wieder sichtbar werden. Dies ist um so mehr der Fall, als Verschmelzungen zwischen Kunst und Dichtung, Ästhetik und Wissenschaft gegenwärtig häufig sind und in neuen Verbindungen zwischen Kunst und Wissenschaft die produktive Seite der Mimesis deutlich wird. Mimetische Prozesse sind nicht an die zwischen diesen Bereichen ehemals etablierten Grenzen gebunden; sie relativieren bestehende Grenzziehungen und verlaufen grenzüberschreitend. Oft verbinden mimetische Prozesse eine soziale und eine ästhetische Dimension; und häufig führt diese Verbindung zu einer neuen Qualität des

Sozialen und der Kunst. Neben dieser ‹produktiven Seite› wird Mimesis auch zu einer zentralen Kategorie der Analyse sozialer und ästhetischer Prozesse.

Mimesis zeigt ihren ambivalenten Charakter. Durch Angleichung an destruierte Umwelten, verfestigte Gesellschaftsstrukturen und Herrschaftsverhältnisse, an die Zwänge der Chronokratie und die maschinenmäßige Logik selbstreferentieller Prozesse trägt sie zur Verdinglichung und Verfremdung bei. Mimesis wirkt an der Verbildlichung der Welt und an Prozessen der Simulation mit. Die fortgeschrittene Ästhetisierung der Welt ist nicht zurücknehmbar; die Entstehung und Ausbreitung der Massenmedien fördert vielmehr diesen Prozeß. Ihre Bilder verhalten sich mimetisch zu angenommenen Wirklichkeiten. Sie schaffen sie nach, verändern sie, saugen sie auf. Ihre Miniaturisierung und Beschleunigung machen sie für das Alltagserleben zum Ersatz von ‹Wirklichkeitserfahrungen› und ‹Wahrheit›. Für das alltägliche Erleben wird nicht Wirklichkeit zu Bildern, sondern Bilder werden zur Wirklichkeit: Eine Pluralität von ‹Bild-Wirklichkeiten› entsteht.

Die Differenz zwischen Wirklichkeit und Fiktion verschwindet. Bilder sind sofort verfügbar und kommen daher den Omnipotenzwünschen der Menschen entgegen. Alles erscheint machbar – zumindest im Bild. Bilder simulieren Bilder auf der Suche nach verschwundenen Bildern und Wirklichkeiten. Bilderfluten ertränken die Einbildungskraft und vernichten die Unverfügbarkeit des Anderen und die Widerständigkeit des Fremden. Andererseits verbindet sich mit Mimesis noch die Hoffnung auf eine neue Form des Widerstands gegen die beschriebenen Prozesse. Denn Mimesis ermöglicht es dem Menschen, aus sich herauszutreten und eine Nähe zu den Objekten und Menschen herzustellen. Sie ist damit eine notwendige Voraussetzung der Erfahrung der Außenwelt, der Begegnung mit dem Anderen und der Erkenntnis.[65] Sie birgt eine Möglichkeit des Widerstandes gegen die Abstraktion, die Verdinglichung und die Verbildlichung der Welt; sie widersetzt sich der Subsumtionslogik und beharrt auf ihrer theoretischen Unverfügbarkeit.

Verdinglichung und Widerstand

Mimesis widersetzt sich der theoretischen Durchdringung und verweist auf die Grenzen der Theoretisierbarkeit. Diese Eigenschaft faszinierte Adorno. In der «Dialektik der Aufklärung» wird Mimesis zunächst als eine Bewegung bestimmt, mit der sich der Mensch an seine Umwelt verliert, anstatt sich in ihr durchzusetzen: «Mimesis (macht) sich der

Umwelt ähnlich.» In dieser frühen Zeit ähnelt diese menschliche Angleichung an die Umwelt Prozessen der Mimikry von Pflanzen und Tieren. Sie stellt eine frühe Form der Entfremdung, Erstarrung und Angleichung ans «Tote» dar: «Wo Menschliches werden will wie Natur,
verhärtet es sich zugleich gegen sie. Schutz als Schrecken ist eine Form
der Mimikry. Jene Erstarrungsreaktionen am Menschen sind archaische
Schemata der Selbsterhaltung: das Leben zahlt den Zoll für seinen Fortbestand durch die Angleichung ans Tote.»[66] In der Form der Mimikry ist
Mimesis nach Adornos Verständnis eine vormagische Form der Auseinandersetzung mit der Überlegenheit der Natur und ihren Schrecken, die
Ausdruck menschlichen Leidens, nicht aber Überwindung dieser Situation ist. Mimesis ist kein irrationales, unvernünftiges Vermögen; vielmehr enthält sie ein Element Rationalität, das die bewußte Handhabung der Mimesis ermöglicht und verhindert, daß Mimesis in den
Dienst der Herrschaft tritt.[67] Dieses rationale Element wirkt der Auflösung der Subjekte und der dekompositorischen Kraft der Mimesis entgegen.

Mimetische Anpassung an die Lebensumwelt führt zur Reduktion
der Zeitformen Vergangenheit, Gegenwart und Zukunft auf den einen
Zeit-Raum und bewirkt eine Verdinglichung des Menschen. Mit dem
Verlust der Zeitvielfalt wird auch die Vieldimensionalität des Raums
reduziert und die Vielgestaltigkeit der Zeit auf die lineare Zeit verengt.
Obwohl die Menschen länger leben, wird Zeit immer knapper; immer
mehr soll in der gleichen Zeit bewältigt werden. Zeitmangel führt zur
Akzeleration der Zeit, die die Menschen fest in den Griff nimmt. *Chronokratie* bewirkt die Reduktion unterschiedlicher Handlungen, Interaktionen und Erlebnisse auf das für sie jeweils erforderliche Zeit-Ele-
ment.[68] Ereignisse werden zu Zeitposten, die erledigt werden müssen.
Abgesehen wird von ihrer qualitativen Differenz. Chronologie homo-
genisiert, synchronisiert und funktionalisiert die Lebenszeit der Menschen unter dem Gesichtspunkt der Steigerung von Rationalität und
Effektivität. Entfremdung und Verdinglichung sind unausweichlich.
Verstärkt werden diese Prozesse durch die Ausdifferenzierung der Rationalität aus der Mimesis. Mimesis entmachtet das Subjekt und läßt es
nicht zu einer Einheit des Bewußtseins kommen; zugleich entzieht sie
sich der Herrschaft des Subjekts, bleibt widerständig und ambivalent.

Im Verlauf des Zivilisationsprozesses läßt sich eine Entwicklung von
den frühen Formen der Mimesis als Angleichung an die unbelebte Natur, über erste Formen der Autonomiegewinnung im Zusammenhang
mit Magie bis hin zur rationalen Praxis von Arbeit feststellen. Auch das
Herr-Knecht-Verhältnis ist mimetisch und läßt sich entsprechend inter-

pretieren. Ein frühes Bild dafür liefert Odysseus, der als Herr mit seinen Gefährten im selben Boot sitzt; sie arbeiten, er genießt, allerdings nur noch die Welt des Scheins.[69] In der Gestalt des Odysseus und seiner Handhabung der List kündigt sich der Übergang von frühen Formen der Vergesellschaftung zur Arbeit und Wissenschaft an, der auf viele Entwicklungen der europäischen Zivilisationsgeschichte und der Bedeutung der Mimesis in ihr verweist.

Mimesis gerät in ein Spannungsverhältnis zur sich verselbständigenden Zweckrationalität instrumenteller Vernunft. Identitätslogisches Denken, falsche Widerspruchslosigkeit, Abstraktion werden zur Herausforderung des mimetischen Vermögens. Mimesis wird zum Widerspruch gegen die Gewalttätigkeit eines feststellenden Denkens, das die Welt in starren Definitionen abbildet. Sie bewegt sich zu auf das Noch-nicht-Eingeordnete und schmiegt sich diesem mit gebrochener Intention an; sie widersetzt sich der starren Subjekt-Objekt-Spaltung, dem Gegensatz von Herrschenden und Beherrschten, von Sein und Sollen und soll zur Versöhnung der Wirklichkeit beitragen.

Mimesis ist ein emphatisches Verhalten, ein Sich-Angleichen des Subjekts an die Objektivität, das sich dem instrumentellen Denken widersetzt, obwohl es selbst rationale Elemente enthält. Mimesis trägt die Hoffnung, Entfremdung und Verdinglichung überwinden zu können, wenngleich sie selbst kein Kriterium der Kritik hat und sich vor der Teilung in moralisches und unmoralisches Handeln bildet. Mimesis ist Ausdruck eines bestimmten Verhaltens des Menschen zu sich selbst: *Selbstnachahmung*, ohne den Verlust der Welt der Gegenstände. Sie ermöglicht dem Menschen, aus sich herauszutreten und die Außenwelt in die Innenwelt hineinzuholen und umgekehrt. Der mimetische Impuls erzeugt die Nähe zum Objekt, die sonst nicht erreichbar ist; das mimetische Vermögen ist eine notwendige Bedingung von Erkenntnis. Die Tendenz, dem Objekt den Vorrang zu geben und die Selbstmächtigkeit des Subjekts hintenanzusetzen, kann durch die in der Mimesis enthaltenen rationalen Elemente korrigiert werden.

Geht man von einer übergeordneten *Krise der Repräsentation* aus, in der radikale Pluralität als einziger Ausweg erscheint[70], greift auch die an ein Repräsentationsverhältnis gebundene Kritik nicht mehr. Für Adorno ist ästhetische Theorie und die in ihrem Zentrum stehende Mimesis eine Antwort auf diese Krise der Kritik. In dieser Situation kann nach Adornos Auffassung Mimesis zu einer neuen Form des Widerstandes gegen die Verhältnisse werden, die die bis dahin gültigen Grenzziehungen unterläuft. In der Ästhetik scheinen sich dazu die besten Möglichkeiten zu ergeben.

Kunst ist für Adorno Nachahmung der Natur, allerdings der *natura naturans*, der Kraft der Natur. Naturnachahmung bedeutet Nachahmung des Naturschönen, Schönheit bezeichnet die Welt des Ungegenständlichen, des Scheins. Dieser ist unbestimmbar und entzieht sich der Eindeutigkeit. Er enthält ein ‹Mehr›, das sich nicht feststellen läßt. Kunst ist die Nachahmung des Akts des Schaffens. Mimesis bezieht sich nicht auf eine äußere Ähnlichkeit, sondern auf die Ähnlichkeit mit dem Akt des Schaffens. «Die Mimesis des Kunstwerkes ist Ähnlichkeit mit sich selbst.»[71] Sie ist selbstbezüglich, ohne dadurch dem Identitätszwang der Identitätslogik aufzusitzen. Als Modell der Kunst dient l'art pour l'art, in dem der Referenzpunkt der Kunst die Kunst selbst ist. So wie heute in den Humanwissenschaften der radikale Pluralismus dazu führt, daß zahlreiche Referenzpunkte gleichberechtigt nebeneinanderstehen und jeder für eine Form der Wissensproduktion selbstreferentiell wird, ohne daß es die Möglichkeit gibt, zwischen ihnen im Namen einer ‹höheren Wahrheit› zu entscheiden. Hier ähnelt die gegenwärtige Situation der Wissenschaften der Kunst. Nutzen, Emanzipation, Erkenntnis sind zweifelhafte Leitideen für die Kunst- und Wissenschaftsproduktion. Auch Wissenschaft ist heute mehr den je *selbstreferentiell*. Im Zusammenhang mit der Entwicklung der Systemtheorie galt Selbstreferentialität als Nachweis für Komplexitätssteigerung. Als ‹Autopoiesis› ist sie ein fester Bestandteil der Humanwissenschaften. Offen ist allerdings, wie sie einzuschätzen ist. Zwei sich keineswegs ausschließende Deutungen bieten sich an. Einmal läßt sich in dieser Art der Komplexitätssteigerung eine unfreiwillige Angleichung an die Funktionsweise höherer Maschinen sehen, durch die das menschliche Leben so stark beeinflußt wird, daß es schließlich durch eine externe, maschinenmäßige Logik übernommen werden kann.[72] Andererseits birgt die Einsicht in den selbstreferentiellen Charakter großer Teile der Wissenschaften die Chance, sich dem Zwang der Abstraktion der Identitätslogik zu entziehen und sich auf eine mimetische Erkenntnisbewegung einzulassen, die an Sprachspiele und an das mimetische Verhältnis der Sprachspiele zueinander gebunden ist und die sich dem Paralogischen und Paradoxen aussetzt.[73]

Verbildlichung und Simulation

Nicht weniger einschneidend als Entfremdung und Verdinglichung ist die Verbildlichung der Welt.[74] Alles hat eine Tendenz, zum Bild zu werden; selbst opake Körper werden transformiert. Sie verlieren ihre Undurchsichtigkeit und Räumlichkeit, werden transparent und flächig. Abstraktionsprozesse münden in Bilder und Bildzeichen. Überall begegnet man ihnen; nichts ist mehr fremd und überwältigend. Bilder bringen Dinge, ‹Wirklichkeiten› zum Verschwinden.

Neben der Überlieferung von Texten werden zum ersten Mal in der Geschichte der Menschheit auch Bilder in unvorstellbarem Ausmaß gespeichert und tradiert. Fotos, Filme, Videos werden zu Gedächtnishilfen, Bildgedächtnisse entstehen. Erforderten Texte bisher die Ergänzung durch imaginierte Bilder, so wird die Imagination heute durch die Produktion von ‹Bildtexten› und ihre Überlieferung eingeschränkt. Immer weniger Menschen gehören zu den Produzenten, immer mehr Menschen zu den Konsumenten vorgefertigter Bilder und Texte.

Bilder sind eine spezifische Form der Abstraktion; ihre Flächigkeit vernichtet den Raum. Der elektronische Charakter von (Fernseh-)Bildern ermöglicht ihre Ubiquität und Beschleunigung. Solche Bilder können mit Lichtgeschwindigkeit annähernd simultan an allen Orten der Welt verbreitet werden. Sie miniaturisieren die Welt und ermöglichen spezifische Erfahrungen: die Erfahrungen von Bildern. Sie stellen eine neue Form der Ware dar und unterliegen den ökonomischen Prinzipien des Marktes. Sie werden selbst dann produziert und gehandelt, wenn die Gegenstände, auf die sie sich beziehen, nicht zu Waren geworden sind.

Bilder werden gemischt; sie geraten in einen Austausch mit anderen, werden mimetisch auf andere bezogen; in ihnen werden Bildteile aufgegriffen und anders zusammengesetzt; fraktale Bilder werden erzeugt, die jedesmal neue Ganzheiten bilden. Sie bewegen sich, verweisen aufeinander. Bereits ihre Beschleunigung gleicht sie einander an: Mimesis der Geschwindigkeit. Unterschiedliche Bilder werden aufgrund ihrer reinen Flächigkeit, ihres elektronischen und miniaturisierenden Charakters trotz inhaltlicher Unterschiede einander ähnlich. Sie nehmen teil an einer tiefgreifenden mimetischen Umgestaltung heutiger Bilderwelten. Eine Promiskuität der Bilder entsteht.

Bilder reißen den Betrachter mit und tauchen ihn in eine Flut, in der er zu ertrinken droht. Bilderstrudel werden zu einer Bedrohung; es wird unmöglich, ihnen zu entkommen; sie faszinieren und ängstigen. Sie lösen die Dinge auf und überführen sie in eine Welt des Scheins. Es kommt zu einer ununterscheidbaren Verbindung von Macht und Bedrängnis. Die Welt, das Politische und das Soziale werden ästhetisiert. In einem mimetischen Prozeß suchen Bilder Vorbilder, um sich ihnen anzugleichen; sie werden zu neuen fraktalen Bildern ohne Referenzrahmen transformiert. Sie faszinieren. Ein rauschhaftes Spiel mit Simulacren und Simulationen entsteht: unendliche Differenzierung der Bilder und Implosion ihrer Differenz, grenzenlose Ähnlichkeit der Bilder. Sie selbst sind die Botschaft (McLuhan), die Welt des Scheins mit Faszination und Entrückung.

Bilder verbreiten sich mit der Geschwindigkeit des Lichts; virusartig stecken sie an. In mimetischen Prozessen führen sie zur Produktion von immer neuen Bildern. Eine Welt des Scheins und der Faszination entsteht, die sich von der ‹Wirklichkeit› loslöst. Als Welt der Kunst und Dichtung nimmt die Welt des Scheins neben der Welt der Politik nicht mehr ihren (begrenzten) Raum ein; vielmehr hat sie eine Tendenz, den anderen ‹Welten› ihren Realitätsgehalt zu rauben und auch sie zu Welten des Scheins zu machen. Die Ästhetisierung aller Lebensbereiche ist das Ergebnis. Ein ungeheurer *Bedeutungszuwachs der Mimesis* ist die Folge. Mehr und mehr Bilder werden produziert, die nur noch sich selbst zum Bezugspunkt haben und denen keine Wirklichkeiten entsprechen. In letzter Konsequenz wird alles zur Kunst, zu einem Spiel von Bildern und Bezügen, in dem alles möglich ist, so daß auch ethische Fragen untergeordnete Bedeutung erhalten. Die «Tendenz zur Kulturgesellschaft» zeigt hier ihren ambivalenten Charakter.[75] Wenn alles zum mimetischen Spiel von Bildern wird, ist Beliebigkeit und Unverbindlichkeit unvermeidlich. Die so produzierten und miteinander in einem mimetischen Verhältnis stehenden Bilderwelten wirken auf das Leben zurück und führen zu seiner Ästhetisierung. Die Unterscheidung zwischen Leben und Kunst, Wirklichkeit und Schein wird unmöglich. Beide Bereiche gleichen sich an. Das Leben wird zum Vor-Bild der Welt des Scheins und diese zum Vor-Bild des Lebens. Das Visuelle entwickelt sich hypertrophisch. Alles wird transparent; der Raum verkommt zur bildhaften Fläche; die Zeit wird verdichtet, als gäbe es nur noch die Gegenwart der beschleunigten Bilder. Diese Bilder ziehen das Begehren an, binden es, entgrenzen und verringern die Differenzen. Zugleich weichen diese Bilder dem Begehren aus; bei gleichzeitiger Anwesenheit weisen sie auf Abwesendes. Die Dinge und die Menschen verlangen nach einer Überschreitung in Bildern. Das Begehren schießt in die Leere der elektronischen Bildzeichen.

Immer mehr werden Bilder zu Simulacren. Sie beziehen sich auf etwas, gleichen sich an und sind Produkte mimetischen Verhaltens. So werden beispielsweise politische Auseinandersetzungen häufig nicht um ihrer selbst geführt, sondern für die Verbildlichung im Fernsehen inszeniert. Was als politische Kontroverse stattfindet, ist bereits auf seine Verbildlichung ausgerichtet. Die Fernsehbilder werden zum Medium politischer Auseinandersetzung; die Ästhetisierung der Politik ist unvermeidbar. Der Zuschauer sieht die Simulation einer politischen Kontroverse, in deren Verlauf alles so inszeniert wird, daß er glauben soll, die politische Auseinandersetzung sei authentisch. Tatsächlich ist die Authentizität der Darstellung jedoch Simulation. Mit den Überzeugungen und Erwartungen des Zuschauers wird so gespielt, daß er die Simulation für authentisch hält. Alles ist von vornherein auf Verbildlichung und Aufnahme in die Welt des Scheins angelegt. Insoweit diese gelingt, ist die Kontroverse erfolgreich. Nur als Simulation der Politik entstehen über die Fernsehschirme auch die intendierten Wirkungen des Politischen. Die Simulation zeigt häufig höhere Wirkungen als die ‹wirklichen› politischen Auseinandersetzungen.

Simulacren befinden sich auf der Suche nach Vor-Bildern, die erst durch sie selbst geschaffen werden. Simulationen werden Bild-Zeichen, die Rückwirkungen auf den Charakter der politischen Kontroverse haben. Grenzziehungen zwischen Wirklichkeiten und Simulacra werden unmöglich; Entgrenzungen haben zu neuen Durchdringungen und Überlappungen geführt. Mimetische Prozesse lassen die Vor-Bilder, Ab-Bilder und Nach-Bilder zirkulieren. Ziel der Bilder ist nicht mehr Vor-Bildern, sondern sich selbst zu gleichen. Selbstbezüglichkeit bzw. rückbezügliche Mimesis. Ähnliches geschieht im Bezug auf die Menschen. Es gilt, anderen ähnlich zu werden; Ziel ist die außerordentliche Ähnlichkeit der Individuen mit sich selbst, erreichbar nur als Ergebnis produktiver Mimesis auf dem Hintergrund umfassender Differenzierungen im gleichen Subjekt. Mimesis wird zur bestimmenden Kraft der Bilder, ihrer fraktalen Vervielfältigungen in der Welt des Scheins. Bei aller Unterschiedlichkeit der Bedingungen verweisen antike und moderne Reflexionen aufeinander.

Nachbemerkung

Ziel dieser Untersuchung war ein neues Verständnis von Mimesis. Geläufige Verkürzungen des Begriffes sollten problematisiert und überwunden werden. Ein von vielen Begriffen besetztes Feld eröffnete sich. Mimikry, Ähnlichkeit, Angleichung, Nachahmung, Repräsentation, Imitation, Reproduktion, Simulation, Nachstellung, Ausdruck, Vor-Ahmung gehören dazu. Mit der Mannigfaltigkeit dieser Begriffe entfiel die Eingrenzung der Mimesis auf Ästhetik. Neue transdisziplinäre Perspektiven eröffnen sich. Das Verhältnis zur Umwelt und das Soziale treten als gleichgewichtige Bereiche zur Ästhetik hinzu. Nach dem

Ende einer normativ verbindlichen Anthropologie wird Mimesis zu einer zentralen Kategorie historischer Anthropologie. Ihre fundamentale, schon von Platon gesehene Ambivalenz wird heute mehr denn je sichtbar. Einerseits trägt sie zur Verbildlichung und Ästhetisierung der Welt bei. Die Bilder geraten in einen mimetischen Taumel. Ihre Selbstreferentialität und Geschwindigkeit steigern die Abstraktion und Verbildlichung. Andererseits ist Mimesis Träger von Hoffnungen. Sie kann auf Eindeutigkeit verzichten, Bewegungen mit gebrochener Intention initiieren, Raum für das Nicht-Identische bieten und den Augenblick gegenüber der Chronokratie ins Recht setzen. Mimesis kann Möglichkeiten zu einem nicht-instrumentellen Umgang mit dem Anderen und der Welt gewähren, in dem das Besondere gegenüber dem Universellen geschützt und den Dingen und Menschen Schonung gewährt wird. Beim gegenwärtigen Stand des Zivilisationsprozesses ist eine Entscheidung für eine von beiden Seiten der Mimesis nicht möglich.

Anmerkungen

1 Diese Studie ist aus einem gemeinsam mit Gunter Gebauer unternommenen Projekt zur Erforschung der Mimesis hervorgegangen.

2 Vgl. H. Blumenberg: «Nachahmung der Natur». Zur Vorgeschichte der Idee des schöpferischen Menschen. In: ders.: Wirklichkeiten in denen wir leben. Stuttgart 1981, S. 55–103.

3 Vgl. E. Auerbach: Mimesis. Dargestellte Wirklichkeiten in der abendländischen Literatur. Bern/München [7]1982.

4 Vgl. dazu M. Foucault: Archäologie des Wissens. Frankfurt/M. 1973, und ders.: Die Ordnung der Dinge. Frankfurt/M. 1971. Siehe in diesem Zusammenhang besonders das 1. Kapitel der vorzüglichen Studie von E. Dauk: Denken als Ethos und Methode. Foucault lesen. Berlin 1989 (= Reihe Historische Anthropologie, Bd. 5, Reimer Verlag).

5 Vgl. V. Zuckerkandl: Mimesis. In: Merkur, Bd. 12, 1958, S. 225–240.

6 Vgl. U. Eco: Das offene Kunstwerk. Frankfurt/M. 1977, und W. Iser: Der Akt des Lesens. München 1976, [2]1984.

7 Vgl. H. Feldmann: Mimesis und Wirklichkeit. München 1988.

8 Aristoteles: Poetik. Hg. v. M. Fuhrmann. Stuttgart 1984, S. 11.

9 Vgl. H. Blumenberg, a. a. O.

10 Vgl. K. Flasch: Das philosophische Denken im Mittelalter. Stuttgart 1986.

11 Vgl. die aufschlußreiche Dissertation von Viola Altrichter: Konstruktion und Dekonstruktion des manieristischen Genies im Cinquecento. Berlin: Freie Universität 1987.

12 Vgl. dazu G. Böhme: Der offene Leib. Eine Interpretation der Mikrokosmos-Makrokosmos-Beziehung bei Paracelsus, und H. Böhme: Der spre-

chende Leib. Die Semioliken des Körpers am Ende des 18. Jahrhunderts und ihre hermetische Tradition. In: D. Kamper/Ch. Wulf (Hg.): Transfigurationen des Körpers. Spuren der Gewalt in der Geschichte. Berlin 1989, S. 44–57 bzw. S. 144–182.

13 Vgl. E. Auerbach, a. a. O., S. 515.
14 Vgl. E. Auerbach, a. a. O., S. 516.
15 Vgl. E. Auerbach, a. a. O., S. 516.
16 Vgl. H. Feldmann, a. a. O., S. 18 und 19.
17 Feldmann verweist z. B. auf die Wirklichkeit evozierende und erweiternde Kraft der Mimesis und versucht, im Verlauf seiner interessanten Untersuchung den Wirklichkeitsbegriff immer mehr aufzulösen, so daß die Frage unabwendbar wird, warum er trotzdem so nachdrücklich an ihm festhält.
18 H. Koller: Die Mimesis in der Antike. Nachahmung, Darstellung, Ausdruck. Bern 1954.
19 Vgl. z. B. G. F. Else: «Imitation» in the 5th Century. Classical Philology, Bd. 53, H. 2 (1958), S. 73–90.
20 Vgl. H. Koller, a. a. O., S. 21 ff.
21 Vgl. G. F. Else, a. a. O., S. 79.
22 Vgl. G. F. Else, a. a. O., S. 87, und G. Sörbom: Mimesis and Art. Studies in the Origin and Early Development of an Aesthetic Vocabulary. Uppsala 1966.
23 Vgl. G. Sörbom, a. a. O., S. 20 und 22 ff.
24 Vgl. G. Sörbom, a. a. O., S. 41 ff.
25 Platon: Politeia. Sämtliche Werke, Bd. 3. Reinbek bei Hamburg 1958, Stephanus-Abschnitt 393c.
26 Vgl. U. Zimbrich: Mimesis bei Platon. Untersuchungen zu Wortgebrauch, Theorie der dichterischen Darstellung und zur dialogischen Gestaltung bis zur Politeia. Frankfurt/Bern/New York/Nancy 1984.
27 Vgl. Platon: Politeia, a. a. O., 598a und 598b.
28 Vgl. U. Zimbrich, a. a. O., S. 270.
29 Vgl. R. Tarot: Mimesis und Imitatio. In: Euphorion 64 (1970), S. 125–142. Erst Brechts episches Theater verlangt vom Schauspieler, eine Handlung so vorzutragen, daß erkennbar wird, daß er sie erzählt, zur Darstellung bringt, nachahmt, ohne in der Handlung aufzugehen.
30 Physis bezeichnet das Zauberkraut, das dem Odysseus gegen Kirke gegeben wird, und bei den Vorsokratikern das Wachsen und den Ursprung. Platon überträgt Physis auf die Idee. Die Idee der Kline wird von Gott geschaffen.
31 Vgl. K. Flasch: Ars imitatur naturam. Platonischer Naturbegriff und mittelalterliche Philosophie der Kunst. In: Parusia. Festgabe für J. Hirschberger. Hg. von K. Flasch. Frankfurt 1965, S. 265–306.
32 Vgl. E. Staiger: Meisterwerke deutscher Sprache aus dem neunzehnten Jahrhundert. Zürich ³1957; darin: Conrad Ferdinand Meyer «Die tote Liebe», S. 202–222.
33 V. Zuckerkandl, a. a. O., S. 233.
34 Vgl. u. a. W. Iser: Der Akt des Lesens. Theorie ästhetischer Wirkung. München ²1984, und H. R. Jauß (Hg.): Nachahmung und Illusion. München 1964.
35 Vgl. K. Flasch, a. a. O., S. 265.

36 Vgl. K. Flasch, a. a. O., S. 266.
37 Vgl. K. Flasch, a. a. O., S. 270f.
38 Vgl. K. Flasch, a. a. O., S. 275.
39 Vgl. K. Flasch, a. a. O., S. 277.
40 Vgl. K. Flasch, a. a. O., S. 280f.
41 Vgl. J. W. v. Goethe: Gespräche mit Eckermann. Zit. nach K. Flasch, a. a. O., S. 296.
42 Vgl. Gunn: An Inquiry into the Origin and Influence of Gothic Architecture. London (Longman) 1819; zit. nach St. G. Nichols. In: J. D. Lyons/St. G. Nichols (Eds.): Mimesis. From Mirror to Method, Augustine to Descartes. Hanover/London (University Press of New England) 1982, S. 38.
43 Vgl. M. M. Davy: Initiation à la symbolique romane. Paris (Flammarion) 1977.
44 Vgl. H. Blumenberg, a. a. O., S. 56f.
45 Vgl. H. Blumenberg, a. a. O., S. 59.
46 Vgl. W. Preisendanz: Mimesis und Poiesis in der deutschen Dichtungstheorie des 18. Jahrhunderts. In: Rezeption und Produktion zwischen 1570 und 1730. Festschrift für Gunther Weyth zum 65. Geburtstag. Hg. von W. Rasch/H. Geulen/K. Haberkamm. München 1972, S. 541.
47 Vgl. hierzu auch W. Preisendanz: Zur Poetik der deutschen Romantik I. Die Abkehr vom Grundsatz der Naturnachahmung. In: H. Steffen (Hg.): Die deutsche Romantik. Göttingen 1967, S. 54–74.
48 Vgl. F. C. Tubach: Die Naturnachahmungstheorie. Batteux und die Berliner Rationalisten. In: Germanisch-Romanische Monatsschriften, Bd. 44 (1983), S. 262–280.
49 Vgl. dazu S. C. H. Barrett: Mimikry bei Pflanzen. In: Spektrum der Wissenschaft 11 (1987), S. 100–107.
50 Vgl. die anschauliche Darstellung dieser Zusammenhänge von U. Kull: Die Evolution des Menschen. Biologische, soziale und kulturelle Evolution. Stuttgart 1979, sowie R. E. Leakey/R. Lewin: Wie der Mensch zum Menschen wurde. Neue Erkenntnisse über den Ursprung und die Zukunft des Menschen. Hamburg 1978; vgl. auch R. J. Riedel/F. Kreuzer (Hg.): Evolution und Menschenbild. Hamburg 1983.
51 Vgl. M. Horkheimer/Th. W. Adorno: Dialektik der Aufklärung. In: Th. W. Adorno: Gesammelte Schriften, Bd. 3. Frankfurt/M. 1971.
52 Vgl. Ch. Wulf: Lebenszeit – Zeit zu leben? Chronokratie versus Pluralität der Zeiten. In: D. Kamper/Ch. Wulf (Hg.): Die sterbende Zeit. 20 Diagnosen. Darmstadt/Neuwied 1987, S. 266–275.
53 Vgl. B. Malinowski: Magie, Wissenschaft und Religion. Frankfurt/M. 1973.
54 Vgl. B. Malinowski, a. a. O., S. 71. Vgl. dazu auch: H. G. Kippenberg/B. Luchesi (Hg.): Magie. Die sozialwissenschaftliche Kontroverse über das Verstehen fremden Denkens. Frankfurt/M. 1978.
55 Vgl. L. Ziegler: Von der Ahmung. In: Spätlese eigener Hand. München 1953, S. 93–106.
56 Vgl. M. Foucault: Die Ordnung der Dinge, a. a. O., S. 46ff. Bis zum Ende des 16. Jahrhunderts kommt der Ähnlichkeit als Organisationsform des Wissens, der Repräsentation und der Erkenntnis besondere Bedeutung zu. «Die Welt drehte sich in sich selbst: die Erde war die Wiederholung des Himmels, die

Gesichter spiegelten sich in den Sternen, das Gras hüllte in seinen Halmen die Geheimnisse ein, die dem Menschen dienten» (a. a. O., S. 46). Im weiteren präzisiert Foucault vier Figuren, die das Wissen der Ähnlichkeit vorstrukturieren: convenientia, aemulatio, Analogie und Sympathie. Sie zeigen, «wie die Welt sich verschließen, sich reduplizieren, sich reflektieren oder verketten muß, damit Dinge sich ähneln können» (a. a. O., S. 56).

57 Vgl. R. Girard: Das Heilige und die Gewalt. Zürich 1987, sowie ders.: Der grundlegende Mord im Denken Nietzsches. In: D. Kamper/Ch. Wulf (Hg.): Das Heilige. Seine Spur in der Moderne. Frankfurt/M. 1987, S. 255–274.

58 Vgl. in diesem Zusammenhang auch die bislang nicht ins Deutsche übersetzten materialreichen Arbeiten von R. Girard u. a.: Le Bouc Émissaire. Paris 1982; Critique dans un souterrain. Paris 1976; Mensonge romantique et vérité romanesque. Paris 1961. – Les choses cachées depuis la fondation du monde. Paris 1982, liegt um Buch III und die Beiträge der Gesprächspartner gekürzt in deutscher Übersetzung vor: R. Girard: Das Ende der Gewalt. Analyse des Menschheitsverhängnisses. Freiburg im Breisgau 1983.

59 Vgl. hierzu S. Moscovici: Das Zeitalter der Massen. Frankfurt/M. 1986. Hier wird der Versuch gemacht, unter Bezug auf Le Bon, Tarde und Freud Entstehung und Funktion der Massen zu erklären; insbesondere die Arbeiten von Tarde sind für die hier behandelten Fragen aufschlußreich. Vgl. auch E. Canetti: Masse und Macht, Bd. 1 und 2. München [2]1976.

60 Vgl. M. Scheler: Wesen und Formen der Sympathie – Deutsche Philosophie der Gegenwart. Hg. von M. S. Frings. Bern [6]1973; M. Merleau-Ponty: Phénoménologie de la perception. Paris 1945, S. 404f; H. Plessner: Zur Anthropologie der Nachahmung. In: Gesammelte Schriften Bd. VII, Ausdruck und menschliche Natur. Frankfurt/M. 1982, S. 391–398; ders.: Der imitatorische Akt. In: Gesammelte Werke Bd. VII, Ausdruck und menschliche Natur. Frankfurt/M. 1982, S. 449–457.

61 Vgl. M. Merleau-Ponty, a. a. O., S. 404f.

62 Vgl. H. Plessner: Zur Anthropologie der Nachahmung, a. a. O., S. 393.

63 Vgl. H. Plessner, a. a. O., S. 394.

64 Vgl. H. Plessner, a. a. O., S. 395.

65 Vgl. dazu die ausgezeichnete Untersuchung von K.-M. Wimmer: Der Andere und die Sprache. Vernunftkritik und Verantwortung. Berlin 1988 (= Reihe Historische Anthropologie im Reimer Verlag).

66 Vgl. M. Horkheimer/Th. W. Adorno, a. a. O., S. 205.

67 Vgl. zu dem Gesamtzusammenhang die informative Untersuchung von J. Früchtl: Mimesis. Konstellation eines Zentralbegriffs bei Adorno. Würzburg 1986.

68 Vgl. dazu Ch. Wulf: Lebenszeit – Zeit zu leben? Chronokratie versus Pluralität der Zeiten, a. a. O.; vgl. ebenso H. Blumenberg: Lebenszeit und Weltzeit. Frankfurt/M. 1986; R. Koselleck: Vergangene Zukunft. Frankfurt/M. 1979; E. Benz: Akzeleration der Zeit als geschichtliches und heilsgeschichtliches Problem. Mainz 1977.

69 Vgl. M. Horkheimer/Th. W. Adorno, a. a. O., S. 49ff.

70 Vgl. dazu auch die umfassende Studie von W. Welsch: Unsere postmoderne Moderne. Weinheim 1987 (= VCH, Acta Humaniora).

71 Vgl. Th. W. Adorno: Gesammelte Werke, Bd. 7. Frankfurt/M. 1970, S. 159.

72 Vgl. dazu D. Kamper in diesem Band.
73 Vgl. J.-F. Lyotard: Das postmoderne Wissen. Wien 1982.
74 Vgl. J. Baudrillard: Das Andere Selbst. Wien 1987.
75 Vgl. Ästhetik und Kommunikation, Heft 67/68: Kulturgesellschaft. Berlin 1987.

Gunter Gebauer

Die Unbegründbarkeit der Sprachtheorie

und notwendige Erzählungen über die Sprache

Die Bindung der Sprache an die Person

Von Theorien der Sprache geht ein eigentümlicher Zwang aus. In ihren Diskursen verfertigen sie feine Gitterstäbe, mit denen sie ihren Gegenstand, die Sprache, so lange umspannen, bis dieser seine Bewegungsfreiheit verloren hat. Auf diese Weise reglos gemacht, bietet er dem analysierenden Blick ein eindeutiges Ansehen dar, wie er ihn in freier Entfaltung nie besessen hat. In meinen Überlegungen kommt es darauf an, die Reflexion über die Sprache in Bewegung zu bringen. Falsche Sicherheiten, die in die Fundamente der Sprachtheorien eingelassen sind, sollen, im ersten Abschnitt noch skizzenhaft, später dann im Detail kritisiert, aufgegeben und durch einen anthropologischen Entwurf des Sprechens ersetzt werden.

Nur scheinbar gleicht das sprachwissenschaftliche Verfahren, die Vielfalt der Sprechereignisse auf ein einfaches Modell und wenige Sprachfunktionen zu reduzieren, den Idealisierungen der Naturwissenschaft. Tatsächlich ist keine Instanz der Sprache, kein noch so künstlicher Satz oder ungebräuchliches Wort ohne einen Sprecher, ohne eine menschliche Person zu denken. Kein Sprecher wiederum – wirklicher oder simulierter – ist denkbar, der nicht auf die Frage «Wer spricht mit diesem Munde?»[1] antworten und ‹ich› sagen könnte. Vor jedes Sprechereignis läßt sich ein ‹ich rede› setzen. «Die Sprache liegt nur in der verbundenen Rede, Grammatik und Wörterbuch sind kaum ihrem todten Gerippe vergleichbar» (Wilhelm von Humboldt)[2]. In der Rede läßt sich erkennen, wie das System der Sprache «sich bildet und formt» – «nihil est in lingua quod non prius fuerit in oratione» (E. Benveniste)[3].

Tatsächlich hat Saussures Systemdenken den Ausschlag für eine andere, geradezu entgegengesetzte Entwicklung gegeben. «Das ganze Schicksal der modernen Linguistik entscheidet sich letztlich durch den Kraftakt am Anfang, mit dem Saussure die ‹externe Linguistik› von der ‹internen Linguistik› unterscheidet und, indem er der letzteren den Titel der Linguistik vorbehält, aus dieser alle Forschungen ausschließt, die die Sprache (langue) in Beziehung zur Ethnologie, zur politischen Geschichte derjenigen, die sie sprechen, setzen, weil sie nichts zur Erkenntnis der Sprache für sich selbst genommen beitrügen.» (P. Bourdieu)[4] Aus der Linguistik wurde die «natürlichste der Sozialwissenschaften»[5], eine objektivistische Wissenschaft, die ein System objektiver Beziehungen darstellt, das nicht mehr auf «die unterschiedlichen Praxisformen und Praktiken»[6] und nicht mehr auf «die Machtverhältnisse zwischen den Sprechern oder ihrer jeweiligen Gruppen»[7] zurückzuführen ist. Saussure und später auch Chomsky stehen in der Tradition einer intellektualistischen Philosophie, die in der Sprache eher Prinzipien des Geistes als ein Instrument von Handlung und Macht suchen. Insofern Sprechen die Bedingung von Sprache ist, kann diese «nicht jenseits des Sprechens begriffen werden»[8].

Wenn es ein Ich ist, das spricht, an welche Art Individuum ist die Sprache dann gebunden? Wieder findet sich eine unzulässige Vereinfachung, die Figur des *solipsistischen* Sprechers, und zwar in zwei ansonsten total differierenden Sprachtheorien, in der Herderschen Tradition wie auch in der modernen Semantiktheorie in der Linie Carnaps.

In der «Abhandlung über den Ursprung der Sprache» von 1770 entwirft Herder das Bild eines solitären Sprechers, der «mit einer ungeordneten Mannigfaltigkeit von sinnlichen Eindrücken konfrontiert» ist und diese in eine Ordnung zu bringen hat[9]; sein Verfahren ist die Bildung von Merkmalen, die er aus den Gegenständen seiner vorbegrifflichen Wahrnehmung gleichsam absondert. Merkmale dieser Art sind für Herder offensichtlich so etwas wie sprachliche Etiketten: «Dies Erste Merkmal der Besinnung war Wort der Seele! Mit ihm ist die Menschliche Sprache erfunden!»[10]

Die von Carnap ausgehende Verifikationstheorie der Bedeutung beruht auf der Annahme, daß man sich «in einem bestimmten psychischen Zustand befinden» muß, «um eine bestimmte Bedeutung verstanden zu haben».[11] Es sind also die psychischen Zustände einer Person im Sinne des methodischen Solipsismus, die «die Extensionen der von ihr verstandenen sprachlichen Ausdrücke» festlegen.[12] In der Folge liegt es «in der individuellen Kompetenz jedes einzelnen Sprechers..., die Referenz der deskriptiven Ausdrücke seiner Sprache zu bestimmen.»[13]

Herder entwirft einen Robinson-Sprecher, der stellvertretend für die Menschengattung steht; die verifikationistischen Semantiker schließen die Bedeutungen in eine methodisch konzipierte Einzelpsyche ein. Ob Gattungswesen oder solipsistisches Individuum – beide werden außerhalb jeder menschlicher Praxis und Bezüge entworfen. Ihre Kritiker halten ihnen vor, daß die sprachlichen Operationen, von denen sie handeln, nur innerhalb einer Sprachgemeinschaft vollzogen werden können. Dies ist ein ebenso berechtigter Einwand, wie er zu einer rituellen Formel erstarrt ist, mit der man sich, wenn sie ausgesprochen worden ist, zufriedengibt. Wenn man unter ‹Sprachgemeinschaft› eine gedankliche Konstruktion und keine anthropologische Realität versteht, hat man wieder eine Vereinfachung vorgenommen und der Sprache eine Eindeutigkeit gegeben, die sie nicht besitzt.

Sprechen ist fast immer dialogisch: Das sprechende Ich hat es mit Gesprächspartnern zu tun, die an seine Stelle treten, ihrerseits ‹ich› sagen und es mit ‹du› anreden können. Jedes Ich fügt sich als Sprecher zu jedem neuen Zeitpunkt immer wieder neu «in andere Gewebe von Umständen und Reden» ein. [14] In der Sprache liegt, so Humboldt, «ein unabänderlicher Dualismus, und alles Sprechen ist auf Anrede und Erwiederung gestellt». Zum Denken bedarf der Mensch «eines dem *Ich* entsprechenden *Du*». Das Wort gewinnt «Wesenheit in einem Hörenden und Erwiedernden. Diesen Urtypus aller Sprachen drückt das Pronomen durch die Unterscheidung der zweiten Person von der dritten aus.» [15]

Wenn wir die Einsicht ernst nehmen, daß die Sprache immer an Personen gebunden ist, löst sich die Eindeutigkeit, die Sprachtheorien herstellen wollen, von selbst auf. In jedem Sprachereignis können wir dann die Beteiligung von Personen entdecken. Der referierenden Funktion der Sprache kommt nicht länger der fraglose Primat vor allen anderen Sprachfunktionen zu; nicht weniger wichtig ist die Tätigkeit der Sprache, die eine *symbolische Ordnung*, nämlich Beziehungen zwischen Personen erzeugt, diese strukturiert, erhält, Vergemeinschaftung und Selbstbezug des Sprechers auf sich selbst herstellt. [16] In dieser Sichtweise wird der Besitz der Sprache etwas Persönliches: Jedes Wort kann uns erscheinen wie «ein kleines Gesicht..., der ganze Satz (wie) eine Art Gruppenbild..., so daß der Blick der Gesichter eine Beziehung zwischen ihnen hervorbrächte und das Ganze also eine *sinnvolle Gruppe* gäbe.» [17]

Die Philosophie der Sprache wird in der angedeuteten Perspektive von vornherein den Bezug auf Sprecherpersonen – ihre Konstitution, ihren Status, ihre Beziehungen untereinander – mitreflektieren müssen. Die beiden Tatsachen, daß man eine Sprache spricht und daß man Sprecher ist, müssen gemeinsam betrachtet werden. Wenn ich einen anderen verstehe, kommt darin meine Sprachkenntnis zum Ausdruck. In meinem Zuhören, wenn ein anderer spricht, liegt meine Anerkennung des anderen als Person. Verstehen setzt Anerkennung voraus: Die Lautäußerung wird für mich erst dann zu einer verständlichen Sprache, wenn ich sie auf eine menschliche Person beziehe.

In der philosophischen Tradition Herders und Humboldts wird die Frage nach den sprachlichen Voraussetzungen des Menschseins gestellt; nicht weniger wichtig ist es, die Richtung der Suche umzukehren und auch nach den menschlichen Voraussetzungen der Sprache zu fragen. Aber diese Forderung wirft ein Problem auf: Beide Fragen sind unlösbar ineinander verflochten; wenn sie voneinander getrennt und jeweils separat behandelt werden, erzwingt man wieder eine neue Vereinfachung. Die Eindeutigkeit, die man auf diese Weise herstellt, erhält man um den Preis, daß die Ergebnisse beider Fragerichtungen in einem Widerspruch zueinander stehen. Dies sei mit einem Beispiel für jede Richtung angedeutet.

Wenn man die *sprachlichen* Voraussetzungen des Menschen darstellt, geht man auf seine Herkunft aus der Sprache zurück; man sucht zu beschreiben, wie sprachliche Formen der Existenz des einzelnen Menschen vorhergehen. In dieser Sicht ist die Sprache ein Gewebe, das die Personen einhüllt, in der Sprache Lacans: «gründende Worte», die die Subjekte als «reale Wesen» konstituieren, «die, wenn sie zur Welt kommen, gleich jenes Schildchen haben, das ihr Name ist»[18]. Wenn die Sprache dem Menschen vorhergeht, stellt sich das Problem, woher sie kommt, in welcher Form sie unabhängig von einzelnen Menschen existiert und wie das Individuum ‹in die Sprache hinein› gelangt.

Bei der Angabe der *menschlichen* Voraussetzungen der Sprache wird eine ganz andere Annahme zugrunde gelegt: Als sprachloser Organismus geboren, hat der Mensch schrittweise die Sprache zu erwerben; er entwickelt sie unter Einfluß seiner Umgebung und in selbstkonstruktiver Tätigkeit. Aber um die Sprache der Gemeinschaft zu sprechen, muß er von den anderen angesprochen, verstanden und, damit dies möglich ist, von den anderen als Person anerkannt werden; er muß von diesen als jemand angesehen werden, der ihnen in einem formalen Sinn gleicht. Gleichheit ist keine natürlicherweise gegebene oder selbstverständliche menschliche Voraussetzung der Sprache, sondern muß erzeugt werden. Dies kann nicht in einem formalen Akt geschehen, der Sprechen ja schon voraussetzen würde. Gleichheit kommt vielmehr dadurch zustande, daß die Individuen in einem Geflecht sozialer und psychischer Bindungen leben. Auf dieser Ebene der inter-personalen Beziehungen vermeidet man die Probleme, die bei einer solipsistischen und einer an der Gattung orientierten Betrachtung der anthropologischen Voraussetzungen der Sprache entstehen.

Das inter-personale[19] Geflecht entsteht aus dem Zusammenleben von Personen unter den Bedingungen derselben «Lebensform». Von Personen hergestellt, nimmt es den Charakter einer Ordnung an, die die Beziehungen der einzelnen zueinander regelt, wechselseitige Gefühle (wie z. B. Mitleid) ermöglicht, gemeinsame Handlungen hervorbringt, soziale Einheiten bildet. Zu den Funktionen einer solchen symbolischen Ordnung gehört, daß sie eine Grenze zwischen denen zieht, die ihr angehören, in ihr leben, und denen, die nicht als Gleiche angesehen werden.[20]

Der knappe Überblick über die beiden Probleme – einmal der sprachlichen Voraussetzungen des Menschen, zum anderen der menschlichen Voraussetzungen der Sprache – zeigt, daß ihre Behandlung zu zwei entgegengesetzten Grundannahmen führt: Der Mensch wird entworfen einmal als ein von Sprache eingehülltes Individuum, zum anderen als ein selbsttätiges Subjekt, das aus sich selbst heraus die Sprache erzeugt. Der offensichtliche Widerspruch zwischen beiden Entwürfen ist zwar kein logischer; aber er zeigt eine antinomische Struktur des Denkens über die Verschränktheit von Subjekt, Objekt und Medium des Denkens an, die so eng ist, daß sie einer scharfen analytischen Betrachtung wenig Spiel läßt. Es erscheint fraglich, ob wissenschaftliche Theorien diesen Bereich aufzuklären imstande sind. Erste Zweifel daran schrieb bereits Humboldt nieder: «Es ist eine bemerkenswerthe Erscheinung, dass man wohl noch keine Sprache . . . in dem flutenden Werden ihrer Formen überrascht hat.»[21] In meinen kritischen Bemerkungen habe ich versucht, ein anderes Bild von der Sprache zu entwerfen, das deren Vieldeutigkeit und Widersprüchlichkeit reflektieren soll – dies im Gegensatz zum modellhaften und idealisierenden Vorgehen von Theorien: Die Sprache ist an Sprechen und damit an Personen gebunden. Insofern hat sie wesentliche anthropologische Voraussetzungen; aber diese sind weder solipsistisch noch auf den Menschen als Gattungswesen bezogen. Die hier gewählte Betrachtungsebene ist die des Inter-Personalen. Zugleich mit dieser Fragerichtung muß die entgegengesetzte, das Problem der sprachlichen Voraussetzungen des Menschen, verfolgt werden. Wenn es dabei zu Unverträglichkeiten oder sogar Widersprüchen der Annahmen kommen soll, werden wir nach einer Lösung suchen, wie diese zu behandeln seien. Zunächst wird es um eine systematische Kritik an einem fundamentalen Konzept der Sprachtheorie gehen: dem Begriff der Regel. Die erste Folgerung daraus wird sein, daß die Geltung der wissenschaftlichen Behandlung von Sprache wesentlich eingeschränkt wird. Die zweite wird darin bestehen, die anthropologischen Voraussetzungen der Sprache auszuarbeiten; dies wird in den darauf folgenden Abschnitten geschehen.

Wie kann man einer Regel folgen?

Korrektes Sprechen gilt als der exemplarische Fall für regelgeleitetes Handeln überhaupt. Jeder Sprecher ist fähig, Beispiele für regelkonformes Sprechen zu bilden. Er verfügt, so sagt man, über eine Menge syntaktischer, semantischer, pragmatischer Regeln, die er in seiner Praxis anwendet. Seine Sprachproduktion ist korrekt aufgrund der Tatsache, daß er sich dabei von Regeln hat leiten lassen. Man hatte die ganze Tragweite von Wittgensteins Auseinandersetzung mit dem Regelfolgen in den «Philosophischen Untersuchungen»[22] nie vollständig begriffen, bis Kripke[23] in einer außerordentlich subtilen Interpretation gezeigt hat, daß hier ein für die übliche Regelauffassung vernichtender Nachweis erbracht wird: Die Annahme, daß wir beim Sprechen von Regeln geleitet werden, ist ein Irrtum. Wir haben uns von Regeln und ihren Funktionen ein vollkommen falsches Bild gemacht.

Kripkes Rekonstruktion des Wittgensteinschen Arguments hat gezeigt, daß der Begriff der sozialen Regel für die Wissenschaften vom Menschen in der Weise, wie er fast immer verwendet wird, unbrauchbar ist. Es liegt nämlich eine Verwechslung der Verwendungsweisen von «Regel» vor, die ihren Ursprung in der «Polysemie» dieses Begriffs hat, auf die Bourdieu[24] und Lenk[25] bereits früher aufmerksam gemacht haben: Es lassen sich vier verschiedene Verwendungsweisen von «Regel» unterscheiden:

(1) als explizit anerkannte soziale Norm;
(2) als ein von einer Wissenschaft erarbeitetes theoretisches Modell zur Erklärung sozialer Praxisformen;
(3) als ein der sozialen Praxis immanentes Anwendungsschema, das sich im Verhalten manifestiert, nicht im Bewußtsein vorfindet;
(4) als naiv-theoretisches Konzept, als eine Art ‹Image› einer Regelstruktur, das die Handelnden in ihren Selbstinterpretationen verwenden.[26]

Weder im Verständnis der Regel als ‹Image› noch im ersten als festgelegter sozialer Norm (z. B. «Liebe Deinen Nächsten!») wird von der Regel behauptet, daß sie die Form des Handelns bis in die Einzelheiten bestimmt. Die Fälle 2 und 3 werden in den Wissenschaften vom Menschen oft miteinander vermischt. Regeln, die den Handelnden zugeschrieben werden, sind vielfach nichts anderes als wissenschaftliche Konstrukte, werden aber in einer objektivistischen Auffassung so behandelt, als seien sie autonome Realitäten, die gesellschaftliche Wirklichkeit besitzen. Regelhaftes Handeln hat keine Korrelate in der Psyche der Handelnden; seine Besonderheiten verdanken sich nicht einem

Abhängigkeitsverhältnis Regel – Handelnder, sondern sind Merkmale der gesellschaftlichen Praxis. Diese ist es, die eines anderen Verständnisses bedarf. Überall, wo sie den Eindruck hervorruft, Anwendung expliziter, im Bewußtsein der Handelnden gegenwärtiger Regeln zu sein, handelt es sich – nach Quine – um nichts anderes als um ein «fitting», ein Hineinpassen des Handelns in bestimmte Regelschemata. Wenn man dieses nun so darstellt, daß es regelgeleitet sei, müsse präzisierend hinzugesetzt werden: «Alles geschieht so, als ob...»[27] – Eine merkwürdige Formel, die sonst dafür verwendet wird, ein Spiel zu kennzeichnen.

Der Charakter der Uneigentlichkeit, der durch das Als-ob angegeben wird, ist schon früher beobachtet worden, von Nietzsche. «Die ‹Regelmäßigkeit› der Aufeinanderfolge ist nur ein bildlicher Ausdruck, *wie als ob* hier eine Regel befolgt werde: kein Tatbestand.» Nietzsche läßt dieser Einsicht eine radikale Konsequenz folgen: «Der Fehler steckt in der Hineindichtung eines Subjekts.»[28] Die Regelhaftigkeit eines Handelns erkennt man daran, daß es den anderen bekannten Fällen, an denen die Regel aufgetreten ist, gleicht. Im Handeln selbst ist diese Gleichheit freilich nicht gegeben: «...der Geist *will* Gleichheit; d. h. einen Sinneneindruck subsumieren unter eine vorhandene Reihe: ebenso wie der Körper Unorganisches sich *assimiliert... der Wille zur Gleichheit ist der Wille zur Macht* – der Glaube, daß etwas so und so sei... ist die Folge eines Willens, es *soll* so viel als möglich sein.»[29]

Die Feststellung von Gleichheit wird von Nietzsche nicht als Ergebnis des Vergleichens aufgefaßt, sondern als dessen Voraussetzung: Die dekretierte Gleichheit der Urteile ist die Bedingung des Urteilens über Gleichheit. Nach seinen Vorstellungen liegt der Prozeß, in dem erste Gleichheiten hergestellt werden, auf einer sehr tiefen Ebene, der organischen: «Alles Denken, Urteilen, Wahrnehmen als Vergleichen hat als Voraussetzung ein ‹Gleich-setzen›, noch früher ein ‹Gleich-machen›. Das Gleich-machen ist dasselbe, was die Einverleibung der angeeigneten Materie in der Amöbe ist.»[30] Von einer ganz anderen Position herkommend, wird Rosenstock-Huessy später den gleichen Gedanken wie Nietzsche in nahezu denselben Worten wie dieser aussprechen: «Gleichmachende und ordnende Kraft... waltet auch bei Einverleiben der Außenwelt: unsere Sinneswahrnehmungen sind bereits das Resultat dieser Anähnlichung und Gleichsetzung in bezug auf alle Vergangenheit in uns...»[31]

Die Wittgensteinsche Kritik der Regel wird in den «Philosophischen Untersuchungen» im Zusammenhang der Ablehnung einer privaten Sprache und der Diskussion der Empfindungswörter ausgearbeitet.[32]

Was soll eine «private Sprache» sein? Es ist eine Sprache, zu deren definierenden Merkmalen es gehört, daß sie nur von einer Person verwendet werden kann. Es ist also nicht einmal vorstellbar, daß ein anderer als ihr Benutzer sie verstehen könnte.[33] Mit dieser Definition wird ausgeschlossen, daß sich die Privatsprache auf direkt beobachtbare Gegenstände bezieht; sie bezeichnet Objekte, die nur einer «unmittelbaren Erkenntnis», einer Art «innerem Sinn» oder «innerer Erfahrung», zugänglich und also selbst privat sind. «Das Wesentliche am privaten Erlebnis ist eigentlich nicht, daß Jeder sein eigenes Exemplar besitzt, sondern daß keiner weiß, ob der Andere auch *dies* hat, oder etwas anderes.»[34] In der Privatsprache könnten also Erfahrungen sprachlich ausgedrückt werden, die für jeden anderen als den Sprecher unzugänglich sind. «Inwiefern sind nun meine Empfindungen *privat*? – Nun, nur ich kann wissen, ob ich wirklich Schmerzen habe; der Andere kann es nur vermuten.»[35]

In der Frage nach der Möglichkeit einer privaten Sprache steckt das allgemeine Problem: Kann ein isoliertes Individuum eine Regel festlegen und dann allein für sich anwenden? Wie würde eine solche Verwendung vor sich gehen? Wittgenstein diskutiert diese Frage an einem hypothetischen Beispielfall[36]:

«Stellen wir uns diesen Fall vor: Ich will über das Wiederkehren einer gewissen Empfindung ein Tagebuch führen. Dazu assoziiere ich sie mit dem Zeichen ‹E› und schreibe in einen Kalender zu jedem Tag, an dem ich die Empfindung habe, dieses Zeichen.» Nur ich allein habe Zugang zu dieser Empfindung, das Zeichen «E» bezeichnet einen einzigartigen Gegenstand. Die Definition von E hat privaten Charakter: «Ich will zuerst bemerken, daß sich eine Definition des Zeichens nicht aussprechen läßt. – Aber ich kann sie doch mir selbst als eine Art hinweisende Definition geben! – Wie? kann ich auf die Empfindung zeigen? – Nicht im gewöhnlichen Sinne. Aber ich spreche, oder schreibe das Zeichen, und dabei konzentriere ich meine Aufmerksamkeit auf die Empfindung – zeige also gleichsam im Innern auf sie... dadurch präge ich mir die Verbindung des Zeichens mit der Empfindung ein.» Bewirkt dieser Vorgang, daß ich mich in Zukunft «*richtig* an die Verbindung erinnere»? «Aber in unserm Fall habe ich ja kein Kriterium für die Richtigkeit. Man möchte hier sagen: richtig ist, was immer mir als richtig erscheinen wird. Und das heißt nur, daß hier von ‹richtig› nicht geredet werden kann.»

In meiner inneren Erfahrung sind das Richtige und alles, was ich nur für richtig halte, nicht voneinander unterscheidbar. «Und der Regel zu folgen *glauben* ist nicht: der Regel folgen. Und darum kann man nicht

der Regel ‹privatim› folgen, weil sonst der Regel zu folgen glauben dasselbe wäre, wie der Regel folgen.»[37] Der Fehler meines Vorgehens liegt
darin, daß es sich ausschließlich in meinem Inneren abspielt und sich
nicht äußerlich ausdrückt. Man macht sich eine falsche Vorstellung von
Empfindungen, wenn man sie für Gegenstände innerer Erfahrungen
eines isolierten Subjekts hält. «Ein ‹innerer Vorgang› bedarf äußerer
Kriterien.»[38]

Als Teil der «Lebensformen» unserer Sprachgemeinschaft haben
Empfindungsausdrücke ihren Platz innerhalb des Systems der Praktiken, die wir mit den anderen gemeinsam haben; «‹der Regel folgen›
(ist) eine Praxis».[39] Es gibt unabhängig von den Individuen eine «Grammatik» gemeinsamer Handlungen und «Sprachspiele», die den Ort der
Empfindungsausdrücke festlegt. Entsprechend muß für «E» der Ort
schon vorbereitet sein, wenn der Empfindungsausdruck eingeführt
wird. Ich muß fähig sein, die Empfindung, die mit «E» bezeichnet wird,
zu identifizieren und wiederzuerkennen. In meiner Praxis geschieht dies
ganz selbstverständlich: «Wie weiß ich, daß die Farbe dieses Papiers,
die ich ‹weiß› nenne, dieselbe ist wie die, die ich gestern hier gesehen
habe? Dadurch, daß ich sie wiedererkenne; und dieses Wiedererkennen
ist meine einzige Quelle für dieses Wissen. Dann *bedeutet* ‹daß sie dieselbe ist›, daß ich sie wiedererkenne.»[40] Daß die Mitglieder einer
Sprachgemeinschaft in ihren Urteilen übereinstimmen, ist nicht die
Folge einer vorangegangenen Regelfestlegung; noch weniger wird die
Übereinstimmung allein durch die Konstanz des erkannten Gegenstandes bewirkt. Sondern sie ist die *Voraussetzung* dafür, daß Gegenstände
identifizierbar und wiedererkennbar sind. «Zur Verständigung durch
die Sprache gehört nicht nur eine Übereinstimmung in den Definitionen, sondern (so seltsam dies klingen mag) eine Übereinstimmung in
den Urteilen» und in der Handlungspraxis.[41]

Dies ist die erste radikale Konsequenz des Privatsprachen-Argu-
ments; die zweite konstatiert eine merkwürdige Differenz zwischen der
Empfindungssprache über meine eigene Psyche und derjenigen über
fremde Personen. Psychische Zustände von anderen kann ich nur
identifizieren, wenn ich äußere Kriterien zu Hilfe nehme, die freilich
verschiedener Art sein können. In meinem eigenen Fall hingegen bedarf ich keiner Kriterien. In der 1. Person verwendet, ersetzt die Sprache über Empfindungen den Gefühlsausdruck; in der 3. Person schreibt
sie anderen Gefühle zu.

Wittgenstein geht es in seinem Argument nicht in erster Linie um
einen Angriff auf die Behauptung einer privaten Sprache, sondern, wie
S. Kripke zeigt, um einen fundamentalen Zweifel an einer für selbstver-

ständlich gehaltenen Annahme der Philosophie: daß menschliches Handeln, insbesondere Sprechen, regelgeleitet ist. Die meisten Erklärungen oder Beschreibungen von Handeln als einem Regelfolgen laufen auf die Annahme einer «besonderen inneren Erfahrung» oder eines Bewußtseinsprozesses hinaus, in dem eine «Handlungsweise mit der Regel in Übereinstimmung zu bringen sei».[42] Diese *innere* Tatsache aber, die uns die unverwechselbare und kontrollierbare Evidenz geben würde, daß wir tatsächlich der Regel folgen, gibt es nicht. Selbst wenn es sie gäbe, würde sie nichts erklären, denn ein innerpsychischer Zustand könnte keinerlei Garantie dafür geben, daß er korrekt vollzogen worden ist. Die *äußere* Tatsache, daß eine bestimmte Handlung regelkonform ist, liefert nicht den Beweis dafür, daß bei ihrem Zustandekommen die entsprechende Regel angewendet worden ist. Die regelgerechte Form der Handlung kann auch das Resultat eines Nicht-Standardgebrauchs sein.

Wittgensteins «radikale Skepsis» (Kripke) bezweifelt, daß «irgendeiner unter uns mit seinem *endlichen* Bewußtsein Regeln begreifen kann, die auf *unendlich* viele Fälle anwendbar sein sollen»[43]: Regeln können es nicht sein, welche die Gleichheit von Handlungen, insbesondere von Sprachgebräuchen herstellen. Anders als die einfache Sprachskepsis, wie sie von Mauthner bis K. Kraus vorgebracht wurde, die am Regelbegriff festhielt und auf Sprachreinigungsprogramme setzte, bedroht das hyperskeptische Argument[44] die «Möglichkeit sinnvollen Sprachgebrauchs überhaupt»[45]. Es stellt letztlich die menschliche Fähigkeit, einer Regel zu folgen, in Frage. Seine Stärke und Reichweite verbieten eine simple Auflösung; Wittgenstein entwirft vielmehr eine Art des Denkens, das es dem Philosophen erlaubt, das Argument anzuerkennen, ohne die Möglichkeit von Sprache selbst zu bezweifeln.

In Kripkes Deutung schlägt er eine «skeptische Lösung» vor: Es bedarf überhaupt nicht der Rechtfertigung oder Begründung, wie sie vom Skeptiker bestritten wird.[46] Anstatt nach den Bedingungen der Wahrheit von Aussagen zu fragen, stellt er sich jetzt das Problem, unter welchen Bedingungen wir berechtigt sind, einen bestimmten «sprachlichen Zug» in einem Sprachspiel zu machen.[47] Die Bedingungen der Rechtfertigung entscheiden darüber, ob ein sprachlicher Ausdruck korrekt verwendet worden ist; über das Bestehen des jeweils behaupteten Sachverhalts sagen sie nichts aus. Nach der skeptischen Lösung begnügt sich die Sprachtheorie damit, aufzuklären und zu beschreiben, wie sprachliche Ausdrücke eingeführt und gebraucht werden, wie die Sprache über innere Zustände funktioniert und welche Rolle diese spielt. Das Problem des Regelfolgens kann man sinnvollerweise nicht mehr stellen: «Wenn ich der Regel folge, wähle ich nicht. Ich folge der Regel *blind*.»[48]

Heißt dies, daß wir nun nicht mehr von unserem Handeln sagen können, wir seien dabei einer Regel gefolgt? Unter bestimmten Umständen könnte diese Behauptung für uns durchaus einen Sinn haben, nicht im Sinne einer Begründung, sondern eines naiven Konzepts (vgl. oben das vierte Verständnis «Regel»), das uns manchmal zur Rechtfertigung dienen kann.

«‹Wie kann ich einer Regel folgen?› – wenn das nicht eine Frage nach den Ursachen ist, so ist es eine nach der Rechtfertigung dafür, daß ich *so* nach ihr handle.

Habe ich die Begründungen erschöpft, so bin ich nun auf dem harten Felsen angelangt, und mein Spaten biegt sich zurück. Ich bin dann geneigt zu sagen: ‹So handle ich eben.›

(Erinnere Dich, daß wir manchmal Erklärungen fordern nicht ihres Inhalts wegen, sondern der Form der Erklärung wegen. Unsere Forderung ist eine architektonische; die Erklärung eine Art Scheingesims, das nichts trägt.)»[49]

Die inter-personale Ebene

Gemeinsames Sprechen kann nicht mehr mit der Kraft der Regeln, denen die einzelnen Personen folgten, begründet werden. Da es keinen anderen Halt gibt, an dem entlang es sich konstituieren kann – die Welt der Dinge und der Wörter hat diese Funktion seit langem verloren[50] –, geschieht dies in einem wachsenden Konformitätszwang, aufgrund eines verstärkten inneren Zusammenhalts der Sprachgemeinschaft. Sobald wir am Sprechen einer Sprache teilnehmen wollen, sind wir eingebunden in das Miteinander der Sprachgemeinschaft, aus dem wir uns nicht befreien können. Wenn unsere regelhaften Handlungen nicht mehr als Ergebnisse von Entscheidungen, bestimmten Regeln zu folgen, von kognitiven Prozessen und praktischen Urteilen über die Anwendbarkeit dieser Regeln angesehen werden können, muß ihre Regularität in viel zwingenderen und unmittelbarer greifenden Mechanismen begründet liegen. In Begriffen von *Kommunikation* erscheint die Sprache als ein inflationärer Kreislauf von Sprecher–Hörer–Sprecher... – Zyklen, deren Schemata die Lawine der Sprachproduktionen nicht unter Kontrolle zu bringen vermögen. Das Miteinander, das im Sprechen hergestellt wird, ist kein einfacher Informationsaustausch innerhalb eines Systems, sondern ein komplexer Vorgang zwischen Personen, die in bestimmten Beziehungen zueinander stehen.

Aus dem hyperskeptischen Argument kann man – abgesehen von der nicht ernst zu nehmenden Annahme, Sprechen sei überhaupt kein regelhafter Prozeß – zwei Möglichkeiten in Betracht ziehen:

Zuerst, es gäbe keine Gleichheiten zwischen den Sprechern derselben Sprache. Unter diesem Gesichtspunkt ist aber nicht zu begreifen, warum man überhaupt miteinander spricht.

Die zweite Konsequenz bringt den inneren Zwang der Sprache ans Licht: Wenn es nicht Regeln sind, die die Gleichheit des Sprechens herstellen, dann muß das Verhältnis umgekehrt und angenommen werden, daß schon eine wesentliche Gemeinsamkeit hergestellt worden ist, bevor eine Person die Sprache regelhaft verwendet. Den ersten regelhaften Sprechhandlungen muß eine lange Geschichte des Erleidens vielfältiger Einflußnahmen und Einwirkungen vorhergehen. Worin besteht die *menschliche* Voraussetzung der Sprache, die sich schon im ersten gemeinsamen Sprechen zeigt? «Im Anfang ist die Beziehung.» Dies ist – in der Formulierung Martin Bubers – der Grundsatz der dialogischen Auffassung der Sprache, die viel schärfer als andere Theorien die konstitutive Rolle des Miteinander der Menschen für das Sprechen erfaßt.[51]

Für die dialogische Auffassung von Sprechen und Erkennen stellt sich ein schwieriges Problem: Wie hängt das Geflecht sozialer Beziehungen, die den Dialog konstituieren, mit den je individuellen Gefühlszuständen der einzelnen Dialogteilnehmer zusammen? Zum Beispiel die soziale Einstellung des Mitleids mit den Schmerzen einer Person: Gewöhnlich wird angenommen, die Wahrnehmung der Schmerzen eines anderen wirke auf den Sprecher wie eine Kausalursache und rufe Mitleid hervor. Nach der Wittgensteinschen Kritik an der Privatsprache ist diese Auffassung, wie wir gesehen haben, nicht haltbar: Einem anderen kann ich Empfindungen nur zuschreiben, aber worin diese bestehen, weiß ich nur von meinen *eigenen* Gefühlen. Der Skeptiker würde in diesem Fall behaupten, es gebe keine Brücke von *seinen* Schmerzen zu *meiner* Mitleids-Einstellung.

Kripke zeigt, daß Wittgenstein bei seiner Diskussion der Problematik des Fremdseelischen («other minds») ähnlich wie im Fall der Privatsprachenkritik vorgeht. Wieder wird der skeptische Standpunkt angenommen: Wenn wir einem anderen Schmerzen zuschreiben, stellen wir uns vor, daß *wir* Schmerzen empfinden – unsere eigenen Schmerzen. An diesem solipsistischen Grundgedanken hält Wittgenstein fest. Aber er zeigt, wie der Solipsismus in ein Modell inter-personeller Beziehungen integriert wird. Unsere Einstellung zu den anderen wird nicht von deren Empfindungen hervorgerufen; denn unsere Gefühle nehmen nicht auf die anderen, sondern nur auf uns selbst Bezug. Hingegen können wir die Bereitschaft zu einer «imaginative ability» (Kripke) dem anderen gegenüber haben, uns nämlich in *seine* Situation zu versetzen. Mit der Zuschreibung von Empfindungen einem anderen gegenüber gehen wir noch nicht über unsere Person hinaus; wir lassen noch keine Bereitschaft erkennen, uns an seine Stelle zu versetzen. Dieser Schritt setzt voraus, daß (logisch) vorgängige Beziehungen zwischen ihm und mir bestehen, aus denen dann zum Beispiel Mitleid entstehen kann.

Die skeptische Lösung, die Wittgenstein vorschlägt, kehrt die übliche Reihenfolge um: Die Tatsache, daß wir einem anderen Schmerzen zuschreiben, ist nicht der Grund dafür, daß wir mit ihm Mitleid haben. Sondern weil wir Beziehungen zu ihm aufgenommen haben, sind wir bereit, uns in der Vorstellung an seine Stelle zu versetzen und ihm Gefühle zuzuschreiben. So entsteht mein Mitleid mit einem Leidenden aus unseren gemeinsamen inter-personalen Beziehungen.[52]

Aus der Diskussion der fremdseelischen Empfindungen geht deutlich hervor, daß zwischen Ich und Du, obwohl sie sich in einem gemeinsamen Beziehungsgeflecht befinden, eine scharfe Grenze gezogen ist. Das Ich ist, im Dialog mit dem Du, diejenige Instanz, die Empfindungen besitzt. Aber das Ich ist gegenüber dem Du – auch dies zeigt Wittgensteins Diskussion – vollkommen unbestimmt. Es verbindet sich nicht mit einer bestimmten Person: Wenn ich sage: «Ich habe Schmerzen», wende ich nicht einfach ein Prädikat auf ein Objekt an, das «mein Selbst» genannt wird und ein Objekt unter anderen Objekten ist.[53] Meine Worte ersetzen den vorsprachlichen Empfindungsausdruck wie Stöhnen, Schreien etc., und sie beziehen sich auf keine Entität, sie werden nicht einem Etwas zugeschrieben. Das *Ich* in Aussagen über Empfindungen hat den besonderen Charakter eines «something not to be identified with any entity picked out in any ordinary manner»[54].

Mit der Unbestimmtheit des Ich hängt seine zweite Eigenschaft zusammen: Ich-Sätze über Empfindungen gelten unter bestimmten Bedingungen ohne jede weitere Prüfung als korrekte Sätze. Wenn ein Individuum die üblichen Kriterien für die Beherrschung der Empfindungssprache im allgemeinen erfüllt hat, respektieren wir seinen Anspruch, wenn es behauptet, eine neue Art von Empfindungen zu haben, «selbst wenn die Empfindung mit nichts öffentlich Beobachtbarem korreliert ist. Dann wird das einzige ‹öffentliche Kriterium› für ein solches Bekenntnis das ehrliche Bekenntnis selbst sein.»[55] Auch «den aufrichtigen Anspruch des Subjekts», in einem besonderen Fall einer Regel zu folgen[56], deren Beherrschung es bereits unter Beweis gestellt hat, kann die Sprachgemeinschaft selbst als «ein neues Kriterium für die Korrektheit seines Anspruchs» anstelle der üblichen Kriterien akzeptieren.[57]

Insbesondere geschieht dies bei Sätzen wie «Ich habe Schmerzen» und «Ich habe geträumt». Wesentliche Voraussetzung dieser liberalen Handhabung von Kriterien ist, daß die Sprachgemeinschaft den Sprecher akzeptiert und aufgenommen hat. Überall, wo Regelbeherrschung schwer oder gar nicht zu prüfen ist, wird sie bei ihm einfach «auf der Basis seiner Mitgliedschaft in der Sprachgemeinschaft» vermutet.[58]

Dem Subjekt gibt diese Liberalität einen gewissen Spielraum frei, innerhalb dessen es sich eine persönliche Verfügung über die Ausdeutung von Sprachregeln schaffen kann, deren Verwendung ihm von der Sprachgemeinschaft weitgehend überantwortet worden ist. Es hat die Möglichkeit, sich eine Anwendungsdomäne von Regeln zu schaffen, in der es selbst praktisch die einzige Kontrollinstanz ist. Die ausschnitthafte Verfügung über die Sprache, die das Individuum so erlangt, erlaubt die Bildung von ‹subjektivem Wissen›.[59]

Wittgensteins Diskussion der Sprache über Empfindungen vereinigt zwei Grundsätze, die man für unvereinbar genommen hat: Zuerst hält er an dem solipsistischen Grundsatz fest, daß die Empfindungen des Ich vor denen der anderen ausgezeichnet sind; sie allein sind für den Sprecher erfahrbar, freilich nicht in direkter, unmittelbarer Weise. Das Ich kann eigene Erfahrungen geltend machen und diese seinem sozialen Verhalten zugrunde legen. Seine Haltung gegenüber Fremdseelischem ist von anderer Qualität, als wenn es nur Zuschreibungsregeln anzuwenden gelernt hätte. Mit diesem Primat der Erfahrung eines – allerdings unbestimmten – Subjekts verbindet Wittgenstein den zweiten Grundsatz, daß Personen in ein Beziehungsgeflecht eingebunden sind. Vor dem Sprechen, insbesondere vor der Zuschreibung von Empfindungen, müssen inter-personale Beziehungen zwischen Ich und anderen konstituiert oder zumindest vorbereitet werden, in einem Stadium der Noch-nicht-Beziehungen zu einer Noch-nicht-Person. Man kann eine solche – hypothetische – Vorform von Dialogen als *Protodialog*[60] bezeichnen. Wie dieser konstituiert wird und was er zu leisten hat, werden wir weiter unten diskutieren. Wir können hier festhalten, daß in ihm zukünftige Beziehungen des Dialogpartners in statu nascendi angelegt werden.

Mit dem Protodialog wird der Gedanke einer ontogenetischen Vorstufe unterhalb des Dialogs angegeben, von der man annehmen kann, daß sie in irgendeiner Weise durchlaufen werden muß. Man wird kaum behaupten können, daß ein Individuum mit einem Schritt in die Fülle der Beziehungen der sozialen Welt eintritt, und ebensowenig, daß diese allesamt aus dem Subjekt heraus aufgebaut werden. Individuen werden vielmehr in Beziehungen eingeführt, zu ihnen angeregt, verführt, hingeführt. Viele Beziehungen knüpfen an organische Strukturen an und transformieren sie in soziale; so ist die «Einverleibung» bei Nietzsche und Rosenstock-Huessy und die «Assimilation» bei Piaget zu verstehen. Das Gesicht und die ausgestreckten Hände des kleinen Kindes werden von den Eltern als Appell an ihre Liebe verstanden. Überhaupt ist zu vermuten, daß Gesicht und Hände eine besondere Rolle bei der Umwandlung von Organischem in Soziales und Psychisches spielen. Kleinkinder reagieren ihrerseits mit «Urvertrauen» auf die Zuwendung von seiten der Erwachsenen.

Protodialoge sind auf einer solchen Wechselwirkung aufgebaut; sie können als eine Folge von Einführungssituationen verstanden werden, in der das Kleinkind in ein Beziehungsgeflecht integriert und auf seine Rolle als *Mit*mensch vorbereitet wird. Das Individuum lernt dabei, sich auf andere Personen zu beziehen und bestimmte Einstellungen zu ihnen einzunehmen. Die Geschichte dieses Lernens geht dem Prozeß vorher, in dem das Kind lernt, Empfindungen zu haben und den anderen Empfindungen zuzuschreiben.

Im Protodialog wird eine Verteilung des Sprechens über die drei grammatischen Personen und ihre Einfügung in die symbolische Ordnung vorbereitet. Die Anteile von Ich, Du und Er am Sprechen sind unterschiedlich; ebenso verschiedenartig ist ihre Charakterisierung: Das Kleinkind muß lernen, als Sprechender zu sich selbst ‹ich› zu sagen, sich in der Sprache und durch die Sprache als Subjekt hinzustellen und sein *ego* zu begründen (Benveniste). Aber vorher sagen ihm die anderen, daß er ein so-und-so beschaffenes ‹ich› ist; sie nehmen das Kind in die symbolische Ordnung auf und sagen ihm, wer es ist; sie geben ihm mit dem Namen zugleich eine Adresse. Später wird die Bindung seiner Äußerungen an seine Person nicht mehr rückgängig gemacht. Sie wird, im Gegenteil, weiter ausgearbeitet: Das Ich wird verstehen lernen, daß die gesamte Sprache der Empfindungen sich um das Ich herum bewegt – um sein Ich wie um das Ich der anderen. Es wird seinen persönlichen Spielraum im Sprachgebrauch entdecken und ihn auszunutzen versuchen.

Aber aufgrund seiner Unbestimmtheit bleibt das Ich vom Du abhängig, weil es nur von einem anderen erfahren kann, welche Art Person es ist. In der Fähigkeit, das sprechende Ich festzulegen, liegt der mögliche Wille zur Macht des anderen begründet, der nach Nietzsches Gedanken die Fundamente der Sprache prägt. Ein anderer Ansatzpunkt der Macht ist die Festlegung der Gleichheit, das Moment, das eine Regel konstituiert. Er liegt in der Intervention des Du, selbst wenn diese höchst zurückhaltend oder sogar verborgen vorgenommen wird.[61] Zwischen Ich und Du entfaltet sich schon im Protodialog ein ‹Machtspiel›.

Was ist mit dem Er im beginnenden Dialog? Es ist diejenige Person, über die Ich und Du sprechen, über die sie sich gemeinsam verständigen. Es ist eine Schöpfung aus dem Dialog, über die Ich und Du sich einig sind und im Prinzip gleich viel wissen können. Aus diesem Grunde macht sich in Romanen der fiktive Erzähler, der die Handlungen und Gedanken einer dritten Person erzählt, den angesprochenen Leser (das Du) zum Komplizen; er verspricht ihm, daß er über das Er ebensoviel wissen wird wie er selbst. In diesem gemeinsamen Wissen können beide eine Position einnehmen, die dem Wissen des erzählten Er über sich selbst überlegen ist. Wenn hingegen das Ich erzählt wird, appelliert es an den Leser, um sich deuten zu lassen und Verständnis in seine Geschichte zu bringen: Dem Du wird die Macht über das Erzählte in die Hände gespielt. Umgekehrt verhält es sich in dem seltenen Fall, in dem in der Du-Form erzählt wird: Hier wird der Leser in die Rolle des Ich gedrängt; der Autor deutet die erzählten Ereignisse nur an, er stellt sie nicht als wirklich dar, er behauptet – im Unterschied zu allen Er- oder Ich-Erzählungen – nie, daß sie geschehen seien: Es ist an dem Leser, sich auf den leeren Platz der Hauptperson zu stellen.[62]

«Eine Sprache ohne Ausdruck der Person ist unvorstellbar.»[63] Die Person ist nicht nur in der Verwendung der Sprache, sondern auch in ihren grammatischen Formen eingeschrieben: Benveniste stellt die drei Satztypen Aussage-, Interrogativ- und Imperativsatz als drei Grundverhaltensweisen des Sprechenden dar, denen drei zwischenmenschliche Funktionen des Diskurses und drei Haltungen des Sprechers korrespondieren. Vermutlich hat kein Sprachwissenschaftler – Humboldt ausgenommen – genauere und tiefere Einsichten in die Personenbindung des Sprechens formuliert als er. In wesentlichen Bereichen der Grammatik entdeckt er Spuren der Subjektivität der Sprecher, insbesondere in den grammatischen Vergangenheitszeiten[64]: Das Perfekt, so zeigt er, ist das Tempus des subjektiven Erzählens, die subjektive Vergangenheit; der Aorist und das passé simple objektivieren die dargestellten Ereignisse, indem sie diese von der Gegenwart ablösen.

Die Saussuresche System-Linguistik gibt er nicht auf, aber er stellt ihr – dies ist seine Lösung aus dem Dilemma, in das er durch seine Entdeckung der grammatischen Wirkung der Subjektivität gerät – eine zweite Linguistik an die Seite: «Es gibt einerseits die Sprache, eine Gesamtheit von formalen Zeichen, die in exakten Verfahren herausgearbeitet wurden, die in Klassen eingestuft und zu Strukturen und Systemen kombiniert werden, und es gibt andererseits die Manifestationen der Sprache in der Kommunikation.»[65] Die zweite Linguistik nennt er die der «Diskurse», vermag aber nicht anzugeben, worin exakt die Verbindung zwischen beiden Linguistiken bestehen soll. Nur als «Diskurs» wird die Sprache empirisch erfaßt; die «langue» bleibt theoretisches Artefakt; insofern stellt Benveniste Unvergleichbares nebeneinander.

Bereits Humboldt hatte für zwei verschiedenartige Grammatiken plädiert, für eine «logische» und eine der «Rede», die beide ihre Berechtigung haben sollten.[66] Nicht anders als bei Benveniste stellt sich auch bei Humboldt die Frage, ob die wichtige Erkenntnis der Personengebundenheit der Sprache nicht eher zu einer starken Relativierung der System-Linguistik hätte führen müssen. Es hat alle Züge einer Ad-hoc-Lösung, wenn neben die Grammatik eine zweite Linguistik gestellt wird, ohne daß geklärt ist, ob beide miteinander verträglich sind.

Über einige Voraussetzungen des Sprachgebrauchs

Die Gebrauchstheorie

Als Ergebnis unserer Diskussion der Wittgensteinschen Regelkritik habe ich zwei anthropologische Begriffe eingeführt, die in der analytischen Sprachtheorie bisher nicht gebräuchlich sind. Deren Weg war unter Berufung auf Wittgenstein ein anderer: Die Sprachtheorie wurde gereinigt – von Solipsismus, von Metaphysik und Essentialismus; der Begriff der Regel wurde der Rekonstruktion von Sprachgebräuchen vorbehalten. Mit dem ‹Sprachgebrauch› wurde eine minimalistische anthropologische Kategorie in den Mittelpunkt der Sprachtheorie gerückt und diese fast ausschließlich mit Hilfe von Regel-Rekonstruktionen analysiert, damit aber ihres anthropologischen Bezugs fast völlig beraubt.

Mit der letzten Bemerkung wird schon deutlich, daß der hier entwikkelte Ansatz mit den Annahmen der analytischen Sprachtheorie kaum verträglich ist. Die Frage wird sich stellen, ob die Sprache allein mit Hilfe der Kategorien des Gebrauchs und der Regeln erklärt werden kann. Sind nicht in Sprachgebräuchen selbst Ordnungsschemata enthalten, die unsere Weltauffassung und damit die Welt, soweit und insofern sie erfaßbar ist, strukturieren? Sind es Gebrauchs- oder Sprachregeln, die unserer Weltkonzeption eine Struktur geben? Wenn ja, müßte dies in den Situationen geschehen, in denen die Sprache verwendet wird. Denn außerhalb von sozialem Gebrauch in Anwendungssituationen gibt es keine Regeln.

In den vorangehenden Abschnitten wurde die Geltung der üblichen Annahmen über das Regelfolgen im allgemeinen radikal skeptisch zurückgenommen. Im folgenden wird die Frage sein, ob die Annahme von Sprach- und Gebrauchsregeln ausreicht, um das Sprechen einer Sprache zu erklären. Welche Bedingungen muß ein Sprecher erfüllen, damit er bedeutungsvolle sprachliche Ausdrücke produzieren und verstehen kann? Es geht also um die Fähigkeit eines natürlichen Sprechers, Zeichen und Umwelt zu ordnen, Situationen zu bilden und Bedeutungen zu konstruieren. ‹Bedeutung› wird hier nicht in einem wissenschaftlich relevanten Sinn aufgefaßt, sondern es geht zum einen um personengebundene empirische Sprechereignisse: um die vielfältigen Formen des Redens (z. B. Meinen, Ausdrücken, Kommentieren, Erzählen, Beispielsätze bilden, Nachahmen usf.) und um Verstehen. Die Sprache, die so gut wie jedem Sprecher des Beziehungsgeflechts unterstellt werden kann, strukturiert zum anderen eine Weltkonzeption, die über die Erfahrung von Einzelindividuen hinausgeht und die von allen anderen Sprechern der Gemeinschaft geteilt wird.

Man kann hier ähnlich vorgehen wie bei dem Problem des Regelfolgens: Wittgenstein hatte dort eine Privatsprachen-Behauptung als Gegner für seine Auseinandersetzung konstruiert, die in dieser Form nie behauptet worden war, die aber aufgrund ihrer Klarheit und Schärfe das hyperskeptische Argument zu entwickeln erlaubte. Für den Fall, um den es jetzt gehen soll, können wir eine etwas überspitzte ‹Theorie des Gebrauchs› als These des Opponenten aufstellen, die einige Behauptungen der analytischen Sprachphilosophie in verschärfter Form enthält, aber auch einigen der Wittgensteinschen Vorstellungen nahekommt. Die ‹Gebrauchstheorie der Bedeutung› kann man als eine Art Test ansehen, mit dem Wittgenstein herausfinden wollte, wie weit eine Sprachtheorie reicht, die auf fast alle metaphysischen, erkenntnistheoretischen und anthropologischen Vorannahmen verzichtet, die das Sprechen und Ordnen der Welt allein aus dem Sprachgebrauch von Menschen zu begründen sucht.

Welche Folgerung könnte man daraus ziehen, wenn die Gebrauchstheorie nicht ausreichen würde, Sprechen und Verstehen zu begründen? Vor allem diese: Die radikal gestellte Frage nach den Voraussetzungen einer Theorie der empirischen Produktion und des Verstehens von Bedeutungen hätte keine befriedigende Lösung erbracht, und obwohl nicht auszuschließen ist, daß nicht irgendein Ausweg gefunden werden könnte, wäre wohl eher zu fragen, ob es überhaupt sinnvoll ist, nach einer solchen Minimaltheorie zu suchen.

Die Gebrauchstheorie entsteht aus der Kritik der sogenannten essentialistischen Interpretation von Bedeutungen: Der Lehre, diese seien wesenhafte Entitäten, die vor einem Sprechakt gegeben wären, setzt sie die Auffassung entgegen: «Man kann für eine *große* Klasse von Fällen der Benützung des Wortes ‹Bedeutung› – wenn auch nicht für *alle* Fälle seiner Benützung – dieses Wort so erklären: Die Bedeutung eines Wortes ist sein Gebrauch in der Sprache.»[67]

Sprachgebräuche kommen aufgrund normierender Regelsetzung zustande. Dabei ist die Sprachgemeinschaft frei in ihren Festsetzungen. «Die Grammatik ist keiner Wirklichkeit Rechenschaft schuldig. Die grammatischen Regeln bestimmen erst die Bedeutung (konstituieren sie) und sind darum keiner Bedeutung verantwortlich und insofern willkürlich.»[68] Sie werden in der Handlungspraxis unter Kontrolle der Sprachgemeinschaft festgesetzt. Bedeutungen sind dynamisch: situationsabhängig, kulturell, historisch und sozial wandelbar. Wie ein sprachlicher Ausdruck verstanden wird, wird in und aufgrund der Gebrauchssituation entschieden.

Wie wird festgelegt, was für die Dialogpartner als Sprechsituation zu gelten hat? Diese Frage wird weder bei Wittgenstein noch bei den analytischen Sprachtheoretikern beantwortet, nicht einmal gestellt. Sie ist keinesfalls überflüssig; denn Verständigung zwischen Personen setzt voraus, daß die Sprechsituation und der Sprachgebrauch bei Sprechenden und Verstehenden in gleicher Weise geordnet sind. Situation und Gebrauch müssen also selbst regelhafte Züge haben, sie müssen normiert sein. Nur kann diese Gleichheit nicht durch Sprach- oder Gebrauchsregeln hergestellt werden, denn diese setzen sie schon voraus. Die Regelhaftigkeit der Sprachpraxis, die überhaupt erst zu regelgemäßem Sprachgebrauch führen soll, kann nicht durch diesen selbst erzeugt werden. Kann man für diesen Zweck höherstufige Sprachregeln postulieren? Auf der – hypothetischen – Metastufe könnte dann entschieden werden, in welcher Sprechsituation man sich zusammen mit seinem Dialogpartner befindet und durch welche Züge diese gekennzeichnet ist.

Angenommen, mir wird von einem anderen ein Zeichen dieser Form gezeigt: □. Die Situation, in der wir beide uns befinden, ist als erstes dadurch gekennzeichnet, daß mein Partner auf etwas hinweist. Aber worauf? Er kann das Quadrat als elementares Zeichen verwenden, als eine Art Signal. Möglicherweise gebraucht er es als eine Zusammensetzung aus quadratischer Form und weißer Farbe, und er zeigt mir das eine oder das andere. Oder er will mir nur ein besonderes Exemplar einer allgemeinen Form vor Augen führen. Wie kann ich zwischen diesen verschiedenen möglichen Situationszügen entscheiden? Eine Regel kann mir dabei nicht helfen, denn ich müßte sie selbst wieder als die für diesen Fall geeignete auswählen, und für diese Auswahl benötigte ich wieder eine Regel einer wieder höheren Stufe – ich würde so in einen unendlichen Regreß geraten. Dies ist die Falle, in die die Gebrauchstheorie läuft: Jede Erklärung der Gleichheit von Situationen macht notwendigerweise an irgendeiner Stelle von dem Begriff der Sprachregel Gebrauch.

Das Problem der Gleichheit von Situation und Gebrauch läßt sich nicht dadurch beiseite schieben, daß man die Regeln als – nachträglich und zu analytischen Zwecken von einem wissenschaftlichen Beobachter hergestellte – Konstrukte deutet: Wenn man die Tatsache, daß Sprecher und Verstehender über gleiche Situationen und Gebräuche verfügen, erklären und das heißt: in Begriffen von Regeln darstellen will, muß man auch annehmen, daß die Handlungspartner diese Regeln kennen. Denn was der Regelbegriff hier leisten soll, besteht darin, daß er die Auswahl zwischen mehreren Möglichkeiten erklärt.

Wittgenstein selbst vermeidet strikt die Deutung des Gebrauchs in Begriffen der Regel; er wählt einen anderen Weg, der auf den ersten Blick äußerst merkwürdig zu sein scheint. Die Sprachverwendung werde, zumindest im Prozeß des Spracherwerbs, durch «Drill» und «Abrichtung» erlernt. Eine andere Lösung zieht er, obwohl ihn außer einer gewissen terminologischen Nähe nichts mit dem Behaviorismus verbindet, nicht in Betracht. Tatsächlich vollzieht Wittgenstein eine Problemwendung, die bisher kaum einmal verstanden worden ist (am wenigsten von den Vertretern der Generativen Grammatik). Sie ist Teil der von Kripke analysierten skeptischen Lösung und besagt: Es gibt kein Prinzip, das uns eine Erklärung ermöglichte, wie unsere Fähigkeit entsteht, gleiche Sprachgebräuche wie die anderen Mitglieder unseres Beziehungsgeflechts herzustellen und zu erkennen. Was nicht mehr und nicht weniger heißt, als daß wir die Entstehung der Sprache beim Individuum nicht erklären können. Der Spaten ist auf dem «harten Felsen angelangt» und «biegt sich zurück». Es kann höchstens praktisch unterstellt werden, daß es eine Erklärung der Sprachfähigkeit geben müsse. Die skeptische Lösung des theoretischen Problems begnügt sich mit der Konstatierung: «So handle ich eben.»[69]

Es bleibt noch eine offene Frage: Worin besteht die Fähigkeit, zu der ein Schüler abgerichtet wird? Situationen sind keine beliebigen, sondern vermutlich standardisierte Gebilde. Selbst wenn man für sie keinen Lernvorgang angeben kann, müßte es möglich sein, einzelne Züge von ihnen zu spezifizieren, die bei der Bedeutungskonstruktion wesentlich verwendet werden. In diesem Sinne verstanden, bilden sie *bedeutungskonstitutive Rahmen*. Wenn Bedeutungen erlernt werden, müssen solche Rahmen bereits, zumindest rudimentär, angefertigt worden sein. Spracherwerb besteht nicht darin, daß Zeichen in die Welt eingefügt werden, sondern ist primär ein sprachkonstitutives Handeln, das zu einer Herstellung von Rahmen führt. Man wird die weltprägende oder -erzeugende Kraft der Sprache nicht mehr ohne Einschränkung behaupten können. Ohne in einen erklärenden Ansatz zurückzufallen, müssen wir uns fragen, welche Eigenschaften ein Individuum besitzen muß, um bestimmte Rahmen herstellen zu können. Da dies nach unseren Überlegungen nicht in einem kognitiven Prozeß geschehen kann, müssen wir im Verhalten des Individuums nach diesen Eigenschaften suchen: Wir können hieran erkennen, welche Ordnung ein Lernender schon mitbringt, wenn er seine Umwelt ordnet und eine Situation identifiziert.

Bedeutungskonstitutive Rahmen

Einer kann ein Spiel lernen, das er nie gespielt hat. Wenn er aber noch nie ein Spiel gespielt hat, kann er es nicht auf dieselbe Weise lernen; aber er muß etwas können, um allmählich daran teilzunehmen.[70] Aus der Piagetschen Entwicklungspsychologie kann man eine Reihe von Hinweisen auf geistige Prinzipien erhalten, nach denen Kinder die Welt ordnen. Darunter kann man auch solche erkennen, die, in unserer Terminologie, zur Herstellung von Rahmen verwendet werden. Piaget ist freilich für unser Vorhaben eine etwas heikle Referenz, weil er selbst einen kognitiven Erklärungsansatz verfolgt. Es geht ihm auch nicht um die Entstehung von bedeutungskonstitutiven Rahmen. Was ihn und seine Schule interessieren, ist die Genese des Denkens; auf die Herausbildung intelligenter Strukturen läuft für ihn die kindliche Entwicklung quasi teleologisch zu. Die Sprache – so stellt sich in seinen Untersuchungen heraus – spielt dabei eine nur untergeordnete Rolle[71]; in seinem Konzept wird die Abhängigkeit der Sprache vom Denken favorisiert. Der Vorteil der Piagetschen Untersuchung für unseren Zweck liegt in ihrem experimentellen Zugang, in der klaren Interpretation der dort erhaltenen Daten und in seinem Grundgedanken, daß alle wesentlichen Prinzipien des Denkens vom Individuum selbst hergestellt werden.

Aus Piagets Werk lassen sich viele Aufschlüsse über die Herstellung von Rahmen gewinnen. Für den Zweck, der hier interessiert, wähle ich eine experimentelle Arbeit einer Schülerin von ihm, in der die Abhängigkeit von Rahmen und Sprachgebrauch geradezu exemplarisch deutlich wird.[72] Für Piaget ist diese Untersuchung außerordentlich wichtig, weil er in ihr eine der schlüssigsten Bestätigungen seiner These von der Abhängigkeit der Entwicklung der Sprache von der des Denkens sieht. Gegenüber dieser Interpretation werde ich später noch einige Einwände erheben; aber zunächst soll die Untersuchung Sinclairs in Auszügen dargestellt werden.

Sinclair überprüft in ihrer Untersuchung die Hypothese Piagets, daß die Entwicklung des Denkens an die «semiotische Funktion» der Intelligenz gebunden ist und nicht an den Erwerb spezieller sprachlicher Mittel. Als besonderen Fall wählt sie die Genese der Fähigkeit, Mengenerhaltung zu erkennen und Reihen zu bilden. In Piagets Konzeption markiert die «Entdeckung der Mengenerhaltung» einen bedeutenden Umbruch in der Entwicklung des kindlichen Denkens, der den Übergang von der «präoperatorischen» zur «operatorischen» Intelligenz, insbesondere zur «Dezentrierung», markiert. Beeinflußt diese neue Organisation des Denkens die Verwendung der Sprache? Oder ist es umgekehrt möglich, daß der Erwerb entsprechender sprachlicher Ausdrücke, zum Beispiel von Größen- und Mengenbezeichnungen, Auswirkungen auf das Denken hat? Diese beiden konkurrierenden Annahmen werden von Sinclair nacheinander geprüft.[73]

In der ersten Serie des eigentlichen Experiments stellt Sinclair folgendes Problem: Den Kindern des voroperatorischen Stadiums sollen die sprachlichen Ausdrücke, die Kinder des operatorischen Niveaus bei ihren Beschreibungen verwenden, gelehrt werden. Wird eine Anreicherung ihrer sprachlichen Ausdrucksfähigkeit eine Verbesserung ihrer intelligenten Fähigkeiten zur Folge haben? Das Experiment ergibt ein negatives Resultat; Sinclair folgert: «Die Hypothese, nach der genauer Gebrauch und korrektes Verstehen von bestimmten Ausdrücken dem Kind ermöglichen würden, ohne weiteres den Begriff der Erhaltung zu erreichen, muß ausgeschlossen werden.»[74] Die intelligente Operation wird nicht durch «den Besitz bestimmter Begriffe strukturiert, noch verhindert deren Fehlen ihre Konstruktion». Der Erwerb bestimmter sprachlicher Ausdrücke hat höchstens unterstützenden Effekt: Die Sprache kann die Aufmerksamkeit und die perzeptive Tätigkeit lenken. Der Sprachgebrauch ist abhängig von dem konzeptuellen Apparat des Kindes, der, nach unserer Annahme, zur Herstellung von Rahmen verwendet wird.

Kinder auf der operatorischen Ebene, die sprachlich noch nicht den Komparativ beherrschen, bilden über den Umweg sprachlicher Hilfskonstruktionen korrekte Beschreibungen von Mengenverhältnissen.[75] Umgekehrt führt, wie Sinclair zeigt, die korrekte Verwendung des entsprechenden Vokabulars nicht zum Erwerb des Begriffs der Mengenerhaltung. In der Beziehung zwischen Wörtern und konzeptuellem Apparat liegt ein Spielraum, der einer der Gründe für die unaufhebbare Vieldeutigkeit der Sprache ist. Auf der operatorischen Ebene bilden Kinder offenbar andere Rahmen als vorher aus, mit deren Hilfe sie eine Situation des Vergleichens anders ordnen als die Kinder auf der präoperatorischen Stufe.

In der zweiten Serie von Experimenten untersucht Sinclair die Fähigkeit zur Herstellung und Beschreibung von Reihen. Die Kinder sollen unterschiedlich lange Stäbe der Länge nach anordnen, dann eine korrekt angeordnete Stabreihe beschreiben, schließlich das Resultat einer Reihenbildung zeichnen[76] und so ihre inneren Bilder veräußerlichen. Die Resultate zeigen eine überraschende Analogie bei allen drei Aufgaben:

Anhand der Ergebnisse bei der Reihenbildung lassen sich vier Gruppen unterscheiden: Ia zeigt keinen Versuch, eine Reihe zu bilden; Ib stellt kleine unkoordinierte Reihen her; II hat Erfolg durch tastendes Vorgehen; III hat Erfolg aufgrund von Überlegung und benötigt keine tastenden Versuche. – Ia beschreibt eine korrekt gebildete Reihe mit nur zwei Begriffen (klein – groß), Ib mit dreien (klein – mittel – groß). II gibt jedem Stab der Reihe ein eigenes verbales Etikett, in Form von Komparativen oder durch Zusätze («sehr», «ganz», «enorm») differenziert. III schließlich beschreibt die Reihe mit Hilfe von Komparationen in beide Richtungen, was mit dem Verfahren der Gruppe II nicht möglich ist. – Bei den Zeichnungen stellt Sinclair grundsätzlich folgende Typen fest[77]:

1. a) ı ı ı ı ı   b) ı ı ı ı | | | | c) ı ı ı ı ı ı |
2. a) ı ı ı ı | | | | b) ı | | | | | | c) ı ı ı | | | | |
3.   ı | |

An der Entsprechung von Beschreibungen und Bildern läßt sich erkennen, wie die Kinder, die keine arithmetische Reihe bilden, also noch keine differenzierte Hierarchie zwischen Gegenständen aufbauen können, ihren konzeptuellen Apparat einsetzen, um andersartige Rahmen herzustellen. Was dabei unsere Annahme der festgefügten Rahmen untermauert, ist die erstaunliche Ähnlichkeit von typischen Ausprägungen des Handelns, Sprechens und Vorstellens bei verschiedenen Individuen. Auffällig ist, wie die Kinder auf unterschiedliche Entwicklungsstufen jeweils einen Interpretationskontext herstellen, der die Welt sinnvoll macht und sich in ihrem Handeln gleichartig auswirkt.

Sinclair interpretiert die Ergebnisse ihrer Untersuchung als Bestätigung von Piagets These der Abhängigkeit des Sprechens (und Vorstellens) von der Intelligenzentwicklung. Aber genaugenommen hat sie überhaupt keine Abhängigkeitsbeziehung nachgewiesen. Gezeigt hat sie tatsächlich nur, daß die These eine sinnvolle Interpretation der Testergebnisse ermöglicht. Sie organisiert ihre gesamte Deutung von Piagets Vorstellungen der Entwicklung des Denkens aus; Handeln, Sprechen und bildliche Darstellung werden unter dem Gesichtspunkt der Selbstkonstruktion betrachtet. In dieser Perspektive wird der konzeptuelle Apparat eines Individuums als unabhängig von der Sprache behauptet. Tatsächlich läßt er sich nicht unabhängig von der Sprache erfassen; alles, was uns darüber mitgeteilt wird, ist selbst in einer Sprache ausgedrückt. Nur in der sprachlichen Darstellung, nicht als sprachunabhängige ‹reine› Struktur ist er für uns sinnvoll. Wenn man das Verhalten von Kindern im Lichte der Denkentwicklung sieht, kann man diese nicht anders als selbst wieder im Lichte der Sprache sehen.[78] Dies gilt für alle Verhaltenstatsachen, die über den Menschen konstatiert werden. Es ist nicht möglich, Beobachtungen über Verhalten unabhängig von Sprache festzuhalten. Man kann bezweifeln, daß es Sinclair möglich ist, von ihren Beobachtungen die Sprachunabhängigkeit des Beobachteten abzulesen.

Dies ist das Problem des Untersuchers; es gibt noch ein zweites Problem, das der Versuchspersonen. Denn diese haben Aufgaben zu lösen, die sie *sprachlich* verstehen und deren Lösungen sie ausdrücken müssen. Jede Verwendung des konzeptuellen Apparats in einem entwicklungspsychologischen Test ist sprachlich aufgeladen, weil das Verhalten der Kinder als Antwort auf einen *verbalen* Stimulus hervorgerufen wird: Der Testleiter spricht mit den Kindern, führt sie in eine Situation ein und stellt eine Aufgabe – er bereitet den Rahmen schon selbst weitgehend vor. So wissen die Kinder bei Sinclair, daß es um eine Situation des Vergleichs gehen wird, sie Resultate produzieren und diese der Versuchsleiterin demonstrieren sollen. Dies alles sind bereits Funktionen des Rahmens, und sie stehen in engster Beziehung zum konzeptuellen Apparat der Versuchspersonen. Der Test ist selbst ein unmittelbares Eingreifen in die Sprache der Kinder.[79]

Der Sinclair-Versuch, der dazu dienen sollte, vorsprachliche konzeptuelle Instrumente nachzuweisen, zeigt vielmehr, daß man einen solchen Nachweis überhaupt nicht erbringen kann. Die Frage, ob der konzeptuelle Apparat Priorität vor der Sprache hat, ist nicht entscheidbar, weil weder die Beobachtung noch der Versuch selbst, noch dessen Ergebnisse und Interpretation sprachunabhängig sind. Was der Versuch aber positiv zeigt, ist die Tatsache, daß bei der Verwendung der Sprache der konzeptuelle Apparat einen entscheidenden Beitrag leistet sowohl bei der Produktion als auch beim Verstehen sprachlicher Ausdrücke; in den hier entwickelten Begriffen ausgedrückt: daß der Apparat bestimmte Rahmen herstellt, die das Kind dazu verwendet, seine Umwelt zu ordnen und sein Handeln zu organisieren. Ob an der Entstehung dieser Rahmen die Sprache beteiligt ist, kann prinzipiell nicht festgestellt werden. Auf unserer Suche nach einer skeptischen Lösung können wir diese Frage ausklammern. Das Problem der Priorität von Sprache und Denken spielt für uns keine Rolle, sondern nur die Frage, welche Prinzipien für das Funktionieren der Sprache im Sinne pragmatischer Notwendigkeit angenommen werden müssen. Dem ersten anthropologischen Prinzip, der inter-personalen Ebene, können wir, nach der Diskussion eines Schlüsselexperiments der Entwicklungspsychologie, die bedeutungskonstitutiven Rahmen als zweites hinzufügen.

Es gibt einen anderen, pragmatischen, Grund, warum wir auf eine Beantwortung von Fragen nach der Beteiligung des Denkens an der Sprache und der Sprache am Denken nicht verzichten können: Wenn wir diesen die Berechtigung absprächen, gerieten wir in Konflikt mit manchen unserer geradezu selbstverständlichen Vorstellungen vom Menschen, insbesondere mit Vorstellungen darüber, daß Denken und Sprechen einen ontogenetischen Anfang und eine Entwicklung haben müssen. Wir können an derartigen Vorstellungen festhalten, wenn wir diesen Gedanken ähnlich wie eine regulative Idee verstehen. Dann freilich kann man die Konzeptionen, die auf diesem Grundgedanken aufbauen, nicht unabhängig von ihm betrachten, auch nicht unabhängig von den philosophischen Voraussetzungen, in deren Kontext er gehört.

Narratives Zeigen:
Sprachspiele, Protospiele, Protodialog

Es gibt keinen wirklichen Anfang des Sprechens, den man bei einem Individuum bestimmen könnte. Den Eintritt einer Person in die symbolische Ordnung können wir nicht empirisch erforschen. Dennoch müssen wir einen solchen Punkt annehmen, weil unsere Geschichte als Personen einen Anfang braucht: Von diesem Punkt an entwickelt sich unsere individuelle Geschichte. Nicht beantwortbare Fragen sind nicht

per se sinnlos; es kommt darauf an, sie nicht als Probleme wissenschaftlichen Denkens zu stellen. Wie die Sprache entsteht, wie ein Individuum in ein inter-personales Geflecht eingebunden und zur Person wird
– diese Fragen können nicht wissenschaftlich behandelt werden. So gesehen ist Wittgensteins Beschränkung auf die Beschreibung nichts anderes als der Ausdruck einer fundamental neuen Haltung gegenüber
der Sprache: die Aufgabe des Theorie-Anspruchs in der Behandlung
der semantischen und pragmatischen Dimensionen der Sprache. Damit
aber nicht genug, Wittgenstein sucht gerade nach einer Möglichkeit,
diese Probleme zur Darstellung zu bringen.

Sprachspiele und narratives Zeigen

Wittgensteins neue Betrachtungsweise der Sprache umgreift auch die
Person, die inter-personale Ebene und die gemeinsame Praxis. Sprechen besteht aus einer Vielzahl von Vorgängen, die jeweils in einem
bestimmten Rahmen stattfinden: Benennen, Hinweisen, Nachspre-
chen, Befehlen, Vergleichen, Beschreiben, Theater spielen, eine Geschichte erfinden...[80] «Ich werde auch das Ganze: der Sprache und der
Tätigkeiten, mit denen sie verwoben ist, das ‹Sprachspiel› nennen.»[81]
    Dieser Satz steht in den «Philosophischen Untersuchungen» am Ende
einer Auseinandersetzung mit dem ersten Sprechenlernen und ist für
Wittgenstein die Lösung des Problems: Er läßt die Beschreibung des
Augustinus, wie er das Sprechen erlernt habe (die hinweisende Funktion der Worte habe ihn von selbst auf ihre Bedeutungen gebracht),
unkritisiert stehen; er skizziert keine Gegentheorie, sondern gibt selbst
neue Beispiele.[82] So verläuft keine analytische Diskussion, die Darstellung folgt vielmehr einem narrativen Faden – Augustinus gibt seine Erzählung, Wittgenstein fährt mit seiner eigenen fort; er erzählt keine biographische Geschichte, sondern gibt Muster.
    Mit der Einführung des Begriffs «Sprachspiel» gibt Wittgenstein die
Familie an, zu der die sprachlichen Muster gehören, über die er erzählt.
Daß das Sprechen zu den Spielen gehört, sagt mehr aus, als daß nur eine
Analogie besteht; hingegen bedeutet es nicht, daß es ganz bestimmte
Merkmale haben muß. Was ein ‹Spiel› ist, hat keine wesensmäßige
Kennzeichnung – Spiele werden nur durch Ähnlichkeit zusammenge-
halten, und diese läuft über wechselnde Merkmale von einem Muster
zum nächsten fort. «Statt etwas anzugeben, was allem, was wir Sprache
nennen, gemeinsam ist, sage ich, es ist diesen Erscheinungen garnicht
Eines gemeinsam, weswegen wir für alle das gleiche Wort verwenden, –

sondern sie sind mit einander in vielen verschiedenen Weisen *verwandt*. Und dieser Verwandtschaft, oder dieser Verwandtschaften wegen nennen wir sie alle ‹Sprachen›... Wir sehen ein kompliziertes Netz von Ähnlichkeiten, die einander übergreifen und kreuzen. Ähnlichkeiten im Großen und Kleinen. – Ich kann diese Ähnlichkeiten nicht besser charakterisieren als durch das Wort ‹Familienähnlichkeiten›; denn so übergreifen und kreuzen sich die verschiedenen Ähnlichkeiten, die zwischen den Gliedern einer Familie bestehen: Wuchs, Gesichtszüge, Augenfarbe, Gang, Temperament, etc. etc. – Und ich werde sagen: die ‹Spiele› bilden eine Familie.»[83]

Die Sprache mit ihren vielfältigen Gebrauchsweisen ist Mitglied dieser Familie: Es ist leicht, dem Gedankengang zu folgen, aber sehr schwer einzusehen, daß Wittgenstein nichts über den Aufbau oder das Funktionieren der Sprache lehrt, sondern uns die Sprache *als Spiel* zeigt – ein Sehen-Lernen, also eine Art ästhetischer Vorgang: Sieh' die Sprache so an, und Du wirst verstehen, daß Du bisher nach dem Falschen gesucht hast! Auf welchem Wege ruft er den Gestaltwandel in seinen Lesern hervor, wie macht er es, daß er ein ‹Sehen-als› zeigt? Im Erzählen zeigt er Muster – Muster des Sprechens, Verstehens, Wahrnehmens. «Ich betrachte ein Gesicht, auf einmal bemerke ich seine Ähnlichkeit mit einem andern. Ich *sehe*, daß es sich nicht geändert hat; und sehe es doch anders. Diese Erfahrung nenne ich ‹das Bemerken eines Aspekts›.»[84] Das «Aufleuchten des Aspekts (ist) halb Seherlebnis, halb ein Denken.»[85]

Das narrative Zeigen soll uns zu einem Verstehen wesentlicher Aspekte der Sprache führen, die zwar nicht wissenschaftlich behandelbar sind, aber beantwortet werden müssen; denn die Antworten sind für unsere Selbstdeutung als Personen in pragmatischem Sinn notwendig. Insofern ist es ein notwendiges Zeigen; dies ist der entscheidende Rechtfertigungsgrund für ein narratives Vorgehen.

Wenn man erst darauf gekommen ist, daß wichtige, vielleicht sogar unverzichtbare, aber eben nicht theoriefähige Annahmen über die Sprache in Form von narrativem Zeigen vorgebracht werden, entdeckt man, daß die «Philosophischen Untersuchungen» eine Fülle erzählter Muster enthält: die Sprache aus verschiedensten Werkzeugen bestehend, als eine alte Stadt, als ‹feiernde› und als arbeitende Sprache, der sprechende Löwe, den wir nicht verstehen könnten, die Verführung durch die Sprache, der Weg aus dem Fliegenglas durch Hinwendung zur normalen Sprache etc. Die Erzählungen ordnen, was der Logiker Wittgenstein nicht mehr zu ordnen vermochte, sie befreien von der Last des Nicht-lösen-Könnens, von Unordnung.

Im Grunde wird diese Problemwendung von den derzeit innovativsten Sprachphilosophen, von Kripke und Putnam, fortgesetzt. Die sogenannte kausale Referenztheorie wird als Muster erzählt, zuerst von Kripke[86] in bezug auf Eigennamen, dann von Putnam für natürliche Prädikate und physikalische Größen weiterentwickelt: Wir ordnen «in vielen Situationen einem von mir geäußerten Namen das als Designat zu, was wir diesem Namen als Designat zuordnen, wenn er von der Person geäußert wird, von der ich diesen Namen übernommen habe (so daß die Referenz von einem Sprecher zum anderen weitergereicht wird und dabei von jenen Sprechern ihren Ausgang nimmt, die an der ‹Namengebungszeremonie› teilgenommen haben, – und das, ohne daß dabei eine bestimmte *Beschreibung* weitergereicht würde); und dieser Prozeß ist ja einfach ein spezieller Fall sozialer Kooperation zur Bestimmung der Referenz.»[87]

Worin liegt die pragmatische Notwendigkeit, wenn die Sprache als Spiel erzählt wird? Als Spiel betrachtet, läßt die Sprache eine paradoxale Grundstruktur erkennen. Bateson hat in einer bahnbrechenden Studie[88] den Als-ob-Charakter von Spielen in folgender Weise gedeutet: Im Spiel überlagern sich zwei Mitteilungen, die einander widersprechen. So kann man schon am spielerischen Beißen von Tieren erkennen, daß ihr Biß zwar Aggressivität ausdrückt, aber gleichzeitig, da sie nur so tun, als ob sie bissen, eine Art von Zärtlichkeit verrät; sie beißen nicht wirklich, sondern zwicken nur – eine andeutungsweise aggressive, vor allem jedoch freundschaftliche Handlung. Das Besondere am Spiel ist, daß der Widerspruch, der zwischen beiden Mitteilungen besteht, mit Hilfe einer höherstufigen Angabe aufgelöst wird, die der Spielende über die bisher noch nicht klassifizierte Kommunikation zum Ausdruck bringt: «Dies ist ein Spiel.» Mit dieser Mitteilung wird ein – gedachter – Rahmen um die Spielereignisse gezogen, der Widerspruch als nicht-bestehend behauptet und der Inhalt in einen Sonderbereich verwiesen. Wer allerdings nur die Handlungen innerhalb des Rahmens beachtet – so geschieht es dem total engagierten Spieler –, ist unfähig, die Widersprüchlichkeit aufzulösen.

In der Batesonschen Sichtweise sind Spiele rituelle Praxis, in der Ernst und Nicht-Ernst, Realität und Nicht-Realität untrennbar ineinander verschoben sind. Das Sprachspiel-Konzept macht den Blick frei für zwei Grundtatsachen des Sprechens, die von der analytischen Philosophie nie richtig eingeschätzt wurden: einmal, daß ein Wort mit dem Gegenstand, den es bezeichnet, etwas gemeinsam hat – in einer gewissen Weise ist das Wort der bezeichnete Gegenstand, insofern es ihn ersetzt; zugleich ist es aber nichts anderes als ein dem Gegenstand zugeordnetes verbales Etikett. Für den Sprecher, der im Sprachspiel aufgeht, gelten beide Aspekte, aber nur so lange, wie er in den Prozeß des Sprechens eingetaucht ist. Außerhalb des Spiels ist er durchaus fähig – was in einer merkwürdigen Fehleinschätzung des ‹wilden Denkens›[89] bezweifelt wird –, zwischen Wort und Gegenstand zu unterscheiden. Als Spiel betrachtet, ist die Sprache untrennbar gebunden an die Situation, in der sich der Sprecher befindet; so werden Gegensätze, die in ihm unaufgelöst bestehen, in das Verstehen einbezogen und als konstitutiv für sein Sprechen aufgefaßt.

Als Spiel ist die Sprache nicht von Spielern ablösbar. Als reines Regelverzeichnis rekonstruiert, ist es leer, wenn man es nicht mit der Spiel*praxis* in Verbindung bringt. Bei jedem neuen Spiel, in das jemand eingeführt wird, hat er die meisten Spielzüge so oder ähnlich schon in früheren, anderen Spielen gespielt. Es gibt kein absolut erstes Spiel, eines, mit dem alle Spiele beginnen; aber es ist wichtig zu meinen, Spiele seien von Menschen erfunden und einmal eingeführt worden: daß mit ihnen eine symbolische Ordnung begonnen habe, die vorher nicht existierte. Wir sind nicht als Spielteilnehmer geboren, sondern dazu geworden; irgendwann sind wir in das Spiel hineingekommen und haben alles das entwickelt, was wir an Fähigkeiten, Einstellungen, Regelkenntnissen etc. brauchen, um mitspielen zu können. Ein Spiel beherrschen heißt: es spielen können. Ein Spiel verstehen – die Aufgabe des Philosophen – heißt: erzählen können, was sich im Spiel zeigt. Dies ist die Aufgabe, die Wittgenstein sich zuweist. Dabei kann er aber keinen Standpunkt außerhalb der Spiele einnehmen; was immer er über sie sagt, befindet sich innerhalb der symbolischen Ordnung der Spiele und ist abhängig von ihrer Geschichte und der Macht, die sich in dieser ausdrückt. Spiele können nur unter der Bedingung gespielt werden, daß sich zuvor ein sozialer Verbund gebildet hat; unsere Beziehungen zu den anderen sind in den Spielen präsent. Meine eigene Erzählung über die Spiele, die ich in den folgenden Abschnitten geben werde, soll dies zeigen: Bevor ein Individuum an einem Spiel teilnehmen kann, wird es in Protospiele eingeführt; ein Teil der Protospiele besteht aus Protodialogen.

Protospiele

Mit Worten Gegenstände bezeichnen kann ein Individuum erst dann, wenn es den für die Referenz notwendigen Situationsrahmen herstellen kann. Dies geschieht in einem Prozeß, der praktisch und geistig zugleich ist: praktisch, weil das Kind auf seine Umgebung einwirkt und diese handhabbar, im wörtlichen Sinn begreifbar macht; geistig, weil es einen gedachten festen und wiederholbaren Rahmen für die Anordnung seiner Umwelt herausbildet. In seiner regelmäßigen Praxis setzt das Kind elementare Gewißheiten[90]; zuerst sind es die Selbstverständlichkeiten des körperlichen Handelns: Gewißheiten des Körpers, wie zwei Hände und zwei Füße, überhaupt einen Körper zu haben. Keine von ihnen kann mit Hilfe des Denkens gewonnen, noch weniger begründet werden.

In unserem Körpergebrauch stecken bereits Gewißheiten, die in einer anderen möglichen Welt nicht zu gelten brauchen, die wir aber nicht sinnvoll bezweifeln können. Sie sind «eine Grundlage meines ganzen Handelns».[91] Wir haben einen «unumstößlichen Glauben» an die Beschaffenheit unserer Körper. Was wir unumstößlich glauben, legt sich als ein «Wissenskörper»[92] über den empirischen Körper und ermöglicht erste Erfahrungen. In der Tätigkeit der Hand vor allem, in ihrem Greifen, Packen, Berühren, Schlagen, Streicheln, entwickelt sich ein regelhaftes Verhalten gegenüber der faßbaren Umwelt, Protospiele der Körpermotorik. In ihnen bilden sich die ersten Züge dessen, was es für uns gewiß gibt, heraus; es handelt sich noch nicht um ein Wissen, sie können noch von keinem Zweifel erreicht werden. Vieles, was in frühen Körpergebräuchen erarbeitet wird, wird auf höheren Entwicklungsstufen modifiziert oder aufgegeben – nicht aber die Gewißheiten den eigenen Körper, seine Tätigkeit und Gebrauchsweisen betreffend.

Es ist ein Unterschied, ob ich meine Hand oder ein Wort gebrauche; aber am Grunde der beiden Gebrauchsweisen gibt es einen Zug, der zwischen beiden Fällen eine strukturelle Analogie konstituiert[93]: der mit Gewißheit vorgenommene Bezug auf ein Objekt der Welt, die unbezweifelbare Referenz. «Wenn ich sage ‹Natürlich weiß ich, daß das ein Handtuch ist›, so mache ich eine *Äußerung*. Ich denke nicht an eine Verifikation. Es ist für mich eine unmittelbare Äußerung. – Ich denke nicht an Vergangenheit oder Zukunft . . . – Ganz so wie ein unmittelbares Zugreifen; wie ich ohne zu Zweifeln nach dem Handtuch greife. Aber dieses unmittelbare Zugreifen entspricht doch einer *Sicherheit*, keinem Wissen. – Aber greife ich nicht auch zum Namen eines Dinges?»[94]

Lange bevor ein Kind sprachliche Ausdrücke für Gegenstände seiner Welt erwirbt, hat es in seinen Protospielen von seiner Umwelt Besitz ergriffen. Die Bewegungen werden «sprachmäßig», schreibt A. Gehlen, und «unterhalten» sich «mit den Sachen»[95]. Was die Hand und die Wörter ergreifen, wird dem realen oder symbolischen Körper einverleibt; in beiden Fällen werden die Grenzen der Physis überschritten. Der Handgebrauch kann wie das motorische Sprechen den Zeitfluß in einzelne Handlungszeiten zergliedern; auf diese Weise erzeugt er identifizierbare und reproduzierbare Situationsrahmen. Damit ist eine wesentliche Bedingung erfüllt, über das motorische Wiedererkennen zur symbolischen Objektreferenz hinauszugehen. Das Kind kann sich nun auf abwesende Dinge, also auf eine nicht gegebene Situation beziehen. Auch die unmittelbar präsente Umwelt kann anders gegliedert werden; der Fluß der Ereignisse wird gleichsam in vorgefertigte Formen gepreßt und so modelliert und typisiert.

Für Wahrnehmung, Handeln und Benennen sind die Rahmen gleichsam Werkzeuge, die das Individuum gebraucht, wenn es konkrete und gedachte Situationen erzeugt. Die sprachliche Benennung von Objekten ist, obwohl kein materielles Einwirken auf die Umwelt, ein symbolisches Greifen und Einverleiben. Während sich die Handlungsweisen des Individuums unterscheiden, je nachdem, ob es wirklich oder symbolisch greift, ist der Situationsrahmen in beiden Fällen im wesentlichen gleich. Nur ist innerhalb des Rahmens der Griff durch das Wort ersetzt worden. Der ursprüngliche Situationsrahmen bleibt, auch wenn das Individuum in der weiteren Entwicklung andere Rahmen herausbildet, erhalten – eine Eingangsstufe von der an Tätigkeiten gebundenen Intelligenz in das symbolische Denken.

Protodialoge

Die Gewißheiten, von denen in den letzten Abschnitten die Rede war, entstehen aus der materiellen, insbesondere körperlichen Praxis der Menschen; sie sind Bedingungen dafür, daß man Gegenstände in verschiedenen Situationen als gleiche wiedererkennen kann. Es gibt eine zweite Art von Gewißheit, die in einer nicht-materiellen Praxis hergestellt wird, auf der inter-personalen Ebene: die Gewißheit, eine Person zu sein in demselben Sinn, wie die anderen Personen sind.[96] Die notwendige Erzählung unseres Personwerdens zeigt uns den Eintritt einer Noch-nicht-Person in ein Beziehungsgeflecht. Auch für diesen Prozeß können wir wieder ein Protospiel annehmen; hier werden inter-personale Beziehungen hergestellt, die zwar noch sehr rudimentär, aber für die weitere Entwicklung wichtig sind. So richten die Eltern eine Ansprache an ihr Kind, die den Wunsch ausdrückt, es solle ein besonderes Kind sein, es solle ihnen gleichen und ihnen nachfolgen. Zugleich werden sie ihm bedeuten, daß es ein eigenes, unverwechselbares Ich haben soll. In ein solches Beziehungsgeflecht eingebunden, erfährt das Kind vom Anfang seiner sozialen Existenz an die paradoxe Grundstruktur des Sprachspiels.

Die Ansprache, mit der ein Noch-nicht-Sprechender zu einer bestimmten Person gemacht wird, ist eine entscheidende Kategorie für die notwendige Erzählung vom Anfang des Sprechens; dies zeigt uns die Erzählliteratur. Auch in literarischen Erzählungen werden narrative Muster von wesentlichen Eigenschaften der Sprache gezeigt: wie gemeinsames Sprechen zustande kommt, wie der Sprecher den anderen in seine symbolische Ordnung hineinzieht, wie eine inter-personale Ebene aufgebaut wird, wie jemand im Schweigen versinkt. In den narrativen Mustern der Literatur wird die Vorgeschichte und der Ausgangspunkt des Sprechens in das Erzählen selbst hineingeholt.[97]

Literarische Erzählungen erzeugen ihr eigenes Spiel; sie geben sich einen Erzähler und sprechen einen anderen an, den sie zu ihrem Hörer oder Leser machen. Im Angesprochenwerden liegt einer der Anfänge der Sprache; wir benötigen eine Erzählung, die uns verstehen läßt, wie der Noch-nicht-Sprechende in ein inter-personales Geflecht und eine symbolische Ordnung integriert wird.

Die Anfänge der großen literarischen Erzählungen über symbolische Ordnungen beginnen mit dem Eintritt des Individuums in die Sprache; eine Person, der Erzähler, ruft sich ins Dasein: Sie spricht denjenigen an, der ihr Existenz verleiht, und denjenigen, den sie in ihre symbolische Ordnung hineinziehen wird. In modernen Erzählungen fallen diese beiden Positionen im Leser zusammen.

Call me Ishmael.[98]

Ishmael wird derjenige werden, der dem angesprochenen Leser die Geschichte vom weißen Wal und dem Kapitän Ahab erzählen wird; er wird eine Welt erzeugen. Aber zuerst muß der Leser ihn erschaffen und seine Beziehung zu ihm konstituieren. Die Ansprache, der erste Satz des Romans, sagt nicht, wer Ishmael ist, er fordert den Leser auf, ihn zu taufen.

Die Taufe ist der klassische Ausgangspunkt, mit der die Erzählung über eine Person und damit die Person selbst beginnt. Ishmael sagt, wer der Leser für ihn ist und wie dieser sich seiner Rede gegenüber verhalten soll: Du, sei mein Leser, Deine Einbildungskraft wird mir Existenz verleihen, gib mir einen Namen. Aber nur denjenigen, den ich Dir anbiete – so gelangst Du selbst in meine Erzählung. Der Leser wird als Adresse bestimmt: dem Erzähler gleich, sein Partner, Zuhörer. Die Adresse des Lesers erhält der Angesprochene in jeder Erzählung. Die Ansprache des «Moby Dick» ist eine sehr alte Figur in einer modernen Form. Für die alten Erzählungen ist es nicht der Leser, der die Taufe vollzieht, sondern Gott. Zuerst muß Gott sprechen, damit der Erzähler reden kann, er muß Gott zum Sprechen bringen, wie Augustinus im Ersten Buch der «Confessiones».[99]

«Ich will Dich suchen, Herr, mit meinem Rufen, und ich will Dich rufen, indem ich an Dich glaube... Wie aber soll ich meinen Gott anrufen, meinen Gott und meinen Herrn, da ich doch, wann ich ihn rufe, in mich herein ihn rufe? Und welches ist der Ort in mir, wohin er kommen soll, mein Gott?... Nicht also wäre ich, mein Gott, ja gar nicht wäre ich, wenn Du nicht wärest in mir. Oder vielmehr, wär ich nicht, wenn ich nicht wär in Dir, ‹aus dem alles, durch den alles, in dem alles›?»

Alle Erzählungen einer wirklichen oder fiktiven Person sprechen einen anderen an und machen ihn zu ihresgleichen. Dieser Zug begründet den unauflösbar mimetischen Charakter des Erzählens. Auf diesem Weg beteiligt sich der Erzähler an der symbolischen Ordnung seiner Hörer, er fügt seine eigene Ordnung in diese ein, als Bestandteil ihrer zukünftigen Erzählungen, exemplarisches Material, Muster von Verhalten, Moral und Weltordnung. Insofern sind Erzählungen der Literatur und der Philosophie seit langem, seit den Vorsokratikern und Platon, an der Herstellung von symbolischen Ordnungen beteiligt.

Auf der Stufe der Protospiele kann man noch nicht mit einer normal arbeitenden Referenzfunktion des Sprechens rechnen. Da als erstes Sprechender und Angesprochener in ihre Positionen eingesetzt und somit in einer Hinsicht konstituiert werden müssen, wird der Rahmen der Situation, in der Gegenstände benannt werden, noch nicht routinemäßig verwendet wie später auf der Ebene der Umgangssprache. Es müssen ja nicht nur die Beziehungen eingeführt werden, sondern in eins damit die bezeichneten Gegenstände. Dieser Vorgang ist ein umfassender und vielschichtiger Erzeugungsakt; eine Welt und die Personen, von denen sie abhängt, müssen in die Existenz gerufen werden. Daher ist es keine Merkwürdigkeit, wenn die notwendige Erzählung auf typische Begriffe der Schöpfungsgeschichte, die diesen Aspekt am eindringlichsten ausdrückt, zurückgreift, ohne sich dabei dem religiösen Kontext zu verpflichten.

Einen Namen geben ist ein Taufen; dies gilt nicht nur für den – hypothetischen – allererersten Fall der Benennung, sondern ist allgemein für die Einführung von Eigennamen und Bezeichnungen der natürlichen Arten behauptet worden. Kripke hat für diese beiden Fälle den Begriff der «ursprünglichen Taufe» vorgeschlagen: Dort wird ein Referent mit Hilfe einer Eigenschaft, die ihn als einzigen identifiziert, bestimmt. «Gewöhnlich ist derjenige, der tauft, in einem bestimmten Sinn mit dem Gegenstand, den er benennt, bekannt, und er ist in der Lage, ihn zu benennen.»[100] Wenn es etwa darum geht, ein Metall wie Gold zu taufen, also eine Eigenschaft anzugeben, die das Metall als einzige natürliche Art identifiziert, so sind dazu nur wenige Spezialisten in der Lage. Die meisten Mitglieder der Sprachgemeinschaft unterwerfen sich dem Urteil der sachkundigen Sprecher; Putnam nennt diese Aufgabendifferenzierung eine «sprachliche Arbeitsteilung».[101] Der Name, der in der «ursprünglichen Taufe» eingeführt wurde, «wird dann dazu verwendet, auf diesen Gegenstand zu referieren... Ein Beispiel war der Fall eines Meters.»[102] Der Taufakt nimmt Bezug auf ein «‹ursprüngliches Muster›»[103], das ein Ding oder eine Substanz exemplifiziert. Einen ähnlichen Gedanken hat schon früher Wittgenstein geäußert mit seiner Annahme, für jede sprachliche Referenz existiere ein Paradigma.[104] Der in der «ursprünglichen Taufe» gegebene Name «‹breitet sich› durch Gespräche der verschiedensten Art von Glied zu Glied wie in einer Kette aus und wird von immer mehr Sprechern benützt.»[105]

Vielschichtiger ist der Vorgang, in dem ein Noch-nicht-Sprecher in die Sprache eingeführt wird. Die Taufe erfaßt mehrere Dimensionen: Ein Mensch erhält einen Namen, eine Position und eine Rolle in einem Beziehungsgeflecht, eine Situation wird gekennzeichnet, der Sprecher sagt seinen eigenen Namen und sagt dem Kind, wer und was es ist. Ein einzelnes Wort kann alle diese Leistungen einschließen. In der «Mutter-Kind-Dyade» redet die Mutter das Kind an, sie «spricht diese Situation z. B. mit dem Wort ‹Mama› aus, d. h., sie gibt dieser Erlebnissituation einen *Namen*»[106]. Im Unterschied zu Lorenzer, der die Referenz dieses Namens auf die Situation beschränken will, läßt sich die Namengebung, als Taufe gedeutet, in einem umfassenderen Sinne verstehen:

Die Mutter gibt sich den Namen, den sie vorher (wenn es ihr erstes Kind ist) nicht besessen hat; sie sagt, welche Beziehung, Stellung und Rolle sie gegenüber dem Kind hat. In der Namengebung der Mutter ist auch eine Ansprache an das Kind enthalten: Ich bin die Person, zu der Du «Mama» sagen sollst – Du bist dasjenige, das mein Baby sein soll. Wenn die Mutter sich «Mama» tauft, gibt sie dem Angesprochenen den Namen «Baby». Beide Namen stehen in einem komplementären Verhältnis; sie können nur in bezug auf den jeweils anderen Ausdruck verstanden werden – ihr Gebrauch entspricht dem der Personalpronomina *ich* und *du*. Die Eltern sprechen in das Baby ihr «Dich» hinein, sie heißen es (Rosenstock-Huessy). «Namentliche Anrede des Menschen als eines mit Eigennamen ausgezeichneten Wesens (geht) allem eigenen Über-sich-selber-Denken des Ich voraus.»[107]

Vom Kind wird eine Reaktion auf die Ansprache erwartet. Zuerst hört es, was zu ihm und über es gesprochen wird. «Das Hören, daß wir für andere da sind und etwas bedeuten, daß sie etwas von uns wollen, geht also dem Aussprechen dessen, daß wir selber sind und was wir selber sind, voraus.»[108] Die Ansprache hat, neben anderen Zügen, imperativischen Charakter: Sie richtet eine Welt nach ihrem Willen ein; der Angesprochene, der «geheißene Mensch», muß ihr gehorchen. In dieser Hinsicht ist die Sprache kein einfaches «Verständigungsmittel», «sie bestimmt uns zu unserer Bestimmung».[109] Im Protospiel gewinnt das Kind sein Selbst nicht auf dem Weg des Aushandelns; das Modell von Identitätsangebot und -nachfrage, das der Symbolische Interaktionismus entwirft, erscheint, jedenfalls auf dieser Stufe, merkwürdig unangemessen. Selbst A. Lorenzer, der ansonsten zu einer kommunikativen Deutung von Interaktionen neigt, beschreibt das «Wechselspiel» und die «Einigung» zwischen Mutter und Kind als «unter dem Diktat der mütterlichen Formgebung» stehend. «Die Mutter übt in der Mutter-Kind-Dyade eine *Dominanz* aus»[110].

Der in der mütterlichen Ansprache versteckte Imperativ fordert das Kind auf, ein *Du* zu sein. Wenn nicht zugleich ein dem ersten widersprechender Befehl ausgedrückt wird, gibt die imperativische Ansprache dem Kind Selbstbewußtsein. «Denn nun empfinden wir uns als Etwas und Besonderes gegenüber diesem Befehl und diesem Urteil.»[111] Ähnlich wie der Handgebrauch greift die Ansprache auf das Kind zu, bringt es in eine Form und verleibt es einem Beziehungsgefüge ein. Die im Ursprung der Person, also bei ihrem Eintritt in die Sprache und das Beziehungsgeflecht, erteilte Taufe ist die Gelenkstelle, an der Sprechen mit Machtausübung zusammenfällt. Der Besitz von Sprache eröffnet den Weg zur Kontrolle über die Interpretationen der Welt. Sprachspiele sind ‹Machtspiele›. Sobald sie entstanden sind, umspannen sie den Körper, der die Protospiele in Eigentätigkeit gespielt hat, und machen ihn als «Wissenskörper» zu einem «Herrschaftsgebilde»[112].

Die ideale Sprachgemeinschaft ist eine uneinlösbare Fiktion. Nur sollte man sich hüten, der Macht ausschließlich negative Aspekte zuzuschreiben. Ihre positiven sind schon angedeutet worden: Unter der Macht des Beziehungsgeflechts eröffnet der Körper den Weg in sein Inneres; nur im sozialen Sprechen, mit Bezug auf Kriterien, ist eine Sprache über Psychisches möglich. Der Imperativ, mit dem die Ansprache auf das Kind zielt, gibt diesem die Möglichkeit, sich als eine besondere, von allen anderen verschiedene Person zu sehen. Mit diesen beiden Schöpfungen setzt sich die Macht zugleich ihre eigenen Grenzen: Die Sprache über das Innere kann vom Individuum so sehr verfeinert und verzweigt werden, daß sich seine Subjektivität immer mehr den Einblicken der Gesellschaft entzieht und es in seinen Weltinterpretationen tatsächliche Einmaligkeit gewinnt.

Anmerkungen

1 Das Zitat ist Teil eines Paragraphen in L. Wittgenstein: Über Gewißheit. Frankfurt/M. 1970, § 244: «Wenn Einer sagt ‹Ich habe einen Körper›, so kann man ihn fragen ‹Wer spricht hier mit diesem Munde?›»

2 W. von Humboldt: Ueber die Verschiedenheiten des menschlichen Sprachbaues. In: Werke in fünf Bänden. Hg. v. A. Flitner und K. Giel. Bd. III Schriften zur Sprachphilosophie, S. 186. Die weiteren Humboldt-Zitate sind dieser Ausgabe entnommen. Zur Humboldtschen Sprachtheorie s. J. Trabant: Apeliotes oder Der Sinn der Sprache. Wilhelm von Humboldts Sprach-Bild. München 1986. Als nützliche und kompetente Textzusammenstellung s. W. von Humboldt: Über die Sprache. Ausgewählte Schriften. Hg. v. J. Trabant. München 1985.

3 E. Benveniste: Probleme der allgemeinen Sprachwissenschaft. München 1974 (franz. Ausgabe Paris 1972), S. 149f.

4 P. Bourdieu: Ce que parler veut dire. L'économie des échanges linguistiques. Paris 1982, S. 8.

5 Bourdieu, a.a.O., S. 9. Ganz ähnlich äußert sich früher Vološinov, der die Saussuresche Sprachauffassung als «abstrakten Objektivismus» bezeichnet. «De Saussures Ansichten über Geschichte sind typisch für jenen Geist des Rationalismus, der bis heute die zweite Richtung des philosophisch-linguistischen Denkens beherrscht und für den die Geschichte ein irrationales, die logische Reinheit des Sprachsystems verzerrendes Element ist» (Valentin N. Vološinov: Marxismus und Sprachphilosophie. Grundlegende Probleme der soziologischen Methode in der Sprachwissenschaft. Frankfurt/Berlin/Wien 1975 [russ. Ausgabe: 1930], S. 117).

6 Bourdieu, a.a.O., S. 151.

7 Bourdieu, a.a.O., S. 14.

8 Bourdieu, a.a.O., S. 154f.

9 G. Seebaß in einer außerordentlich gründlichen Untersuchung von Herders Sprachphilosophie, in: Das Problem von Sprache und Denken. Frankfurt/M. 1981, S. 28.

10 J.G. Herder: Abhandlung über den Ursprung der Sprache, 1770; zitiert nach der Ausgabe von B. Suphan, Berlin 1977ff, Band V, S. 35 (vgl. Seebaß, S. 30).

11 W. Stegmüller: Hauptströmungen der Gegenwartsphilosophie. Eine kritische Einführung. Bd. II. Stuttgart [7]1986, S. 356.

12 Stegmüller, a.a.O., S. 358 (im Text kursiv).

13 Stegmüller, a.a.O., S. 361. Stegmüller hält sich bei der Formulierung des methodologischen Solipsismus im wesentlichen an H. Putnam: Die Bedeutung von ‹Bedeutung›. Frankfurt/M. 1979 (engl. Ausg. 1975). Nach Putnam

ist diese Annahme dadurch gekennzeichnet, daß «kein psychischer Zustand im eigentlichen Sinne die Existenz irgendeines Individuums voraussetzt außer dem Subjekt, dem der Zustand zugeschrieben wird. (Tatsächlich lautet die Annahme sogar, daß ein psychischer Zustand nicht einmal die Existenz des *Körpers* des Subjekts voraussetzen dürfe; für einen psychischen Zustand im eigentlichen Sinne müsse es logisch möglich sein, daß ein ‹körperloser› Geist sich in ihm befindet.) Bei Descartes ist diese Annahme ausdrücklich zu finden, aber sie ist so ziemlich in der gesamten traditionellen Philosophie enthalten» (S. 28).

14 E. Benveniste: Problèmes de linguistique générale II. Paris 1974, S. 67.

15 W. von Humboldt, a. a. O., S. 201 f.

16 Diese Leistung der Sprache wird schon von K. Bühler herausgestellt. In seiner Schrift «Die Krise der Psychologie» stellt er die Hypothese auf, «daß die semantischen Einrichtungen von vornherein im Dienste eines geordneten Gemeinschaftslebens stehen»; die Semantik ist sogar «ein *konstitutiver Faktor* jedes tierischen oder menschlichen Gemeinschaftslebens» (in: Die Krise der Psychologie. Stuttgart 1965 [zuerst: 1927], S. 38 f). Die Sprache «steuert» z. B. bei «gemeinsamen Wahrnehmungssituationen ... Eine Steuerung liegt auch hier vor mit allem, was dazugehört, nämlich mit einer *Einstellung* der Individuen aufeinander ... und mit einem gegenseitigen Verstehen der Tätigkeiten des anderen» (S. 39). Bühler verfolgt diesen Ansatz weiter in: Sprachtheorie. Stuttgart / New York 1982 (zuerst: 1934). In seinem «Organon»-Modell entwickelt er drei semantische Funktionen des komplexen Sprachzeichens: «Es ist *Symbol* kraft seiner Zuordnung zu Gegenständen und Sachverhalten, *Symptom* (Anzeichen, Indicium) kraft seiner Abhängigkeit vom Sender, dessen Innerlichkeit es ausdrückt, und *Signal* kraft seines Appells an den Hörer, dessen äußeres oder inneres Verhalten es steuert wie andere Verkehrszeichen» (S. 28). Insbesondere die Ausdrucks- und Appellfunktionen der Sprache wirken – in meiner Sprechweise – an der Bildung einer symbolischen Ordnung mit.

17 L. Wittgenstein: Bemerkungen über die Philosophie der Psychologie. Oxford 1980. Bd. I, § 322.

18 J. Lacan: Das Seminar. Buch II (1954–5). Olten 1980, S. 31.

19 Die Schreibweise von «inter-personal» soll hervorheben, daß hiermit eine relationale Ebene gemeint ist, die nicht mehr an individuelle Personen gebunden ist, sondern die, umgekehrt, diese in einen überindividuellen Kontext einbindet. Es ist damit eine Betrachtungsebene ausgezeichnet, die sich einerseits vom Solipsismus, andererseits von Reflexionen in Begriffen der Menschengattung unterscheidet und sich die Möglichkeit zu historischen, soziologischen und kulturellen Differenzierungen offenhält.

20 Die Ausgeschlossenen sind selbst Mitglieder einer anderen symbolischen Ordnung. Zwischen den verschiedenen symbolischen Ordnungen vermittelt keine höherstufige gemeinsame Ordnung. Damit ein Fremder in unsere symbolische Ordnung integriert wird, müssen wir erst «den *Menschen* im Menschen erkennen» (Wittgenstein in einer Bemerkung aus dem Jahr 1914, in: Vermischte Bemerkungen. Frankfurt/M. 1977).

21 Humboldt: Ueber das vergleichende Sprachstudium in Beziehung auf die verschiedenen Epochen der Sprachentwicklung, a. a. O., S. 2.

22 Ludwig Wittgenstein: Philosophische Untersuchungen. In: Schriften. Frankfurt/M. 1960 (zuerst 1953); im folgenden zitiert als *PU*.

23 S. A. Kripke: Wittgenstein on Rules and Private Language. An Elementary Exposition. Oxford 1982.

24 P. Bourdieu: Entwurf einer Theorie der Praxis auf der ethnologischen Grundlage der kabylischen Gesellschaft. Frankfurt/M. 1979 (franz. Ausg. 1972).

25 H. Lenk: Pragmatische Philosophie. Plädoyers und Beispiele für eine praxisnahe Philosophie und Wissenschaftstheorie. Hamburg 1975, hierin der Aufsatz: Wissenschaftstheoretische Fragen der Soziologie, S. 184–210. Eine neuere Auseinandersetzung speziell mit dem Regelbegriff in J. Bouveresse: La force de la règle. Wittgenstein et l'invention de la nécessité. Paris 1987.

26 Die ersten drei der angeführten Verwendungsweisen gilt Bourdieu an (S. 159), die vierte Lenk (S. 205f).

27 Zitiert nach Bourdieu, a. a. O., S. 163.

28 F. Nietzsche: Werke. Hg. v. K. Schlechta. München 1966. Bd. III, Aus dem Nachlaß der Achtzigerjahre, S. 489.

29 Nietzsche, a. a. O., S. 500. Wittgenstein formuliert einen ähnlichen Gedanken: «Die Verwendung des Wortes ‹Regel› ist mit der Verwendung des Wortes ‹gleich› verwoben» (PU § 225).

30 Nietzsche, a. a. O., S. 858.

31 E. Rosenstock-Huessy: Die Sprache des Menschengeschlechts. Eine leibhaftige Grammatik in vier Teilen. Heidelberg 1963, Bd. I, S. 498f.

32 Meine Darstellung folgt weitgehend dem Argumentationsgang Kripkes.

33 J. Bouveresse: Le mythe de l'intériorité. Expérience, signification et langage privé chez Wittgenstein. Paris 1976, S. 411.

34 PU § 272.

35 PU § 246.

36 PU § 258.

37 PU § 202.

38 PU § 580.

39 PU § 202.

40 L. Wittgenstein: Philosophische Bemerkungen. Frankfurt/M. 1981 (zuerst 1964), S. 60.

41 PU § 242.

42 PU § 201.

43 W. Stegmüller: Kripkes Deutung der Spätphilosophie Wittgensteins. Kommentarversuch über einen versuchten Kommentar. Stuttgart 1986, S. 65.

44 Stegmüllers Formulierung für Kripkes Ausdruck «radikale Skepsis».

45 Stegmüller, a. a. O., S. 70.

46 Kripke, a. a. O., S. 72.

47 Stegmüller: Kripkes Deutung..., S. 82f.

48 PU § 219.

49 PU § 217.

50 Vgl. M. Foucault: Die Ordnung der Dinge. Frankfurt/M. 1974 (franz. Ausgabe 1966); vgl. seine Analyse der «klassischen Sprache» (der Sprache des 17. Jahrhundert): Die klassische Sprache «existiert... nur, um transparent

zu sein. Sie hat jene geheime Konsistenz verloren, die sie im sechzehnten Jahrhundert zu einem zu entschlüsselnden Sprechen verdichtete und mit den Dingen in der Welt verflocht... Die Möglichkeit, die Dinge und ihre Ordnung zu erkennen, läuft in der klassischen Erfahrung durch die Souveränität der Wörter: Diese sind genau genommen weder zu entschlüsselnde Markierungen (wie in der Epoche der Renaissance) noch mehr oder weniger treue und beherrschbare Instrumente (wie in der Zeit des Positivismus). Sie bilden eher den farblosen Raster, von dem aus die Wesen sich offenbaren und die Repräsentationen sich ordnen» (S. 376).

51 M. Buber: Ich und Du. Heidelberg [10]1979 (zuerst 1923), S. 25. Vgl. die systematische Ausarbeitung einer Dialog-Philosophie bei F. Jacques, die auch die vorliegenden Überlegungen beeinflußt hat, insbesondere die folgenden Arbeiten: Über den Dialog. Eine logische Untersuchung. Berlin/New York 1986 (franz. Ausgabe 1979); Différence et subjecticité. Paris 1982; L'espace logique de l'interlocution. Paris 1985. «Ganz ausdrücklich verfolgt der Dialog das Ziel, der Reziprozität der Zeichen in der auf Zustimmung beruhenden Gleichheit der Handlungen und Präsenzen und dadurch den inneren Bedingungen von Rede zu genügen. Von daher seine philosophische Bedeutung» (Über den Dialog, S. 62). Das «dialogische Hin und Her» basiert «auf einer schöpferischen Beziehung..., die letztlich den wahren Kern der Sprache ausmacht, ja sogar den Lebensbereich der Sprache, den Ort, an dem sie sich entwickelt. Im Saussureschen System der Oppositionen von Sprache und Rede liegt ein häufig verdeckter Irrweg vor...» (a.a.O., S. 430f).

52 Rousseau hatte die Bedingungsfolge im Zweiten Diskurs genau umgekehrt entworfen: Zuerst hat die Person eine Beziehung zu sich selbst («amour de soi»); diese macht sie fähig, aufgrund von Identifikation, mit dem anderen Mitleid zu empfinden.

53 Kripke, a.a.O., S. 143.

54 Kripke, a.a.O., S. 145.

55 Kripke, a.a.O., S. 103 Anm.

56 Der Begriff des Regelfolgens wird hier und im folgenden nicht mehr als ein innerer Vorgang verstanden, sondern bezeichnet die in der Darstellung einer abgeschlossenen Handlung festgestellte Übereinstimmung mit einer Regel.

57 Kripke, a.a.O., S. 101f Anm.

58 Kripke, a.a.O., S. 104 Anm.

59 Diese Überlegung wird ausführlich entwickelt in: G. Gebauer: Der Einzelne und sein gesellschaftliches Wissen. Untersuchungen zum Symbolischen Wissen. Berlin/New York 1981.

60 Den Gedanken eines «Dialog-Vorläufers» entwickelt aus psychoanalytischer Sicht R. Spitz: Vom Dialog. Studien über den Ursprung der menschlichen Kommunikation und ihrer Rolle in der Persönlichkeitsbildung. Frankfurt/Berlin/Wien 1982. Spitz zeigt in dieser Arbeit, daß «der Vorläufer (des Dialogs – G. G.) schon viele Elemente des späteren verbalen Dialogs als Prototypen enthält. Aber auch diese Prototypen dienen nicht nur als Modell für die spätere Entwicklung, sondern helfen auch beim Umgang mit den Trieben, bei der Neutralisierung, bei der Entwicklung der hochkomplizierten psychischen Mittel der Abwehrmechanismen. Der Dialog-Vorläufer

scheint somit die Brücke zu sein, über welche die Umwelt ihren Einfluß fühlbar macht, über welche sie bei der Entwicklung und Festigung aller wichtigen psychischen Mittel und Strukturen wirksam wird» (S. 88).

61 Ein unübertreffliches literarisches Beispiel für die untergründige, nicht bemerkte Einwirkung eines Du auf ein Ich ist die von Rousseau im «Emile» romanhaft dargestellte Erziehungskonzeption.

62 Eine systematische Darstellung der Du-Erzählung entwickelt der Verfasser in: Symbolstrukturen und die Grenzen der Kunst. Zu Lessings Kritik der Darstellungsfähigkeit künstlerischer Symbole. In: G. Gebauer (Hg.): Das Laokoon-Projekt. Pläne einer semiotischen Ästhetik. Stuttgart 1984, S. 137–165.

63 Benveniste: Probleme der allgemeinen Sprachwissenschaft, S. 290 f.

64 Benveniste, a. a. O.; vgl. insbesondere die Aufsätze: Die Tempusbeziehungen im französischen Verb, S. 264–278; Über die Subjektivität in der Sprache, S. 287–296.

65 Benveniste, a. a. O., S. 148 f.

66 Humboldt: Ueber die Verschiedenheiten des menschlichen Sprachbaues, a. a. O., S. 202 f.

67 PU § 43.

68 L. Wittgenstein: Philosophische Grammatik. Frankfurt/M. 1969, S. 184.

69 PU § 217. Man darf sich fragen, ob der sarkastische Ton, der in diesem Kontext bei Wittgenstein nicht zu überhören ist, im Zusammenhang mit seiner Berufserfahrung oder auch -auffassung während seiner Zeit als Volksschullehrer verstanden werden kann. Vgl. K. Wünsche: Der Volksschullehrer Ludwig Wittgenstein. Frankfurt/M. 1985.

70 Vgl. PU § 204: «Ich kann etwa, wie die Sachen stehen, ein Spiel erfinden, das nie von jemandem gespielt wird. – Wäre aber auch dies möglich: Die Menschheit habe nie Spiele gespielt; einmal aber hat Einer ein Spiel erfunden, – das dann allerdings nie gespielt wurde?»

71 Vgl. zum Problem von Sprache und Denken bei Piaget im Vergleich mit den Auffassungen Chomskys die Vorträge und Diskussionen auf dem Kolloquium von Royaumont, herausgegeben von M. Piattelli-Palmarini: Théories du langage, théories de l'apprentissage. Le débat entre Jean Piaget et Noam Chomsky. Paris 1979.

72 H. Sinclair-de Zwart: Acquisition du langage et développement de la pensée. Sous-systèmes linguistiques et opérations concrètes. Paris 1967.

73 In einem ersten Schritt, der dem Experiment vorausliegt, bestimmt Sinclair anhand des von Piaget entwickelten Tests der Mengenerhaltung, auf welcher Stufe der Intelligenzentwicklung die Kinder einzuordnen sind. Auf der Basis der Testergebnisse teilt sie die Kinder in drei Gruppen ein: je eine Gruppe mit und eine ohne den Begriff der Mengenerhaltung sowie eine intermediäre dritte Gruppe von Kindern, die sich in einem Zwischenstadium befinden. Diese Einteilung dient als Grundlage der ersten Serie Experimente.

74 Sinclair, a. a. O., S. 161.

75 Die Kinder sagen z. B. zur Beschreibung eines Paars Bleistifte, von denen der eine größer und dicker ist als der andere: «Ein dicker und ein dünner, ein großer und ein kleiner» (Sinclair, a. a. O., S. 28).

SCHWEIZ

«Studiere die Menschen ...

... nicht, um sie zu überlisten und auszubeuten, sondern um das Gute in ihnen aufzuwecken und in Bewegung zu setzen.»

Gottfried Keller (1819–1890),
Schweizer Erzähler und Lyriker

Um zu Geld zu kommen, muß man heute niemand mehr ausbeuten oder überlisten. Höchst legal und dabei sicher ist die Beute unserer Tage: der Zinsertrag aus Pfandbriefen und Kommunalobligationen.

Pfandbrief und Kommunalobligation

**Meistgekaufte deutsche Wertpapiere - hoher
Zinsertrag - bei allen Banken
und Sparkassen**

Verbriefte Sicherheit

76 Sinclair läßt von allen Kindern zwei Arten Zeichnungen anfertigen: eine bildliche Antizipation *vor* der Herstellung einer Reihe und eine Zeichnung aus der Erinnerung an eine Reihe, die einige Tage vorher gebildet worden ist. Im folgenden gebe ich nur die Ergebnisse der Erinnerungszeichnungen wieder, weil sie besonders deutlich sind.

77 Sinclair, a.a.O., S. 144. Die im Text folgende Interpretation geht über Sinclair hinaus und versucht, deren Ergebnisse in einen anderen Kontext einzubringen.

78 Vgl. die Kritik H. Putnams an Piaget auf dem Colloquium von Royaumont: Ce qui est inné et pourquoi. Commentaires sur le débat. In: Théories du langage, théories de l'apprentissage, S. 415–443, insbesondere S. 430.

79 Die Bedenken, die sich zunächst nur auf den Sinclair-Versuch bezogen haben, sind grundsätzlicher Art. Was generell fraglich erscheint, ist der Versuch, einen *vor*sprachlichen Zustand anzunehmen, von dem aus das Individuum Zugang zur Sprache findet. Ein analoges Problem wie das diskutierte steht mit dem sprachlichen Relativismus zur Debatte. Eine ausgezeichnete Übersicht über den neuesten Stand der Diskussion über die Sprachrelativität der Farbwörter gibt W. Franzen in einem (bisher noch unveröffentlichten) Vortrag: Die Sprache und das Denken. Kleine Bestandsaufnahme zum linguistischen Relativismus (Sapir-Whorf-Hypothese). Ms. von 1968.

80 PU § 23.

81 PU § 7. Damit hat Wittgenstein einen Rahmen bereitgestellt «for discussing language in general, without providing a misleading general philosophical theory of language» (R. J. Ackermann: Wittgenstein's City. Amherst 1988, S. 85).

82 Vgl. PU § 2: «Jener philosophische Begriff der Bedeutung ist in einer primitiven Vorstellung von der Art und Weise, wie die Sprache funktioniert, zu Hause. Man kann aber auch sagen, es sei die Vorstellung einer primitiveren Sprache als der unsern. – Denken wir uns eine Sprache, für die die Beschreibung, wie Augustinus sie gegeben hat, stimmt...» Es folgt die Darstellung des erfundenen Sprachspiels der Bauenden.

83 PU §§ 65–67.

84 PU II. Teil, S. 503.

85 PU II. Teil, S. 507. Ackermann gibt eine einleuchtende Analogie für das, was Wittgenstein mit dem Zeigen meint: Wie ein Musiklehrer, der eine Passage langsam vorspielt und durch sein Spiel bestimmte Aspekte der Musik hervorhebt, so soll der Philosoph verfahren. «Correct performance is thus *illustrated* by the teacher in a special way. Wittgenstein's philosopher will attempt a similar strategy and distinctly in ways that will illuminate more general problems when linguistic nonsense appears. The realm of language is not left behind or transcended; it is simply surveyed in a special manner, with an eye to locating relevant horizons of sense» (Ackermann, a.a.O., S. 67).

86 S. A. Kripke: Name und Notwendigkeit. Frankfurt/M. 1981 (engl. Ausgabe 1980).

87 Putnam, a.a.O., S. 63f.

88 G. Bateson: Eine Theorie des Spiels und der Phantasie. In: Ökologie des Geistes. Anthropologische, psychologische, biologische und epistemologi-

sche Perspektiven. Frankfurt/M., S. 241–261. Bateson veröffentlichte seine Spieltheorie 1953, in demselben Jahr, in dem die PU erschienen.

89 Sprachmagische Vorstellungen sind auch typisch für das Mittelalter; vgl. dazu E. F. Ohly: Vom geistigen Sinn des Wortes im Mittelalter. In: Zschr. f. dt. Altertum 89 (1958/59).

90 Es handelt sich um ein ‹Vor-Wissen›, das man besser als «Sicherheit» bezeichnen kann, und zwar «eine Sicherheit in der Praxis unseres Urteilens» (G. H. von Wright: Wittgenstein. Frankfurt/M. 1986 [engl. Ausgabe 1982], S. 177).

91 L. Wittgenstein: Über Gewißheit, Frankfurt/M. 1970 (im folgenden abgekürzt: *ÜG*), § 414.

92 ÜG § 288.

93 Von diesen sprachphilosophischen Überlegungen läßt sich eine Brücke schlagen zu den paläontologischen Rekonstruktionen frühester phylogenetischer Stadien der Sprache, die A. Leroi-Gourhan in seinem Werk entwirft; vgl. insbesondere: Le geste et la parole. 1. Bd. Technique et langage. 2. Bd. La mémoire et les rhythmes. Paris 1964, 1965 (dt. Ausgabe: Hand und Wort. Frankfurt/M. 1980). Eine Verbindung zwischen Wittgenstein und Leroi-Gourhan versucht der Verfasser herzustellen in: Hand und Gewißheit. In: D. Kamper/Ch. Wulf (Hg.): Das Schwinden der Sinne. Frankfurt/M. 1984, S. 234–260. Die dort entwickelten Überlegungen können die an Wittgenstein orientierte Anthropologie der Sprache, die hier versucht wird, um eine phylogenetische Sichtweise erweitern.

94 ÜG § 510.

95 A. Gehlen: Der Mensch. Seine Natur und seine Stellung in der Welt. Wiesbaden [12]1978, S. 187.

96 Vgl. A. Lorenzer, der in psychoanalytischer Perspektive schreibt: «Vorgängig zur Spracheinführung wird ein nichtsprachliches Sinngefüge von Praxisfiguren entwickelt. Über die Stufen der Erweiterung der dyadischen Enge zur Familie wird noch innerhalb der vorsprachlichen Interaktionsformen die Eigenaktivität des Kindes begründet und wird als wichtigster Schritt der Eigenaktivität die Bildung von sinnlich-unmittelbaren Proto-Symbolen geleistet» (Das Konzil der Buchhalter. Frankfurt/M. 1984, S. 161).

97 Vgl. W. Iser: Der implizite Leser. Kommunikationsformen des Romans von Bunyan bis Beckett. München 1972; Der Akt des Lesens. Theorie ästhetischer Wirkung. München [2]1984.

98 H. Melville: Moby Dick. 1851. Nach dem Kommentar von H. Beaver heißt «Ishmael» auf Hebräisch «Gott hört». Ishmael, derjenige, den Gott hört, ist zugleich jemand, der von der Geschichte des Narziß fasziniert ist; dies erzählt er im Zusammenhang mit der magischen Anziehungskraft, die Wasser auf ihn ausübt: «And still deeper the meaning of that story of Narcissus, who because he could not grasp the tormenting, mild image he saw in the fountain, plunged into it and was drowned. But the same image, we ourselves see in all rivers and oceans. It is the image of an ungraspable phantom of life; and this is the key to it all» (H. Melville: Moby-Dick; or, The Whale. Hg. und Kommentar v. H. Beaver. Penguin Classics. Harmondsworth 1986, S. 95). Man kann den Anfang dieses Romans als Muster für den Beginn des Sprechens zwischen Ich und Du generell lesen.

99 Augustinus: Bekenntnisse. Hg. und übersetzt v. J. Bernhart. Frankfurt/M. 1987, S. 13–15.

100 Kripke: Name und Notwendigkeit, S. 113 Anm.

101 Putnam: Die Bedeutung von «Bedeutung», S. 37.

102 Kripke: Name und Notwendigkeit, S. 123.

103 Kripke, a. a. O., S. 155.

104 Vgl. PU § 50. Der Paradigmen-Begriff wird als Grundbegriff der Wittgensteinschen Reflexion über Sprache expliziert in der Arbeit des Verfassers: Wortgebrauch, Sprachbedeutung. Beiträge zu einer Theorie der Bedeutung im Anschluß an die spätere Philosophie Ludwig Wittgensteins. München 1971.

105 Stegmüller, Hauptströmungen der Gegenwartsphilosophie, S. 337.

106 A. Lorenzer, a. a. O., S. 90.

107 Rosenstock-Huessy, a. a. O., S. 755.

108 Rosenstock-Huessy, a. a. O., S. 754.

109 Rosenstock-Huessy, a. a. O., S. 84.

110 A. Lorenzer, a. a. O., S. 152.

111 Rosenstock-Huessy, a. a. O., S. 755.

112 Nietzsche, a. a. O., S. 504.

Konrad Wünsche

Die Bemühungen
um einen anthropomorphen Menschen

1. Endlichkeiten

Es macht einen Unterschied, ob man vom Ende oder von der Endlichkeit spricht. Zwar liegt jedesmal die Annahme zugrunde, eine bestimmte Angelegenheit verliefe nicht geradlinig weiter, sondern zeige sich periodisch begrenzt, aber nur Ende bedeutet allemal den einzigen äußersten Punkt, die Katastrophe oder den Triumph oder beides; denn eine Erweckung nach dem Ende kann ein Ende sogar verheißungsvoll machen und befreiend. Viel Pathos, auf das die Endlichkeit mit ihren diffizilen Bedingungen verzichten muß. Die Diskussion über das Schicksal unseres Erziehungswesens bevorzugt leider die Vokabel Ende.[1]

Das Ende der Erziehung, der Pädagogischen Bewegung, der Kindheit: Jede Rede dieser Art terrorisiert mit ihrem Tiefsinn den Hörer; er muß mit dem gleichen Pathos zuhören, mit dem zu ihm gesprochen wird. Nicht zu Unrecht empfindet er dies als einen Verstoß gegen die Regeln der Überlebenssolidarität. Oder als Erweckungsversuch. Die Formel vom Ende, umschreibe sie eine geschichtliche oder eine Lebenssituation, proklamiert die Unmöglichkeit weiteren Alltagsgeschehens, es könne so nicht weitergehen. ‹Ende der Pädagogik› mag den radikalen Schlußstrich unter die oder unter einige Theorien der Erziehung ziehen wollen oder das Desaster ihrer institutionellen Praxis meinen: Tiefsinn bezieht die Formel jedenfalls aus ihrem deterministischen Grundton, welcher Ausweglosigkeit beschwört, eine, der die jeweiligen Alltagsmenschen nur zu entkommen vermögen, wenn sie dem in einer Besinnungspause erfolgenden Rat dessen gehorchen, der vom Ende geredet hat. Sogar wenn derjenige gerade ausdrücklich darauf bestand, man dürfe nicht defätistisch vom Ende reden, und damit auf einen anderen verwies, der hier und jetzt sich solcher Rede schuldig machte, denn somit ist es an dem Vorm-Ende-Warner, seinerseits vom Anfang zu reden, dafür gab er sich das Stichwort.

Vollendung. Krise

Die Pädagogik hörte über die offene Grenze zur Philosophie die Lehre vom Ende der Philosophie und der Aufgabe des Denkens.[2] «Dasjenige, worin das Ganze ihrer Geschichte in seine äußerste Möglichkeit sich versammelt», bilde das Ende, den Schlußstein, der das Gewölbe vollendet; wenn der Philosophie, warum nicht der Pädagogik? Für den alltäglichen Betrieb hieße das, zum Geschäft übergehen, die wissenschaftlich-technisch steuerbaren Einrichtungen das Feld beherrschen lassen, methodisch nach Plan. Wo bleibt das Denken indessen? Es suche seine Sache neu zu bestimmen! Übertragen auf die Pädagogik, lautete die Formel: das Ende der Pädagogik und die Aufgabe der Erziehung. Man sähe nun die Pädagogische Denkgestalt als einen Schlußstein aller Erziehungssysteme diese vollenden; eine pädagogische Welterziehungscharta würde konzipiert, gegründet auf Rousseau, Pestalozzi sowie Freire; dem Erziehungsdenken bliebe die Weisung, an sich selbst Strittiges zu bestimmen, während die von ihm vollendete pädagogische Erziehungsordnung ihren Triumphzug durch die Weltgesellschaft antrete. Psychologie, Soziologie, Linguistik, Unterrichtstechnologie machten sich daran, den Erziehungsalltag auf die von der Pädagogik gefundenen Ziele, auf die Antworten zu den Erziehungsfragen hin möglichst optimal zu organisieren. Nicht Mündigkeit, sondern Mündigkeitsproduktion stellte sich als Problem; man finde das beste Instrumentarium zur Synchronisierung des Entwicklungsvorgangs mit dem Lernen usw.

Die Proklamation einer Krise droht gleich mit dem Ende. Wir lesen bei Merleau-Ponty: «Die Krise war nie so radikal... entweder die schlechte Dialektik, die Gegensätze identifiziert oder eine einbalsamierte Dialektik... Ende der Philosophie oder Wiedergeburt...»[3]; wohin er auch blickt, spannungslose Zustände, Nicht-Philosophie. Während es angesichts eines Schlußsteins keine Entscheidung geben kann, als ihn dort zu belassen, wo er ist, und je nach Belieben dem Raum den Rücken zu kehren oder nicht, zwingt der Krisenfall die Notwendigkeit auf, Entschlüsse zu fassen, die das Ganze betreffen, sich zu entscheiden. Es folgt der Schrei nach Erneuerung: «Das wilde Sein darstellen... Aber die Enthüllung dieser Welt, dieses Seins bleibt toter Buchstabe, solange wir die (sog.) objektive Philosophie nicht mit allen Wurzeln ausreißen. Es bedarf einer Ursprungserklärung.» Das läßt sich gut nachvollziehen beim Gedanken an den Zustand der Pädagogik, gleichgültig auf welcher ihrer Handlungsebenen. Mit allen Wurzeln auszureißen wäre vielleicht die Allgemeinbildung, wären das institutionalisierte Chancengleichheitsklischee und die einbalsamierte Identitätsfindungsdidaktik. Nun aber Ursprungserklärungen her für Begriffe, Institutionen und Methoden, für alles, was zur Nicht-Pädagogik verkam! Somit wäre ans Ende der Krise unbedingt ein neuer Anfang gesetzt, wir würden aus der Erziehungsvergessenheit aufwachen. Wilde Erziehung statt Expertentum wäre verlangt, sofern wilde Erziehung nicht bereits eine Mumie Rousseaus, vielleicht unter dem Namen der Antipädagogik, darstellte.

Verrat

Die Parole vom Ende kann sich zu einem gespenstischen Gerücht ausweiten, gerade für jemanden, der ständig den guten Vorsatz bei sich erneuert, nüchtern zu bleiben. Seine beruhigend gemeinten Nachweise, wie oft schon diese Ende-Vokabel Konjunktur hatte, könnten durchaus der Angst entspringen, jeden Augenblick möchte vielleicht Schluß sein. Hentigs Aufruf «Ende, Wende oder Wiederherstellung der Erziehung», als sachliche Entlarvung der Gerüchtemacher gedacht, rechnet doch grundsätzlich mit möglicher Liquidation des Unternehmens Pädagogik, nämlich durch Verrat. Wie werden Pädagogen zu Verrätern an ihrer Sache? Durch entschuldbare Schwäche mit unentschuldbaren Folgen. Den Anstrengungen der Reformen letztlich doch nicht gewachsen, befällt sie ein Gefühl der Ohnmacht, die mit der Reformarbeit notwendig verbundene Beseitigung von Hindernissen zu leisten und die eigene gewöhnliche Unzulänglichkeit zu ertragen. Da resignieren offenbar selbst Leute, die als zuverlässig gelten durften, sie schaffen aus Enttäuschung nicht zuletzt über sich selber eine Atmosphäre der Depression und des Zynismus. Diese Version von Ende läge demnach nicht im Zustand der Sache begründet, um welche es geht; und so gesehen darf hier von einem Schein-Ende gesprochen werden, der Angelegenheit eines gewissen Zirkels, welcher sich jenseits des eigentlich pädagogischen Geschehens und in Abwendung von der Bewegung gebildet hat, Außenseitertum. Solches dient zum Gleichnis: Der Verräter gibt ein Geheimnis des eigenen Stammes preis. Weil er nicht mehr daran glaubt oder um des eigenen Vorteils willen nicht mehr daran glauben möchte, konspiriert er mit einem Feind, jedenfalls mit Fremden. Es läßt sich am Außenseiter oder Verräter zweierlei erkennen: was hier als ein zu hütendes Geheimnis gilt und welche die Fremden sind.

Egal, aus welchen Motiven Defätismus beim einzelnen sich einnistete: Ausbruch der Angst im Rücken der Aufklärung, Unfähigkeit zum Weiterlesen der Moderne, politische Bestechung, Müßiggang funktionslos gewordener Lehrerausbilder. Der dient der Gemeinschaft zum

Indikator, und indem sie ihn namhaft macht und die Einflüsse, denen sie ihn verdankt, gibt die Bewegung zu erkennen, was ihr ganz und gar zu eigen und was ihr wesensfremd bleiben soll. Sie spricht: Das Ende erreicht der Verräter durch Rückkehr in dunkle Vorzeit, in eine Phase des Lebens und Denkens vor der eigentlichen Zeit vor dem Anfang, dorthin, wo er die alten, bereits ungültig gewordenen Sprachspiele weiterzuspielen sucht, wie ein kindisch gewordener Greis; er hat seine eigenen Anfänge verloren, wird infantil, tändelt mit primitiven Geselligkeitsformen; statt die Sachzwänge sachlich zu durchschauen, verirrt er sich darin wie in einem Dschungel; unfähig, aus Eigenem etwas zu unternehmen, weil ihn alle Wege nur zurückführen, sobald er seinen Platz verlassen hat.[4]

Aber die Bewegung spricht auch so: Es geht um pädagogisches Handeln; die das Ende herbeireden wollen, meinen in erster Linie das Ende unserer Praxis. Die Krise der Pädagogik war schon immer, und sie war immer eine ihres Theorie-Praxis-Verhältnisses, wir kennen das, Krise ist ein konstitutives Element der Bildung wie der Bewegung. Krisen müssen sein, und ein gewisses ‹Ende› muß sein, aber eines, das in unserem Sinne herbeigeführt als unser eigenes Programm verläuft, von unserer eigenen Bestimmung eines Anfangs ausgehend, die ‹negative Erziehung›, wie Rousseau, Schleiermacher sie uns vorgedacht haben. Erziehung sei so konzipiert, und damit rückt man mit der Wahrheit solcher wahren Erziehung heraus, daß ihr Ende systematisch durch ihren Anfang vorgegeben ist. Und genau diese Konstellation herzustellen, sei unsere nie endende Aufgabe, durch alle Zeit zu bewahren.[5]

Unter der Voraussetzung eines festen Bestandes an Erziehungsanforderungen ließe sich nun eine Art Pädagogik perennis konstruieren: Mündigkeit für den zu Erziehenden oder Aufwachsenden, erziehender Unterricht mit der Selbsttätigkeit als Prinzip didaktischer Praxis leuchteten dann hell, ein waches, kritisches Bewußtsein über einer ewigen Flut mehr oder weniger dunkler Bilder, die aus den Tiefen der Seelen aufsteigen.[6] Der pädagogische Selbstentwurf der Menschheit werde immer neu deutlich gemacht, welche anonymen Lebens- und Gesellschaftsvoraussetzungen auch gelten und dem Erziehen zugrunde zu legen seien, die Pädagogik habe dafür zu sorgen, daß der Mensch immer wieder Ereignis wird. Wenn derart perenne Pädagogik verlangt ist, kann jegliche Rede vom Ende nur Symptom für Krisenerfahrungen sein; solches Symptom zeigte lediglich an, wie intensiv und in welcher Richtung die Aufmerksamkeit des Pädagogen in der jeweiligen Situation gefordert wäre. Dies gelte durch jegliche Zeit, ‹weil die Fragen niemals aufhören›. Somit bliebe die Vollendung in ihrem Himmel, die Krise wäre als Symptom des Lebens durchschaut, der Verräter als falsch Fragender.

Fragen

‹Weil die Fragen niemals aufhören›, bleibt das Vernunftgeschäft unvollendbar? Kant nannte es in der Vorrede zur Kritik der reinen Vernunft[7] «jederzeit unvollendet», also nicht perenn, sondern endlich. Es geht gegenwärtig um die Fragen solcher, deren Warum und Wozu nicht das der anderen ist, welche nicht der Überzeugung der Gemeinschaft sind und denen sie ihre Vernunft- und Sinndefinition nicht oktroyieren kann; eingeschlossen deren Lesart von ‹Ende›. Es bedarf der Aufrechterhaltung und der Verbesserung von Diskursfähigkeit, nicht der Rettung metaphysischer Postulate.[8] In diesem Sinn läßt sich Lyotards Äußerung über Theorieerzählungen anwenden: «daß man der Macht zu erzählen entsprechen wollen muß, die man hier und jetzt in dem, was die anderen sagen und machen, zu vernehmen glaubt.»[9] Weil die Fragen niemals aufhören, bleibt die Macht zu erzählen in dem, was die anderen sagen, vernehmlich. Dem Konsens kann man sich schwer entziehen: «Unbeschadet der Kontroversen (womit die Machtlosigkeit der Erzählung der anderen wohl durchschaut scheint; K. W.), die Grundintention ist (und bleibt vermutlich; K. W.), daß der Mensch als ein zu freier vernünftiger Selbstbestimmung fähiges Wesen verstanden werden müsse (Vernunft, die sich selbst versteht, ist in der Tat nicht mehr fragwürdig; K. W.), daß ihm die Realisierung dieser Möglichkeit aufgegeben ist (metaphysische Postulation; K. W.); so aber, daß er sich diese Bestimmung letztlich nur wieder selbst geben könne, schließlich, daß Bildung zugleich Weg und Ausdruck solcher Selbstbestimmungsfähigkeit sei (meint Technik der Selbstbestimmung; K. W.). Eben deshalb bleibt Selbsttätigkeit die zentrale Vollzugsform des Bildungsprozesses. Da die Aufgabe aber keineswegs gelöst ist und schon deshalb nie ein für allemal gelöst werden kann, weil gesellschaftliche Prozesse selbst in denkbar optimalen demokratischen Systemen nie so gestaltet werden können, daß die Möglichkeit, neue Ungleichheiten zu produzieren, völlig auszuschließen wäre, deshalb muß die Folgerung (Folgerung gleich Forderung; K. W.) für unsere Zeit heißen: Allgemeinbildung als Bildung für alle zur Selbstbestimmungs-, Mitbestimmungs- und Solidaritätsfähigkeit.»[10]

Gestellt wurde hier die Frage nach der Sicherung, Verwaltung und Mehrung von pädagogischen Produktionen. Die Sorge treibt um, wie ein Erbe zu halten sei gegen eine Welt, die sich dessen nie so ganz würdig erweist. Akademischer Besitzstand scheint gefährdet, und zwar einer, den die Gesellschaft nicht entbehren können darf. Die zitierte Rede untersagt es geradezu zu fragen, was an der überkommenen Frage fraglich sei. Die Pflege eben dieser Frage, nämlich der nach der Selbstbestimmungsfähigkeit bildsamer Menschen, sei endgültig gefragt, die Pflege eines Denkmals unserer anthropologischen Landschaft. Diese Frage sei als eine Antwort zu behandeln, und zwar als eine, die unbeschadet bleibt. Im Kreise instituierter Meinungen braucht es keine Fragen, dringend sind Realisierungen, die zugrunde gelegten Meinungen dürfen gern schwach sein als Theorie, weiß man sie nur stark in der Praxis.[11]

endlich

Es gibt die Rechnung, auf eine Unendlichkeit eigenen Rechts für die Pädagogik, wenigstens für die Erziehung zu vertrauen; sie gründet sich auf einen vermeintlichen anthropologischen Befund, die «Tatsache der Erziehungsbedürftigkeit».[12] Es handelt sich aber um einen Topos unserer von Anthropologie geleiteten Erziehungskultur. Ein erster Zusammenhang zwischen Endlichkeit und Pädagogik mag darin liegen, daß menschliche Nachkommenschaft nicht nur Vermehrung, sondern Erhaltung der Gattung verlangt; die Gattung lebt in Stämmen und in individuellen Existenzen, deren Erhaltung geschieht durch Aneignung bestimmter Ressourcen, des Erbes, einer Kultur. Dafür ist das Erbe zu formieren, das kann man Erziehung nennen, aber das heißt noch nicht «Erziehungsbedürftigkeit». Die meint: Wie wird der Mensch Mensch? Durch Erziehung! Nicht durch die Natur oder durch einen Gnadenakt aus der Unendlichkeit, sondern mittels innerweltlicher Bearbeitung, Pädagogik. Am Beispiel Erziehungsbedürftigkeit zeigt sich die Amtsnachfolge der Theologie durch die Anthropologie; als deren Agent handelt die Pädagogik. Wie die Theologie die Unendlichkeit, die Ewigkeit, ausmaß, beschrieb, erklärte, so will die Anthropologie die Endlichkeit ausmessen: den Leib, die Welt, deren Daten sich im Horizont der Wahrnehmung finden. Die Theologie bewies die Notwendigkeit, den Menschen aus dem Sünder erst herzustellen, indem sie ihn als der Gnade bedürftig erklärte; «Erziehungsbedürftigkeit» ist daher Konkurrenzbegriff zu «Erbsünde».

Das eigene Recht der Pädagogik gegenüber jeder anderen Weise des Erziehens basiert auf einer Endlichkeit, die den Menschen auf den Menschen angewiesen zeigt, damit er Mensch werden kann.

Im einzelnen sollte bei dieser Endlichkeit damit gerechnet werden, daß (1) die Menschen ihre Begrenzungen des Leibes, des Denkens, der Lebensgeschichte zwar akzeptieren, sie aber in einem unbestimmt weiterlaufenden Prozeß vergebens zu überwinden trachten: immer noch Endlichkeit gegen Unendlichkeit; (2) der Mensch eine Tatsache wie die anderen Tatsachen dieser Welt ist, aber zugleich auch die Voraussetzung dafür, daß diese Tatsachen erkannt werden; (3) er umstellt ist von dem, worüber er sich nicht klarwerden kann, obwohl er Quelle klaren und deutlichen Denkens ist und (4) er den Ursprung, die Fundamente der Dinge und seiner selbst sucht, aber die Anfänge der Geschichte nie erreichen kann, obwohl er es ist, der die Geschichte schreibt.[13] Dies als Katalog der Bedingungen, unter denen das Erziehen in der pädagogischen Ära geschah: die realen Endlichkeiten, wie sie von der Pädagogik angenommen wurden.

Anthropologie sei Resultat solchen Endlichkeitsbewußtseins, und die Pädagogik sei die Kunst, diesen problematischen Menschen nun in ein Postulat zu wandeln. Was wirklich Pädagogik genannt zu werden verdient, sei eine konstruktive Anthropologie. Einverstanden mit der Endlichkeit, gibt sie ihr die Stichwörter für ihren Auftrag.

Gegen-Unendlichkeit

Erste Frage: wie die Nachbarschaft zur Ewigkeit loswerden? Wenigstens mit den endlosen Wiederholungen der Generationenfolge hält sich die Endlichkeit für eine auch nicht absehbare Zeit. Sie enthält Vergänglichkeiten und geht insofern für das Individuum wie für das Kollektiv mit dem Gefühl der Katastrophe einher. Gewiß, in Gedanken läßt sich die Endlichkeit auf räumlich-zeitliche Schranken begrenzen, auf die Enge von Leib, Begierde, Sprache; man durchschaut zugleich richtig den Traumcharakter der Riten und Symbole, mit denen einst aus der Endlichkeit in die Unendlichkeit hinübergeschritten werden sollte. Man erkennt, daß der Erbe auch bloß ein Individuum ist, aber hat man damit auf die Ewigkeit des Menschen verzichtet? Vielleicht bildet die faszinierende Endlichkeit Kind eine Ersatzgarantie für die Ewigkeit?[14]

Die Drohungen der Ewigkeit werden in der Endlichkeit weiter mitgedacht: die Embleme der Vergänglichkeit, welche Katastrophengefühl zur Sprache kommen lassen; Erinnerungen wie Roussels Locus solos[15] und dessen galvanisierte Monster; das Zerfallsprodukt Staub gleicht weiterhin dem Menschen, der Sand am Meer weht seine Spur zu[16]; man hofft auf die Verpuppung des Schmetterlings, das Samenkorn, den

Zombie.[17] Unentbehrlich bleibt der lachende Putto, potent, plastisch triumphiert die Kindimago.

Schließlich die Todeserklärung für den Menschen. Die bedeutet, sich über die geschichtliche, endliche Situation zu erheben; denn man kann sich ja über sie Rechenschaft ablegen, solange es den Beobachter gibt, welcher den Gang des Geistes oder der Produktivkräfte als absoluter Zuschauer wahrnimmt.[18]

Ewigkeit als Nachbar der Endlichkeit ist noch nicht ausgestorben. Die Todesanzeige für den Menschen scheint darum fingiert; gewiß, wir sehen ihn nackt, arbeitend, sprechend, also anthropologisch endlich, aber auch noch immer am Strand des alten Ozeans.

Bedingungen

«Die leichte Taube, indem sie im freien Fluge die Luft theilt, deren Widerstand sie fühlt, könnte die Vorstellung fassen, daß es ihr im luftleeren Raum noch viel besser gelingen werde. Eben so verließ Plato die Sinnenwelt, weil sie dem Verstande so vielfältige Hindernisse legt, und wagte sich jenseits derselben auf den Flügeln der Ideen in den leeren Raum des reinen Verstandes.»[19] Kants Tauben-Gleichnis läßt Unendlichkeit einen «Trieb zur Erweiterung» sein, eine Maßlosigkeit, welche unsere Endlichkeit als bloße Einschränkung verkennt, wenn sie sich unendlicher, göttlicher Erkenntnis vergleicht. So darf Endlichkeit zum notwendigen Standpunkt des Denkens werden, und die Taubenparabel kann lehren, daß die menschlicher Subjektivität gezogenen oder anhängenden Schranken der Erkenntnis diese in Wahrheit positiv erst ermöglichen, und zwar als Bedingung der Möglichkeit menschlicher Erkenntnis ebenso wie als Bedingung der Möglichkeit der Gegenstände solcher Erkenntnis. Raum und Zeit seien «nothwendige Bedingung aller Erfahrung»[20]. Der Mensch selbst muß sich als ein Fakt unter allen Fakten akzeptieren und untersuchen; er gehört zu den Gegenständen, welche sein Bewußtsein allererst konstituiert. Ins Postulat gewendet, folgt aus dieser Bedingung die notwendige Forderung jener Selbsttätigkeit, die dem Individuum Identität erst ermöglicht. Was die endlichen Gegenstände betrifft, ließ sich die erkenntnistheoretische Lehrmeinung scheinbar im Sinne einer didaktischen Anweisung lesen: «Daher ist es ebenso notwendig, seinen Begriffen den Gegenstand in der Anschauung beizufügen, als seine Anschauungen unter Begriffe zu bringen.»[21]

Man setzte die Bewußtseinstheorie in praktischer Absicht um und gab ihr die spezifisch pädagogischen Ausformungen überlieferter

Grundsätze des Erfahrungslernens: Der Unterricht berücksichtige den Implikationszusammenhang von Inhalt und Methode, das Curriculum verkörpere die Interdependenz von materialer und formaler Bildung; so werde das Historische dem Transzendentalen assimiliert.

Ungedachtes

Das pädagogische Vorhaben, verstanden als eine gewendete Endlichkeits-Analytik, hat wie von den Bedingungen der Erkenntnis ebenso vom Ungedachten Gebrauch zu machen. Auch dieser Endlichkeitsmodus sollte nicht wie ein Mangel, mangelhaftes Wissen oder mangelhaftes Denkvermögen, ertragen werden müssen; es sei regelrecht zu verlangen, daß bei allem Denken stets ein Rest vermutet wird, der noch zu denken bleibt. Denn das Ungedachte fordere, es fördere sogar das Denken.

Dagegen ließe sich einwenden, daß die Pädagogik praktisch einen hohen Grad an ausgedachter Dinglichkeit erreicht hat, daß sie durch eine eigene Welt repräsentiert ist. Die Pädagogik, die eingerichtet den Bedingungen der Endlichkeit gemäß lernen läßt, sieht sich von einer Eigenwelt beglaubigt, wird von ihren Gegenständen bekundet. Das Kind, das didaktische Spielzeug, die Schulcurricula, die Phasen, die Zeugnisse, all dies mag in einer wiederzuerkennenden Art beständig von der Pädagogik künden, und die Pädagogik bekundet ihrerseits die Fama dieser so ausgemessenen Welt, die ihr Produkt ist und als solches gedacht. Offenbar war das pädagogische Theoretisieren über Kunstgriffe zur Wendung der Endlichkeit keineswegs eine Wolkenformation, die über den Dingen aufzog und nach ihrem Säculum wieder verdunstete, es hat vielmehr messend und gestaltend interveniert, Zugriff um Zugriff, wie sie sukzessiv aufeinander folgten. Etwas hat diese Zugriffe möglich gemacht, sie eine Strecke weit reichen und bis zu einer gewissen Tiefe vordringen lassen. Freilich nie so weit, daß nicht ein Rest geblieben wäre: ein Rest am Kind, der Nichtkind war, und ein Element in den pädagogischen Zugriffen selbst, der nicht einsehbare logische Progression war. Die Pädagogik fühlte sich immer wieder aufgerufen, erneut tastend verstehend und modulierend intervenierend zuzugreifen. «Erforsche deinen Zögling!» hieß es seit Rousseau, und kaum hat sich das Ungedachte pädagogischen, psychologischen Meßversuchen ergeben, verrät es sich ihr als noch immer nicht ausgemessen. Die Pädagogik ist erpicht aufs Ungedachte und ist zugleich ständig an Messungsunternehmungen beteiligt[22], um ausgedachte Welten herzurichten.

Ursprung, Reform, Fundamentalismus

«...der moderne Mensch. Was wir in ihm suchen, ist unser eigener Herzschlag... die Seele wird Herrin ihrer Kräfte, einem Mann zu vergleichen, der gelernt hat, jede Bewegung der Glieder unabhängig von den Bewegungen der anderen auszuführen und in genauer und sicherer Abmessung auf die Wirkung zu benutzen. Die ursprüngliche Bindung der Seelenkräfte löst sich durch die Arbeit der Geschichte. Denn erst vermittels der Kunst besitzt das Gefühl sein mannigfaches, wechselndes und reiches Leben... In der Arbeit der Wissenschaft erkennt erst der Intellekt seine Mittel und deren Tragweite, scinc Methode und deren Macht und gebraucht nun mit der technischen Virtuosität gleichsam des logischen Athleten die in ihm liegenden Kräfte.»[23] Das Bild menschlicher Selbstschöpfung und Entfaltung, wie Dilthey es hier vorstellt, weist die wesentlichen Züge dessen auf, der seit Rousseaus Emile das Modell für anthropologische Nachkonstruktionen abgab. Die Phylogenese sei die Skizze, auf welcher das didaktische Programm für Ontogenese aufbaut; in der Sensomotorik wurden die Abmessungen der Gefühle, Wahrnehmungen und Vorstellungen erkannt, in denen bereits die logischen Strukturen der Denkarbeit angelegt sind. Der anfängliche Mensch, das Kind, bildet den logischen Athleten aus. Nackt, weil in solcher ursprünglichen und für alle gleichen Gestalt der Mensch im Singular auftreten, und weil er in einer vom zivilisatorisch-zufälligen gereinigten Gestalt den Ursprung seiner Kultur im aufrechten Gang, im Weitblick, in der freien Hand und in seiner Sprachfähigkeit am deutlichsten beweisen soll.

Da die Menschen, welche die Menschen vorfinden, Produkte langer Geschichten sind, deren Anfänge unerreichbar weit zurückzuverfolgen wären, je länger ihnen nachgeforscht würde, muß ein Neu-Anfang gemacht werden. Nicht der Urmensch und nicht der jenseitig Verklärte, sondern der Nackte in der Würde der ihm immanenten Logik: Nach diesem Schlüssel seien wir von uns zu entziffern und nach dieser Kodifikation zum Menschen zu formieren. Wer fragt, ob die historische Institutionalisierung dieses Entwurfs nicht doch ein «gigantisches geschichtliches Experiment sei, welches eigentlich nicht hätte stattfinden dürfen»[24], hat damit sich zugleich den Auftrag erteilt, zu wiederum neuer Formierung anzusetzen und sich zu beweisen, «daß Geschichte als vom Menschen hergestellte und dadurch (!) veränderbare»[25] im Sinne eines «ursprünglich» und als ursprünglich (d. h. mit dem Neu-Anfang als Anfang) eingegebenen Programms erneuert, verändert, bewegt, wiederhergestellt werden kann. Eben dies wird Reform genannt, wenn die

Ursprünglichkeit (Gleichheit, Handlungsfähigkeit, Sprachfähigkeit usf.) von den Institutionen der Pädagogik jeweils neu ermöglicht werden soll.

Die pädagogische Reform setzt auch eine Erneuerung des Postulats durch, falls das problematische Bewußtsein es paralysiert: wenn wieder bloße Repräsentationen gelernt werden statt des Entdeckens, und was dergleichen ‹Verhärtung› oder ‹Verdinglichung› sein mag: «das System der Erziehung wird behandelt, als ob es selbst erzogen werden müßte»[26]. Die Reform hat eben nicht bloß der Reflexion und kontrollierten Einhaltung der vorgesehenen Ursprünglichkeitsregeln zu dienen, sie stimuliert gezielt durch situative Veränderungen, mit denen sie der Wahrheit nachhilft, von der die anthropologische Analyse nur redete. Die Anthropologie wurde Zivilisation.[27] Sie stellte längst ihren Entwurf des modernen Menschen den traditionellen Institutionen zur Verfügung, Privatpersonen inklusive, und sie unterwarf ihn damit fortwährender Erprobung. Als verifiziert durfte er gelten, wenn er gefiel. Das in der Analyse nachgewiesene schöpferische Vermögen des Menschen ließ sich nach ausgemachten Kriterien bei Individuen in Werken jeder Art bemerken; die Schule ließ jeden zum Robinson werden, der auf ihren Inselpräparaten sich als Selbst und die Welt als seinen Besitz zu entdecken wußte; durch einfaches Sich-Entkleiden durfte sich der nackte Mensch als der Gleiche, der Würdige und der Ausdrucksvolle beweisen.[28] Wenn er nur jeweils allgemein so zu akzeptieren war. Die Reform banalisierte den Code. Sie stieß jedenfalls auf das Herkömmliche in ihm, den allgemeinen Menschenverstand. Trivialisierte sie ihn damit? Machte sie ihn, weil allgemein, auch gemein, niedrig, billig?

Den politischen Hintersinn dieser Problematik in Reformprozessen verraten die unterschiedlichen Antworten auf die Frage nach der Vermassung, die stets mit den Reformen gestellt wurde. Die gewöhnlichen Reformen für jedermann machten den pädagogischen Code offenbar nichtssagend, die eigentlichen Reformer hatten die Sache der Pädagogik zu radikalisieren. Sie handelten dabei in mentaler Abwehr gegenüber jeglichem Eingriff des Nicht-Ursprünglichen; dies waren eben jene massenhaften Institutionen, denen der Entwurf des modernen Menschen zur Verfügung gestellt worden war, als die Pädagogik anfing. Jetzt sollte das fundamentale Ursprüngliche her, es war ja da, im Kind, dem einzigen Menschen ohne Jenseits. Seit Beginn des 20. Jahrhunderts rührt sich ein fundamentalistisches Verlangen, das eine bestimmte gesellschaftliche Gruppe für Ursprünglichkeit haftbar macht: die jetzigen Kinder. Als ob sie den realen Ursprung zu fassen kriegen könnten, betrieben die später sogenannten Reformpädagogen eine fundamenta-

listische Propaganda des Vom-Kinde-aus. Sie beriefen sich[29] auf alte,
akademisch verwaltete Formeln pädagogischer Anthropologie wie das
Elementare, die Selbsttätigkeit, die Ganzheit und unternahmen Versuche, diese Ursprungsformen direkt erfahrbar zu machen mittels
Körperkultur, Landbau und Gemeinschaftsleben; Phänomene aus dem
kulturellen Horizont der Industrie- und Weltkriegszeiten, aber durch
Kinder in Rohzustand zurückversetzt, um die Zeitgenossenschaft mit
dem Ursprung zu ertrotzen.[30]

2. Das Kind, ein Anfang

Nachdem zuerst die Bedingung ‹Endlichkeit› betrachtet wurde, wäre es
wünschenswert, dem wenigstens einige Interpretationen von Motiven
aus dem Bestand pädagogischer Ideen, der Institutionen, des Personals,
der Sitten und Affekte folgen zu lassen, ehe dann deren Sammlung und
Ordnung versucht würde. Statt dessen sehe ich mich durch den Rahmen
dieser Arbeit darauf beschränkt, ein einziges und kategoriales Motiv
auszusuchen. Ich werde mich auf die pädagogische Tradition von ‹Kind›
beziehen, auf dessen privilegiertes Verständnis als des eigentlich anthropomorphen Menschen, als Schlüssel zum Menschen. Ich trete auf
diese Weise in die Überlieferungen der Pädagogik ein und erinnere mich
eines Sujets der Vergangenheit.[31]

Wer pädagogisch dachte, wußte, «daß der Mensch als Kind anfängt.»[32]
In solchem Satz drückte sich ein selbstverständliches Wissen aus, es trug
das wissenschaftliche Wissen der Erzieher und regulierte deren Gewissen, eine primäre Haltung zur Welt, die, vergliche sie einer dem religiösen Glauben, in keiner Weise diskreditiert wäre; der zitierte Satz bedürfte, wollte man sich seiner erneut versichern, einer «Theologie des
Kindes»[33]. Und damit ist die Richtung zu den Ursprüngen des deutschen Bildungsprinzips gewiesen.[34] Die so formulierte Gewißheit bildete in ihren vielfältigen Auslegungen eine weite Landschaft um die
«zentrale kollektive Repräsentation»[35]. Das Kind – historische Phänomenologie abendländischer Glaubensformen – könnte darin ein unent-
behrliches Motiv noch des modernen Lebens sehen; dessen besonderer,
pädagogischer Sinn lag in der Verbindung mit ‹anfangen›: anfangen mit
dem Kind durch das Kind! Höhen wie Tiefen erzieherischen Praktizie-
rens und Denkens der letzten drei Jahrhunderte wurden unter solcher
Devise von pädagogischen Avantgardisten, Schulmeistern und Eltern
durchmessen, ein untergründiges Gelände.[36] Der Satz klingt ja auch

doppelsinnig, zum einen, weil er besagt, jeder sei am Beginn seines Einzellebens ein Kind, und weiter die Bestimmung enthält, Kindsein sei eine notwendige Voraussetzung für Menschsein; zum andern klingt er doppelsinnig in der Art, daß er radikal einen Anfang zu setzen vorgibt, doch zugleich bleibt bei dem Anfänger ungewiß, ob er denn als Mensch enden werde; vorsichtig und radikal bedenkt der Satz das Menschenmögliche.[37]

Beispielhaft für den Umgang mit der zitierten pädagogischen Grundgewißheit soll hier Gedanken F. D. Schleiermachers nachgegangen werden.[38] Zwischen der Anthropologie Kants und Herders einerseits und der von C. G. Carus andererseits bildete seine Erziehungstheorie einen Höhepunkt pädagogischer Anthropologie, von dem aus gesehen die Bemühungen von Pädagogen um Anthropologie im 20. Jahrhundert Motiv-Wiederaufnahmen darstellten. Bis zu ihm hin war bereits ein großer Vorrat an pädagogisch-anthropologischer Literatur angesammelt gewesen, er stellte seine Überlegungen inmitten einer blühenden Erziehungskultur an.

Die Frage nach dem Anfang und die nach dem Menschsein des Anfängers erwies sich für Schleiermacher[39] als eine nach den inneren und eine nach den äußeren Bedingungen, nämlich nach den Grenzen erzieherischer Wirksamkeit und nach den zeitlichen Limitierungen des Erziehungsprozesses: Welche Grenzen sind unserer Erziehungsfähigkeit gesetzt, und welche Ziele dürfen ihr gesteckt werden? Danach erst wäre zu entscheiden, wann sinnvollerweise mit dem Erziehen beim Kind begonnen und wann damit aufgehört werden sollte. Scheinbar war das eine technische Frage, wenn nämlich vorläufig unterstellt wurde, der Gegenstand der Erziehung sei bekannt und «insofern ein Zusammenhang von Mittel und Zweck zu konstruieren»[40]. Schleiermacher band aber die Frage nach dem Termin für pädagogische Maßnahmen an die nach dem Lebensbeginn und erwog drei unterschiedliche Zeitpunkte je nach dem Zustand des Kindes: «sobald sich das Kind im Mutterleib regt» – nicht die Zeugung – oder «wenn ein Kind geboren wird»[41] oder wenn das Kind «durch Äußerung der Intelligenz sich als ein menschliches (Leben) bekundet». Es wäre also jeweils das Kind selber gewesen, das seine Erziehungsbedürftigkeit signalisierte, indem es sich als tätiges Leben zu erkennen gab.

Für ein Ende der Erziehung sah Schleiermacher zwei gegensätzliche Möglichkeiten: Entweder ein Ende würde durch Mündigkeitserklärung gesetzt, eine ihm eher politische als pädagogische Lösung des Problems, oder elterliche Autorität und kindlicher Gehorsam «verschwinden allmählich», da die sittliche Entwicklung durch Einwirkung überhaupt,

durch Sozialisation, länger anhalte als die erzieherische Einwirkung.
Sah Schleiermacher den Anfang der Erziehung an den leiblichen Zustand des Kindes gebunden, so das Ende an dessen gesellschaftlichen:
Mündigkeit durch den Spruch des Staates oder durch eigene Berufs-
und Gattenwahl. Das gewesene Kind vermöchte «mit sittlicher Tat-
kraft in die Gemeinschaften einzugreifen»; das mögliche Ende von
Erziehung hätte jedoch erst angefangen, wenn «Sitte, die ohne besondere Theorie und Methode bestehen kann», von einer Mehrzahl der
gewesenen Kinder gelebt, das Leben in der Gesellschaft gestaltete.[42]

Soweit die Antworten auf die «äußerlichen Fragen»; welche davon
als gültig erkannt werden sollten, richtete sich nach den Antworten auf
die inneren Fragen. Die bis dahin vorgeschlagenen Zeitpunkte waren
ohnehin entsprechend Zuständen des Kindes definiert. Im Innern ging
es um Macht und Wesen der Erziehung: Durfte die Pädagogik sich all-
mächtig gebärden? Und wenn, wäre sie es wirklich? Oder fand sie
nicht einfach ihre Grenze an der Natur des Menschen, und sei es an
den «natürlichen Anlagen des Menschen»? Denkbar waren freilich sowohl Allmacht wie Beschränktheit von Erziehung. Anthropologisch
gesehen war das Potential an Anlagen entweder bei jedem gleich oder
offen bildsam, oder es war für jeden bereits bestimmt vor jeder Erziehung; darüber wußte Schleiermacher «noch nichts rechtes». Doch
selbst wenn das Potential bei jedem gleich und beliebiger Erziehungs-
einwirkung offen gewesen wäre, hätte Erziehung beschränkt werden
sollen. Folgte die persönliche Zukunft eines Kindes nur der willkür-
lichen Entscheidung eines Erziehers, dann war dieser nicht Pädagoge,
sondern Regent und handelte unsittlich. Doch dem pädagogischen
Ethos eher gemäß ginge eine Erziehung vor, bei der zuerst die Anlagen
des Kindes erforscht würden, ehe der Pädagoge sich an ihm betätigte.
Sogar einer allmächtigen Pädagogik wäre immer noch der Gegenstand
lebendigen, selbsttätigen Menschenlebens geblieben, so daß sie jedenfalls gefordert war, die Anlagen des Kindes zu erregen, hervorzulok-
ken und, was aus dem Kind in Erscheinung trat, zu leiten und zu för-
dern.

Die Frage nach Anfangs- und Endpunkt der Zeit der Erziehung war
damit nicht eindeutig beantwortet. Gerade das pädagogische Verständnis vom Menschsein des Anfängers hinderte daran. Folglich
konnte es wohl auch keine für jeden gültige Theorie erzieherischen
Handelns geben. Der Grundsatz, «daß der Mensch als Kind anfängt»,
ließ sich pädagogisch-didaktisch trotzdem entfalten, indem die Bedingungen für einen Rahmen festgelegt wurden, worin das Kind ein Anfänger war und mit seinem Menschwerdungsprozeß zu Ende kommen

konnte, eine Formierung der Anfänglichkeit, die sich aus der Wahrnehmung des natürlichen Lebens-Bildungsprozesses ergab.

Schleiermacher betrachtete das Innen als einen eigenen Raum und
eine eigene Zeit des werdenden Individuums und sah die Entwicklung
des Leibes, die der Erziehung gewisse Möglichkeiten einzuwirken eröffnete und sie band. Die physiologischen, sinnlichen Lebensfunktionen
des Kleinkindes konnten immerhin angeregt werden, sein Temperament sollte sich aussprechen und seine Form finden, weder einseitig
noch krankhaft; seine Vernunft, welche «im Anfange des Lebens la-
tierte»[43], entwickelte sich mit den Lebensfunktionen als deren schwei-
gendes Cogito.[44] Die Äußerungen der Intelligenz geschahen, um die
Harmonie der Lebensfunktionen zu sichern, das wußte Schleiermacher
in jedem Menschen als ein Bedürfnis angelegt, darin vor allem mußte
der Pädagoge das Kind unterstützen. Die Eigengesetzlichkeit des In-
nenraums schien offenbar: Die Vernunft erwachte allmählich aus dem
Leibe, und dieser Vorgang bestimmte Logik und Chronologie des ursprünglichsten Bildungsgeschehens. War dies so erkannt, hatte die Autonomie des Bildungsraums aus einer anthropologischen Notwendigkeit heraus für alle pädagogischen Entscheidungen Vorrang, auch für
die Termine. Schleiermacher nannte die von ihm in den frühesten Le-
bensäußerungen des Kindes konstatierte «schweigende Vernunft» auch
«Bewußtlosigkeit»; in diesem Zustand schien ihm die Aktivität zwischen Zögling und Erzieher gleich Null. Aber vermochte nicht trotzdem
Bewußtsein aus Bewußtlosigkeit zu entstehen? Das Bewußtsein war für
Schleiermacher im Anfang ein durch das Kind nicht mitteilbares Mini-
mum, dennoch zum Beispiel als Liebe an ihm ablesbar, und außerdem
zeigten sich zunehmende Fertigkeiten seiner Sinne, gleichfalls eine immer feinere Mimik, besonders in der Kommunikation mit der Mutter;
das ‹Sprachspiel› schloß sich an das pantomimische Spiel an; dies alles
ließ sich am Säugling beobachten.[45]

Es gab genügend Hinweise auf die Existenz eines menschlichen In-
nenraums und dafür, daß in dessen Tiefe der eigentliche Anfang dieses
Menschen, ursprünglich, authentisch und zugleich wachsend sich ent-
wickelnd zu finden wäre.[46] Der um das werdende Menschenkind auf-
findbare Außenraum zeigte sich als eindeutig nicht anfänglich, sondern
als überkommen; und wenn Schleiermacher meinte, die Erziehung ge-
höre ursprünglich zum Hauswesen, gehe zuerst von der Mutter, dann
vom Vater aus, bedeutete das wohl: schon immer. Sie war ein Element
des Hauswesens, wurde geschichtlich so angetroffen; ähnliches ließ sich
über die Ansprüche von Staat und Kirche sagen. Der Tradition nach
würde ein Kind während seiner ersten Lebenszeit mehr der häuslichen

Fürsorge bedürfen, den Ansprüchen der öffentlichen Institutionen würde in späteren Perioden des Aufwachsens entsprochen werden. Doch Schleiermacher ging vom Anfang des Kindes aus. Nannte man einen Anfangspunkt, stieß man auf das Problem des Anfangsraums. Was geschah bei der Geburt dem Kinde? Es trat mit der Welt in Verbindung, sein Leib gewann ihm eine Umgebung. Eigenbewegung war ihm bereits im Raum des Mutterleibes möglich gewesen, nun atmete es, wurde belebt von seinem eigenen Kreislauf. Es war an die Luft und an das Licht geboren worden, seine Lebenswelt beherrschend; die lag in der Reichweite seiner Stimme, seiner Augen, seiner Hände, aus ihr vermochte es sich zu bereichern.[47] Schleiermacher, und er war darin nicht der erste, sah das Kind aus dem Gesichtspunkt seines Leibes eine Perspektive auf die Welt innerhalb seines Horizontes gewinnen. Diesen Zustand, basierend auf Atmung, Ernährung, Umgang mit den Dingen, beschrieb er als «sich seine eigene Atmosphäre bilden» und knüpfte daran als Erziehungsprinzip für das Kind das Angebot zur Spontaneität, wechselnd mit Rezeptivität. Um solche eigene Atmosphäre ging es, für wann auch der Anfangstermin gesetzt werden sollte.[48]

Die pädagogische Ordnung seiner Reichweiten sollte dem Individuum Freiheit und Eigentümlichkeit sichern, «...die immer mehr sich selbst bestimmende Aussicht auf die Region, die jeder einnehmen wird»; «durch die Sinne empfängt der Mensch die ersten Eindrücke von der Außenwelt und gelangt schrittweise zu seiner Weltanschauung», zur Totalität aller Eindrücke und zu seinem «Ort in der menschlichen Gesamttätigkeit».[49]

Mit Blick auf den ganzen Lebensprozeß sei von einem Anfang und Ende der Erziehung zu sprechen, so meinte es auch das Frage-Antwort-Spiel über die Grenzen, hinter denen das Kind als Mensch anfing. Das aufwachsende Leben – bei anderen Pädagogen hieß es: die aufwachsende Natur – sah sich dann eines Tages selbst mit einer moralischen Ordnung konfrontiert, und damit setzte der spezifisch pädagogische Bildungsprozeß ein; bis dahin rechnete Schleiermacher eine erste Lebensperiode, von da an weitere. Auch für diesen Tag lag ein Kriterium im Kinde selbst, in seinem Leben: der Zahnwechsel[50], welcher «eine neue, große Evolution» andeutete und «auf einen neuen Charakter der körperlichen Bildung hin(weist)».

Spätere pädagogische Anthropologen sprachen da vom ‹Neu-Anfang›, einem zweiten Anfang, einem höheren in der Hierarchie der Anfänge; sie benutzten eine alltagssprachliche Hilfskonstruktion, die sie in der Form «Krise – Neuanfang»[51] als Rhythmus dem Sozialisationsprozeß unterlegten, der Anhaltspunkte zur synchronen Periodisierung der

individuellen und institutionellen Bildungsprozesse bot[52]; das war päd-
agogisch möglich, doch eine einzige zeitliche Ordnung für Sozialisation,
Erziehung und Unterricht finden zu wollen, das war pädagogisch nur im
Gesamt aller Ordnungen denkbar. Davor standen aber noch reale
Schwierigkeiten, wie auch Schleiermacher sie immer wieder angab:
Man wußte zuwenig über die Vorgänge im Individuum, man mußte eine
Scheu haben vor allem Plötzlichen, und die wechselnden gegenwärtigen
Lagen in den öffentlichen Ordnungen «erschweren» die Theorie.
Darum ließ sich vorläufig nur etwas über die Bedingungen sagen, unter
denen eine Periode der neuen großen Evolution, die mit bleibenden
Zähnen, hätte durchlebt werden können. Schleiermacher sprach von
ihr als dem «Beginn des Schullebens»[53], das verlangte einen Termin. Für
das Kind bedeutete es den «Übergang in den öffentlichen Unterricht»[54],
den Schritt über eine Schwelle; «das öffentliche Leben in der Schule»
erwies sich als «das eigentliche Gebiet des Knabenalters»[55], als ein
neuer Raum also; eine ganze Reihe räumlich-zeitlicher Bestimmungen,
die angeben sollten, «wo das öffentliche Leben in der Schule angeht»,
das ein «gemeinsames Leben» sein sollte.[56]

Öffentlichkeit: eine räumliche Gemeinsamkeit, eine juristische Bestimmung. Denen beiden gebührte der Vorrang vor der zeitlichen; denn
was da geschehen sollte, war nicht eine bloße Fortsetzung der Ordnungen, die bereits durch das Schlafen und das Wachsein, durch die Ernährung und durch Anziehen und Ausziehen der Kleidung gelernt worden
waren, sondern es galt für das Kind, bewußt Bezug zu nehmen und zu
billigen, daß zwischen Spiel und Ernst, Phantasie und Wissen, Üben
und zweckgerichtetem Handeln zu unterscheiden sei. Die «Richtung
auf Reales» und die «Bezugnahme auf Fremdes»[57], charakteristisch für
die Bildung in dieser Periode, enthielten wiederum eine räumliche und
eine rechtliche Bestimmung. Es enthielt solche ja bereits die eingangs
zitierte Formel, «daß der Mensch als Kind anfängt», eine Aussage über
seinen Leib und seinen Status. Ob das Leben eines Menschen angefangen hat, ob sein Schulbesuch, jeder dieser Anfänge ist Ergebnis juristi-
scher wie medizinischer, nicht pädagogischer Definitionen. Diese bestimmen in unserer modernen Rechtsordnung seinen Status (Darf er
leben? Darf er die Schule besuchen?) unter Berücksichtigung seines
leiblichen Zustandes. Damit sind Figur und Platz der Person festgelegt,
Name, Rechtskompetenzen, kurz: was sie darstellt, ihre Figuration und
ihre möglichen weiteren Transfigurationen.

Für die Anthropologie wurde gezeigt, daß sie eine Zeitlang die Bild-
felder der Jurisprudenz zu ihrer Formulierung bevorzugt hat, daß dann
aber, nämlich seit der romantischen Naturphilosophie, die Rechtsmeta-

phorik bei ihr zugunsten einer medizinischen Metaphorik zurücktrat.[58]
Für die Anthropologie der Pädagogen stellt sich ebenso das Problem,
was solche Wahl des Vokabulars bedeutet; schließlich weisen Metaphern «auf vermeintliche (erwünschte, vermutete) relevante Par-
allelen, Analogien und Ähnlichkeiten hin»[59]. Sie sagen etwas aus, diese
Sprachgebräuche sind nämlich mit der kulturhistorischen Tatsache verknüpft, daß Sehnsuchtsprojektionen Gestaltungsprinzipien unterliegen.[60] Wie wurden jeweils Figur und Platz der Person emblematisch
oder begrifflich abgebildet, durch welche Proportionen oder Abzeichen
ihr Status markiert, ihre Eigenschaften erklärt? Jeder Person eignete
ein spezifisches Ensemble, das notwendig ist, um sie zu erkennen. Dann
die Raumdimension: Körperlichkeit des Leibes, und in welchem Verhältnis dazu dessen Innerlichkeit? Und um den Leib herum dessen Umwelt, Reichweite, Welt, die von ihm aus angeschaut wird, auf die eine
spezifische Perspektive möglich ist und die bis zu einem spezifischen
Horizont geht. Schließlich die Zeit, die temporären Dimensionen, die
zerfallen in einzelne Zeiten der Welt, des individuellen Lebens, des individuellen Erlebens; man kann sie beschleunigen, man kann sie dehnen.

Davon ist allemal auszugehen, daß es sich bei der Installierung von
Bildungseinrichtungen um die Gestaltung von Wunschräumen, Wunschzeiten und Wunschzuständen handelt. Deshalb soll nun der Frage nachgegangen werden, was in jenem Anfang, den der Mensch als Kind zu
nehmen hatte, an Raum, an Zeit und an Figuration zu erkennen war
und wie sich diese pädagogisch imaginierten Dimensionen zueinander-
ordneten.

Ein Stellenwechsel von Erfahrung

Kind ist man, soweit eine wahrnehmbare Nähe zur Geburt besteht. So
gesehen vermerken wir zwei unterschiedliche Konnotationen zu Kind:
den Anfang und die Fortsetzung. In bezug auf seine Funktion als Fortsetzung nennt man es Nachkomme oder Erbe, in bezug auf seine Bestimmung als Anfang spricht man vom Kind als Biographie oder als
einzelnem. Die Pädagogik wollte es mit dem Kind als einzelnem und als
Biographie zu tun haben. Dementsprechend handelt es sich bei dem
folgenden nicht um die Rede eines Pädagogen[61]: «Herr Benedetto wies
auf seine grauen Locken und sagte: ‹Dies mein Haar ist's, das mich all-
wissend macht›», was hatte besagen sollen: Die Erfahrung der Vorfahren reicht im wesentlichen aus, damit der Erbe die Wechselfälle seines
Lebens bestehen kann, sogar zur Interpretation dieser Wechselfälle und

somit zur Erarbeitung weiterer, eigener Erfahrungen. Die Erfahrung der Vorfahren war ein bedeutendes Erbgut, sie diente nicht nur zur Feststellung, sondern auch zum Programm des eigenen Lebens. In diesem Sinne legte der Autor den Satz des Renaissance-Patriarchen aus: «Und wer möchte daran zweifeln, daß ein langes Leben eine Fülle von Erinnerung an Vergangenes mit sich bringt, eine große Erfahrung in Behandlung der Geschäfte, einen Verstand, der versteht, im Augenblick das Gegenwärtige mit dem, was gestern war, zu verknüpfen, und daraus ein Vorgefühl zu schöpfen, was alles morgen daraus entstehen kann...» Der Ausbau der Erfahrungen zu einer Welt durfte als Vorgabe der Vorfahren angenommen werden; denn es ging bei dem, was vermittelt werden konnte, um Beteiligung, sei es an einer Lebenswelt, einem Diskurs, einer Praxis, jedenfalls an einem kollektiven Bewußtsein und seiner Logik, nach welcher Erfahrungen stets bereits vor den Individuen durchlebt wurden. «Der Verstand, die Voraussicht und Weltkenntnis der Alten sind es, die vereint mit gutem Willen die Familie in der heiteren Blüte des Glücks erhalten... Deshalb sei es Pflicht der jungen Leute, ...sie (die Alten) gern anzuhören als die klügsten und erfahrensten Berater und freudig den Lehren der größeren Einsicht und des höheren Alters zu folgen.»

Wenn nämlich die Älteren aus ihrer Erfahrung heraus geredet hatten, konnte das nicht als bloße Sprachhervorbringung gelten, sondern da war es um einen Austausch zwischen solchen gegangen, die an einer gemeinsamen Wirklichkeit handelnd sich durch Wiederholungen der Lebensregeln erhielten und damit die Wahrnehmung von Welt koordinierten. Sie erzählten eine etablierte Wirklichkeit weiter und stellten insofern wahre Gestalten in wahren Sätzen den Nachkommen zur Verfügung, deren ersten, den anfänglichen Text. Und später keine Wahrnehmung ohne ihn, die sogenannt primäre Erfahrung begann mit der sekundären. Das Anfängliche der Erfahrung von Nachkommen bestand aus Anordnungen der Vorfahren. Deren Wahrnehmungsweisen und deren Wahrnehmungsschemata wurden von den Erben erst geglaubt und dann wiederentdeckt.

Wer mit den Augen des Pädagogen dieses Spiel verfolgte, sah nun auf solche Weise für die Nachgeborenen und damit für den Menschen die Gelegenheit des Anfangs gegeben, die mit jeder Geburt gekommen schien. Die Chance zu Biographie und Karriere war vergeben, sie wurde vergeben, solange das Kind eigenen Erfahrungen durch die Erfahrungen der Vorfahren entfremdet war. In der Tat wurde von den Erfahrungen der Eltern als Fremderfahrungen des Kindes gesprochen, auch in den Zentren schulpädagogischer Wissensvermittlung, als ob die

Erfahrung der Eltern, als ob sein Erbe das Kind enteigne.[62] Pädagogisch galt der Primat der Selbsterfahrung unbedingt, als wäre sie der Zugang zur Lebenswirklichkeit; das individuelle Kind war Subjekt der Erfahrung, die im Lernen an ihm wirksam wurde, durch sie nahm das Kind seinen Anfang in sich selbst und erwarb diejenigen Eigenschaften, die ihm eigentümlich waren. Die seit dem 17. Jahrhundert geltende Bestimmung von Freiheit, jeder sei Eigentum an sich selbst, wurde auf das Kind im Sinne eines Eigentumsverhältnisses zwischen Subjekt und Biographie übertragen.[63] Während vorher die Nachkommen über die Erfahrungen der Vorfahren deren Eigenschaften sich zu erwerben hatten, sah man in solchen nunmehr zuerst Vorurteile und beklagte, so schon Descartes, dies als falschen Bildungsweg.

Der Lehrer trat darum jetzt keineswegs an die Stelle des Vaters. Das Kind wurde selbst sein eigener Vater, Vater des Menschen, eine im 19. Jahrhundert mehrmals erfolgte Proklamation.[64] Die Aufgabe des Pädagogen bestand darin, das Eigentum des Kindes an dessen Weg zu sichern und durch unterstützende Tätigkeit die Kompetenz des einzelnen Heranwachsenden für eine ihm gemäße Karriere zu ermutigen, mehr brauchte es grundsätzlich nicht.

Wenn aber dies die primäre Funktion des Lehrers ausmachte, wozu dann noch dessen persönliche Lebenserfahrungen? Sie mochten ihm eher hinderlich sein, er brauchte vielmehr Methode statt Erfahrung; letztere bescheinigten ihm Pädagogen als 90jährigen Schlendrian. Die Kategorie Erfahrung wechselt ihre Stelle vom Lehren zum Lernen, und mit ihr verschob sich die Symmetrie der Generationen. Was den Erziehungsvorgang anging, er sollte zur Sache der Jüngeren werden: «Vieles erfragen, Erfragtes behalten, Behaltenes lehren: dieses Verfahren wird über den Lehrer den Schüler erheben...»[65] «Alles durch eigene und ständige Tätigkeit des Lernenden... es wird sicherlich der Schlüssel zu jeder Tätigkeit sein, wenn man dem Lernenden eigenes Tun nicht nur erlaubt, sondern befiehlt.»[66]

Somit war die Erfahrung dem Lehrer genommen und dem Schüler zugewiesen, der Beginn negativer Erziehung, und das hieß Erziehung vom Kinde aus, vorphantasiert von Rousseau, seit der letzten Jahrhundertwende schlagwortartig propagiert. Wen durfte man unter solchen Bedingungen Pädagoge nennen? Jeden, der sich an diesem Projekt der Gesellschaft für die Gesellschaft beteiligte und pädagogisches Bewußtsein und Verhalten zeigte; die Professionalisierung beschränkte sich keineswegs auf den Schullehrer, sie erstreckte sich sehr bald auch auf die bürgerlichen Eltern. Beteiligt war, wer statt auf seine Erfahrung auf Methoden sich verließ, sie am Kind übte.[67] Der älteren Generation blieb die Aussicht auf Verbesserung der Menschenwelt durch die jüngere; sie tauschte den Horizont der Erfahrung gegen den der Erwartung.

Die Rationalisierung der Lebensvollzüge, hier der Erziehung, wurde zuerst im Hochmittelalter versucht, dann durch die Renaissance weitergeführt. Ein exaktes und überzeugendes Wissen vom Verhältnis der Generationen und von der notwendigen Ausstattung des Nachwuchses suchend, konstituierten sich Curricula, Didaktiken, Künste des Unterrichtens im Sinne von Unterrichtstechnologie. Schon die ersten Ergebnisse curricularen Nachdenkens wurden mit dem Hinweis gerechtfertigt, daß die Heranwachsenden lernen sollten, und zwar alles für die Welt Repräsentative, nicht nur, was sie durch ihre Umgebung zufällig erfuhren und was sie nachmachen konnten.[68] Galten die Nachkommen bis zur Aufklärung primär als Erben sowohl der Sünden als auch der Besitztümer wie der Natur ihrer Väter, sollten sie nun zuerst das Kind, das lernende Individuum, das selbsttätige Subjekt sein. Der Erbe, seine Physis, seine ökonomische Ausstattung, sein Wissen, seine Moral: damit unterlag er bekannten Regeln, und die an ihm zu erwartenden Eigenschaften galten als jeweils bekannt. Das Kind aber war ein grundsätzlich Unbekannter, die ihm gemäßen Eigenschaften sollten sich an ihm nach Maßgabe eigener Entwicklungen erst nach und nach zeigen, der Pädagoge achtete bei ihm nicht auf Übereinstimmungen, sondern auf Eigentümlichkeiten, oder: Jede Ähnlichkeit war auf ihren Wert als Eigentümlichkeit hin zu untersuchen. Maßstab war die Universalie Kind, nicht Vater, Mutter, Schwester, Bruder, vielmehr eine Kindnatur, die der jeweils individuellen Entwicklung als Standard oder Richtschnur der Besser-Schlechter-Entschlüsselung diente.[69]

Methodische Überprüfungen der Kinder mußten in zweierlei Weise erfolgen, in Richtung Universalität und in Richtung Individualität. Stimmten die an diesem Kind bemerkten Anzeichen psychischen, sozialen und intellektuellen Lebens mit den entsprechenden bekannten Gesetzen des Aufwachsens überein? Und: Stimmten die Lernoperationen dieses Kindes mit den bekannten Gesetzen der Methode des Erfindens und den Techniken des Entdeckens überein, und zu welchen Ergebnissen führten sie? Denn Methode bedeutete universalistischen Rationalismus, dem das Kind selbst sich bereits verdankte, sie bedeutete Erfinden und Entdecken durch planmäßig einzusetzende Techniken. «Wenn wir unsere Epoche verstehen wollen, müssen wir uns auf die Methode an sich konzentrieren; sie ist das tatsächlich Neue, das die Grundlagen der alten Zivilisation aufbrach.»[70]

Pädagogische Zeitrechnung

Man kann immer einen Anfang machen, indem man ‹jetzt› sagt und anfängt. Aber ein Anfang sein? Und wie es einem anderen ermöglichen, mit sich anzufangen? Hier bot sich Magie an, die Taufe, die Bekehrung, das weiße Gewand. Magische Techniken, um zu den erwünschten Zielen zu gelangen, lassen sich auch in Maßnahmen pädagogischer Zeitrechnung erkennen. Das Curriculum kann als Analogiehandlung verstanden werden; mit den Statusbezeichnungen der Schullaufbahn wie mit den Namen der Entwicklungsphasen, denen die Kinder zugeordnet werden, wirkte die Pädagogik als mit sympathetischen Handlungen, denn sie sprach über die Kinder Wörter aus, die Realität bewirken sollten. Das galt ja bereits für die Grundzuordnung ‹Kind›. Dabei richtete sich die Pädagogik ganz im Bereich der Chronologie ein, im Fluß der Ereignisse, den traditionell Kalender und Uhren für die Gesellschaft messen. Gewisse Grundlagen der Ausrichtung auf die Zeit, wie sie Erziehung an Heranwachsenden vorgenommen hatte, bestanden darum fort.

Erbfolge und pädagogische Methode versuchten zwar gegensätzliche Formen der Organisation von Zeitlichkeit, doch Erziehung, welche auch immer, beachtete stets, wie von den ihr Unterworfenen die Ereignisse des Lebensalltags zu erreichbaren Zielen des Handelns gemacht werden könnten, sinnvoll befristet Wirkungen auf sich selbst und andere ausübend. Sie wollte Schüler, Kinder, nicht dem Zufall ausgesetzt sehen, sondern deren Lernen, deren Ausbildung, sollte dazu befähigen, den unmeßbaren Strom der Ereignisse des Lebens einteilbar zu machen, die Lebenszeit gut kalkuliert und kontrolliert zu verbringen.

Der Pädagoge rationalisierte auch diejenige Zeit, von der wir sagen, sie läge hinter uns und wirke gleichzeitig fort. Er wußte schon als Didaktiker die Zeiterscheinungen zu organisieren, die als Alter, Historie, Tradition einen Strom bildeten. Er fragte, was sein Kind daraus brauchen könne, was ihm zuträglich wäre, und stellte aus dem Vorrätigen diejenigen Ensembles zusammen, von denen er für die von ihm Begleiteten anregende Lernwirklichkeiten erwartete. Somit erschienen auch die bereits vollendeten Zeitlichkeiten durch sein Szenarium in einem offenen Horizont, dem des Bildungsprozesses, von dem die Grenzen unbekannt sind. Vergangenheit wurde da nur zugelassen, sofern ihr Zukunftsbedeutung beizumessen war. Mit dem Anfang durch das Kind und dem damit verursachten Sprung durch die alltägliche Zeit war ihm, dem Pädagogen, eine gewisse Souveränität zugewachsen. Innerhalb seiner von ihm gezogenen Grenzen erklärte er sich zuständig für den ganzen Menschen.

Wer sich um den Erben gesorgt hatte, mußte diejenige Art von Zeitlichkeit bedenken, die mit Synonymen des vitalen Anfangens und Endens benannt wurde. Mit dem Erben sollte sich Leben wiederholen, das Feld des Vorfahren wurde vom Nachkommen bestellt; so bildete der Erbe seine Identität aus, nicht nur als Aristokrat, Bauer oder Kapitaleigner, ebenso in der Bewahrung von symbolischem Kapital. Zeitlichkeit und Endlichkeit wurden aufgehoben durch Akte der Wiederholung; Ereignisse des Daseins wurden zur bleibenden Aufgabe erklärt: «ausdrückliche Überlieferung heißt Rückgang in Möglichkeiten des dagewesenen Daseins»[71].

Wie nun für die Pädagogik: Die in den Kalendern gespeicherte Erfahrung galt grundsätzlich als zu den Repräsentationen abgewanderte Lesebuchgliederung. Freilich wurde sie mehrmals zurückgerufen, dann wieder schulkämpferisch verdächtigt, bis erneut, jetzt didaktisch legitimiert, sie als «emotionaler und sozialer Unterbau»[72] der Schüler für deren Lernen reklamiert wurde, da sie Schichten der Person aufschließen könne, welche dem Identitätsbildungsprozeß unentbehrlich wären. Die sozialen Zeitrhythmen ließen sich also doch in die methodische Ausmessung des Menschen einbeziehen, der als Kind anfing. Nicht ‹das Leben› wiederholte, jetzt wurde ein jederzeit wiederholbares System von Kunstgriffen eingeführt. Die Zeit wurde auf Chronologie und die Chronologie auf die Logik des Verlaufs[73] reduziert, wenn die individuelle Person durch paradigmatische Entwicklungsstrukturen in der Sukzession ihrer Phasen zu verstehen war, ein Modell, das ebenso auf Segmente von Handlungsepisoden anzuwenden war oder auf Gruppen und deren Entstehung oder Zerfall. Das Prinzip der Methode dechronologisiert; die in ihm zugrunde gelegten Definitionsformeln besitzen die Macht unbegrenzter Erstreckung. Die Einzelheiten dessen, was der Fall sei, bestehen, um überhaupt selbst zu sein, nur noch unter der Bedingung einer systematischen Universalität. Diese ihre Zugehörigkeit schließt Kontingenz aus, sie sichert, daß, wenn wir wir selbst sind, wir mehr sind als wir selbst, weil die eiserne Notwendigkeit logischer Universalität auf uns ruht. Der als Kind geborene einzelne fand sich eingeschlossen in die Harmonie der Rationalität, in die Gesetze seines Selbst. Psyche und soziale Dynamik, deren Gesetze galten allgemein, das System gewährleistete durch eben solche rationale Universalität jeder Biographie deren ästhetische Vollendung.[74] Einerseits ergaben die systematisch möglichen Nachprüfungen eine allmähliche, keine Stufe überspringende, mit dem biologischen Ausbau einer Person sich entfaltende Struktur der Intelligenz; gleichzeitig wurde ein Weg zur Reife beobachtbar und methodisch steuerbar. Der Weg führte vom Groben zum Feinen, von den Gegenständen zu den Abstraktionen; Saugreflexe, Defäkationen, Koordinierung von Augen- und Handkompetenz artikulierten Krisen des Herzens und des Genitals zu Geständnissen eines Selbst, das zur Mündigkeit seines empirischen Ichs gelangte.

Hiermit entließ die Pädagogik aus Struktur und System der Erziehung jene Zeitlichkeit, die zur Existenz und zum Tode führt. Wenn alles, was natürlich ist, von selbst geht, die Methode nichts ist als die nachvollzogene Natur, wenn die Methode den Weltgesetzen nicht widersteht, sondern ihnen, nämlich der Natur gemäß handelt, wird der Schüler, von den Weltkräften getragen, leicht und rasch das Ziel erreichen.[75] Bei der Lehrbarkcit dcr Mcthodc dcs Erfindens kam es darauf an, das Lernen zu lernen, und genau dies wußte die Pädagogik, von nun an konnte Weltwissenschaft möglich werden, da sich alle Menschen dareingeben würden, mittels der Natur die Natur zu beherrschen, auch die im Menschen. Rousseau ließ Emile entdecken, wie das eigene Leben zu leben zu lernen sei. Er erzählte, wie die entdeckenden Lernhandlungen dem seiner selbst entfremdeten Menschen den einzig gangbaren Rückweg zeigten: den Weg zu sich selbst, einer der dem verlorenen Sohn, Robinson, Emile, dem universellen Kind jederzeit offenstand. Ohne die Repräsentationen des Alten Menschen, allein durch Konzentration auf das Entdecken und Lernen gelang Selbstüberschreitung in Lernekstase zur Selbstfindung. Am Anfang der pädagogischen Bewegung stand das *perpetuum mobile* des Comenius, sein Modell künftigen Anfangens, vorzustellen auf dem Weltkonzil in Ulm April 1666.[76]

Unbeachtet blieben vorerst Motive, welche Zweifel am Selbstgang hätten wecken können. Stand doch drohend im Hintergrund das Komplementär seiner Phantasmagorie vom großen Diskurs, mit dem für Comenius alles anhob, der Dreißigjährige Krieg. Das Gelände lag wie leer, scheinbar Niemandsland, die weltgeschichtlichen Eroberer erklärten sich zu Entdeckern, begannen eine Genealogie und wurden so zu Pionieren neuer Menschheit. Derjenige weltgeschichtliche Gewaltstreich, welcher vor den Augen der Aufklärungspädagogik deren neue Welt dann ausbreitete, wurde schließlich die Französische Revolution. Lakanal hatte es dem Konvent bewußt gemacht: «...in gewisser Weise ist es die Revolution, die uns den Gesellschaftsvertrag erklärt hat, der dazu gemacht schien, in Gegenwart des versammelten Menschengeschlechts verlesen zu werden, um dieses davon zu unterrichten...» Die Wörter gingen einem in Gestalt der Revolution auf, das Auslegungsmuster fand sein Ereignis, um verstanden zu werden, Einsicht in die Methode gewährten Angst und Wut: «Was man bei der Erstürmung der Bastille hätte sehen müssen, und was man damals nicht sah, war nicht etwa der

Gewaltakt der Emanzipation eines Volkes, sondern die Emanzipation selbst..., die brutale Welt hinterließ Trümmer, und unter der Wut war die Intelligenz verborgen, die in dieses Trümmerfeld die Grundmauern des neuen Gebäudes legte.»[77]

Vor dem Ereignis schien es an der Vernunft, sich ein Resultat in ihr gemäßen Akten zu schaffen, aus Theorie sei Praxis zu folgern. Doch der Aufstieg des Menschen an die Spitze des Natursystems, seine Versöhnung von Geist und Natur, seine Moralität als praktische Vernunft, solcher Aufstieg zu der Stelle, von der aus ein neuer Anfang sichtbar, das heißt definierbar wurde, geschah wie ein Erdbeben und wie eine Sintflut. Die Sintflut ermöglichte nicht den Neuanfang von einem programmierten bestimmten Zeitpunkt an, sondern indem sie einen neuen Raum freigab. So gesehen hatten sich bestimmte Vertreter der Intelligenz zu Recht vor der Revolution wie vor dem Ersten Weltkrieg Sintfluten gewünscht, um das jeweils alte System zu beseitigen.[78] Sintflut, Ruine blieben Embleme der Vernunfttätigkeit, der Methode an sich. Jeder Anfang machte Schluß mit etwas, das war seine Art: Die Wörter des *contrat social* und des Emile gaben nicht endgültige Wörter wieder, einmal gelobtes Land wiederholend, eine ihrer selbst sichere Sprache weiter nutzend, schon Gesagtes der Aufklärung verändert sagend, nein; sie verwirklichten die bereits früher verwendeten Wörter, indem sie deren Bedeutung zerstörten, als ob die fertigen, vollendeten Bedeutungen nun erst in jedem Wort verwirklicht, indem jene zerstört wurden.[79] Jenes Manuskript, aufgefunden in der Flasche, der ein Schiffbrüchiger die Nachricht von neuer wissenschaftlicher Erkenntnis anvertraute, so wollte es die Parabel E. A. Poes, besagte, daß eine ungeheure Meeresströmung, der Maelstrom sich am Pol in die Eingeweide der Erde ergieße, wie es dann sogleich der Untergang des Schiffes beweise, dessen Zeuge hier im Manuskript sprach. Der Schiffbruch die Entdeckung.[80] Entdeckung und Destruktion: das ‹und› ließe sich durch ‹als› oder ‹wie› oder ein entsprechendes Kompositum nur unzulänglich ersetzen, es geht um zwei Akte in demselben, Intelligenz und Wut, Gewalt und Methode.

Ein Nebensinn des Szenariums vom Schiffbruch, bei dem sich der Zuschauer an Bord befindet, ist die mächtige Neugier auf das faszinierende Spektakel Schiffsuntergang. Voltaire: «Der Mensch ist so sehr ein gaffendes Wesen, daß ihm in der Neugier sogar die Sorge um sich selbst vergeht.»[81] Was bei Poe mit anklingt: «Dennoch wird selbst meine Verzweiflung von der Neugier beherrscht, von einer Neugier, die mir die entsetzlichste Todesart erträglicher macht.» Entscheidend dabei die Faszination, welche von der Methode ausgeht: «Die Sucht, alle Dinge auf die Prinzipien von Wissenschaft zurückzuführen, selbst wenn sie noch so sehr außerhalb ihres Bereichs liegen.» Das poröse Holz des Schiffes, die Sprache der Mannschaft, unverständlich, darin eben bedeutsam, die Haare der Männer, grau, Urkunden der Vergangenheit, und deren Augen, Sybillen der Zukunft. Die Discovery, das Schiff, läßt sich treiben an den äußersten Rand der Welt, wo ihre Destruction zur Discovery führt: Die Aufmerksamkeit des Autors gilt auch in der Wahrnehmung solcher Phänomene ungeteilt der Wissenschaft. Poes Sage von der Zerstörungsreise ist Darstellung der ‹Methode an sich›.

Derjenige Mensch, der als Kind anfing, war ohne weiteres berechtigt, mit der geschilderten methodischen pädagogischen Wunschzeit zu rechnen; er empfand das nicht nur so, er war es und hatte somit Anspruch auf ein gültiges Curriculum und auf eine universell eindeutige Folge von Entwicklungsphasen und mußte geradezu, war er bei Trost, sich unter seinem Leben eine Biographie vorstellen. In diesen Zeitbegriffen lagen geheimste seiner Gedanken über das Aufwachsen schon in allgemeiner Gestalt vor.[82] Heute ausgesprochene Zweifel hieran heißen diese Begriffe nicht falsch, sie erscheinen freilich, wird nunmehr erzählt, in der Erzählung vom Aufwachsen wie Sonderfälle, bei denen seinerzeit dies noch nicht eingetreten war: daß sie verstanden wurden. Von den pädagogischen Zeitrechnungen reden wir aber inzwischen nicht mehr entdeckend, sondern wie von etwas Verstandenem, wir rufen sie uns zeitweise ins Gedächtnis.

Daraufhin wären noch andere Klassen von Zweifeln zu beachten. Zweifel melden sich regelmäßig auf der Ebene der Konstruktionen, im Bereich der Praxis also, wegen Mißlingens; die gedachten Zeitrechnungen konnten zusammenbrechen, wenn die zu repräsentierende Lebenswirklichkeit den curricularen Repräsentationen ausging, wenn die Lebenszeit der Kinder der Erwartung ihrer künftigen Bildung geopfert schien, wenn psychische oder soziale Realitäten als Phasenstörungen empfunden wurden, wenn die lebensgeschichtliche Prozeßordnung in dramaturgische Verwicklungen geriet, weil identitätsfeindliche Bindungen nicht lösbar waren. Solche Zweifel begleiteten die Geschichte der pädagogischen Welt und ließen häufig Überprüfungen und Erneuerungen ihrer Zeitrechnungen notwendig scheinen.[83] Die Frage mag naheliegen und einen zusätzlichen Zweifel bereithalten, ob die dechronologen Zeitrechnungen nicht primär als Ausdruck moderner Uchronie verstanden werden sollten.[84] Einst hatte über den Horizont einer durch Theologie zu begreifenden Welt ein Nicht-Ort, ein Gelobtes Land oder Neues Jerusalem, hinausgeragt; das anthropologische Weltverständnis dann faßte nicht ein Jenseits des Horizonts ins Auge, es wollte diesen

Leib und das Leben hier in dieser einzigen Welt akzeptieren; das Neue lag ihm in der Nicht-diese-Zeit-Zeit: Uchronie, Gegenphantasie zur Utopie. Hatte die einen Ort bezeichnet, der nicht dieser Ort hier war, entsprechend Leiber, wie nicht diese hier und gesprochen: «Denn wir haben hier keine bleibende Statt, sondern die zukünftige suchen wir», war Zukunft ein Anderswo gewesen, jenseits des Jordan, man hätte es auch in der Vergangenheit suchen können, historisch. Ließ man aber den Ort, den Leib, die da sind, konzentrierte sich die Utopie-Phantasie ganz auf die chronologische Dimension; es könnte von einer Uchronie gesprochen werden. Man sah ein, daß dies unsere einzige Statt ist, die zukünftige also diese und keine andere, jedenfalls lag sie nicht über unser Diesseits hinaus woanders. Sie war nur noch nicht recht verstanden, weil noch nicht recht ausgemessen und darum nicht in ihrem rechten Zustand. Diese Stätten, unsere Wohnungen hier, ja, aber ergonomisch vermessen, diese Menschen hier, ja, jedoch ihrer eigenen Gesetzlichkeit gemäß verstanden, funktionelles Wohnen, funktionelles Aufwachsen, funktionelles gesellschaftliches Werken, vernunftgemäß, authentisch. «Er hat sich selbst ausgemessen», pries Fichte den Schöpfer der neuen Regel, Rousseau, und nannte damit das Motto für uchronisches Handeln. Lag der Utopie das Ziel am Ende, nämlich über das Diesseits hinaus, lag nunmehr der Sinn am Anfang, ganz und gar diesseits.

Innenräume

Embleme wie Erdbeben und Sintflut meinten Räume, die in den Personen zu vermuten waren, und solche, die als deren Umwelt gänzlich neu sich auftun würden, um erforscht und bestimmt zu werden. Zum einen Innenräume des Individuums, darin es seinen Anfang nähme, andererseits umgebende Zonen, eine Welt, die anrege.

Von den Innenräumen meinte die anthropologische Vermutung, im Menschen sei Natur dauernd präsent, mächtig, aber schwer zugänglich.[85] Was wiederholt aus der Tiefe des Individuums an dessen Oberfläche sichtbar wurde, nicht von außen her veranlaßt, das gab Zeichen von der Anwesenheit gewisser Elemente, verborgen, doch gültig als Gesetze im Innern. «Eintauchen in das Geheimnis unseres Gegenbildes...», ein romantisch zu nennendes Verlangen, weil es Licht ins Dunkel ‹in› uns bringen möchte; jedenfalls eine räumliche Grenzüberschreitung nach innen: «eintauchen in die Tiefe des Unbekannten, um das Neue zu finden, das Außerhalb der gegebenen Welt», womit der ökonomisierte Alltag gemeint war. Im Innern lockte «das Neue, sofern Ursprüngliches für die bestehende Gesellschaft tödlich, tief gegründet und verheißungsvoll erscheinen muß». So trug die Baudelairesche Ästhetik ein Grundmotiv Rousseauscher Anthropologie vor.[86]

Die Ausforschung der Innenräume geschah durch den Pädagogen und seine Helfer, die Psychologen, nicht minder methodisch wie die Zeitorganisation. Wiederum konstituierte er souverän Bereiche, diesmal strukturierte Schichten des Seelenlebens, Energiezentren, Triebquellen, Anlagen inneren Wachstums. Vor allem auf zwei Wegen erlangte er Einblick in Räume, in denen das Subjekt unter sich schien, authentisch: durch Geständnisse und durch Experimente. Das pädagogische Milieu ließ eine Literatur aufblühen, die vor aller Augen ausbreitete, ‹wie ich mich an mich erinnere›, ich, der fiktive Robinson oder der reale, sich bekennende Rousseau. Beschreibungen der eigenen Innenräume in Briefen, Tagebüchern oder Lebenserinnerungen, von Angehörigen aller Schichten vorgelegt, wurden von Seelenkundigen ausgedeutet und so von Karl Philipp Moritz wie Siegfried Bernfeld wie noch Michel Foucault zur Generierung einer Kultur der Innerlichkeit als Muster verfügbar gemacht.

Pädagogische Seelengestaltung stand damit in der Tradition theologischer, ja kirchlicher Anstrengungen, jedermann zum Selbstzeugnis, zur Selbstverantwortlichkeit aufzurufen und anzuleiten. Bereits die Institutionalisierung der Individualbeichte, 1162, forderte jede Einzelperson auf, sich als autonome moralische Einheit zu verantworten, ihr zeitliches wie ewiges Los als ihr eigenes Werk zu begreifen und durch Innovation, Analysen und Zielformulierungen, die sämtlich an Verbalisationen gebunden waren, in Theorie und Praxis, will sagen, durch gute Meinung und gute Werke zu verbessern. Autonom, das bedeutete unabhängig vom Sündenerbe der Väter sowie von deren Charakter und Stand. Die Moraltheologie Abälards enthielt damit bereits wesentliche Argumente für eine allgemeine Schulpflicht. Die pädagogische Psychologie dann begnügte sich nicht damit, dem Kind einen Eigentumstitel auf dessen Erfahrungen zu sichern; die Pädagogen wollten sich dem Seeleninnenraum des Kindes gemäß verhalten und brauchten darum nähere Angaben über dessen Ich, sein Wollen, seine Vorstellungen, Angaben als meßbare Größen. In dieser Richtung suchten Herbart und seine Schüler. Oder wenn dieses Ich nicht als Konstante greifbar schien, dann als Geschichte, als Anamnese; von Schelling bis Freud ging es darum, Schwellen zu überschreiten, um Licht in den dunklen Raum im Innern zu bringen, worin das Ich im Ausdruck seiner Geschichte lesbar wäre.[87]

Vermutungen über den Bildungsprozeß waren vor allem Vermutun-

gen über ein inneres Potential, das in seinen wesentlichen Qualitäten
bei jedem Kind als gleich dem des anderen angesehen wurde, gemäß der
Bildung des nackten Menschen, der Ausgangstatsache der Anthropologie. Darin schien das Wesen, die Essenz zu liegen, begabt mit der Kraft,
ein Individuum harmonisch sich entwickeln zu lassen, wenn man es
ließe. Jede Bekehrung, wie jede Erziehung, hatte sich an dieses Potential zu wenden. Es zeigte seine Wirksamkeit, meinte Rousseau in seinem Diskurs über die Ursachen der Ungleichheit, durch zwei Grund-
eigenschaften, «die ursprünglichsten und einfachsten»[88] antreibend
der Überlebenswille und empfindsam die Empathie.

Dieses vertraute Bild von den bildsamen, entwicklungsfähigen inneren Anlagen, wie weit darf es mit Gründen bezweifelt werden? Die
Zweifel besagen vorsichtig, man solle besser von mehreren Tendenzen
und von jeweils spezifischen Kapazitäten eines Individuums ausgehen,
entsprechend von ganz unterschiedlichen Vermögen des Denkens und
des Fühlens: Ungleichheit bis in die Person hinein, somit kein Kern,
keine homogenen inneren Eigenschaften, welche sich in ein Spektrum
von Oberflächenerscheinungen zur Lektüre des Innen übersetzen.[89]
Die Annahme einer geschlossenen Figur mit einem notwendigen Eigen-
schaftskern, zumal solchen Eigenschaften, wie sie Rousseau und die
Tradition der Pädagogik wollten, sei eine moralische Fiktion, die Individualität überhaupt nur insofern als aus sich selbst bunt synthetisiert,
«ein vielfarbiges verschiedenes Selbst»[90]. Ist nicht die Authentizität eine
bloße Mühe und Geste, wie seit Diderot die satirische Literatur sie mit
Recht dem allgemeinen Gelächter preisgibt? Dies sei der mindeste
Zweifel, er ließe die Frage nach der Unnatur wenigstens aufkommen.
Handlungen, die, widersprüchlich zum Bild des Menschen, in einem
Kind ihren zweifelhaften Ursprung haben, dürften dann die Produkte
von dessen eigener Entscheidungsfreiheit genannt werden. Kinder, deren Menschenwürde beschädigt schien, aber pädagogisch noch zu entdecken, weil bloß unkenntlich geworden, würden nun unverbessert und
unretuschiert und desintegriert, sozusagen als Repräsentanten von Un-
werten der menschlichen Seele geduldet. Der Ausgang vom Gesetz der
Selbstverantwortlichkeit würde insofern radikalisiert, denn von ‹Behin-
derungen› oder ‹Störungen› zu reden, machte bei keinerlei Innerlich-
keitsbefunden noch Sinn; Vorhersagen über Entwicklungen irgendwel-
cher Anlagen wären erschwert, wenn nicht unmöglich gemacht. Der
Verzicht auf zu findende Anlagen und die mit ihnen verbundenen
Wachstums- und Entwicklungsvorstellungen ließen das Problem des
Bösen und die damit drohende gesellschaftliche Destruktivität für das
Erziehungsdenken wieder zu. Moralität wäre nicht mehr notwendig an

Autonomie geknüpft, wäre als heteronome durchaus denkbar. Der Massenmensch, ohne eigentliche Innerlichkeit: ‹gesichts- und geschichtslos›, seit Comenius dem Pädagogen ein Greuel, sein Klischee würde die berufenen Erkunder menschlicher Innenräume nicht länger schrecken, weil, was an ihm vermißt wurde, entweder überhaupt Phantom oder Ergebnis anderer Konstellationen ist als bisher angenommen.

Organisierte Lebenswelt

Die Örtlichkeit pädagogischen Geschehens sollte mit der erhofften Innerlichkeit des sich bildenden Individuums korrespondieren; die ihm eigentümlich gemachten Reservate durften keinesfalls willkürlich Maß nehmen, sie hatten der Natur des Kindes angemessen zu sein.

Die Geschichte dieser Örtlichkeiten ist noch nicht geschrieben, es kann nicht einfach um eine Geschichte des Schulbaus gehen, andererseits blieben Untersuchungen über die Räumlichkeit meist idealtypische Abstraktionen.[91] Vor solchem Hintergrund eine Skizze des pädagogischen Wunschaußenraums.

Wer das Kind als einen Anfang ermöglichen wollte, mußte ihm einen neuen Raum aufschließen; es ging um Sozialisation, die sogenannte sekundäre brauchte eigene Bedingungen für das Kind. Das war traditionell ein Ort gewesen, an dem sich das Kind in Gestalt vieler Kinder um den Lehrer versammelte, mehr noch: ein Ort erziehenden Unterrichts. Das Kind bewegte sich nicht von einem Lehreraufenthalt zum nächsten, vielmehr empfing es die Lehre inmitten einer «moralisch organisierten Umwelt»[92], in der Palastschule Karls des Großen wie in unseren Gesamtschulen. Die sekundäre Sozialisation erforderte Isolation, Klausur, das legte den Vergleich mit Initiationsriten nahe.[93] Die entsprechend Erziehungskonzepten der Französischen Revolution eingesperrten Kinder und die wandernden Schulklassen Freinets befanden sich doch beide in Klausur, ihre Umgebung wurde speziell für sie nach pädagogischen Notwendigkeiten ausgesucht. Ebenso stellte die innere Ausgestaltung der modernen Schulräume eine Konsequenz der Vorstellungen über das Innere der Kinder dar, ob man den Lehrer auf der Kanzel den Mittelpunkt sein ließ, ob im ansonsten kahlen Raum die Repräsentationen der Welt, die assoziiert werden sollte, zur Geltung kamen oder ob ein Raum mit Kindheitsattributen ausgestattet wurde. Eine historische Entwicklung schlicht von Raumtyp zu Raumtyp läßt sich nicht beobachten, über Zeitalter und Stile hinweg wurden Erziehungsräume

wahrgenommen, nachgestaltet, tradiert. Beispiele für reine Kindheits-
lebenswelten gab es seit der Renaissance, im 18. Jahrhundert wie im
Biedermeier; mit vorbildlicher Vollständigkeit schließlich wurden sie
von Maria Montessori durchinszeniert.

Eine Insel, auf der ein Grundbestand an Welt den Menschen anregt,
sein inneres Potential zu entfalten, indem er hier von vorn anfängt, war
Robinsons Aufenthalt; sie wurde der klassische Ort der Pädagogik. Vor
dem Hintergrund dieses Romans sind ihre unterschiedlichen Raumge-
staltungen zu verstehen, und angesichts dessen leuchtet es vielleicht ein,
das Kinderzimmer als die eigentliche Raumschöpfung für das Kind
anzusehen, gerade weil hier die Eigensozialisation des Kindes, die sogenannte sekundäre, auf dem Gebiet der familiaren, der primären, installiert wurde. Eine Erfindung des 18. Jahrhunderts, verdankte es sich gesellschaftlichen Differenzierungsbedürfnissen im Wohnbereich, es war
seit dem Biedermeier zunehmend vorbildlich für Schulzimmer. An seinem Beispiel kann besonders deutlich werden, wie Imaginationen und
symbolische Ordnungen der Erziehungspraxis vorausgingen, die sie bei
Bedarf und Gelegenheit mimte. Zweifel an solcher Kinderlebenswelt
müssen nicht in ideologiekritischer Absicht geäußert werden. Zwar
wurden aus Schulräumen und deren Einrichtung bereits Militarismus
und Schwarze Pädagogik herausgelesen[94]; eine von der Physiologie des
Kindes her entworfene Schulbank verkörperte jedoch pädagogische
Anthropologie und Pädagogik vom Kind aus, nur eben mechanistisch.
Damit verweist sie uns auf die banale Tatsache der Veränderlichkeit von
Alltagserfahrung, ein freilich für den Begriff der Lebenswelt fundamentales Problem.[95]

Ebensowenig wie man zur Unterstützung seiner Zweifel an den schon
erörterten Innenraum- und Wachstumsvorstellungen eine Subjekttheo-
rie und den Tod des Menschen bemühen muß, soll es hier auf eine Revision der Theorie der Lebenswelt ankommen, wie sie für die Philosophie
anstehen mag. Doch ‹Lebenswelt› besaß für die Versuche, Reform-
unterricht in den Schulen durchzusetzen und demgemäß wohl für die
pädagogische Phantasie überhaupt, einen hohen Stellenwert. Die Parolen hatten geheißen, die Lebenswelt bilde ein Gegengewicht gegen Wis-
senschaftsorientierung und sie diene der Einbettung ins Gemeinwesen,
sie ermögliche die Grundlegung des Denkens durch unmittelbaren Bezug auf die Phänomene; dies alles unter den Titeln «Lernen an der Lebenswirklichkeit» oder «Lernen in Lebenssituationen».[96] Das weckt
Zweifel, wovon da die Rede sei: von dem Streben nach angemessener
Repräsentation, wie es für die Welt als Schule des Comenius und anders
für die «Stadt als Schule» des Philadelphia-Projekts zum Problem wurde,

oder vom Versuch, die Rationalität in den Dingen zu verankern. Beides aber kann nicht von jedem jederzeit aufgrund ewiger Erfahrungsweisen unternommen werden.[97] Die pädagogischen Raumordnungen wollten für das Kind Welt in ihrem Sinne durch eine einheitliche Sicht- und Sprechweise stabil realisieren, obwohl die jeweils angebotenen Erfahrungsräume gerade für Aufwachsende immer nur vorläufig sein konnten. Die Veränderlichkeit des Erfahrungsapparats und die Diskontinuität der Lebenswelten nötigen aber zu der Einsicht, man müsse damit rechnen, das jeweils Erstgegebene und das Letztregelnde solchen starken, ja endgültigen Erschütterungen ausgesetzt zu sehen, daß sie die Erfahrungen und die Evidenzen wirklich andere sein lassen.[98]

Der Ablauf des Bildungsprozesses, will sagen: wenn das Kind eingelassen wurde ins Curriculum und darin verharrte, bis es gereift war, besaß eine eigene Zeitrechnung, eine eigene personale und sachliche Umwelt, welche die Innenräume des Kindes eigens erschloß, so daß es wie von einem Nullpunkt aus sich fortbewegen konnte, jedes Kind, homogen. Insofern war es zugleich ausgegliedert aus den Alltagen, nahm nicht teil an dem, was eben sohin geschah und gelebt wurde, produziert wurde und sich fortpflanzte. Der Ablauf des Bildungsprozesses war die pädagogische Epoche in seinem Leben. So meint es das Erziehungssystem bis heute.

Zweifel, ob es damit recht habe, lagen stets nahe, wenn man sich ins Gedächtnis rief, wie es war, die Tatsachen der Schule wie der sozialen Zustände. Der über Jahrzehnte immer sensiblere pädagogische Blick reagierte empfindlich auf Widersprüche und Widerstände, welche das Kind nicht wirklich frei und gleich eingeschult ließen. Reformerische Modellierungsversuche ließen die Diskrepanzen vielleicht geringer, aber doch nicht weniger störend aussehen. Auf die Dauer mochte man an der Möglichkeit zweifeln, ob dieses ganze System des Bildungsprozesses überhaupt in den Menschen Wirklichkeit werden könne. Man spürte die Traditionen der Elternhäuser und die Normen der religiösen Institutionen, deren entleerte Riten, sie waren kaum überwunden, doch alsbald wieder wirksam; die unterschiedlichen Schularten und ihre Fächer zeigten sich keineswegs in gleicher Weise einer Duldung der Selbsttätigkeit von Schülersubjekten geneigt; die Straße schließlich und die Clubs der Gesellschaft erzogen in der Regel aus dem Hintergrund heraus nach kaum zu billigenden, meist primitiven Mustern mit. Dergleichen Relikte ließen sich nicht tilgen, ja die Schule selbst brachte heimlich Unpädagogik hervor, ein besonders effektiver Gegenlehrplan wurde bereits kunstvoll entlarvt und zum Thema bildnerischer Aufklärung erhoben.[99]

Und was mit jenem völlig über ihren Begriff hinausgehenden Geschehen, den entsetzlichen Barbareien der Zeitgeschichte? Sie waren angestiftet wie ausgeführt worden, als ob die Bildung des Menschen hier nie versucht worden wäre. Die Pädagogik mußte sich an ihnen mitschuldig fühlen, obwohl das Geschehene für ihr Denken gewiß nicht begreifbar war. Die großen Revolutionen nicht, die KZs nicht, Vietnam nicht, um nur wenige der gewaltigen Schocks zu nennen. Trotzdem, diese furchtbaren Erfahrungen, bis in die Gegenwart in unabsehbaren und nie verständlichen Schüben wiederkehrend, hinderten die Pädagogen nicht, an der Auffassung festzuhalten, «daß Erziehung eine erstrangige Kraft ist, die, wird mit ihr richtig verfahren, eine Zukunftshoffnung auch jenseits der negativen Wirklichkeit gestattet.»[100]

Vielleicht war die Pädagogik bloß eine Sonderkultur und ohne wahrhaft anthropologische Fundierung? Aber die durch den Begriff Lernen symbolisierte Hoffnung hatte längst weite Kreise der Bevölkerung erfaßt und die pädagogischen Verhältnisse verallgemeinert. Bauern, Arbeiter, Frauen, Kleinstkinder und Greise waren als bildsame Bildungsbedürftige nachgewiesen, sie alle durften Menschenanfänger sein; Kindheit wurde zu einer pädagogischen Lebenswelt für jedermann ausgedehnt. Zuerst für alle Kinder, dies war die Arbeit eines Jahrhunderts von Rousseau bis Montessori: ohne das Kind keine Lösung der sozialen Frage. Dann jedoch, von Grundvig bis Bruner, erfolgte die pädagogische Arbeit an allen Angehörigen der Gesellschaft; es ging um deren Mündigkeit, um die gerechte Sicherung von deren freier Entfaltung. Soweit reicht der Erfolg ihrer Anstrengungen, eben dieser Erfolg veränderte freilich auch den Untergrund, aus dem heraus die Pädagogik unbezweifelbar gewesen war. Die Evidenz ihrer Aussagen mußte erschütterbar werden, wenn das Verhältnis der Generationen, von denen die eine mit der anderen Bestimmtes wollte, von ihr selbst, wenn nicht abgeschafft, so doch dementiert wurde, indem die Angehörigen der Generationen sich gar nicht mehr als durch Generationszugehörigkeit definiert fanden, sondern irgendwelchen selbstgewählten Lernkohorten zugezählt. Konnte man das wirklich noch mit der Geschichtlichkeit von Ideen und Institutionen erklären, oder meldete sich hier nicht die Kraft einer Veränderlichkeit, die auch vom Unwandelbaren nicht abließ?[101]

Ein aus Mangel an Tatsachenbestätigung hervorgerufener Zweifel am Wie-es-war vermag zu Taten anzustacheln; doch der deutliche Mangel an Evidenz der Lebenswelt, des Grundes aller Evidenzen, der endliche Vorübergang jener Welt, vor welcher die Evidenz pädagogischer Normen sich auszuweisen hatte[102] und hat, ein solcher Zweifel zieht Selbstzweifel nach sich. In der Tat überlegten die Pädagogen Alternativen zu ihrem eigenen Projekt, wobei sie von ihresgleichen darauf hingewiesen wurden, es sei schon von Anfang an das Verlangen pädagogischer Erzieher gewesen, sich überflüssig zu machen; gewiß erwogen einige, aus älterem Erziehungsdenken sich neue Maßstäbe zu holen; einige wiederum fragten: «Ist Erziehung möglich?»[103]

Ringsum «Grenzen der Erziehung»[104]: Sie konnte nicht früh genug beginnen, sie reichte nicht tief genug in die Innenräume hinein, sie verfehlte die sich von ihr fortbewegende Lebenswelt. Nicht bloß Panik, sondern Bewußtsein eigener Zweifel ließ die Pädagogik im Kind-Jahrhundert sich mehr und mehr auf den Bereich konzentrieren, in dem sie sich mächtig vorkommen mußte, auf die Mittel ihrer Tätigkeit, die innerhalb dieser Grenzen wirken konnten. Ein unerschöpfbarer Vorrat schien sich ihr aufzutun! Die Mittel der Pädagogik, ihre Verstehenskonzepte und Vermittlungsinstrumente, erhielten beinahe Eigenwert, galten für sich wie unabhängig von dem, was das Kind durch sie aussagen und erreichen konnte. Im Alltag der Institution wurden und werden sie mehr und mehr vorgeführt als das, worauf es anzukommen habe. Was geschah mit dem Menschen, der als Kind anfängt? Das Kind scheint, und erste Anzeichen davon wurden bereits an der Reformpädagogik festgestellt[105], aus der Spannung von Universalität und Individualität entlassen und nur noch je an sich selber wahrgenommen zu werden, binnendifferenziert in verselbständigten Situationen, deren jede für sich ein Datum bildet. Ob die pädagogische Institution nun als Klinik für Sozialpathologie oder als Selbstfeier ihres Methodenreichtums abgebildet wird[106], die für sie zentral bedeutsame Uchronie scheint hier aufgehoben, innerhalb der Institutionen bereits fertig.

Wenn die Insel Robinsons als einzig werte Lebenswelt Geltung beanspruchte, hätte das Kind hier weder Einlaß noch Ausgang zu gewärtigen, die Epoché[107] wäre zur natürlichen Einstellung geworden: Kindheitswelt eine letzte evidente Norm, ohne Rechtfertigung lebbar; die Imago des Kindes bereits erfüllte den Anfang.

Das Privileg des Anfangs

So eindeutig die begriffliche Zuordnung von Anfang zu Ende und umgekehrt, so eindeutig auch, daß beide Bestimmungen abhängig sind von einem Beobachter, der sie gebraucht.[108] Aber als was gebraucht er sie? Als Definition, Slogan, Metapher?[109] Das werthaltige Vokabular, über das Pädagogen verfügten, läßt sich begrifflich eindeutig nicht differenzieren, ‹Anfang› und ‹Ende› und ‹Anfang und Ende› bleiben Brauch, ihre Konnotationen von Gebrauchssituation zu Gebrauchssituation andere. Um deren drei mit unterschiedlicher Genese zu nennen: theologische, anthropologische und technologische. ‹Anfang und Ende› reichte aus dem religiösen Denken mit eschatologischen Imaginationen immer wieder in Erziehungsphantasien – beispielsweise der Reformpädagogen – hinein; ‹Anfang und Ende› hatte für ein Denken in Evolutionen, wie es für den pädagogischen Entwicklungsbegriff typisch ist, seit Beginn bewußter Kinderbeobachtung Bedeutung; und es diente der Erziehungskunstlehre – seit dem 18. Jahrhundert auch als Technologie zu bezeichnen[110] – zur Beschreibung ihrer Organisationsformen. ‹Anfang und Ende›, das meinte freilich in jedem Sprachgebrauch mehr als ein paar Zeitpunkte, es bezeichnete stets Zustände. In seinen gesellschaftlichen Verwendungszusammenhängen konnte ‹Anfang und Ende› der Menschheit, der Gesellschaft, der Schule, dem Individuum zugeordnet werden, es konstatierte eine doppelte Notwendigkeit; der galten beide Faktoren als gleichgewichtig, sie waren Elemente einer Fatalität, die freilich nur unter bestimmten Bedingungen einem Beobachter akzeptabel sein mochte. Solche fatale Gleichgewichtigkeit des Anfangs und des Endes wird sich in der Retrospektive am ehesten herstellen, jedenfalls aus einer Distanz, da nichts entschieden werden muß und auf nichts gehofft werden kann und nichts zu beweinen bleibt.

Diese Voraussetzungen trafen auf die Pädagogik jedoch nicht zu. Mit Pädagogik sollte eine eigene Lebenswelt erzeugt werden, sie nahm den Charakter einer Epoché an: bewußt eingeklammertes Leben, die Insel, auf der Nutzen Vernunft stiftet. Zwar wurde von Pädagogen regelmäßig gezweifelt, ob ihre real institutionalisierten Einrichtungen für das tatsächlich stattfindende Lernen für das Leben ausreichend wären, weshalb ständig an einigen der Inseln renoviert wurde, denn die Inselwelt als solche sollte bleiben. Sie blieb als organisierte Lebensumwelt wie in Gestalt eines Entfaltungsraums für innerliche Anlagen, beides jeweils mit eigener Zeitrechnung: Curriculum bzw. Entwicklungsphasen. Das Betreten des Bildungsraums führte bei den zugelassenen Individuen zu einer Statusveränderung, die als notwendig anerkannt war. Der richtige Zeitpunkt für den Eintritt ergab sich aus Überlegungen, wann das Anfangen beim Kind seine größte Chance habe, eine prinzipielle Frage für notwendig allgemeine Regelungen. Der richtige Zeitpunkt für den Austritt ergab sich jeweils aus den individuellen Chancen für ein Gelingen des Lebensanfangs, eine spezifisch zu beantwortende Frage für relativ willkürliche Regelungen. Das Wort ‹Anfang› war mit pädagogischer Emphase zu intonieren, nicht so ‹Ende›. Die Pädagogik besaß das Privileg des Anfangs, der war identisch mit der Kind-Imago. Darin kulminierte sie: Sinn am Anfang.[111] Eine Uchronie will die Welt anfangen, nicht überwinden; der Anthropologie galt Fleisch nicht wie Gras, die Welt war ihr Lebenswelt, bleibende Statt, sie zielte nie auf eine Utopie; und die Pädagogik dachte nur anthropologisch, sie akzeptierte Leib und Welt und spekulierte auf deren Zukunft.

Für die abendländisch-religiösen Utopien hatte ein Privileg des Endes, die Eschatologie mit dem Neuen Jerusalem gegolten. Die konstruktiven Anthropologen, die Pädagogen, nannten für den Menschen ‹natürlich› nicht das, was sich an dessen Ende zeigte, sondern sein Anfängliches.[112] Das alte Ende wurde von der Pädagogik vorverlegt, es erschien als Voraussetzung des Anfangens, die Eschatologie ereignete sich individualgeschichtlich und hieß ‹Krise›, Nachfolgeinstanz insbesondere der Taufe, voller Tod-Wiedergeburt-Magie, jedenfalls ‹Neuanfang›, ohne solche Krise auch heute noch keine Sozialisation, die zur Identität führte. Der Schiffbruch Robinsons war schließlich die Eingangsbedingung für das rechte Betreten der Vernunftinsel gewesen.

Es bedürfte, so läßt sich folgern, radikaler Entmythologisierung, um von einer anthropologischen Anfang-Ende-Haltung zu einer technologischen Beginn-Schluß-Haltung zu gelangen. Vor allem brauchte es einen Verzicht auf die Institutionalisierungen des Schiffsuntergangs, wozu Rousseau schon durchaus bereit schien, freilich ebenso auf die der Insel, und das hieße bedingungslose Aufhebung der jahrgangsweisen Kasernierung der Schulpflichtigen, überhaupt Abschaffung der Schulpflicht, vielleicht zugunsten einer Unterrichtspflicht. Dann könnte man ‹beginnen›. Verzicht auf das mythische Privileg des Anfangs würde fordern: (1) kein Schiffsuntergang mehr, Verzicht auf den eigenen Status des Lernenden, auf die Transfiguration zum Schüler; (2) keinerlei Insel mehr, Ende der Kasernierung und aller anderen spezifisch pädagogischen Raumordnungen; und (3) Schluß mit der allgemeinen jahrgangsweisen Schulbesuchspflicht, gar auf festgelegte Lebensepochen hin festgelegt, vielmehr Übergang zu irgendwelchen von Fall zu Fall frei zu vereinbarenden Terminen für Lernveranstaltungen.

Diese Forderungen scheinen heute nicht einmal erhebbar, weniger denn je. Statt dessen deutet der erziehungswissenschaftliche Sprachgebrauch von ‹Krise› als ‹Neu-Anfang›, im Sinne notwendiger Elemente ebenso des Erziehungs- wie des Sozialisationsprozesses, darauf hin, wie tief eine Entmythologisierung der Pädagogik anzusetzen hätte. Unterrichtstechnologische Innovationen genügten keinesfalls, unterrichtstechnologisch wäre Schulpflicht nie nötig gewesen, seit langem behindert sie die Wirksamkeit methodischer Lernorganisation. Weil es darum ging, «daß der Mensch als Kind anfängt», war die Verbindlichkeit allgemeiner Schulpflicht ebenso notwendig wie im Mittelalter die verpflichtende Einführung der Individualbeichte. Die Depressionen der Gesellschaft freilich können wohl bislang so durch die Kind-Imago nicht, aber ebenso nicht anders aufgefangen werden: «Durchstreichen und Weitergehen» hieß die Formel, nach welcher in Strindbergs «Totentanz» gelebt wurde; das war, als man «das Jahrhundert des Kindes» proklamierte.[113] Haben Ellen Key und Strindberg voneinander gewußt? Sie schrieben jeweils die Hälfte des Satzes, die der andere löschte.

Zum Verständnis des pädagogischen Anfangens gab es zwei Anleitungen, Naturgeschichte und Theologie, an beiden wurde sich orientiert, seit das moderne Erziehen sein Amt antrat.

Der Mensch sollte als Kind seinen Anfang machen, indem er die Natur vollendete, denn naturgeschichtlich war er «letztes Glied einer Kette und erstes Glied einer neuen, höheren Gattung»[114], sowohl «Vorübung, die Knospe zu einer zukünftigen Blume», als auch «das verbindende Mittelglied zweier Welten». Naturgeschichtliche organologische, theologisierende, entfremdungsbewußte Deutungen amalgamierten die pädagogischen Anthropologien, die von Herder bis Nohl und bis in heutige Wiederbelebungen des Schemas den Aufbau des Kindes als anatomische, biologische, physiologisch-psychologische, gesellschaftliche Existenz abbildeten und die eine «zweite Geburt»[115] durch das Erwachen des Bewußtseins und die damit einsetzende Intervention der Erziehung konstatierten. Dieser doppelten Bindung entsprach es, das Kind der Pädagogik nicht im Mutterleib beginnen zu lassen, sondern im Aufwachsen, da es sich durch seine Ichheit selbst unterschied.[116]

Die institutionelle Nachfolge der Theologie bzw. Kirche durch die Pädagogik bzw. Schule rückte das Kind in die Nachfolge der Katechumenen und Täuflinge. Das Stirb und Werde der Taufe, der Täufling vollzog Tod und Auferstehung Christi durch Eintauchen und Buße nach, konnte in Analogie zu organischen Wachstumsvorgängen verstanden werden, so bei Herder, gegen den Kant einwendete, er sehe keine Ähnlichkeit mit dem aus der Puppe sich entwickelnden «fliegenden Tierchen... Was nun aber das unsichtbare Reich wirksamer und selbständiger Kräfte anlangt, so ist nicht wohl abzusehen, warum der Verfasser (Herder), nachdem er geglaubt hat aus den organischen Erzeugungen auf dessen Existenz sicher schließen zu können, nicht lieber das denkende Prinzip im Menschen dahin unmittelbar, als bloß geistige Natur, übergehen ließ...»[117] Der Übergang wurde schulpädagogisch in Analogie zum kirchlichen Ritus organisiert: ein Rechtsakt mit Zeugen. Es ging einst um das Anrecht auf die Gotteskindschaft[118], wofür die Paten bürgten; es ging nunmehr um einen Anfang als das Kind, gleich wie jedes und frei wie jedes. Bürge war der Lehrer, der das Kind in Klausur nahm, es so den anderen gleichstellte und von seiner Erblast befreite.

Er war nicht der Vater[119], sondern statt dessen der Pate; er kultivierte statt der Triebe die übergeschlechtliche Menschheit, sie eigentlich hatte seit dem 18. Jahrhundert die sogenannte Knabenerziehung im Auge; statt der ererbten Vorurteile nun neues Wissen von Anfang an (Anschauungskunst und Elementarbildung), statt häuslicher Zufallserfahrungen nun das Insgesamt der Welt nach dem Lebenssinn geordnet (Repräsentation, Curriculum).

‹Anfang› hieß für das Kind als Schüler Eintritt in die Organisation des allgemeinen Lernens, ‹Ende› hieß dementsprechend Entlassung daraus, und das zu irgendeinem Punkt der externen Chronologie. In der Schulsprache ging es dabei um ‹Einschulung› und ‹Matur›. Zwischen dem Anfang und seinem Ende lag die Ausdehnung des pädagogischen Subjekts in den Lernraum, ein Weg. Eine Spur dort hindurch sollte die Expansion des kindlichen Selbst ablesbar machen. Auf den Eintritt folgte der Weg Schritt für Schritt. Nicht der Weg des Pilgers auf ein Ziel am Ende hin, dem er schrittweise näher und näher kommt; nicht der Weg dessen, der durchs Labyrinth der Welt treibt, zwischen den vielen sich verlierend.[120] Die Schritte der Bildung reihten fruchtbare Augenblicke der Einsicht[121], jeder in sich bedeutsam, als glückliche Verluste mangelhafte Urteile hinter sich lassend, ererbte Vorurteile wie schiere Unwissenheit; und da dem hier Eingetretenen jeder Schritt Weges ein Mehr an Eigentümlichkeit, ein Mehr an Selbstsein mit sich brachte, kam er sich selbst näher, das unterschied ihn vom Pilger; er wurde sich seiner und seiner Welt mehr und mehr bewußt, das unterschied ihn vom Massenmenschen. Damit stellt sich noch einmal die Frage nach den Gestaltungsprinzipien, denen die Sehnsuchtsprojektionen unterliegen, nach den pädagogisch imaginierten Dimensionen, den Räumen, Zeiten und Figurationen, wie sie nun in einem Bogen zum Bild des ganzen Weges geordnet werden sollten.

Solche Zeichnung des Bildungsweges stammte aus der Tradition des Gleichnisses vom Verlorenen Sohn in der Auslegung, die der Robinson-Roman der biblischen Erzählung gegeben hatte. Wer mit bildungstheoretisch getränkten Worten versuchte, die Parabel nachzuerzählen, hätte notwendige Gewißheits- und Wissensuntergänge zu benennen, wie sie möglich wurden, weil der Held sich für die Ferne entschied, deren unwiderstehliche Faszination ein erster Beweis seines Wissensdurstes gewesen war. Das ihn behütende Vaterhaus hielt ihn in Unwissenheit, das Rettende lag in der Gefahr. Und in der Fremde angekommen, was zählten da die zufällig an Land gebrachten Exemplare der Überlieferung? Nein, lebenswichtig war einzig sein Wille, die Dinge endlich zu begreifen. Autonomie führte zur Gnade. Nicht die Rückkehr ins Vaterhaus, vielmehr «eine zeitlos zu verstehende Umkehr zum im gegenwärtigen Leben enthaltenen und nur verborgenen Wesensursprung»[122], führte zur neuen Heiligkeit, der Identität[123]. Die verschiedenen Pädagogen sahen den Sohn verschieden weit weg von Vater und Erbe; Rousseau entfernte den Vater ganz, Campe brachte ihn in eine transzendentale Gegenwart zurück.[124] Herder ähnlich: «Mit erhabnem Blick und aufgehobnen Händen stehet er da», der Mensch in der Welt, «als ein Sohn des Hauses den Ruf seines Vaters erwartend.»[125]

Das Gleichnis darf in bildungstheoretischem Zusammenhang keineswegs als lediglich eine Metapher angesehen werden, denn es enthält zugleich eine Definition des Kindes in bezug auf seinen Charakter als Erben; darüber hinaus appelliert es an die Väter, der Autonomie der Kinder zu vertrauen und innezuhalten, wenn die sich aufmachten. Experimentierende Väterlichkeit wurde von den Pädagogen herausgefordert, die Tagebücher über die Entwicklungen von Säuglingen schreiben hießen, denn Betrachtung erforderte den Mut zur Freilassung. Was gab es da am Kind zu sehen? Nichts Geringeres als den Menschen, der anfängt, indem ihn das Leben lehrt, vermöge seiner Vernunftkräfte das Ganze zu überblicken, seinerseits alle anderen Wesen zu beobachten, zu berechnen und deren Bewegungen und Wirkungen vorauszusehen, somit alles auf sich zu beziehen. Das bekannte der savoyische Vikar, und der Sohn Piagets befolgte es, da sein Vater an ihm die Geburt der Intelligenz beobachtete.[126]

Jean Peagets Blick wußte, wie sicher Vernunft seinen Laurent auf ihrer Bahn lenken werde, und aus bewußter Distanz sah er den Sohn schon an der Mutterbrust Wahrheitsfragen stellen, Lippen und Hände waren ihm die recht geleiteten Instrumente der Vernunft, was konnte menschliches Wissen den Sohn mehr lehren? In der Art, wie Piaget die Intelligenzentwicklung Laurents darstellte, folgte er in seiner Theorie einem narrativen Prinzip; er erzählte die Emanation des lumen naturale. Sein Bildungsroman «schließt zwischen Anfang und Ende das Wesentliche seiner Totalität ein, erhebt damit ein Individuum auf die unendliche Höhe dessen, der durch seine Erlebnisse eine ganze Welt zu schaffen und das Geschaffene im Gleichgewicht zu halten hat», hier ist «die Entwicklung eines Menschen der Faden..., auf den die ganze Welt aufgeknüpft und durch den sie abgerollt wird...»[127] Die Entwicklungspsychologie Piagets wie die Romantheorie von Lukács enthielten eine Apologie des werdenden Individuums, welches das Abenteuer des Eigenwertes seiner Innerlichkeit bestand, als ob ihm aus dem Zerfall ererbten ökonomistischen Denkens naturhaftes Leben entspränge. Die «Epopöe der gottverlassenen Welt» bildete die Wanderung des problematischen Individuums zu sich selbst ab, das «jeder Weg zum Wesen, nach Hause führt», «denn für diese Seele ist ihre Selbstheit die Heimat». «Transzendentale Obdachlosigkeit», eine Bedingung der Möglichkeit wahrer Bildung, brachten – hochfahrend wie beklommen – die pädagogischen Paraphrasen des Verlorenen Sohnes zum Ausdruck.

Auch wer die Tatsache der transzendentalen Obdachlosigkeit nicht bezweifelt, kann mit Fug bezweifeln, ob sie für die einzelnen oder überhaupt und auf Dauer auszuhalten war. Offensichtlich wurden ständig gegen sie Gehäuse errichtet; die Pädagogik suchte mehrfach Zuflucht unter dem Dach von Weltanschauungen wie etwa den theosophischen, das ‹Vom Kinde aus› mit einer rituellen pädagogischen Lebensweltorganisation ließ die Pädagogik selber zur Weltanschauung werden. Diese Gehäuse werden inzwischen auch als Steinbruch genutzt oder als Ruine sentimentalisiert. Jede Gegentheorie zur Pädagogik, sie wäre erst noch auszudenken, stünde vor dem Problem, ob sie die Trostfunktion und die Verwaltung von Lebensfragen, deretwegen die Pädagogik schwer entbehrlich scheint, übernehmen wollte.

Vielleicht aber findet sich der Mensch gar nicht mehr so erklärungsbedürftig? Vielleicht, sich selber gegenüber etwas gleichgültiger geworden, interessiert man sich nicht mehr besonders für den Menschen? Bildeten sie keinen ausreichenden Markt mehr, entfiele eine der Voraussetzungen für Pädagogik und Anthropologie, wie sie waren.

Anmerkungen

1 Vgl. Neue Sammlung 25 (1985), Heft 4, mit den Beiträgen von H. Giesecke, H. v. Hentig und K. Wünsche, dazu dort S. 484 f die Literatur zum Thema «Grenzen der Erziehung»; sowie Zeitschrift für Pädagogik (Z. f. P.) 33 (1987) mit den Beiträgen von D. Benner, K. Göstemeyer, U. Herrmann, D. Lenzen, K. Mollenhauer und J. Oelkers.

2 M. Heidegger: Zur Sache des Denkens. Tübingen 1966, bes. S. 63 f.

3 M. Merleau-Ponty: Das Sichtbare und das Unsichtbare. München 1986, S. 215.

4 Als ein Beispiel könnte der Fall Peter Petersen angesehen werden; vgl. dessen Äußerungen von 1937 im Vorwort zur «Führungslehre des Unterrichts». Braunschweig [6]1959, S. 6: «Befreit von den Illusionen eines fortschrittsgläu-

bigen, vernünftigen, aufgeklärten und daher ‹liberal›istischen Zeitalters fand das Denken zurück zur Wirklichkeit...»

5 Vgl. D. Benner in Z. f. P., a. a. O., S. 81.

6 Vgl. Zitat Rothacker, in J. Hoffmeister: Wörterbuch der Philosophischen Begriffe. Hamburg 1955, S. 467 («Philosophia perennis»).

7 I. Kant: Kritik der reinen Vernunft. Vorrede zur ersten Ausgabe 1781, A 1.

8 W. Bühl: Kultur als System. In: Kölner Zeitschrift für Soziologie und Sozialpsychologie, Sonderheft 27 (1986), S. 118.

9 J. F. Lyotard: Apathie in der Theorie. Berlin 1979, S. 22.

10 W. Klafki: Die Bedeutung der klassischen Bildungstheorien für ein zeitgemäßes Konzept allgemeiner Bildung. In: Z. f. P. 4 (1986), S. 459 und 474.

11 M. Merleau-Ponty, a. a. O., S. 30.

12 Vgl. W. Brezinka: Grundbegriffe der Erziehungswissenschaft. München 1981, S. 158 – 199.

13 M. Foucault: Die Ordnung der Dinge. Frankfurt/M. 1974, S. 377 ff; vgl. dazu H. Dreyfus/P. Rabinow/M. Foucault: Jenseits von Strukturalismus und Hermeneutik. Frankfurt/M. 1987, S. 51 ff.

14 Zur Emblematik der beginnenden Moderne, die ganz auf Motive des Faszinosum konzentriert ist: J. Starobinski: 1789. Die Embleme der Vernunft. Paderborn 1981.

15 Foucault, a. a. O., S. 458.

16 Foucault, a. a. O., S. 462.

17 Vgl. D. Kamper/Ch. Wulf (Hg.): Die Wiederkehr des Körpers. Frankfurt/M. 1982; dort die Beiträge von Baudrillard, Mattenklott und Tibon.

18 C. Castoriadis: Durchs Labyrinth, Seele, Vernunft, Gesellschaft. Frankfurt/M. 1983, S. 192.

19 I. Kant, a. a. O., Einleitung, A 5.

20 I. Kant, a. a. O., B 197.

21 I. Kant, a. a. O., B 33.

22 Vgl. die Bedeutung der Pädagogik Fichtes und der Herbartianer für die Genese der Psychoanalyse: M. Dorer: Historische Grundlagen der Psychoanalyse. Leipzig 1932, und O. Marquard: Transzendentaler Idealismus/Romantische Naturphilosophie/Psychoanalyse. Köln 1987.

23 W. Dilthey: Einleitung in die Geisteswissenschaften. Bd. 1 der Gesammelten Schriften. Leipzig 1922, S. 351 f.

24 H. Blankertz: Was heißt: ein Bildungswesen pädagogisch verbessern? In: J. Derbolav (Hg.): Grundlagen und Probleme der Bildungspolitik. München 1977, S. 80.

25 T. Grammes: Reform. In: Enzyklopädie Erziehungswissenschaften. Hg. v. D. Lenzen. Bd. 1. Stuttgart 1983, S. 513.

26 N. Luhmann/K. E. Schorr: Strukturelle Bedingungen von Reformpädagogik. In: Z. f. P. 4 (1988), S. 468.

27 Vgl. M. Sahlins: Kultur und praktische Vernunft. Frankfurt/M. 1981, bes. S. 310.

28 Andrey Georgieff: Nackte Körper und die Gloriole des Heiligen. In: D. Kamper/Ch. Wulf (Hg.): Das Heilige. Seine Spur in der Moderne. Frankfurt/M. 1987, S. 387; vgl. P. Berger/B. Berger/H. Kellner: Das Unbehagen in der Modernität. Frankfurt/M. 1987, S. 79.

29 Nach Ellen Key und Berthold Otto; gegen sie vor allem richtete sich die Kritik Heydorns, es handle sich bei der Reformpädagogik um den Versuch einer creatio ex nihilo, was nur die Fundamentalisten trifft; in der Gegenwart vor allem die Anti-Pädagogen und Vertreter der Alternativ-Schulen.

30 Foucault, a. a. O., S. 358.

31 Ich begebe mich vom Diskurs zum historischen Bericht und wähle das Imperfekt. «Den beiden Ebenen gemeinsam ist das Imperfekt» (E. Benveniste: Probleme der allgemeinen Sprachwissenschaft. München 1974, S. 270).

32 C. Diem/M. Langeveld: Untersuchungen zur Anthropologie des Kindes. Heidelberg 1960, S. 3.

33 W. Loch; zit. in Diem/Langeveld, a. a. O., S. 3f.

34 Vgl. H. Weil: Die Entstehung des deutschen Bildungsprinzips. Bonn 1967, bes. S. 59, 83; weiter zurück verfolgt dieses Prinzip (bes. zu Klopstock) Rudolf Lennert: Das Drama der Bildungsworte. In: Neue Sammlung 6 (1981), S. 506.

35 Zu diesem Konzept E. Durkheims vgl. U. Raulff (Hg.): Mentalitäten-Geschichte. Berlin 1987, S. 60, und zur Problematik einer solchen Geschichtsschreibung dort S. 12f.

36 Eine vollständige Geschichte der Pädagogischen Anthropologie seit ihren Anfängen fehlt m. W. bisher. Zum Beginn im 18. Jh. vgl. R. Roeßler: Die Entstehung des modernen Erziehungswesens in Deutschland. Stuttgart 1961, und U. Herrmann (Hg.): Die Bildung des Bürgers. Weinheim 1982 (mit einem eigenen Beitrag über Campe).

37 Vgl. Raulff, a. a. O., S. 11.

38 Fr. Schleiermacher: Pädagogische Schriften 1. Hg. v. E. Weniger/Th. Schulze. Frankfurt/M. 1984.

39 Schleiermacher, a. a. O., S. 14ff.

40 Schleiermacher, a. a. O., S. 417.

41 Schleiermacher, a. a. O., S. 14, zum Problem, ob Erziehung vor der Geburt einsetze; vgl. bei Klopstock in Lennert (a. a. O.) und bei Campe in Herrmann (a. a. O.).

42 A. Langewand: Das Ende der Erziehung und ihrer Theorie. In: Z. f. P. 4 (1987), S. 520, 518.

43 Schleiermacher, a. a. O., S. 76f.

44 Vgl. M. Merleau-Ponty: Phänomenologie der Wahrnehmung. Berlin 1966, S. 458f, von mir als Kategorie der Schleiermacherschen Beobachtungen unterlegt, die durchweg phänomenologischen Prinzipien folgen; s. u. zu «Reichweite» und «Atmosphäre».

45 Schleiermacher, a. a. O., S. 196; zur Aufgabe, den eigenen Säugling zu beobachten, vgl. Roeßler, S. 267f und 429f: Journal eines Vaters über sein Kind.

46 Zur Geschichte der Entelechie und der «Lebensgeister» vgl. M. Putscher: Pneuma, Spiritus, Geist. Wiesbaden 1973, S. 25, 60 und 77.

47 Schleiermacher, a. a. O., S. 169f; vgl. Schütz/Luckmann: Strukturen der Lebenswelt. Frankfurt/M. 1979.

48 Schleiermacher, a. a. O., S. 173; vgl. H. Tellenbach: Geschmack und Atmosphäre. Salzburg 1968.

49 Schleiermacher, a. a. O., S. 133, 136.

50 Schleiermacher, a. a. O., S. 228.

51 O. F. Bollnow: Krise und neuer Anfang. Heidelberg 1966, bes. 10 (Lebenskrise), 34 (Anfang und Verjüngung). «Anfang» heißen bei ihm Schuleintritt, Beginn von Studium und Ehe, neue Wohnung: räumliche und rechtliche Bestimmungen.

52 Wittig, in E. König/H. Ramsenthaler (Hg.): Diskussion Pädagogische Anthropologie. München 1980, S. 241; vgl. auch R. Süßmuth/R. Rettinger: Sozialisation, familiale. In: Enzyklopädie Erziehungswissenschaften. Hg. D. Lenzen. Bd. 6. Hg. v. J. Zimmer. Stuttgart 1984, S. 388 und dort zur Formel «Krise-Identität» U. Peukert: Identitätsentwicklung, S. 326.

53 Schleiermacher, a. a. O., S. 199

54 Schleiermacher, a. a. O., S. 203.

55 Schleiermacher, a. a. O., S. 228.

56 Schleiermacher, a. a. O., S. 153.

57 Schleiermacher, a. a. O., S. 206f.

58 O. Marquard (1971), a. a. O., S. 221.

59 I. Scheffler: Die Sprache der Erziehung. Düsseldorf 1971, S. 69.

60 K. Mannheim: Ideologie und Utopie. Frankfurt/M. 1965, S. 179. A. Doren: Wunschräume und Wunschzeiten. In: Vorträge der Bibliothek Warburg. Leipzig 1927, S. 158ff.

61 L. B. Alberti: Vom Hauswesen. München 1986; dort auch die folgenden Zitate, S. 25ff.

62 Z. B. in W. Rein: Handbuch der Pädagogik. Langensalza 1899; «Selbsttätigkeit» im 6. Bd., bes. S. 618f.

63 C. B. MacPherson: Die politische Theorie des Besitzindividualismus. Frankfurt/M. 1973, S. 163.

64 A. Assmann: Das Kind als Vater. In: H. Tellenbach (Hg.): Das Vaterbild im Abendland II. 1978, S. 48ff.

65 J. A. Comenius: Große Didaktik. Hg. v. H. Ahrbeck. Berlin 1957, S. 171.

66 Zit. nach R. Alt: Der fortschrittliche Charakter der Pädagogik Komenskys. Berlin 1953, S. 84f.

67 J. H. van d. Berg: Metabletica. Über die Wandlung des Menschen. Göttingen 1960, S. 87; R. Koselleck: Vergangene Zukunft: Zur Semantik geschichtlicher Zeiten. Frankfurt/M. 1979.

68 Vgl. J. A. Comenius: Orbis sensualium pictus. Neudruck Dortmund 1979, Vortrag III: «Aller vornehmsten Welt-Dinge und Lebensverrichtungen... die Wissenschaft der vornehmsten Welt-Dinge...» Vgl. K. Mollenhauer: Vergessene Zusammenhänge. München 1984, S. 52f.

69 N. Luhmann: Codierung und Programmierung. Bildung und Selektion im Erziehungssystem. In: H. E. Tenorth (Hg.): Allgemeine Bildung. München 1986, bes. S. 158 und 163f.

70 A. N. Whitehead: Wissenschaft und moderne Welt. Frankfurt/M. 1984, S. 117.

71 M. Heidegger: Sein und Zeit. Tübingen 1953, S. 385.

72 O. Negt: Schule als Erfahrungsprozeß. In: Ästhetik und Kommunikation 22/23 (1975/76), S. 38.

73 P. Ricœr: Narrative Funktion und menschliche Zeiterfahrung. In: Romantik. Hg. v. V. Bohn. Frankfurt/M. 1987, S. 70f.

74 Whitehead, a. a. O., S. 31.
75 Vgl. J. A. Comenius: Große Didaktik, Kap. XVI und XVII.
76 G. Michel: Die Welt als Schule. Hannover 1979, S. 164.
77 Aus den Mémoires d' Outretombe: zit. nach J. Starobinski, a. a. O., S. 190.
78 E. Key: Das Jahrhundert des Kindes. Berlin [14]1908, S. 275.
79 M. Merleau-Ponty: Die Prosa der Welt. München 1984, S. 118: «weil die gegebene Sprache... schon bereit ist, alles in Erwerb zu verwandeln, was er (der Schreibende) an neuen Bedeutungen hervorbringt.»
80 Vgl. H. Blumenberg: Schiffbruch mit Zuschauer. Frankfurt/M. 1979, S. 58 ff: «Der Zuschauer verliert seine Position», wo auf Poe nicht eingegangen wird (E. A. Poe: Das Manuskript in der Flasche. In: Gesamtausgabe. Hg. v. Th. Etzel. Bd. 5. Berlin o. J., S. 11 ff).
81 Blumenberg, a. a. O., S. 39.
82 Merleau-Ponty, a. a. O., S. 118 f.
83 Immer wiederkehrende Orientierung am Code: M. Sahlins, a. a. O., S. 310.
84 R. Koselleck: Die Verzeitlichung der Utopie. In: Utopieforschung. Hg. v. W. Vorskamp. Frankfurt/M. 1985, S. 1 ff.
85 O. Marquard: Schwierigkeiten mit der Geschichtsphilosophie. Frankfurt/M. 1982, S. 92 f, 196.
86 Vgl. K. Wünsche: Die Endlichkeit der Pädagogischen Bewegung. In: Neue Sammlung 4 (1985), S. 437 f.
87 Vgl. O. Marquard (1987), a. a. O., S. 16, 259 ff; und M. Dorer, a. a. O., S. 53, 64 ff.
88 J. J. Rousseau: Über Ursprung und Grundlagen der Ungleichheit. Berlin 1955, S. 40.
89 I. Scheffler: Of human potential. Boston 1985.
90 I. Kant: Kritik der reinen Vernunft. B 133; vgl. B. Lypp: Das authentische Selbst. In: Neue Rundschau 3 (1981), S. 87 ff.
91 O. F. Bollnow: Mensch und Raum. Stuttgart 1984.
92 E. Durkheim: Die Entwicklung der Pädagogik. Weinheim 1977, S. 29 ff.
93 R. Alt: Vorlesungen über die Erziehung auf den frühen Stufen der Menschheitsentwicklung. Berlin 1956.
94 Vgl. K. Rutschky: Schwarze Pädagogik. Frankfurt/M. 1977, S. 143 und 239, oder in Jahrbuch für Lehrer 5, S. 215 ff: «Körperschule» (bes. U. Hausmann: Schule und Militär).
95 C. Castoriadis (1983), a. a. O., S. 10.
96 H. Rumpf: Belebungsversuche. München 1987 – einer der wichtigsten Versuche in letzter Zeit, Phänomenologie zur Kultivierung von Didaktik zu nutzen.
97 B. Waldenfels: In den Netzen der Lebenswelt. Frankfurt/M. 1985, S. 19.
98 Castoriadis, a. a. O., S. 20.
99 J. Zinnecker (Hg.): Der heimliche Lehrplan. Weinheim 1975; H. Rauschenberger (Hg.): Unterricht als Zivilisationsform. Königstein/Wien 1985.
100 J. Oelkers: Die Wiederkehr der Postmoderne. In: Z. f. P. 1 (1987), S. 34; zur Frage der «Un-Pädagogik» vgl. K. C. Lingelbach: Unkritische Bildungstheorie. In: Z. f. P. 4 (1988), S. 532.
101 J. H. v. d. Berg, a. a. O., S. 237.

102 Castoriadis, a. a. O., S. 20.

103 Titel eines Vortrags von J. Oelkers, Freiburg 1984 (Ms.); zu den anderen Tendenzen vgl. Heft 1 (1987) der Z. f. P. mit den Beiträgen von K. Mollenhauer und D. Benner; die Diskussion in der Deutschen Gesellschaft für Erziehungswissenschaft dazu vgl. Beiheft 21 zur Z. f. P., S. 19 – 34.

104 Vgl. H. v. Hentig: Ende, Wandel oder Wiederherstellung der Erziehung. In: Neue Sammlung 4 (1985), S. 484 f.

105 J. Oelkers: Die Reformpädagogik. In: Westermanns pädagogische Beiträge 6 (1986), S. 37 f.

106 Vgl. J. Zimmer: Die vermauerte Kindheit. Weinheim 1986, und den Video-Film H. v. Hentigs über die Laborschule Bielefeld (1987).

107 Im Wortsinne das «Innehalten», Grundlage der «Verfremdung des Alltäglichen» bildete selbst das Alltägliche, den «schrägen Blick». Vgl. B. Waldenfels: In den Netzen der Lebenswelt. Frankfurt/M. 1985, S. 53.

108 Vgl. N. Luhmann: Anfang und Ende, Probleme einer Unterscheidung. (Ms.) 1987, S. 3 f.

109 Vgl. I. Scheffler (1971), a. a. O.

110 J. Beckmann: Anleitung zur Technologie. Göttingen 1780, S. 17 f, und ders.: Anfangsgründe der Naturhistorie. Göttingen 1787, Vorrede.

111 H. Weil, a. a. O., S. 265.

112 R. Spaemann: Das Natürliche und das Vernünftige. München 1987, S. 24.

113 E. Key: Das Jahrhundert des Kindes. Erste Ausgabe Stockholm 1900; A. Strindberg: Totentanz (Dödsdansen), geschrieben bis 31. 10. 1900.

114 J. G. Herder: Ideen zur Philosophie der Geschichte der Menschheit, 1. Teil 5. Buch (1784).

115 F. Ullrich: Kind I. In: Lexikon der Pädagogik. Hg. v. H. Rombach. Bd. 2. Freiburg 1970.

116 Vgl. Kants Rezension von Herders «Ideen zur Philosophie der Geschichte der Menschheit», Teil 1. In: Kants Werke VIII. Berlin 1968, S. 51.

117 Kant, a. a. O., S. 53.

118 Diem/Langeveld, a. a. O.

119 Die Karikatur des prügelnden Kastrierten bestraft den Lehrer für seine Nicht-Vaterschaft; vgl. J. G. Schummel: Spitzbart. Eine komi-tragische Geschichte für unser pädagogisches Jahrhundert (Neuausgabe Leipzig 1983), gegen Basedow gerichtet als Tabubrecher im Namen eines Erziehungsrealismus. Und: Th. W. Adorno: Tabus über den Lehrerberuf. In: Stichworte. Kritische Modelle 2. Frankfurt/M. 1969, S. 76 f.

120 So bei J. A. Comenius: Labyrinth der Welt. Leipzig 1962; J. H. Pestalozzi: Meine Nachforschungen... In: Ausgew. Werke II. Berlin 1963, S. 211; vgl. zu «Masse» bei Schleiermacher, a. a. O., S. 470.

121 Im Sinne von F. Copei: Der fruchtbare Moment im Bildungsprozeß. Heidelberg 1955, S. 28 ff (zu den «Stadien»).

122 Bollnow (1966), a. a. O., S. 19.

123 D. Lenzen: Heilige Identität. In: D. Kamper/C. Wulf (Hg.): Das Heilige. Frankfurt/M. 1987.

124 J. H. Campe: Robinson der Jüngere (1780). (Ausgabe) Leipzig 1934.

125 Herder, a. a. O., 3. Buch, VI.

126 J. J. Rousseau: Emile. 4. Buch, S. 326 und 253; J. Piaget: Das Erwachen der

Intelligenz beim Kinde. Stuttgart 1969; K. Wünsche: Vater Piaget. In: Emile, Heft 3 (1988) («Dreieck»).

127 G. Lukács: Die Theorie des Romans. Darmstadt 1971, S. 71; folgende Zitate S. 14, 77, 70 und 32.

Gert Mattenklott

Ästhetische Anthropologie
in Goethes zweitem «Faust»

Im «Wilhelm Meister» läßt Goethe sagen, daß dem Menschen der Mensch doch immer das Interessanteste bleibe. Einige Jahre vorher, als er «Wilhelm Meisters theatralische Sendung» schrieb, hätte er es noch selbst gesagt. Vom Menschen spricht er statt dessen jetzt nur noch relativierend ironisch. Aus dem sendungsbewußten Genie Wilhelm, der aufbricht, sich als Künstler zu verwirklichen, ist ein Talent des Lebens geworden. Den Helden läßt er zwar noch «streben», aber ohne Ziel. Das Streben selbst ist eigentlich bereits ein Irrtum, philosophisch gesehen; denn nicht nur seiner Verhältnisse ist Wilhelm nicht mächtig – seiner selbst auch nicht. Was er sagt, ergibt sich ein ums andere Mal aus Situationen, mit deren Zufälligkeit die ernsthaft-gravitätischen Deutungen, die der Held ihnen monologisierend gibt, komisch kontrastieren.

Aus dem Leben empfängt der Held sein Ich, zuerst aus den Augen einer, die selbst Schauspielerin ist. Entsprechend ungewiß bleibt seine Identität. Ohne die Illusion, er hätte eine, würden freilich die Langeweile und der chaotisierende Übermut, die stets bedenklich im Hintergrund lauern, über allem zusammenschlagen. Das rohe Leben hat nichts zu bieten, was es lohnen könnte, sich auf den Weg zu machen. So bedarf es der Kunst, um darein verstrickt zu werden. Philine, die vom Fenster gegenüber winkt, Hetäre aus den Trümmern eines Theaters. Das Interesse am Menschen ist grund- und bodenlos – nicht zwei Augenblicke lang sind wir dieselben, zitiert Goethe Heraklit mit einem Seitenblick auf die zeitgenössische psychologische Erkenntnistheorie («Dauer im Wechsel»). Aber der Fortgang des Lebens ist ein Indiz, daß dieses Interesse im einzelnen und in der Gattung unverwüstlich zu sein scheint. Von Fortschritt zu reden, wäre angesichts von Wilhelms Meisterung des Lebens allerdings frivol; allerhand, daß es überhaupt weitergeht.

In seiner Antrittsrede «Was ist und zu welchem Ende studieren wir Universalgeschichte?» flicht Schiller in seine Unterscheidung von Brotgelehrten und philosophischen Köpfen eine Bemerkung, die in diesen Zusammenhang gehört. Die teleologischen Konstruktionen der Uni-

versalgeschichte des Gattungswesens Mensch wären in einem gewissen
Sinne ‹optische Täuschungen› über das Leben der Kreatur zwischen Geburt und Tod. Dergestalt verbündet sich die Kunst des tröstenden
Scheins mit der Geschichtswissenschaft, um einen universalen Raum
und eine unendliche Zeit einzurichten, in denen ‹der Mensch› seine tie-
rische Natur überlebt: eine Vision, deren wirklichkeitsstiftende Kraft
durch die Erinnerung nicht gemindert zu werden scheint, daß sie auf
Einbildung beruht.

Über historische Anthropologie wird im folgenden nicht programmatisch gesprochen und im Sinne einer Hoffnung der Wissenschaftstheorie, sondern feststellend in der Nüchternheit, mit der zuerst die Dichter
der deutschen Klassik den Gedanken faßten, daß die Rede vom Menschen stets etwas fingieren muß – Schiller erklärt erstmals gar die
Mythen der Alten für Erfindungen der griechischen Kunst; daß nichts-
destoweniger aber solche Fiktionen Leben zu erhalten und hervorzubringen scheinen. Seitdem ist allerdings der Anthropologie ein negativer Index beigegeben, oder anders gesagt: seitdem ist sie aussichtslos
ideologisch, wenn nicht mit Geschichte und Kunst verschwistert. – Wie
und in welchem Sinn sich in diesem Horizont die Auffassung der Kunst
bestimmt, ist das Thema dieser Studie. Daß diese als Kommentar
zu einer Dichtung formuliert ist, hat nicht didaktische, sondern im
Behaupteten selbst gelegene Gründe. Ohne die Bindung an eine Dichtung, durch welche sie ihren bestimmten Inhalt, aber auch ihre Einschränkung erfährt, würde die Rede über *die* Kunst hinter die Einsichten zurückfallen, die in den Kunstwerken selbst Gestalt annehmen, wie
sich mit größerer Deutlichkeit noch zeigen soll. Der Kommentar ist der
Szene gewidmet, die der späte Goethe der Kunst einrichtet: dem Erscheinen Helenas im Zenit des «Zweiten Faust».

Goethes erster «Faust» war das Drama eines Helden; der zweite ist dessen Geschichte als historische Phantasmagorie. Sinnfällig wird das
darin, daß das lineare Handlungsgeschehen mit seiner Beziehung auf
den Faust-Stoff – die Sage vom Teufelspakt mit der folgenden Abenteu-
erkette, Verschuldung, Bestrafung und Erlösung – durch eine zweite
Struktur überlagert und um sein Gewicht gebracht wird. Denn mindestens so schlüssig wie durch die Logik des Stoffs ist das Geschehen im
«Zweiten Faust» vom Erscheinen Helenas her zu erläutern. – Der
Höhe- und Schlußpunkt des I. Akts ist Fausts erster verlangender Zugriff, mit dem er die antike Heroine aus der Gewalt des Paris in die seine
bringen will, eine Verwechslung von Schein und Sein, für die er mit dem
Verschwinden Helenas büßen muß. Diese ergibt sich nicht der Gewalt;

und sie findet in der kaiserlichen Pfalz des Mittelalters nicht den Ort, aus dem sie aus ihrer visionären Gestalt der Beschwörung in die Wirklichkeit des Hofes treten könnte. Der umfangreiche II. Akt folgt dem als ein langer Märchenweg von einer Station zur nächsten, um dem so schwer erreichbaren Ziel antiker Schönheit, in deren Bild Faust vernarrt ist, näherzukommen; im Aufriß des Ganzen eine Überleitung zum III. Akt, in dem Helena endlich erscheinen darf, während das dann folgende sich als Konsequenz aus dem Verschwinden des Schönen deuten läßt.

Auf doppelte und erst recht irritierende Weise wird die Handlungsfolge des Faust-Stoffs auch dadurch noch um ihr Gewicht gebracht, daß nicht nur die Helena-Handlung sie überlagert, sondern deren Zentrum und Höhepunkt als ein Zwischenspiel ausgeführt ist. Die Vorankündigung Goethes von 1826 lautet: «Helena, klassisch-romantische Phantasmagorie. Zwischenspiel zu Faust.» Eine Handschrift spricht gar vom III. Akt als einem «Satyr Drama». Der gesamte III. Akt mithin, die Achse des «Zweiten Faust», ist noch um eine Ebene luftiger von allem übrigen abgehoben und sein Realitätsgrad noch potenziert ungewiß. Aus keinem anderen Grunde ist dies hier aber so ins Werk gesetzt als dem, die Kunst noch einmal in sich selbst zu spiegeln. In einem Brief vom 27. September 1827 an C. J. L. Iken schreibt Goethe, er habe «seit langem das Mittel gewählt, durch einander gegenübergestellte und sich gleichsam ineinander abspiegelnde Gebilde den geheimen Sinn dem Aufmerksamen zu offenbaren.» – Das Erscheinen des Schönen wird der Kunst zu ihrem eigenen Gegenstand. Das war zwar auch zuvor schon und mehrfach geschehen, sowohl in anderen Werken Goethes – Mignon und der Harfner im «Wilhelm Meister», der flötende Knabe in der «Novelle» – als auch bereits hier im «Zweiten Faust», etwa in der Gestalt des Knaben Lenker. Im Blick auf Helena sind diese früheren Kunstgenien jedoch sämtlich Präfigurationen. Es sind Vorformen Helenas, indem erst in dieser und der sich um sie lagernden Handlung die zuvor allenfalls schon angedeuteten Bedeutungen zu voller epochaler Präsenz und in ihrem Widersprüchlichen zugleich entwickelt sind. Anders als etwa Mignon oder Lenker ist Helena nämlich nach der einen Seite hin gänzlich persönlich individualisiert und historisiert, nach der anderen Seite hin aber auch völlig ideellen Wesens: das Schöne schlechthin und an sich in der Versammlung aller Gehalte und seines ontologischen, seines philosophischen Sinns. Zwar hatten auch die früheren Personifikationen der Poesie assoziativ-symbolisch schon an diesen beiden Sphären teil. Sie alle tragen Hinweise auf den Osten: der flötende Knabe in der «Novelle» auf die Zigeuner- und Märchenwelt; Mignon in Türkenbundhosen und im Sprechverhalten; der Knabe Lenker in der morgenländischen Kleidung und sie allesamt durch diffuse Geschlechtsidentität auf den orientalischen Ursprung der Poesie verweisend. Doch ist diese Historisierung vergleichsweise vage und historisch unbestimmt. So ist es auch mit den philosophischen Bedeutungen.

Noch eines unterscheidet die Präfigurationen von der Helena-Figur: Sie alle haben sich aus dem poetischen Frühling der Menschheitsgeschichte in eine spätere Zeit verirrt, und sie alle gewinnen in ihr keine volle Realität, bleiben ephebisch-jugendlich, sind in ihr nicht lebensfähig. Anders im «Zweiten Faust». Hier erscheint das Schöne in seiner reifen Gestalt. Es irrlichtert nicht bloß durchs Leben wie flämmchensprühend Lenker, sondern es läßt sich mit dem Leben ein. Faust vermählt sich mit Helena und zeugt mit ihr Euphorion. Die Voraussetzung dieser Zeugung ist Fausts Verzicht, Helena durch Herrschaft an sich zu bringen, woran er am Schluß des I. Akts gescheitert war. Die Wanderung durch die Klassische Walpurgisnacht mit Homunculus liegt nun voraus, eine Wanderung durch eine vorgeschichtliche, auch monströs-außergeschichtliche Wildnis. Wir müssen genau lesen, wenn wir wissen wollen, unter welchen Umständen hier das Schöne gewonnen werden kann, das heißt auch uns klarmachen, wie jedenfalls nicht.

Die Kunstauffassung der aufklärerischen Ästhetik hatte unterstellt, daß das Schöne regelhaft nach bestimmten Gesetzen hervorgebracht werden kann. In den Poetiken der Zeit sind diese Gesetze kodifiziert. Auch als in den siebziger Jahren des 18. Jahrhunderts diese normativen Poetiken mehr und mehr eingeschränkt werden, ja die Möglichkeit einer Gesetzgebung in der Kunst überhaupt bestritten wird wie in den shakespearisierenden Dramaturgien des Sturm und Drang und der europäischen Vorromantik, behalten doch zumindest bestimmte Vermeidungsstrategien ihre Gültigkeit. Das Feld der Kunst wird breiter abgesteckt, und es werden auch neue Dimensionen – etwa des psychischen Lebens – erschlossen; allerdings bleiben gewisse Verknüpfungsregeln vorgegeben, mögen sie auch nur ex negativo formulierbar sein. Zwar sind dem Schönen die Fesseln abgenommen, aber es bleibt in der Gewalt des Gesetzes. Die traditionellen Bildungsfixierungen des Schönen mögen unbrauchbar geworden sein. Daran zweifelt seit den siebziger Jahren niemand, der etwas auf sich hält. Doch kann die Herrschaft der normativen Poetiken auch darum aufgehoben werden, weil ihr Prinzip: der Zusammenhang von Kunst und Gesetz, so tief verwurzelt ist, daß er der künstlerischen Produktion inwendig geworden ist. So können zwar einzelne Gesetze, in der Kunstrevolte des Sturm und Drang sogar alle mit einmal liquidiert werden. Wichtiger ist, daß der Zwang zur Legitimation erhalten bleibt. Zwar müssen die Kunstpäpste Federn und sogar ihre Ämter lassen; doch kommt diese Demokratisierung der Herrschaft in der Kunst einer Atomisierung der großen Gesetzestafeln in zahllose Partikeln gleich, um jedermann an der Urteilsfindung beteiligen zu können. Es ist die Zerstäubung der Kunstherrschaft, nicht ihre Aufhebung. Daß die Kunst dem Leben zu folgen habe, ist in diesem Sinn eine Konsequenz aus der Fortgeltung der Ausweispflicht des Ästhetischen. Daß dieses zum Leben indifferent oder kontraproduktiv sein könnte, ist nicht in Reichweite.

Für den späten Goethe entzieht sich das Schöne jeder erkennungsdienstlichen Behandlung und damit auch der Kunstpolizei. Seine antike Inkarnation ist nicht die einzige, sondern eine individuell historische. Sie kann und muß verschwinden, wenn die bestimmten Bedingungen ihres Erscheinens sich ändern. So vielfältig wie diese Bedingungen sind die Erscheinungsweisen des Schönen. Daher gibt es Kunstgeschichte. Das Schöne hat keine geschichtliche Identität. Es hat deren viele. Weil das Schöne die Natur aneignen, nicht aber sie beherrschen soll; weil es selbst nicht unter die Herrschaft der Natur geraten soll, muß es autonom bleiben, nicht ungesetzlich, sondern gesetzlos. Die Bedeutung des Juridischen im Verhältnis zum Schönen hat sich entscheidend verändert. Wir können sagen, daß das Schöne zuvor dem Gesetz unterstellt gewesen sei, hier aber das Juridische die Bedingungen umschreibt, unter denen das Unbedingte erscheint. Wohl gibt es also ein Gesetz, an welches das Erscheinen des Schönen gebunden ist: nämlich als Voraussetzung, unter der es wirklich wird. Diese Wirklichkeit aber ist selbst das Gesetzlose, indifferent gegen Herrschaft.

Fausts Gang zu Helena ist dem von Orpheus zu Eurydike nachgebildet. Mit Persephone, der römischen Proserpina als Hüterin des Eingangs zum Orkus, ist die Bedingung ausgemacht, unter der die Geliebte erscheinen kann. Insofern gibt es auch hier einen juridischen Rahmen, ein Vertragswerk. Doch ist der Sinn dieses Vertrags gegen die Allgewalt des Gesetzes gerichtet, also ein Gesetzwerk, dessen Inhalt die Einschränkung und Relativierung von Gesetzlichkeit überhaupt ist. Dieser Inhalt besagt nämlich nichts weniger als eine Überwindung des Gesetzes, wo es am tiefsten ins Leben selbst eingreift: als das Naturgesetz des Sterbenmüssens. Der Vertrag mit Orpheus wie derjenige mit Faust, der Helenas Wiederkunft regelt, gibt die Bedingungen an, unter denen die Bedingtheit des Lebens durch den Tod, also das schrecklichste aller Gesetze, außer Kraft gesetzt sein soll. Unter welchen Voraussetzungen wird Unsterblichkeit gewährt? Wie ist empirisch Unbedingtheit möglich? Goethes Antwort nennt zwei Voraussetzungen: Unsterblichkeit und also Unbedingtheit sind in der Kunst möglich unter der Voraussetzung, daß sie der Gewalt von Herrschaft entzogen bleibt. Ihr Überlebensversprechen ist an die Aufhebung des Legitimationsprinzips gebunden. Im «Zweiten Faust» wird die Kunst der Antike nicht kraft Gesetzes zum Erscheinen zitiert, sondern sie muß aufgesucht werden, wo sie zu Hause ist, im antiken Orkus, wie alles Vergangene des Altertums. Deshalb ist es bedeutungsvoll, daß Faust nach Thessalien muß, um Helena zu finden. Goethes Zeitgenossen begnügten sich zumeist mit dem Gipssaal. Denn wo die Herrschaft des Gesetzes gilt, werden Raum und Zeit gleichgültig. Hinter seinem Buchstaben treten die sinnlichen Umstände zurück. So kann das Museum zum Ort der Kunsterfahrung werden. Nicht so hier. Der Vergewaltigungsversuch an Helena im I. Akt scheitert, und im III. wird sie nicht vorgeführt. Sie erscheint vielmehr dem, der sie im Orkus gesucht hat. Das Schöne bleibt hier an seinem Ort, Faust aber, der es sucht, bleibt in seiner Zeit. So verläßt Helena nicht Sparta, doch Faust auch nicht das Mittelalter. Zwar darf das Schöne aus seiner Zeit heraustreten, weil sein Wesen ewig ist und dem Tod nicht unterworfen, doch bleibt sein Erscheinen an den je bestimmten Ort, das heißt an eine individuelle Situation gebunden; denn ihr Wesen ist zugleich konkrete Sinnlichkeit. Darum mußte Fausts Versuch scheitern, Helena am Hof des Kaisers festzuhalten. Faust andererseits erhält das Vermögen zugesprochen, den zeitlichen Verfall des Schönen zu überwinden, denn darin kommt das Schöne ihm seinem Wesen nach entgegen; nicht aber erhält er Gewalt über die Umstände. Das Schöne kann seiner Zeit entkommen, nicht aber Faust der seinen. Das Schöne kann wieder Gegenwart werden, aber nicht an jedem beliebigen Ort und gewiß nicht im Museum. Es ist an ein bestimmtes Leben gebunden.

Diese Konstellation ist die Ursache für die eigentümliche Unbestimmtheit des Fiktivitätsgrades des III. Akts, die dessen Interpreten vielfach irritiert hat. Er hat am dramatischen Geschehen des «Zweiten Faust» insgesamt zweifellos Anteil, ist in seine Handlung integriert mit Vor- und Nachgeschichte. Helena ist dramatis persona mit einer ganz bestimmten Geschichte, und an ihrer dramatischen Wirklichkeit ist kein Zweifel, spätestens bei Euphorions Geburt. Doch andererseits ist der Vorgang ebenso zweifelsfrei irreal. Eine antike Heroine macht eine Zeitreise ins Mittelalter; ein mittelalterlicher Ritter tritt in Sparta auf.

Wenden wir uns dem Geschehen des Akts im einzelnen zu. Er ist deutlich in drei Teile gegliedert, von den Herausgebern häufig durch Zäsuren und Überschriften als drei Szenen markiert: vor dem Palast

des Menelaos zu Sparta die erste; im «inneren Burghof» des mittelalterlichen Faust die zweite; die dritte schließlich in einem «schattigen
Hain», einem arkadischen Schauplatz.

Wie die romantische Szenerie der Klassischen Walpurgisnacht im II.
Akt als chaotisches Gegenüber von Helenas Erscheinen im III. gedeutet werden kann, so ist diese Doppelheit nun wiederum in den III. Akt
selbst noch hereingenommen, wenn das Scheusal Phorkyas als ständige Begleiterin Helenas auftritt, ja als Verwalterin von deren Funktionen in ihrer Abwesenheit. Nicht als einem Begleiter Fausts begegnen
wir hier dem Teufel, sondern dem Anwalt des Chaos als Pendant des
Schönen. Bezeichnend genug nun aber, wie der Satan agiert. Nicht
etwa als Fürsprech des Chaos tritt er auf, sondern mit dem Rat zur
strengen Herrschaft über die Zügel- und Sittenlosigkeit, die er im Gefolge Helenas zu bemerken glaubt, ein strenger Tadler der Unübersichtlichkeit. Der Teufel ist prüde geworden. So macht er die Scham-
haftigkeit und Tugend gegen die freche Verführungskunst des Schönen
geltend und lamentiert – ganz wie es sich für einen christlichen Satan
gehört – über die Dienerinnen der Schönheit, «entnervend beide,
Kriegers auch und Bürgers Kraft» (8778). Macht will Satan über Helena, über das Schöne gewinnen, indem er sie dem Gesetz der Tugend
unterstellen will. Die Dienerinnen möchte er durch sie zur Ordnung
rufen lassen: «Wer seid denn ihr, daß ihr des Königes Hochpalast / Mä-
nadisch wild, Betrunknen gleich, umtoben dürft? / Wer seid denn ihr,
daß ihr des Hauses Schaffnerin / Entgegenheulet, wie dem Mond der
Hunde Schar?» (8771–74).

Das doppelte «Wer seid denn ihr...», verbunden mit dem Ruf zu
Tugend, Ordnung und Gesetz, ist die Versuchung der Schönheit durch
das Christentum: «So fasse längst erschlaffte Zügel, herrsche nun, /
Nimm in Besitz den Schatz und sämtlich uns dazu.» Die Schönheit soll
moralisch werden und das chaotische Treiben ihrer Dienerinnen beim
Namen nennen und unterdrücken, denn erst wo das Gesetz der Tugend errichtet ist, gibt es die Übertretung. Erst wo die Herrschaft der
Moral gegründet ist, kann Satan auch die seine einrichten. Der Dialog
zwischen Phorkyas, Helena und dem Chor bis zur Ohnmacht Helenas
(8882) geht darum, das Schöne zur Verantwortung zu ziehen. Sie soll
sich zu sich selbst bekennen, sich ein Gewissen über die Gewalt ihrer
Verführungskunst machen. So ruft ihr Mephistopheles-Phorkyas ihre
Vergangenheit wie ein Sündenregister ins Gedächtnis. Treue, Kontinuität, gar Identität sind aber dem Schönen fremd. Helena, zunächst
ganz selbstgewiß in sich ruhend in reiner Gegenwärtigkeit, wird unsi-
cher und schwankend, als ihr dieses Bekenntnis zur Identität abver-

langt wird: «Ihr habt in sittelosem Zorn / Unsel'ger Bilder Schreckge-
stalten hergebannt, / Die mich umdrängen, daß ich selbst zum Orkus
mich / Gerissen fühle, vaterländ'scher Flur zum Trutz. / Ist's wohl Gedächtnis? war es Wahn, der mich ergreift? / War ich das alles? Bin ich's?
Werd' ich's künftig sein, / Das Traum- und Schreckbild jener Städtever-
wüstenden?» (8834–40). Als Phorkyas dann in der Maske des Morali-
sten auf der Doppelgestalt Helenas besteht: «Doch sagt man, du er-
schienst ein doppelhaft Gebild, / In Ilion gesehen und in Ägypten
auch», droht Helena dem ordnungsbedürftigen Teufel zu erliegen. Auf
das Eingeständnis: «Selbst jetzo, welche denn ich sei, ich weiß es nicht»
(8875) schwinden ihr die Sinne.

Wer sie denn sei: die Schönheit der ägyptischen Kunst oder die der
griechischen, Helena weiß es nicht, darf es nicht wissen wollen. Was
ihrem Erscheinen folgte und ihr zuliebe geschah, sie weiß es nicht oder
darf kein Gedächtnis daran bewahren, wenn nicht der Teufel Gewalt
über sie gewinnen soll, mit ihm aber erst recht das Chaos. Das Schöne,
so beharrt Helena in ihrer Ohnmacht, ist nicht unmoralisch, es ist amo-
ralisch. Seine Unbedingtheit und Freiheit bewahrt es nur in der unge-
minderten Gegenwärtigkeit am jeweils geschichtlichen Ort. Nur in dieser strikten Gegenwärtigkeit ist sie der Zeit, ist dem Tod entronnen. Wo
das Schöne auch auftritt, es ist stets gleich nah zum Ursprung und, indem es sich auf eine bestimmte Geschichte nicht festlegen läßt, frei für
alle Geschichte. Die Ablösung geschieht in Helenas Ohnmachtsseufzer:
«Ich schwinde hin und werde selbst mir ein Idol» (8881).

Idol des Schönen wird Helena nicht durch normative Abstraktionen
eines Ideals aus mancherlei ästhetischer Mannigfaltigkeit, sie wird es im
Anerkennen von Vielfalt, über die sie nicht gebieten will. Zeitlosigkeit
erlangt die Kunst für Goethe durch konsequente Historisierung. Helena ergibt sich vielen Liebhabern und jedem, der es ernst meint, ungeteilt. Kunstgeschichte ist für Goethe dergestalt eine Abfolge von Neugeburten des Schönen, wie deren eine sich hier aus der Ohnmacht
Helenas vollzieht, während deren sie ihre früheren Identitäten vergißt.
Wie so häufig im Goetheschen Werk und wie schon gleich am Beginn
des I. Akts, als Faust aus langer Ohnmacht erwacht, sind das Vergessen
auch hier als heilsam und die Erinnerung als qualvoll aufgefaßt. Das der
historischen Entstehung muß schwinden, damit das Schöne aus der je
bestimmten einen in alle Geschichte treten kann. Die ontologische
Identität des Schönen verwirklicht sich durch das Bejahen von Differenz, die Verneinung von Normativität. So tritt hier deutlich die Goethe
eigentümliche Position im Zusammenhang der zeitgenössischen Kunstphilosophie hervor. Einerseits ist er ein entschiedener Verfechter des

ästhetischen Historismus, andererseits hat er bis zuletzt am ontologischen Rang des Ästhetischen festgehalten.

Was der Mensch sei, läßt sich für Goethe ohne Kunst nicht sagen. Aus der Sphäre des Ästhetischen empfängt er ein Bild seiner selbst, und in diese tritt er zurück, um sich zu entsühnen. Kunst leistet nicht nur irgendeinen Beitrag zur Rede über den Menschen, ist nicht ein beliebiges Mittel der Vermenschlichung unter anderen, sondern sie ist die Form des anthropologischen Vollzugs in actu: Lebenskunst. Was diese gegenüber anderen Reflexionsformen des Lebens auszeichnet, ergibt sich aus ihrer Bindung an die Figur des Ursprungs. – Die bürgerliche Gesellschaft hat sich konstituiert, indem sie alles Unwillkürliche strengen Sanktionen unterwarf. In ihrer symbolischen Kultur bedeutet die Disziplinierung des Jähen und Abrupten, wie es mit dem Ursprungshaften assoziiert ist, eine Beugung der Willkür unter das Gesetz der mählichen Entwicklung. Goethes naturphilosophisches Denken folgt dieser Richtung des zeitgenössischen Denkens, indem es die Morphologie zu seinem Zentrum macht. Aber es versichert sich zugleich der Ursprungsenergien – als dem Entwicklungsdenken gegenstrebigen Impulsen –, indem es den erfrischenden Sprung konzediert und dessen Lebensnotwendigkeit begründet. In der Bildtextur seines Werks sind Schlaf und Ohnmacht häufige Zeichen dieses Namenlosen, in welchem das Ich zeitweise erlischt um seiner Lebensfähigkeit willen. Was dem Menschen, wie die Philosophien der Aufklärung ihn definieren, gegenüberliegt, soll dergestalt nicht als Unmenschliches gelten, sondern als ein Ort, der stets gegenwärtig, wiewohl verschleiert bleiben muß, damit der Mensch den Konsequenzen seines Begriffs entkommen kann. In Helena – als einem Symbol der Kunst zugleich deren Menschwerdung – kommt dieser Gedanke zur Anschauung.

Im bürgerlichen Leben gibt es nur ein einziges Wort, in dem das Vergessen als ein eigener Wert und positiv gefaßt ist statt als Verneinung von etwas Wünschenswertem: Spontaneität. Sie wird zumeist der Jugend assoziiert, der man es noch am ehesten zugesteht, daß sie auf das Recht des Unwillkürlichen pocht, freilich auch dies dann im Rahmen eines genau abgesteckten Bildungswegs, in dessen erstem Viertel die Hörner gebraucht werden dürfen, um sie abzustoßen. Don Juan, diese Allegorie der Jugend, Spontaneität und des Liebesleichtsinns, ist – wenngleich eine Sehnsucht der Bürger – literarisch ein adeliger Wüstling, der es bitter büßen muß. Hat er doch die Treue zur Liebe höher gestellt als die zur Geliebten. Goethe war ein zu rücksichtsvoller Liebhaber, als daß er für die Untreue hätte plädieren dürfen – oder richtiger und auch ernsthafter: Er hat gespürt, daß man untreu nur *sein*, nie aber dafür plädieren darf, ohne sich gegen die Liebe zu vergehen. Faust ist ein anderer Don Juan – ein Liebhaber nicht der Liebe, sondern der Kunst. Wie sehr Goethe diese beiden Liebhabereien als eines oder doch in derselben Weise gesehen hat, ist daran deutlich, daß er sie in einer Liebschaft, der Fausts mit Helena, zusammengebracht hat. – Don Juans Zwiespalt auch hier: die Liebe zu lieben in den Geliebten, die Kunst in den Künsten, auch hier der bürgerliche Konflikt zwischen treuem Gedächtnis und Spontaneität. Denn diesen Gegensatz finden wir nun wieder in dem Dualismus von Kunstgeschichte und Ontologisierung des Ästhetischen.

Indem Goethe an beidem festhält, versucht er zu entwerfen, wie es möglich ist, dem Gewesenen treu zu bleiben und doch bereit zu sein zu ständiger Wiedergeburt. Das Anerkennen des Gewesenen geschieht durch die Beglaubigung der vielen geschichtlichen Gestalten der Kunst vom Orient bis Hellas, von dort bis ins Mittelalter und der deutschen Klassik als sämtlich Erscheinungsformen des Schönen. Die Begründung von Spontaneität liegt in der Behauptung, daß jeder Augenblick gleich nah zum Ursprung ist, so wie in jeder Liebschaft sich die Liebe erneuert, obwohl sie doch die Verneinung einer anderen ist. Die Geschichte hat Goethe sich nicht als kumulierende Ereignisfolge dargestellt. Sie war für ihn in der Kunst kein qualitativ indifferentes Anhäufen von Werken. Produktivität entspringt für ihn aus der Verneinung des stillgestellten Allgemeinen, unter einer Bedingung allerdings, in der man zugleich die Zäsur zwischen dem Großbürger Goethe und seinen kleinbürgerlichen Weggenossen der Geniezeit bemerken kann. Für Goethe ist die erinnerte Präsenz des Gewesenen die notwendige Bedingung der spontanen Neugeburt durch den Sprung. Verneinen läßt sich erst, was auch gewußt wird. Die volle Präsenz des Historischen ist die Bedingung von Spontaneität.

Im III. Akt ist das an der Helena-Gestalt dargestellt. Nicht Faust nur nähert sich ihr, sondern sie selbst macht sich bereit zum Sprung aus der Antike in Fausts Mittelalter. Ganz zu Recht hält Phorkyas-Mephistopheles ihr insofern Untreue vor. Bereit wird sie, indem sie sich des Gewesenen erinnert, wobei Phorkyas als grausame Assistentin einer Anamnese wirkt. So wird im Augenblick der Neugeburt des Schönen im Mittelalter dem Gewesenen in der Erinnerung sein Recht. Helenas «...ich schwinde hin und werde selbst mir ein Idol» hält beides fest: die Identität im Gewesenen – «ich» sagt sie auch zu ihrem vergangenen Wesen – und im Zukünftigen, zu dessen Gunsten das Vergangene verneint werden muß. – Mit Helenas Verdoppelung: sie selbst und ihr Idol, immer wieder Neugeborene und doch dieselbe, eines aber als des anderen Bedingung, ist der Widerspruch von bürgerlichem Gedächtnis und Spontaneität zum Charakter einer dramatis persona geworden; einer Spontaneität, die der Bürger Goethe um der Liebe und der Kunst willen nicht als das Privileg der Oberklassen gelten lassen durfte.

Helena ist nicht als eine Mätresse dargestellt, die sich dem Meistbietenden andient. Sie weiß, daß ihre neue Liebschaft, die zu Faust, aus Schuld und Verstrickung entspringt, die sie nicht lösen, aus der sie nur springen kann. Darum hat Goethe sich über die Liebe, die Kunst und den Menschen so wenig geäußert. Das Auslöschen des Gedächtnisses an das einzelne war ihm lebensnotwendig, aber ohne Recht und Moral. Was der Gattung eigentümlich ist, taugt nicht zum individuellen Berufungsgrund. – Auch aus diesem Grund verschwebt der III. Akt so wenig faßbar zwischen verschiedenen Ebenen; nicht nur Räumen und Zeiten, sondern auch der moralischen und historischen Urteile. Anders als ihre Vorgängerin und Schwester im I. Akt wohnt die des III. nicht mehr im Reich der Mütter. Im Hades statt dessen hat Faust sie gefunden. Dadurch ist ihre Menschlichkeit bezeugt. Nur aufgrund dieser Personwerdung des Schönen, die mit seiner Erotisierung zusammengeht, kann das Schöne begehrt, genossen, verlassen werden und kann es sterben. Die Bindung des Schönen an die schöne Person bedeutet seine Auslieferung an eine bestimmte Geschichte, ein bestimmtes Schicksal. Erst diese Personalisierung – wir können auch Naturalisierung sagen – begründet für Goethe das Begehren dem Schönen gegenüber. Diese Begehrlichkeit rührt für ihn aus dem Sterbenmüssen.

Tod und Vergänglichkeit sind der Grund, von dem das Begehren des Eros und der Kunst sich lösen wollen und an den sie beide zurückfallen. Die Heftigkeit des Begehrens nährt sich aus dem Bewußtsein dieser jederzeit nahen Möglichkeit des Todes. Darum wird in Helena beides zugleich wach: Gedächtnis an die Vergangenheit und die Bereitschaft für den nordischen Liebhaber.

Wir befinden uns nun an der Schwelle zum «Inneren Burghof», in den Phorkyas Helena hineinlistet. Freilich ist dies nur die eine Version. Die andere ist, daß der Turmwächter Helenas seinen Dienst schlecht versah, so daß Faust in Helenas Reich Eingang finden konnte. Wer hier also in wessen Bezirk dringt, ist zweideutig offengelassen. So ist noch einmal bestätigt, was auch anders schon angedeutet war: Helena sucht Faust wie dieser sie; oder mit anderen Worten: Das antike Schöne treibt auch von sich her aus sich heraus, so wie der moderne Norden auf der Suche nach ihm ist. – Man hat öfter bemerkt, daß der Anfang des II. Akts streng klassisch wie ein Drama des Euripides beginne: «Bewundert viel und viel gescholten Helena», euripideisch in der Stilform wie auch in der

Handlungsführung. Richtiger muß man sagen: Das steht hier so, wie der Klassizismus sich Euripides zurechtgemacht, wie er ihn sich übersetzt hatte. So bezeichnet die Spanne der Stilformen, die dieser Akt zwischen klassizistischer Euripides-Übersetzung und barocker Hofoper ausmißt, stets schon einen Raum der Anverwandlung von Antike und Moderne. Helena ist in diesem Spiel nie die antike Helena, sondern stets schon die dort gefundene, also mit den Augen der Moderne gesehen. Ehe wir zu Zeugen der Erfindung moderner Formen der Poesie aus dem Geiste der Antikenbegeisterung werden, stehen wir aber erst einmal vor der gotischen Burg, die den Schauplatz von Fausts Begegnung mit Helena abgibt. Ausgerechnet der christliche Teufel spricht hier als ein glühender Bewunderer der Gotik. Diese ist Goethe als eine typische Überflußkultur erschienen. Insofern auch, nicht bloß, weil der Stoff es ohnehin nahelegt, kann das Mittelalter hier für die erste moderne Kultur stehen, in der das Schöne sich zeigt. Aus dem Überfluß hat Goethe das Schöne entspringen sehen. Darum kann die mittelalterliche Burg Schauplatz von Helenas Erscheinung sein, nur im Sinne freilich der äußeren Voraussetzung, nicht innerer Bedingung. Im Fortgang wird dann die klassische Kunst der eigenen Gegenwart, die Vision Arkadiens, aus dieser Verschmelzung von antiker Klassik und feudalem Mittelalter erzeugt.

In der Folge von Fausts Begegnung mit Helena erfahren wir aus zwei Reimliedern des Turmwächters Lynkeus von der Wirkung antiker Kunst auf das Mittelalter, die Wirkung einer Sonne, die im Süden aufzugehen scheine. Wie in dem früheren Dialog mit Phorkyas ist auch im ersten Lied des Lynkeus die Wirkung Helenas als fesselnd im Doppelsinn angedeutet. Sie habe alle seine Kräfte so stark auf sich gelenkt, daß er die Welt um sich her vergessen habe. In solchen Bemerkungen ist die Skepsis Goethes gegenüber der Gräcomanie seiner Zeit schon angedeutet, die auch den weiteren Verlauf des Akts und seinen Abschluß bestimmen wird. – Im zweiten seiner Lieder kontrastiert Lynkeus dann sein vormaliges barbarisches, nämlich auf Reichtum und Gewalt gegründetes Leben mit dem Zustand der Bezauberung, in den Helenas Erscheinen ihn versetzt habe. Historisch ist es die Zeit der Völkerwanderung, in der die Barbaren die Kultur des Altertums überfluteten, die hier vor uns entsteht. Hier sei den nördlichen Völkern erstmals ein anderer Begriff von Reichtum aufgegangen als der von materiellen Schätzen. «Dies alles hielt ich fest und mein», so weist Lynkeus auf seine Habe. «Nun aber, lose, wird es dein. / Ich glaubt es würdig, hoch und bar, / Nun seh' ich, daß es nichtig war» (9325–28). Der Anblick der Schönheit habe ihn bettelarm gemacht, indem er das Raubgut entwertete; so muß Lynkeus sich auf die Bahn der Schönheit begeben, um wieder «fürstenreich» zu werden. Schon während er spricht, macht er sich auf den Weg.

Faust sprach im Blankvers. Lynkeus spricht in Reimen. Helena lernt den Reim erst hier kennen und erkundigt sich danach. Faust erklärt und beginnt sogleich mit ihr zu üben. Die antiken Chorstrophen, in denen der Akt heranrauschte, pathetisch und feierlich wie nur irgendein Drama der haute tragédie, verklingen, und die Liebesleute reimen nun miteinander, wie eben im Mittelalter und der Renaissance, deren Entstehen wir hier Zeugen sind, so üblich. – In den Formen dieses Akts selbst, in der Abfolge der Stile und Töne, vollzieht sich also das Vordringen der Moderne in die antike Klassik, geschieht deren Anverwandlung an die romantische Moderne. Helena aber, eben noch ganz auf tragischem Kothurn, steigt reimend herunter und gibt den hohen Stil preis wie ein abgetragenes Kleid: ein Verrat von kunstepochaler Bedeutung, wie wir wissen. – Von Blankvers und Reim her erscheint der hohe Anfang als ein ironisches Spiel: eine Nachahmung klassizistischer Nachahmung. Die Moderne setzt sich durch als Sprache der Zärtlichkeit und des Herzens: «Ein Ton scheint sich dem andern zu bequemen / Und hat ein Wort zum Ohre sichgesellt, / Ein andres kommt, dem ersten liebzukosen.» Auf Helenas Frage: «So sage denn, wie sprech' ich auch so schön?» antwortet Faust: «Das ist gar leicht, es muß von Herzen gehn, / Und wenn die Brust von Sehnsucht überfließt, / Man sieht sich um und fragt – » Helena: «wer mitgenießt» (9369–80).

Herrscherin auch in der Moderne wird Helena auf zweifache Weise: indem sie sich in den Schutz des feudalen Ritters begibt, ihn neben sich auf den Herrschersitz ruft und indem sie die Sprache des Herzens zu sprechen lernt. – Indem Helena bemerkt, daß auf «überfließen» «genießen» reimt, wird sie sich auch ihrer Liebe zu Faust bewußt. Der Dialog wird erotisches Spiel, denn «Nicht versagt sich die Majestät / Heimlicher Freuden / Vor den Augen des Volkes / Übermütiges Offenbarsein» (9407–10).

Die Neugeburt Helenas, durch ihre Ohnmacht eingeleitet, ist nun deutlich und vor aller Augen vollzogen. Helena hat Menelas vergessen, ist nur noch in der Gegenwart Fausts: «Nun schaut der Geist nicht vorwärts, nicht zurück. Die Gegenwart allein» – «ist unser Glück», ergänzt Helena und: «Ich fühle mich so fern und doch so nah, / Und sage nur zu gern: da bin ich! da!» Faust: «Ich atme kaum, mir zittert, stockt das Wort; / Es ist ein Traum, verschwunden Tag und Ort.» Helena: «Ich scheine mir verlebt und doch so neu, / In dich verwebt, dem Unbekannten treu.» (9411–16).

Kein Satz fällt in diesem Liebesdialog der beiden, der nicht zweideutig wäre oder ahnungsvoll schon auf das Ende dieser Verbindung hinweisen würde. Denn wenn Faust «nicht vorwärts, nicht zurück» schauen will, so erfüllt er zwar mit dem Vergessen des Zurückliegenden die Bedingung, die einzuhalten Orpheus nicht gelungen war; der Verzicht auf den Blick voraus war ihm allerdings nicht abverlangt. Er bedeutet das Vergessen von Zeit und Ort, bedeutet den Verzicht auf die Welt zugunsten der antiken Schönheit. Eine solche Gegenwärtigkeit, sei es der Liebe, sei es der Kunst, ist dann in der Tat nur ein Traumgebilde, so wie Faust die Szene erlebt. Und wenn Helena darauf «dem Unbekannten» die Treue lobt, so will der Wortsinn dieser szenischen Gegenwart, daß Faust der Unbekannte ist, dem sie hier erst begegnet. Doch doppelsinnig kann hier, ebenso wie der unbekannte Faust, das Unbekannte schlechthin, die verborgene Zukunft der ferneren Liebschaften gemeint sein, denen Helena treuer ist als diesem Ritter. Den Doppelsinn scheint dieser denn auch zu bemerken, wenn er – mehr zu sich selbst als zu Helena gewandt – repliziert: «Durchgrüble nicht das einzigste Geschick!/ Dasein ist Pflicht, und wär's ein Augenblick.» (9417–18).

Bevor Faust diesem Augenblick seine sentimentalische Form, die Gestalt Arkadiens gibt, muß er Helena gegen anrückende Heere verteidigen. Man hat in ihnen die Truppen der entthronten byzantinischen Herrscher gesehen, die den von den Franken eroberten Peloponnes zurückgewinnen wollen. Doch bleibt Faust als Heeresführer siegreich. Er schlägt den Feind und verteilt die Beute unter die fünf Stämme der Germanen. Er selbst aber hält mit Helena «in der Mitte Stand» auf Sparta, der «Nichtinsel». «Der Königin verjährter Sitz.» Die Mitte dieser Nichtinsel ist dergestalt weniger ein geographisch-politischer als ein geistiger Ort. Es ist der Ort, den Goethes Klassik sich gewählt hat, um dem Chaos um sich herum standhalten zu können. In seiner Mitte sitzend wird Faust zum Dichter Arkadiens: «Und mütterlich im stillen Schattenkreise / Quillt laue Milch bereit für Kind und Lamm; / Obst ist nicht weit, der Ebnen reife Speise, / Und Honig trieft vom ausgehöhlten Stamm». Freilich scheint nun auch dies poetische Arkadien, wie vordem schon das Stilzitat des Klassizismus, wiederum mehr die Nachahmung einer Nachahmung zu sein als eine wirkliche Vision. Denn erscheint uns Faust hier nicht eher wie berauscht und verblendet als visionär? Wird sein Arkadien nicht schon von Ironie zerbröckelt, kaum daß es vor unseren Augen ersteht? «Hier ist das Wohlbehagen erblich, / Die Wange heitert wie der Mund, / Ein jeder ist an seinem Platz unsterblich: / Sie sind zufrieden und gesund.» (9546–53).

In Sprüngen vollzieht sich je und je die Neugeburt des Schönen. Ein

Sprung auch, keine Entwicklung, liegt zwischen dieser Szene und der im Burghof. Die Zäsuren scheiden die geschichtlichen Epochen im Sinne geistiger Räume. Nicht ökonomisch, politisch-militärisch oder sozialgeschichtlich definiert Goethe ihr Wesen, sondern im Verständnis von intelligiblen Einheiten. Das Verhältnis zum Schönen scheint nach seiner Beobachtung über das Schicksal der Völker zu entscheiden. So macht der Anblick der antiken Kunst die wandernden Germanen seßhaft, indem er die Jagd nach materiellen Schätzen zugunsten des Erwerbs innerer Werte beendet. Es ist dann wiederum das Beherbergen der Kunst am feudalen Hof, das die Öffnung der mittelalterlichen Burgmauern und die Zuwendung zur Natur herbeiführt; wie es endlich auch die arkadische Beschränktheit dieser hermetisch von der übrigen Welt abgeschiedenen Kunstidylle ist, die den Geist der Moderne, die Euphorion gebiert, diese Inkarnation der klassisch-romantischen Phantasmagorie. Hier ist der Scheitel des Stücks auch insofern, als *bis hierhin nur* Geschichte und Kunstgeschichte als identisch gelten. Von hier an ist diese Konjunktion gelöst. Helena kehrt in den Hades zurück, und Faust wendet sich neuen, anderen Zielen zu.

In der Gestalt Euphorions steigert Goethe den Kunstwillen bis zur Ästhetisierung des Politischen. Euphorion ist von der Begeisterung des Schönen so durchdrungen, daß er zur schönen Tat drängt, für Goethe ein Begehren, in dem die Kunst sich selbst vernichten muß. – In welchem Sinne und mit welcher Beziehung auf «die Menschwerdung des Menschen», erhellt aus dem Verlauf der Szene im einzelnen.

Daß Helena und Faust einen Sohn zeugen, konnte Goethe schon den Volksüberlieferungen des Stoffs in der Faust-Sage entnehmen. Was er dort freilich nicht finden konnte, ist die Interpretation dieses Sohns als eines Genius der Kunst. Dessen Charakterisierung durch das Sprung- und Flugmotiv – zentral für die Euphorion-Handlung – nötigt dazu, den Bogen beträchtlich über den «Zweiten Faust» hinaus zu schlagen.Die ältere Faust-Forschung hatte sich zumeist noch mit Goethes eigenem Hinweis auf Lord Byron als das zeitgenössische Urbild dieser Allegorie der modernen Kunst begügnt und dementsprechend die Sprung- und Flugmetaphorik völlig auf romantische Erdenflüchtigkeit und Phantastik reduziert. Neueste Deutungen wollen in ihr Goethes Kritik an allzu enger Verhaftung an die gesellschaftlichen Oberflächenerscheinungen herauslesen. Euphorion müsse von ihnen abheben, um das Wesen zu erkennen, doch dürfe er sie nicht überfliegen. – Beidemal, in der älteren, auf Lord Byron und Goethes Romantikkritik zurückgehenden Deutung wie in der neueren marxistischen, die eine erkenntniskritische Absicht Goethes erkennen zu können meint, wird die Bildlogik inner-

halb von Goethes Œuvre vernachlässigt. Doch läßt hier, wie in Goethes
Bildersprache meist, die Textur des Gesamtwerks eine komplexere Be-
deutungsmannigfaltigkeit erkennen, als es die dürftigen Reduktionen
wahrnehmen.

Eine der Bedeutungsschichten möchte ich die profane Himmelfahrt
des Fleisches nennen. In der Fluggestik des Kunstgenius verschränken
sich symbolisch erotische und religiöse Bedürfnisse, so wie Goethe an
anderer Stelle – in «Dichtung und Wahrheit» – eine sakrale Geste ästhetisiert. Über das Sterbesakrament sprechend, interpretiert er dort die
Salbung der Füße als Lust an der Fliehkraft: «Zum Schlusse werden
sodann, damit der ganze Mensch geheiligt sei, auch die Füße gesalbt
und gesegnet. Sie sollen, selbst bei möglicher Genesung, einen Wider-
willen empfinden, diesen irdischen, harten, undurchdringlichen Boden
zu berühren. Ihnen soll eine wundersame Schnellkraft mitgeteilt werden, wodurch sie den Erdschollen, der sie bisher anzog, unter sich ab-
stoßen.» – Mittlerweile ist die Verschwisterung von Sexualerfüllung und
Todeswunsch jedem Freud-Leser geläufig: höchste Körperlust im Augenblick der Befreiung vom Körper, eine Figur der Identitätsspaltung
bzw. -verdoppelung, Körpersein im Loslassen des Körpers. – Der geschichtliche Index dieser Körpererfahrung – damit wird eine weitere
Bedeutungsschicht angeschnitten – ist nicht eindeutig fixierbar. So versammelt die Euphorion-Gestalt Hinweise auf die verschiedensten historischen Epochen: an Hermes, indem der Kunst-Genius als «der behen-
deste» apostrophiert wird. Mit Flügeln an den Fesseln wird auch der
Götterbote dargestellt. Das rührt an die Flugsehnsucht, gleich sehr und
damit in eins aber auch an die Flugangst. Das Ikarus-Thema ist angeschnitten. Die warnende Voraussicht der Eltern und des Chors nicht-
achtend, wagt Euphorion dennoch den allzu hohen Aufschwung, und so
kommentiert denn der Chor auch seinen Fall wie den der antiken Sagen-
gestalt: «Ikarus! Ikarus!»

Doch sind Anspielungen auf die antiken Sagen und Göttermythen
nicht die einzigen Zitate. So hat es guten Sinn, daß Euphorion, der
Springende, Fliegende, als der Sohn einer Renaissance-Hochzeit auftritt, denn das 15. und 16. Jahrhundert hat den Traum vom Flugmenschen erneuert. Aus den Jahren 1485 bis 1499 datieren die Flugmaschi-
nenentwürfe Leonardos. Seine Maschinen haben Flügel, die denen von
Vögeln nachgebildet sind. In der Nähe von Fiesole sollten seine Flieger
sich von einem Felsen stürzen, um die Schwere der Erde loszuwerden. –
Als Jorge Donn in New York «Notre Faust» von Maurice Béjart tanzt,
gibt er den Faust nackt, doch mit einem großen Flügelapparat, dessen
Konstruktion Leonardos Flugmaschinenpläne zugrunde liegen, ein in-

geniöser Einfall. – Die Flugphantasien kulminieren in der Umgebung revolutionärer Umbrüche. Da wird der Traum vom Loslassen geträumt mit Angst und Lust zugleich.

Für Goethes Zeitgenossen war es ein Tagesthema. 1759 prophezeit Samuel Johnson, daß der neue Mensch der Zukunft mit Flügeln durch die Luft gleiten wird, nachzulesen in Johnsons Roman «Rasselas». 1768 erfindet Pancton einen helikopterähnlichen Apparat, dessen Rotorblätter durch Muskelkraft angetrieben werden. 1781 konstruiert Meerwein, der Architekt des Fürsten von Baden, eine Flugmaschine, bestehend aus zwei Flügeln, zwischen denen der Pilot hängt, der die Winkelstellung verändern kann: «L'art de voler à la Manière des Oiseaux». 1784 publiziert Gérard einen Essay über «Die Kunst des Fliegens» (L'Art des Vols Aériens); er baut ebenfalls eine Flugmaschine. 1799 springt Calais auf den Champs Elysées von einem Mast, ausgerüstet mit einem geflügelten Fallschirm; er wird schwer verletzt. In den ersten 25 Jahren des 19. Jahrhunderts häufen sich die Meldungen über solche Flugversuche.

Wir wissen, mit welcher Anteilnahme Goethe sie verfolgt, einzig daß er bedauerte, daß die Konstruktionspläne nicht von seiner Hand stammten, wie er bekümmert die Ballonfahrten der Brüder Montgolfier kommentiert. Experimente mit Modellen hat er immer wieder selbst unternommen. – Auch in der bildenden Kunst der Zeit ist das Thema populär, von Füßlis «Ikarus» in den siebziger Jahren bis zu Goyas Flugmenschen von 1814. – Für Goethe wie wohl auch die Zeitgenossen war das Grauen des Sakrileges, es den Göttern gleichzutun, war die Hybris von Naturbeherrschung und die Angst vor dem Selbstverlust so stark wie die Neugier. – Euphorion ist als gewalttätig dargestellt: «Nur durch die Haine! / Zu Stock und Steine! / Das leicht Errungene, / Das widert mir, / Nur das Erzwungene, / Ergetzt mich schier.» (9780–84). Als mutwillig, rasend und maßlos empfinden ihn die besorgten Eltern. Euphorion, der Genius der Kunst, will Kriegsheld werden, der Traum Tassos nach Elysium: «Träumt ihr den Friedenstag? / Träume, wer träumen mag. / Krieg! ist das Losungswort. / Sieg! und so klingt es fort.» (9835–38). Nicht als Kind und versöhnend, nicht christlich will Euphorion erlösen, sondern als ein Jüngling in Waffen, als ein Dämon des Krieges. Hier assoziiert der Text nicht länger Antike oder Renaissance, hier meint er Goethes Gegenwart, die Begeisterung der gräcomanischen Jugend, die den griechischen Freiheitskampf gegen die Türkenherrschaft mit der Waffe unterstützte, um dem Reich der Kunst eine moderne politische Gestalt zu geben. Goethes Hinweis auf Byron, der in den griechischen Krieg gezogen und dabei gefallen war, hat hier ihren Gegenstand.

Aber selbst an dieser Stelle erschöpft sich der Text nicht in dieser

einsinnigen zeitgeschichtlichen Anspielung. Wo der Genius kriege-
rischer Gewalt verkörpert erscheint, trägt er in Goethes Werk nach 1800
meist auch Züge Napoleons. Der feurige Pluto in der Beschwörung der
Mummenschanz ist dafür ein Beispiel unter mehreren. 1801 entwirft
Napoleon Bonaparte Pläne für eine kriegerische Invasion Englands mit
einem Regiment fliegender Soldaten. Unter dem Pseudonym «Reinser
II» verfaßt er ein Werk mit dem Titel «La République Universelle ou
l'Humanité ailée sous l'Empire de la Raison».

Nach dieser historischen können wir endlich noch eine letzte Bedeutungsschicht des Flug- und Sprungmotivs erkennen, wenn wir in den
naturphilosophischen Schriften Erläuterung suchen. Auch hier hat
Goethe Spontaneität als Entwicklungsdynamik zu erweisen versucht. In
gänzlich anderem, allein auf naturgeschichtliche Vorgänge bezogenem
Zusammenhang finden wir dort die Notiz: «Konflikte, Sprünge der Natur und Kunst. Eintretender Genius zur rechten Zeit. Element genugsam vorbereitet. Nicht roh und starr. Auch nicht schon verbraucht.
Ebenso mit der Organisation. Hier springt die Natur auch nur, insofern
alles vorbereitet ist, als ein Höheres, in die Wirklichkeit Tretendes zur
eminenten Erscheinung gelangen kann.»[1]

Genugsam vorbereitet ist Euphorions Erscheinen durch eine lange
menschheitliche Entwicklung, in der das geschichtliche Leben und das
der Kunst zwar aufeinander bezogen, doch in polarer Entwicklung verlaufen sind. Faust und Helena sind solche aufeinander bezogenen Anti-
poden, wie es früher in Goethes Werk schon Tasso und Antonio waren.
Vereinigung «im höheren Sinn» kann einer naturphilosophischen Äußerung Goethes zufolge geschehen, «indem das Getrennte sich zuerst steigert und durch die Verbindung der gesteigerten Seiten ein Drittes,
Neues, Höheres, Unerwartetes hervorbringt.»[2] Als dieses unerwartet
Dritte, Vereinigende wird Euphorion von Helena begrüßt. – Immer
stellen sich Goethe aber diese synthetischen Figuren als fragil und ent-
wicklungsunfähig dar. Entzweiung und Polarisierung sind – im Gegensatz zu den Entfremdungsphilosophien seiner Zeit, mit Schiller angefangen – notwendige Entwicklungsbedingungen, also nicht Abfall und
Entfernung von einem harmonischen Zustand, sondern im Gegenteil
Bedingung des Fortschreitens. In den synthetischen Gestalten seiner
Symbolwelt, in Mignon, Homunculus und Lenker wie auch in Euphorion, sind Göttliches und Tierisches in einem bedenklichen Mischungs-
verhältnis. Zwar gehen sie als unerwartet Göttliches aus höchster Produktivität hervor, doch bleibt diese Schöpfungskraft in ihnen nur wie ein
sittlich richtungsloser Furor, ein blindes Rasen wirksam, das an sich
selbst sterben muß: dämonisch also im Doppelsinn eines Göttlich-Ver-

derblichen. Alle diese synthetischen Figuren sind flüchtige Gestalten und selbst nicht zeugungsfähig. Insofern ist die Zeugung Euphorions schon der Anfang seines Endes: «Ein schöner Jüngling stürzt zu der Eltern Füßen, man glaubt in dem Toten eine bekannte Gestalt zu erblikken; doch das Körperliche verschwindet sogleich, die Aureole steigt wie ein Komet zum Himmel auf, Kleid, Mantel und Lyra bleiben zurück.» (9902). Was besagt diese Aufspaltung des Kunstgenius in seine verschiedenen Attribute, die Himmelfahrt der Aureole, das Zurückbleiben von Kleid, Mantel und Lyra? In der Aureole wird das übergeschichtliche Sein des Schönen als seine Aura sichtbar. So hat Goethe selbst sich geäußert: Die Aureole sei «höhere geistige Kraft aus dem Haupte gleichsam emanierend und sichtbar werdend, ... wie denn auch geniale und hoffnungsvolle Kinder durch solche Flammen merkwürdig geworden.»[3] – Die Aura des Schönen ist für Goethe nicht ein Erzeugnis ekstatischer Kunsterfahrung, kein Produkt einer begeisterten Belehnung eines Artefakts mit überirdischem Glanz, gar fauler ideologischer Zauber. Aura ist hier statt dessen eine Abstraktionsform der wirklichen Energien des Schönen; nach der Analogie physischer Natur, in der Goethe im Augenblick des Sterbens eine Aura der Verstäubung wahrzunehmen meint, in welcher die Lebensenergien in feiner Verteilung sichtbar bleiben. Aura, so können wir wohl in einer uns gemäßeren Sprache sagen, ist der Begriff dafür, daß das Schöne im Modus der Sehnsucht gegenwärtig bleibt, auch wenn die Geschichte seine Aktualisierung nicht erlaubt.

Nun scheiden sich aber Aureole und Kleid des Genius nicht rein im Sinne von vergehender Materie und überdauerndem transzendenten Sein. Hülle und Kleid sind nicht selbst der vergängliche Stoff, sondern dessen schöner Schein, Zeichen eines Abwesenden und Hülle rohen Stoffs in eins. In der Sphäre der empirischen Kunstgeschichte sind Hülle und Schleier die Kunstformen, die den Menschen bleiben, auch wenn der Enthusiasmus für das Schöne tot ist oder keinen Gegenstand hat. Als Helena Euphorion folgt, behält Faust Kleid und Schleier in den Armen, während das Körperliche verschwindet. Auch hier ist Phorkyas-Mephistos Mahnung an Faust nicht bloß Satire: «Halte fest, was dir von allem übrigblieb. / Das Kleid, laß es nicht los. Da zupfen schon / Dämonen an den Zipfeln, möchten gern / zur Unterwelt es reißen. Halte fest! / Die Göttin ist's nicht mehr, die du verlorst, / Doch göttlich ist's. Bediene dich der hohen, / Unschätzbaren Gunst und hebe dich empor: Es trägt dich über alles Gemeine rasch / Am Äther hin, so lange du dauern kannst. / Wir sehn uns wieder, weit, gar weit von hier», worauf Helenas Gewand zur Wolke wird, in der getragen, Faust in die Höhe gehoben und entrückt wird.

Die Kunstformen, symbolisiert in Schleier, Kleid und Lyra, bleiben als göttliche Zeichen des Andenkens an das abwesende Schöne zurück, eine «unschätzbare Gunst» der entschwindenden Helena, weil die Formen Gedächtnis und Sehnsucht des Schönen wachhalten. – Darin unterscheidet sich die Formauffassung Goethes von derjenigen der aufklärerischen Zeitgenossen. Für diese sind die Kunstformen bloße und in gewissem Sinne auch beliebige Verabredungen, Konvention der Autoren untereinander und mit dem Publikum geschlossen, um bestimmte Bedeutungen in zeichenhafter Verkürzung und Komplexion vermitteln zu können. Wer bestimmte Wirkungen erreichen will, tut gut daran, sie zu benutzen. Anders Goethe. Für ihn haben die Formen die Funktion eines kulturellen Gedächtnisses. Die Erinnerung betrifft indessen nicht nur Kultur- und Kunstgeschichte, sondern die Bedürfnisse, die ihnen zugrunde liegen und aus denen sie hervorgehen.

Im Wunsch nach Entkörperung haben wir eines der für Goethe mit dem Ästhetischen verbundenen Grundbedürfnisse kennengelernt. In ihrer symbolischen Erinnerungsfunktion sind die Kunstformen insofern etwas anderes als Denk- und Fühlverabredungen bzw. eine Bündelung verschiedener Merkmale, in denen Bedeutungen zusammengefaßt sind. Sie können als eine Bedingung dafür gelten, daß das Schöne wiederkehrt. In Zeiten der Kunstferne bewahren sie die Erinnerung in den mechanisierten Kunstübungen der Konventikel und Schulen, in denen – wenn schon kein Genie, so doch – handwerkliches Vermögen am Werk sein mag. Euphorions Kleid, Mantel und Lyra aufhebend, tritt Phorkyas ins Proszenium und spricht: «Noch immer glücklich aufgefunden! / Die Flamme freilich ist verschwunden, / Doch ist mir um die Welt nicht leid. / Hier bleibt genug, Poeten einzuweihen, / Zu stiften Gild- und Handwerksneid; / Und kann ich die Talente nicht verleihen, / Verborg' ich wenigstens das Kleid.» (9955–61).

Romantisch ist Goethes Kunstdenken hier, indem es die Flamme des Schönen nur in den Neugeburten der Kunst brennen sieht, während das Handwerks- und Schulmäßige ihm eher ein Indiz von Kunstferne zu sein scheint, doch ohne daß er es verurteilt. Seine Unterscheidung zwischen lebendigem Kunstenthusiasmus und der handwerklich verschulten Kunstübung der Gilden und Schulen läßt auch verstehen, weshalb sein Interesse gerade im Alter so stark auf die Naturpoesie und den künstlerischen Dilettantismus ging. In der Nähe zum Lebendigen, das in solchen Kunstformen durch die enge Beziehung auf das gelebte Leben gewahrt ist, mag Goethe die Aussicht auf ästhetische Neugeburten, künstlerische Innovationen größer erschienen sein als in der Vervollkommnung des Handwerks. Der mechanisierte Umgang mit den zu-

rückgebliebenen Formen, aus denen das antike Leben gewichen ist –
das erinnert an Hegels Ästhetik, die den objektiven Humor als die der
modernen Kunst angemessene Gesinnung beschreibt. Wenn die modernen Lebensverhältnisse schon keine schöne Kunst mehr erlauben, so sei
der Künstler gut beraten, wenn er auf den Vorrat der überkommenen
Formen zurückgreife, sie spielerisch gebrauche ohne besondere Präfe-
renz, sich der Geschichte der Kunst erinnernd, doch über sie für immer
hinaus. – Die Parallele ist trügerisch. Gewiß zwar ist auch für den
«Zweiten Faust» die Kunst Durchgangsstadium, Faust jedenfalls treibt
es durch sie hindurch; jedoch ist über ihr ferneres Schicksal nichts gesagt: kein Hinweis, weshalb eine Wiederkehr Helenas ausgeschlossen
bleiben soll. Das Schöne ist sterblich, weil es der Geschichte untersteht,
doch ist das einmal wach gewordene Begehren auch die Bedingung der
Möglichkeit seiner Wiedergeburt. «A thing of beauty is a joy for ever»
hat ein Zeitgenosse Goethes, hat Keats formuliert.

Im Gesamtgeschehen des «Zweiten Faust» ist die Vermählung Fausts
mit Helena zwar ein Höhepunkt, andererseits aber nur Episode. Zwar
lassen sich die beiden ersten Akte als Vorspiel, die beiden letzten als
Nachspiel der erhabenen Feier deuten. Diese selbst aber – als ein «Zwischenspiel» bezeichnet – ist lediglich eine von mehreren Stationen, an
denen wir Faust antreffen, zwar besonders ausgezeichnet, doch nicht
schlechthin schicksalhaft. – Helena und Euphorion, Verkörperungen
der Kunst, sinken in der Blüte ihrer Jahre in den Hades zurück. Das
heißt: die Kunst in ihren reinsten, dämonisch-genialen Inkarnationen
muß in der Moderne nicht etwa deshalb sterben, weil sie alt geworden
wäre. Nicht vom Alter werden Helena und Euphorion ereilt, sondern
von einem Schicksal. Daß sie in die Geschichte eintreten, bedeutet für
Goethe nicht den Verfall an die Zeit, der auch das Schöne sich nicht
entziehen könne, sondern das Eintreten in geschichtliche Bedingungen,
die ihrem Wesen Feind sind. Dergestalt stirbt hier das Schöne auch nicht
einfach ab, sondern es stirbt einen Heldentod, indem es in Euphorions
Sturz tödlich zu Fall kommt. Die Möglichkeit eines Mißverständnisses
ist hier besonders groß. Könnte es doch so scheinen, als habe Goethe
das Schöne – indem er es naturalisiert und personalisiert – einem Alte-
rungsprozeß der Weltgeschichte aussetzen wollen, an deren Abend das
Schöne zwar noch in würdiger Gestalt, aber eben doch betagt und hin-
fällig auftrete; so ist es ja in Hegels Ästhetik.

Wodurch die Philosophie nur gewinnen kann, indem in ihr die Erfahrung zur Altersweisheit wird, ist für das Schöne ruinös; denn da zeigt
sich die Erfahrung des gelebten Lebens in den Falten und Runzeln, die
zwar noch Respekt abfordern, nicht aber mehr Enthusiasmus auslösen.

Nichts davon im «Zweiten Faust» und auch sonst nirgendwo in Goethes Werk; denn nirgendwo hat dort das Schöne eine Biographie. Nie hat Goethe sich die Geschichte des Schönen als Lebensgeschichte vorgestellt: das Schöne als Kind, als Jüngling, reifer Mann und Greis – Anthropologie des Schönen als Biologie. – Allerdings ist es nicht alterlos, zeitentrückt. Häufig tritt es als Kind auf oder als Jüngling, wenn nicht als schöne Frau; oder eben als in diesen beiden Gestalten wie hier im III. Akt: Helena und Euphorion. Diese Kinder- und Jünglingsgestalten des Schönen scheinen im Widerspruch zu meiner Behauptung zu stehen, das Schöne habe bei Goethe keine Lebensgeschichte; nur zum Schein. Denn nicht darum werden wir hier zu Zeugen von Euphorions Geburt, um die Entwicklung des Ästhetischen von den Anfängen bis zum Tode verfolgen zu können, sondern weil das Wesen des Schönen Jugendlichkeit ist. – So legt Goethe Wert darauf, Euphorion schon gleich nach der Geburt im Vollbesitz seiner Kräfte zu zeigen: ein Gott des Schönen in voller Gegenwärtigkeit seiner Kräfte, von der ersten Stunde an; den Wärterinnen zum Trotz, die einen Säugling hätscheln wollen: «Diesen zierlich und kräftig doch / Kaum geborenen Säugling / Faltet in reinster Windeln Flaum / Strenget in köstlicher Wickeln Schmuck / Klatschender Wärterinnen Schar / Unvernünftigen Wähnens. / Kräftig und zierlich aber zieht / Schon der Schalk die geschmeidigen, / Doch elastischen Glieder / Listig heraus, die purpurne, / Ängstlich drückende Schale Lassend ruhig an seiner Statt; / Gleich dem fertigen Schmetterling, / Der aus starrem Puppenzwang / Flügel entfaltend behendig schlüpft, / Sonne durch strahlten Äther kühn / und mutwillig durchflatternd.» (9645–61).

Wie ein Schmetterling aus der Puppe, aus einem Sein in ein anderes wechselnd, doch in jedem in gänzlicher Präsenz. Der Genius des Schönen *wird* nicht erst in der Geschichte, sondern er *wirkt* in ihr von Beginn an als das, was er ist, oder er leidet ein Schicksal. Es gibt aber kein Reifen des Schönen, kein Wachsen und Mehren. – So hat es einen anderen Grund, daß Goethe seine Genien der Kunst bevorzugt als Kinder und Jünglinge oder mit diffuser Identität wie Mignon gestaltet, als etwa den, daß er eine Lebensgeschichte des Ästhetischen und Anthropologisierung dieser Art im Sinn hätte. In der Tat, und es ist durch den homerischen Ton bereits angedeutet, in dem von Euphorions Geburt berichtet wird: Euphorion wird geboren wie die Götterkinder der griechischen Mythologie.

Seine Existenz ist der ihren nachgebildet, und der Hinweis auf Lord Byron als den Gemeinten heißt hier nicht: er sei der *eigentlich* Gemeinte, sondern an ihm als einer bestimmten geschichtlichen Figur habe sich vollzogen, was beim Eintreten des Schönen in die Moderne sich allgemein vollziehe. So nähern wir uns Goethes Vorstellung davon, wie Kunst in der modernen Gesellschaft wirkt, von einer noch anderen Seite, indem wir den Hinweisen nachgehen, die mit der Einreihung Euphorions in die Mythologie der Götterkinder gegeben sind. Karl Kerényi hat in seinem Aufsatz über «Das Urkind» eine Revue dieser «Göttlichen Kinder» zusammengestellt, die neben Herakles, Zeus, Apollon und Dionysos auch Hermes und Eros nennt, auf die in Euphorion angespielt wird. «Mythologie ist niemals Lebensgeschichte der Götter, wie sie dem Betrachter oft erscheint», so führt Kerényi in sein Thema ein. «Sie ist einerseits mehr, andererseits weniger. Sie ist immer weniger als eine Lebensgeschichte, obwohl sie auch von der Geburt und Kindheit, von jugendlichen Taten der Götter, manchmal sogar von ihrem frühen Tod zu erzählen weiß. Das Wunderliche an solchen Taten besteht darin, daß sie den Gott bereits in der Vollkommenheit seiner Gestalt und Macht zeigen und dadurch das biographische Denken – das Denken in Lebensaltern als Stufen einer Entwicklung – eigentlich ausschließen. Andererseits ist die Mythologie mehr als jede Biographie. Denn mag sie auch nichts erzählen, was an ein besonderes Lebensalter organisch anknüpft, so umfaßt sie doch als zeitlose Wirklichkeiten die Lebensalter selbst», hier das des Kindes und Jünglings. So habe die klassische Antike sich entschlossen, die Taten Apollons und des Hermes als die von ewig jugendlichen Göttern zu denken, weil sie als den Grund dieser Taten Jugendlichkeit zu sehen meinte. Das Jugendalter schien derjenige aller Altersgrade zu sein, der am reinsten die Begrenzung jener Göttergestalten abgeben konnte; die Begrenzung, durch die sie in der geistigen Welt des Olymp auch körperlich innerhalb der Großfamilie dieses göttlichen Haushalts einen eigenen Ort finden konnte. «Durch die Gestalt göttlicher Männer, Jünglinge und Greise wird in der griechischen Mythologie nie ein biographisches Lebensalter ausgedrückt, sondern immer das Wesen des Gottes», fährt Kerényi fort; «Ob auf archaische Weise in alterloser Reife oder ob in klassischer Idealgestalt dargestellt, diese göttlichen Jünglinge oder Männer haben in erster Linie Symbolwert: sie besitzen Lebensfülle und Symbolfülle *in einem*. Sie sind von jeder denkbaren biographischen Beziehung ihrem Wesen nach unabhängig.»[4]

So sei Hermes von Geburt an Hermeskind, wie Herkules andererseits sogleich im Vollbesitz von Kraft und Tapferkeit gezeigt werde. – Demnach gibt die Mythologie der göttlichen Kinder keine lebensgeschichtliche Auskunft über die Jugend eines Gottes, sondern in dessen Wesen ist der Grund zu suchen, der seine Darstellung in einer jugendlichen Inkarnation nahelegt.

Wir sind diesen Weg über die Seinsweise der griechischen Götterkinder nicht als einen Umweg gegangen, von dem aus wir erst auf Schleichwegen zu Euphorion zurückkehren müßten. Denn Goethe hat sich ja unvermittelt der griechischen Mythologie bedient, um auszudrücken, was ihm als das Wesen der Kunst erschien. Vielleicht ist bisher zuwenig beobachtet worden, was dieses Antikenzitat seinem ganzen Umfang nach bedeutet. Für gewöhnlich legt man es seinem Inhalt nach aus, was es im zeitgenössischen Zusammenhang der Gräcophilie ist: Klassizismus. Aber es ist auch eine bestimmte Form, das Schöne zu denken, gleich weit entfernt von Biographischem wie von Psychischem. – Helena, Faust und Euphorion, erst das Liebespaar, dann die Familie, sind doch nicht durch Bindungen der Seele und des Herzens verbunden, sondern aufgrund einer Zugehörigkeit intelligibler Art. – Wir hatten das schon bemerkt, als Helena von ihrer Treue zu Faust sprach – die Treue zur Liebe, nicht zum Geliebten. Fausts Liebe zu Helena, ihre zu ihm, ist eine auf den ersten Blick, da gibt es auch kein umständliches Kennenlernen – als hätte man nicht dazu noch eine liebe lange Christenheit Zeit. – Kein Zweifel, Goethes Projektion der Kunst in das Götterkind der griechischen Antike, in der auch die Eltern sich begegnet sind, hat den Sinn, das Schöne nicht bloß weit vom Moralisieren der Aufklärung zu begründen. Es liegt auch ebenso weit von aller christlichen Verinnerlichung entfernt. Darum ist es in vorchristliche Zeit verlegt.

Das temporäre Verhältnis ist aber lediglich die Metapher eines seinslogischen. Die Sinnlichkeit der griechischen Mythologie steht für die Lokalisierung der ästhetischen Sphäre in Unabhängigkeit von innerpsychischen Entwicklungen. Das gilt für den «Zweiten Faust» insgesamt. Hier geht es um das Verhältnis verschiedener Sphären des Seins zueinander. Deren Zugehörigkeit oder auch Ausschließen ist nicht individuell in den Personen motiviert, sondern in dem, was diese verkörpern. Euphorion verkörpert das moderne Erscheinen des Kunst-Genius; doch ist seine göttliche Sohnschaft zur Mutter Helena viel weniger eine Analogie der jesuanischen zu Maria als vielmehr ein Kontrapunkt. Er ist es darin, daß er als göttliches Kind und Jüngling schon im Vollbesitz seines Wesens ist, anders als Jesus, der erst als gereifter und geprüfter Mann Christus wird; er ist es, indem er als Dämon des Kampfes und Krieges erscheint statt der Verzeihung und des Friedens; er ist es aber auch als ein Genius der schönen Tat, nicht als einer von schönen Träumen. Als Genius, das heißt in voller produktiver und unvermittelter Gestalt und in ihrem reinen Wesen, kann Kunst für Goethe auch in der Moderne nur heidnisch auftreten. Das ist sein schärfster Gegensatz zu den romantischen Zeitgenossen.

Wenn immer wieder von Goethes klassisch-romantischer Altersäschetik die Rede ist, so gilt das in erster Linie für die Zerlösung des klassizistischen Gestaltbegriffs und die Problematisierung einer Ästhetik des bloß Schönen. Es gilt aber nicht in jenem Sinne von «romantisch», in dem Hegel die der Moderne eigentümlichen Seinsweisen des Schönen versammelte. Für die Hegelsche Ästhetik ist «innerlich» synonym mit romantisch, diese Innerlichkeit aber als ein Erzeugnis der Verchristlichung der abendländischen Kultur. Innerlichkeit, überhaupt alles eigentlich Seelische ist für Goethe als Grund von ästhetischer Produktivität nicht denkbar, eher als deren Behinderung und Verstellung. Gewiß kann sie Thema von Kunst sein, gelegentlich und in Grenzen auch einmal Anschauungsform, doch bleibt sie dem Ästhetischen letztlich äußerlich. Wenn von Goethes Materialismus gesprochen wird, so muß insofern erst einmal dieses Unpsychologische Erwähnung finden, das zugleich unchristlich ist, dem Seelischen abgewandt. Auf die Frage, welches der Grund im Wesen der Kunst sei, daß Goethe sie in jugendlichen Genien der Kunst verkörperte, lautet demnach die Antwort, daß er hier ein Sein finden wollte, das sich noch nicht nach innen gewendet hat, noch nicht christlich geworden ist. Hermes-Euphorion müßte man extrovertiert nennen, wollte man ihn psychologisch beschreiben. Doch soll hier nicht psychologisiert, sondern festgestellt werden: Der Genius der Kunst kennt keine Rücksicht, keinen Respekt, keine Verantwortung, keinen Gehorsam. Der Mangel an Seelischem schafft einen vom Christentum freien Raum.

Für Goethe ist das die selbstverständliche Bedingung von Kunst, was daran zu sehen ist, daß er Euphorion nicht etwa an seinem unchristlichen Wesen scheitern läßt und womöglich schuldbeladen. Kein Wort davon. Sein Scheitern ist anders begründet, ebenso ursprünglich wie seine Produktivität. Euphorion ist eben doch nicht ganz Gott, sondern Genius; nicht Hermes, sondern Ikarus. Was ihn produktiv macht, die Jugend, läßt ihn auch scheitern: der Übermut. Jugendlichkeit gilt ihm als ein Hauptzug alles Ästhetischen und als die Bedingung der Möglichkeit, daß die Kunst immer wieder neugeboren wird. Natürlich ist sie nicht an ein Lebensalter gebunden. Vergreiste Adoleszenz hat auch Goethe schon gekannt. Doch ist es nicht zugleich ein Merkmal von Jugendlichkeit, wie es eine Bedingung jeder ästhetischen Produktivität ist: mit Kühnheit und Unbefangenheit durchs Leben gehen, dem Leben auf den Grund gehen, ohne Kränkung und Schmerz zu befürchten?

Indem Goethe das bejaht, sind für ihn auch die wesentlichen Impulse von ästhetischer Produktivität nicht prinzipiell historisierbar; freilich sind die Schicksale unterschieden, durch die sie erreicht werden.

Haben wir bisher unser Augenmerk auf die Frage gerichtet, warum Goethe die Seinsweise der antiken Götterjünglinge zur Verkörperung des Genius der Kunst gewählt hat, so müssen wir uns nun eindringlicher als bisher fragen, warum gerade Hermes – neben Apoll und Eros – zum Urbild Euphorions geworden ist. Einen Grund hatten wir schon darin gefunden, daß er geflügelt vorgestellt wird und als ein Gott liebender und diebender Begehrlichkeit, unwählerisch in den Mitteln. Er hat noch ein weiteres wesentliches Merkmal, dessen Attribut Goethe erwähnt und das für die Form des Aktschlusses bedeutungsvoll ist, die Leier. Diese bleibt neben dem Mantel zurück, als seine Aureole sich vom Körper ablöst. – Gleich seine Geburt schon vollzog sich in ihrem Zeichen: «Ein reizendes, reinmelodisches Saitenspiel erklingt aus der Höhle. Alle merken auf und scheinen bald innig gerührt. Von hier an bis zur bemerkten Pause durchaus mit vollstimmiger Musik.» (9678). «Bemerkt» ist diese Pause nach dem Trauergesang des Chors, der auf den tödlichen Sturz des Jünglings folgt. Ein Gesang der Trauer, doch zugleich des Trostes, denn er schließt mit der Verheißung der Wiederkehr des Schönen: «Doch erfrischet neue Lieder, / Steht nicht länger tief gebeugt: / Denn der Boden zeugt sie wieder, / Wie von je er sie gezeugt.» Hier steht die Szenenanmerkung: «Völlige Pause. Die Musik hört auf.» (9937).

Wir haben uns eine Generalpause vorzustellen, die die Euphorion-Handlung von der Höhlengeburt bis zum Abgesang des Chors als eine geschlossene Episode vom übrigen abschließt. Sie hat die Form einer Oper. Diese gilt Goethe offenbar als typisch moderne Kunstform, übrigens unter der Patenschaft des christlichen Teufels, wie es die Chorführerin Panthalis ausspricht, nachdem die Musik verklungen und Phorkyas ihr Wort über die Gild- und Handwerkskunst, die auch nach der Hadesfahrt des Schönen bleiben würde, gesprochen hat: «Nun eilig, Mädchen! Sind wir doch den Zauber los, / Der alt-thessalischen Vettel wüsten Geisteszwang, / So des Geklimpers vielverworrener Töne Rausch, / Das Ohr verwirrend, schlimmer noch den innern Sinn. / Hinab zum Hades! Eilte doch die die Königin / Mit ernstem Gang hinunter. Ihrer Sohle sei / Unmittelbar getreuer Mägde Schritt gefügt. / Wir finden sie am Throne der Unerforschlichen.» (9962–69). – Auch für die gotische Burg hatte schon der Teufel Pate gestanden, auch dort als ein Verführer zum Sinnenzauber und zu weltlicher Eitelkeit; im Hinblick auf die Musik also in ähnlicher Verwerflichkeit, wie Platon sie schon gefürchtet hatte als eine sinnverwirrende Kunst. Helenas Befürchtung über Euphorions Treiben ist denn auch, daß er zerstöre «Das schön errungene / Mein, Dein und Sein», daß er als ein Gott des Diebstahls und Betrugs wie der erotischen Bezauberung mit der Ordnung der Sinne auch gleich die des

Eigentums in eins verwirren könnte. Der Chor fürchtet Übles: «Bald löst, ich fürchte, / Sich der Verein!» (9735).

Schon im Vollzug der im Wechselgesang zwischen Euphorion und dem Chor folgenden Reimstrophen werden die Bedeutungen des Textes leichter, erhalten selbst schon jene Behendigkeit, mit der Euphorion schließlich über die Wirklichkeit hinwegsetzt. Es ist die Leichtigkeit, die der Wortsinn in der Musik erhält. Goethe hat diese nicht so sehr als eine Kunst der Innerlichkeit angesehen, sondern als eine raffinierte des Sinnenzaubers. Insofern ist sie für ihn modern. Seine Äußerung über gotische Architektur als gefrorene Musik gehört hierher und muß in diesem Zusammenhang, nicht aber, wie meist, sentimentalisch interpretiert werden. – Wie häufig im «Zweiten Faust» ist der Teufel auch hier, wo er der Pate der Musik ist, viel weniger teuflisch in seinem Wesen als vielmehr einfach nachantik. Denn zwar hat Hermes schon die Lyra erfunden, und Apoll hat sie, der Mythologie nach, von ihm erhalten, doch erreicht die Musik für Goethe wie für die meisten seiner Zeitgenossen – einschließlich Hegels – ihre Vollendung erst in der zeitgenössischen Gegenwart: «Wäre die Sprache nicht unstreitig das Höchste, was wir haben, so würde ich Musik noch höher als Sprache und als ganz zuoberst setzen. Wenigstens scheint mir, daß der Ton noch viel größerer Mannigfaltigkeit als die Farbe fähig sei», so hat er gelegentlich geäußert[5]; und als in seiner Novelle inmitten der friedfertigsten aufgeklärten Kultur plötzlich die Wildnis in Gestalt eines Löwen aus dem Zirkus auszubrechen scheint, da besänftigt ihn ein flötespielender Knabe, auch dieser einer von Goethes Kunst-Genien.

Mit Euphorions Tod verstummt aber die Musik erst einmal, und die schwatzend das Wort behalten, sind die törichten Jungfrauen aus Helenas Gefolge, die den Chor bilden. In ihnen können wir die Sprecher des poetischen Zunftwesens erblicken, das in Zeiten der Abwesenheit des Kunstgenius die mehr oder minder talentierte Statthalterschaft übernimmt. Goethe hat sie als einen Schwarm stimmschwacher ästhetischer Hinterbänkler porträtiert, die, ein wenig neidisch auf die Großen der Kunst, Trost über ihre eigene Bedeutungslosigkeit in allerlei epigonalen Übungen suchen: «Welchen Zeitvertreib haben wir? / Fledermaus gleich zu piepsen. / Geflüster, unerfreulich, gespenstig» (9978–80), und also kompensieren sie die Empfindung ihrer Minderwertigkeit durch das Verfertigen von allerlei Naturpoesie. In dieser hat Goethe ein weiteres Feld im Spektrum romantischer Kunst dargestellt. Der in vier Gruppen aufgeteilte Chor imitiert die verschiedenen Töne, in denen die romantischen Zeitgenossen Goethes wie durch poetische Magie die Natur beschwören mochten: «Ewig lebendige Natur / Macht auf uns Geister, / Wir auf sie vollgültigen Anspruch» heißt es einleitend ironisch genug, ehe der erste Teilchor fast programmatisch «überschwenglich» synästhetisch al- literierend zu weben beginnt: «Wir in dieser tausend Äste Flüsterzit- tern, Säuselschweben / Reizen tändled, locken leise wurzelauf des Le- bens Quellen / Nach den Zweigen». Ein anderer Teil des Chors übt sich «in erschütterndem Verdoppeln, dreifach, zehnfach, hintenach», ein dritter Teil, «bewegten Sinnes», wallt mäandrisch durch die Landschaf- ten der Ferne, während der vierte einen dionysischen Dithyrambus an- stimmt. (9992 ff).

So sind hier die typischen Töne der Zeit von Brentano und Tieck bis zu De la Motte Fouqué und Arnim versammelt, um nur die prominente- sten zu nennen: synästhetisch, onomatopoetisch, ornamental und anti- kisierend. Goethe hat hier das Manirierte, Angedrehte, im Grunde Nichtige dieser Künste betont, vor denen sich gleichwohl alles bücke «wie vor den ersten Göttern». Was hier sich «bewegten Sinnes», «un- bändig», «überschwenglich» und «erschütternd» gibt, sei doch nicht mehr als ein fast groteskes Überdrehen dessen, was die Natur an Schön- heit von sich aus hervorbringe. – Am wenigsten ist der Dithyrambus des vierten Chorteils von dieser Ironie betroffen. In ihm ist Goethes Ideal- landschaft der letzten Lebensjahre evoziert: das Mittelgebirge, die Weinberge, alte Kulturlandschaft, der Boden der Dornburger Ge- dichte. So mischt sich auch hier in Goethes Kritik an der Poesie der Zeitgenossen, denen er manirierte Überfülle und Maßlosigkeit, Über- reizung und Leere vorwirft, gelassene Anerkennung. Endlich hat er auch wohl im rauschhaften Toben romantischer Maßlosigkeiten: «Ge- spaltne Klauen treten alle Sitte nieder» – wir denken etwa an seine Kri- tik von Heinses «Ardinghello» – eine Bedingung für den Neuanfang gesehen, auf den der buchstäblich letzte Satz des Aktes hinzudeuten scheint. Er wird von dem riesenhaften Schatten der Phorkyas im Pro- szenium gesprochen: «Denn um neuen Most zu bergen, leert man rasch den alten Schlauch.» (10038).

Das Reich der Kunst bleibt mit dem III. Akt durchaus nicht wie ein Paar zu klein gewordener Schuhe zurück, denen der Held in die ethisch- soziale Sphäre der Folgeakte entwachsen würde. Dem Spielverlauf ent- spricht kein Fortschreiten im Sinn einer Überwindung früherer Da- seins- und Lebenskreise, wie sich denn auf symbolische Weise das Fortwirken der Poesie sogleich darin zeigt, daß Faust den Weg in den IV. Akt auf Wolken der Poesie nimmt. Ein Abschreiten und Ausmessen liegt als Vorstellung hier zugrunde, keine Entwicklung. So bringen der IV. und V. Akt Variationen des im III. umkreisten Themas: die Rettung von Beständigem im aussichtslosen Hinstürzen des Geschehens in Natur und Geschichte. Die großen Revolutionen der Zeit – nach 1789 die von 1830 – wie seismische Katastrophen betrachtend, unternimmt Goethe im «Zweiten Faust» den Versuch, eine Vorstellung von Dauer zu gewinnen jenseits der vulkanischen Eruptionen, wie er sie in Natur und Geschichte gleicherweise zerstörerisch am Werk sieht. Dem ewigen und ewig sinnlosen Wechsel von Revolutionen und Restaurationen gegenüber sucht er mit einer Betrachtungsweise standzuhalten, die die eigene Gegenwart unter dem Gesichtspunkt des Bleibenden mustert.

Diese Optik ist moralisch indifferent. Ein epochaler Riß verläuft insofern zwischen den beiden Teilen des «Faust». War doch der «Erste Teil» noch durchaus moralisch zentriert, während in diesem hier das Moralische oberflächlich bleibt, ohne eine Verknüpfung zum Grund des Geschehens. Fausts Eigentums- und Herrschaftswunsch unterliegt keiner ethischen Bewertung, wie er selbst denn auch keine solche gibt. Aus Angst und Verzweiflung schmiedet Faust seine Landgewinnungspläne, weder um sich zu bereichern noch um guter Werke willen. Statt dessen ist sein Wille wie ein apollinischer Reflex auf ein dionysisches Treiben aufgefaßt. Begrenzen und einengen will er die Gewalt der Elemente, nicht Kapital daraus schlagen. So kehrt die Konstellation von Wildnis und Kultivation, Chaos und Formgestalt – die Grundspannung des «Zweiten Faust» – auch in dieser Schicht des Werks wieder. Zwar geht es jetzt nicht mehr um die Kunst, sondern um das gesellschaftliche Leben. Aber daran, daß Goethe auch hier die zerstörerischen und bewahrenden Kräfte im Sinne auflösender und formender Gewalten und im Absehen von einer Bewertung ihrer Inhalte kontrastiert, ist die universelle Geltung der ästhetischen Kategorien erkennbar.

Fausts Wunsch, den Elementen standzuhalten, ist so irrational, so unvernünftig wie das Meer, gegen das er Behauptung sucht, ein Reflex der Natur gegen eine zweite Kraft in ihrem Innern, die auf die Ewigkeit einer Bewegung geht. Tat, Eigentum und Herrschaft sind Chiffren des Kampfes gegen die Gewalt ewiger Wiederkehr. An sich selbst haben sie keinerlei Sinn und Wert, und die Richtung, die Mephistopheles ihnen gibt, ist ihnen so äußerlich wie Finalität überhaupt. Ihre Funktion ist einzig konservativ, auf Rettung bedacht. Gewiß, Eigentum, Tat und Herrschaft sind Devisen der Plünderer, Ausbeuter und Kolonisatoren, doch nicht in einem Interesse als Kapitalist hat Fausts Willen seinen Ursprung. Für ihn stehen die Devisen des Kapitals in einer anderen, im weiten Sinn ästhetisch-anthropologischen Ordnung, Symbole von Selbstbehauptung gegenüber einem katastrophischen Perpetuum mobile. Die Ironie der beiden letzten Akte resultiert daraus, daß Faust das Verwechselspiel, das Mephistopheles zwischen beiden Ordnungen treibt, nicht begreift. Faust sagt «Eigentum», weil er die Sprache der modernen bürgerlichen Gesellschaft sprechen muß; Satan nimmt ihn beim Wort und verschafft es ihm auf die zeitübliche, die kapitalistische Weise. Faust hat es aber anders gemeint und bleibt deshalb dem Teufel gegenüber zwar nicht formell und juridisch, aber der Sache nach im Recht. – Die politisch-militärische Sphäre des IV. Akts ist eine gebrochene und verzerrte Spiegelung der ästhetischen Konstellation, die im III. in reiner Ausprägung erscheint. Doch muß sich der Held, wenn er Halt gegenüber den blinden Schicksalskräften des Lebens gewinnen will, mit der realen bürgerlichen Gesellschaft der Zeit einlassen, das heißt hier mit den kapitalistischen Verhältnissen des 19. Jahrhunderts. Aber es geschieht zum Schein. Alles bleibt symbolisch, wiewohl szenisch wirklich.

Fausts Scheitern und Ende ist letztlich kein Klassenschicksal, sondern Reflex seines in einem weiten Verstande ästhetischen Ungenügens, wie es aus der Schlüsselszene des letzten Aktes, der Philemon-und-Baucis-Episode, erhellt. – Goethe hat sie dem im übrigen fertig aufgeführten Gebäude als Schlußstein eingefügt. Die Abfolge der Erfindung der Einzelszenen in der Werkentstehung gibt, wie gelegentlich bei Goethe, so auch hier, einen Fingerzeig für das Verständnis des Ganzen. Die Szene motiviert das Ende. Die Mächte, die Faust den Untergang bereiten, indem er ihrer nicht Herr wird, eine vor allen, die Sorge, werden aus dem Brand frei, der die Hütte des liebenswürdigen Paars vernichtet. Die vier grauen Weiber, Mangel, Schuld, Sorge und Not, «schweben schattenhaft» aus dem Rauch und Dunst hervor, der aus dem ausbrennenden Feuer aufsteigt. Fausts Untergang und die Vertreibung des alten Paars stehen in einem direkten, einem kausalen Verhältnis. Doch dieses ist nicht als ein Schuldzusammenhang aufgefaßt, obschon – wie Mangel, Sorge und Not – auch Schuld aus seinem Verbrechen erwächst. Doch mit Blindheit geschlagen wird Faust durch die Sorge. Sie schleicht sich durchs Schlüsselloch und gewinnt Macht über ihn. Wir werden uns noch fragen müssen, was damit gesagt ist. Erst ist noch ein anderer Zusammenhang wichtiger.

Faust hat es nicht auf Grund und Boden des Paars abgesehen, um ihn auszubeuten, sondern er begehrt ihn aus ästhetischen Gründen: weil er den Blick ins Unendliche stört, indem die Gartenbäume ihm die Aussicht versperren. Dergestalt kommen aber Motive ins Spiel – nicht beiläufig nur, sondern als auslösende Impulse –, die in Goethes Werk älter und tiefer verankert sind als die Gestalt des modernen Handelskapitalisten: das Widerspiel aufklärerisch kultivierender Tätigkeiten und wilder archaischer Natur. Die Gesinnung von Philemon und Baucis ist die des skeptischen Gärtners in den «Wahlverwandtschaften», und Fausts Meeresküstenkolonisation ist ähnlich eitel und dilettantisch, wie es die Wegebau- und Landschaftsgärtnereien der adeligen «personnage» desselben Romans sind. Eduard verhält sich im Anlegen von Ziergarten, Teich- und Parkanlagen in der offenen Landschaft nicht anders als Faust, wenn er Palast, Ziergarten und Kanäle in die «Offene Gegend» des V. Aktes setzt. Aus dieser Verblendung, Macht über die Natur gewinnen zu wollen, indem diese eingefriedet, kanalisiert und unterjocht wird, entsteht den Personen in den «Wahlverwandtschaften» wie hier dem Helden alles Unheil. Daraus entsteht es bereits für die vornehme, die aristokratische Gesellschaft des Romans von 1809 wie hier für den Handelskapitalisten Faust. Nicht als Kapitalist vergeht dieser sich gegen Philemon und Baucis, nicht durch ökonomische Gewalt, sondern auf die archaische Weise, in der auch noch die erste Generation des Frühkapitalismus das Ihre an sich brachte: durch außerökonomische, durch rohe Brachialgewalt. Nur daß Faust, in dessen Ökonomie man verschiedene Entwicklungsphasen der kapitalistischen Gesellschaft überlagert gefunden hat, in diesem einen entscheidenden Punkt andere Motive hat als die eines Frühkapitalisten. – Kein Zweifel freilich, daß Goethe in dem genügsamen Paar Menschen einer vergehenden Zeit hat darstellen wollen, die wohl zwar dem Meer, nicht aber dem aufklärerischen Griff nach der Herrschaft standhalten können. Doch hier eben liegt der eigentliche Gegensatz, nicht im ökonomischen Verhalten der bäuerlichen Kleineigentümer einerseits, des Unternehmers andererseits. Philemon und Baucis haben mehr Vernunft als Faust. «Traue nicht dem Wasserboden, / Halt auf deiner Höhe stand!» (11138–39), so wehrt Baucis die Versuchung durch ein «Schönes Gut im neuen Land» ab, dessen Aussicht für Philemon verlockend ist. Und wie recht Baucis mit ihrem Mißtrauen gegen das Meer hat, erfahren wir spätestens aus den à part gesprochenen Worten des Teufels, die Fausts Dammbau gelten: «Du bist doch nur für uns bemüht / Mit deinen Dämmen, deinen Buhnen; / Denn du bereitest schon Neptunen, / Dem Wasserteufel, großen Schmaus. / In jeder Art seid ihr verloren; – / Die Elemente sind mit uns verschworen, / Und auf Vernichtung läufts hinaus.» (11544–49). Das gesamte Kolonisationswerk Fausts, mit dem er – statt auf der Höhe der Dünen den Elementen standzuhalten wie Philemon und Baucis – sie beherrschen will, hat insofern etwas Fiktives. Was er zu betreiben meint, verrichtet in Wirklichkeit des Nachts der Teufel, und die Geometrie der Gräben ist dieselbe wie die jener letzten Grube, in die Fausts Sarg passen wird. Wozu die Handlung sich schließlich verdichtet: Faust feuert die Lemuren an, den Sümpfen das Wasser abzugraben, während diese sein Grab ausheben, das ist von Anfang an, das heißt vom Verlassen der «Offenen Gegend» zu Beginn des Akts, der Sinn der Handlung. Das Standhalten von Philemon und Baucis angesichts des Meeres und über ihm, so lehrt uns die szenische Logik zu Beginn des V. Akts, war letztlich tüchtiger als das faustische Werk.

Philemon und Baucis beziehen sich bereits in ihren Namen auf ein altes Idyllenmotiv, und idyllisch ist auch der Ort, an dem sie sich niedergelassen haben. Zu den «alten Göttern» betend, geborgen in einer Hütte auf der Düne, dabei ein blühendes Gärtchen und eine Kapelle. Wir würden den Ort paradiesisch nennen. Das Wort fällt auch, doch gilt es nicht der Idylle, die das Paar sich eingerichtet hat, sondern es bezeichnet das Bild, das sich dem Wanderer Faust von der sicheren Düne aus bietet, ein Landschaftsbild: «Das Euch grimmig mißhandelt, / Wog' auf Woge, schäumend wild, / Seht als Garten ihr behandelt , / Seht ein paradiesisch Bild...» «So erblickst du in der Weite / Erst des Meeres blauen Saum, / Rechts und links, in aller Breite, / Dichtgedrängt bewohnten Raum.» (11083–106). Nicht die Verwandlung der anstürmenden Natur, des brandenden Meeres, in umfriedete, genutzte Natur ist für sich schon der Sündenfall Fausts. «Anger, Garten, Dorf und Wald» fügen sich hier durchaus noch in jenes paradiesische Landschaftsbild, das Philemon beschreibt. Das teuflische Potential des zivilisatorischen Werks, das die beiden Alten schaudernd ahnen und von dem Mephistopheles weiß, wird vielmehr erst in dem Augenblick frei, in dem der ästhetische Standpunkt, von dem aus das Ganze interesselos angeschaut werden kann, Fausts Omnipotenzstreben zum Opfer gefallen ist.

Daß Faust erblindet, nachdem er die Hütte verbrannt hat, von der aus das alte Paar standhielt, hat auch die Bedeutung, daß er nicht mehr sehen kann, was er tut: daß der Gesichtssinn als das ästhetische Vermögen des Anschauens ihm abhanden kommt, damit aber auch, wie sich zeigt, die Möglichkeit der Selbstkontrolle. Fortan gewinnt die Sorge Macht über ihn. – Die zivilisatorische Arbeit Fausts und die Idylle von Philemon und Baucis sind aufeinander bezogen. Als Landschaft, als paradiesische Geographie, in der die Macht des wilden Meeres ins Freundliche, Heitere, gartenhaft Befriedete umgebogen ist, kann die Küstennatur erst durch Fausts Arbeit erscheinen. Nicht für sich ist Natur schon paradiesisch, sondern erst als angeeignete. Doch als Paradies kann sie auch dem nicht erscheinen, der bloß und nichts als arbeitet, der nur und alles aneignet. Fausts Versagen ist, gravierender als die moralische Verschuldung des Seeräubers und Piraten, des Plünderers und Brandstifters, ein ästhetisches Unvermögen: daß er nichts besitzen kann, ohne es zu seiner Habe zu machen, für Goethe ein Laster, das nicht erst die

Kapitalisten entdeckt haben, doch dasjenige, durch das diese groß werden und zu Fall kommen. Die Möglichkeit zur Landschaft als die Möglichkeit, sich zur Wirklichkeit der modernen Gesellschaft ästhetisch zu verhalten, ist eine notwendige Funktion dieser Gesellschaft. Wo sie erlischt, werden die vier grauen Weiber frei und herrscht die Sorge.

Nun fällt die Idylle von Philemon und Baucis und mit ihr der ästhetische Gesichtspunkt keinem typisch kapitalistischen Interesse zum Opfer, sondern eigentlich sogar einer schrankenlosen Unterwerfung aller anderen Bedürfnisse unter ein ästhetisches, das für die alte Gesellschaft charakteristischer war als für die neue kapitalistische. Um der ästhetischen Illusion von Unendlichkeit willen müssen nämlich Lindenbaum, braune Bank und morsches Kirchlein weichen, nicht weil ein Kapitalverwertungsinteresse es will: «Zu überschaun mit einem Blick / Des Menschengeistes Meisterstück.» Die Unterwerfung der Wirklichkeit durch die hybride Erweiterung seiner ästhetischen Ansprüche – auch so läßt sich Fausts Verfehlung charakterisieren, ein Verfehlen des Lebens wie der Kunst: tödlich für das Leben, das weichen muß, um dem Blick «weite Bahn» zu eröffnen, tödlich aber auch für die Kunst, die einen Standpunkt braucht, der außerhalb des Prozesses der unmittelbaren Aneignung und Verwertung der Natur liegt.

Das Fortschreiten des «Zweiten Faust» über den III. Akt hinaus hatte bedeutet, daß das Reich der Kunst transitär ist, eine Sphäre, die durchschritten werden kann, und jenseits deren auch noch ein Leben bleibt, wenn die geschichtlichen Umstände großer Kunst nicht günstig sind. Wohl schreitet das Leben auch in der Abwesenheit Helenas fort, doch bleibt ihm der ästhetische Sinn noch in einer Bedeutung nötig, die jenseits der Produktion schöner Werke liegt. Seine innerste Wahrheit liegt in der Selbstbeschränkung von Herrschaft, in der Konzession eines Fremden, von dem aus sich erst der Blick aufs Unendliche eröffnet. Das Renaissance-Pathos uneingeschränkter Naturunterwerfung durch den Formwillen des Subjekts muß sich selbst zurücknehmen und sich mit einer Konstellation bescheiden, in der sich das Endliche und das Absolute wechselseitig deuten.

Der Panoramatiker Faust ist ein Dilettant, weil er die fingierte Herrschaft seiner Landschaftskunst für wirklich nimmt. Sein und Schein kann er nicht auseinanderhalten. So müssen Philemon und Baucis als eine lebendige Idylle Fausts Aussichtswarte weichen, weil dieser nichts mehr außer sich duldet. Er will nichts im Rücken wissen, während er ins Land sieht, will selbst nicht gesehen werden, während er schaut. So nimmt er zwar alles wahr, nicht aber sich selbst. Wer sich aber dergestalt beschränkt, ist in Wahrheit blind. Dieser Mangel des Panoramatikers, sich selbst nicht sehen zu können, ja nicht einmal dulden zu wollen, selbst gesehen zu werden, ist für Goethe aber keine moralische Verfehlung, sondern ein Mangel des Lebens selbst, wo es sich als das Bloß-Lebendige, das heißt unreflexiv zeigt. Was er selbst nicht im Rücken dulden will, entsteht dem blinden Faust im Innern, nur freilich, daß er selbst es noch immer für ein Äußeres hält, was da durchs Schlüsselloch gekommen ist.

Als Faust schließlich als allmächtiger Unternehmer Arbeitermassen zu kommandieren meint, während ihm das Grab geschaufelt wird, äffen ihn die Lemuren «mit neckischen Gebärden». So sind das Erhabene und Schöne der letzten Szene mit dem Groteskkomischen zusammengebracht. Im·III. Akt bereits erschien die Allegorie des Ästhetischen in Doppelgestalt: das Schöne in Begleitung des Häßlichen, Helena und Phorkyas. So nun auch hier, bevor Faust seinen Schlußmonolog spricht. (Herr über das Häßliche bleiben wir nur, wenn dieses komisch erscheint, war Goethes Ansicht.) Fausts pathetischer Schlußmonolog büßt im selben Verhältnis an Gewicht ein, wie wir die Gebärden der Lemuren ernst nehmen. In der Tat läßt der Monolog erkennen, daß der Held – Prinzip der Person, die um Verkörperung ringt – nichts dazugelernt hat; nichts dazulernen konnte, weil sein poetischer Erfinder ihm nichts als die Reflexion voraushat. Während Faust alles zu sehen meint, entgeht ihm nämlich das hier Wichtigste, das er nur sehen könnte in der Reflexion auf sich selbst: daß er blind ist; in Wahrheit also gar nichts sieht. Hierin allein ist Goethe ihm überlegen, der dem Helden im Rükken geblieben ist, diesem zum Trotz. Nicht moralisierend ist Goethe Faust voraus und nicht, indem ihm Besseres als diesem einfallen würde. Alle Parolen von Fausts Monolog sind Parolen Goethes: die abgeschirmte Behaglichkeit gegenüber der Wildnis der Natur, das freie Standhalten im «Gemeingeist» verbundener Individuen in der alle Augenblicke erneuerten Auseinandersetzung mit den Elementarkräften; Naturbeherrschung nicht ein für allemal, sondern im täglichen Erobern. Nur in einem einzigen, freilich dem entscheidenden Punkt differieren Autor und Held: Dieser hält für möglich, ja bereits im Vorschein für genießbar, was jenem als ein Blendwerk offenbar ist: die für Äonen gesicherte Spur des Menschlichen. Im nächsten Augenblick schon verlöscht diese Spur, denn Faust hat ja nichts als sein Leben zu verlieren. Die Sümpfe bestehen fort.

Allerdings hat Goethe auch den Lemuren, den Gehilfen des Todes – im Vorstellungskreis des Ästhetischen: dem Häßlichen – nicht das letzte Wort gelassen, weshalb das Sterben Fausts nur ein Durchgangspunkt ist, nicht aber schon das Ende des Spiels. Dieses fällt vielmehr in eine neuerliche Phantasmagorie, die der ersten, dem Erscheinen Helenas nachgebildet. Wie dort die Kunst als antike Heroine ins Leben trat und sich mit Faust in ihrer grandiosen Renaissance verband, so ist hier nun ein Triumph der Liebe dargestellt, zu dessen Ausgestaltung Goethe die Gestalten des Fauststoffs in die christliche Erotologie projiziert. Weil aber diese poetische Versöhnung ja nur den einen Sinn hat, die Balance zwischen Lebens- und Todeskräften wiederherzustellen und die Versöhnungsbedürftigkeit ihres Widerspruchs zu artikulieren, deshalb durfte der Himmel, der sich über der Schlußszene wölbt, kein zu ernstes Blau aufweisen. Ihn liebevoll und mit Humor auszumalen, hat Goethe gewissen Sentenzen vorgezogen, die er in den endgültigen Text nicht aufgenommen hat. So finden sie sich heute in den Paralipomena des Werks, darunter diese:

> «Jeder Trost ist niederträchtig
> Und Verzweiflung nur ist Pflicht.»

> «So hab ich denn auf immerdar verloren
> Was mir das Herz zum letztenmal erquickt.»

> «Ein irdischer Verlust ist zu bejammern
> Ein geistiger treibt zur Verzweiflung hin.»

> «Ich lernte diese Welt verachten
> Nun bin ich erst sie zu erobern wert.»

> «Und wenn das Leben allen Reiz verloren
> Ist der Besitz noch immer etwas wert.»

Anmerkungen

Die Würdigung der umfangreichen philologischen Forschung zum zweiten «Faust» erfolgt bei einer späteren Gelegenheit, ebenso die kritische Auseinandersetzung mit Deutungen im Widerspruch zu der hier vorgetragenen. Wieviel ich den Interpretationen von Max Kommerell (Faust II. Teil. Zum Verständnis der Form; Faust und die Sorge; Faust II: Letzte Szene. In: Geist und Buchstabe der Dichtung. Frankfurt/M. 1939; [5]1962), Dorothea Lohmeyer (Faust und die Welt. Potsdam 1940), Wilhelm Emrich (Die Symbolik von Faust II. Sinn und Vorformen. Frankfurt/M. 1957), Heinz Schlaffer (Faust Zweiter Teil. Die Allegorie des 19. Jahrhunderts. Stuttgart 1981) und Wilfried Malsch (Die zweite Beschwörung Helenas in Goethes ‹Faust›, betrachtet zwischen Heine und Herder: Goethes geschichtstypologische Auslegung des ‹Sinnbildes der höchsten Schönheit›. In: Goethe im Kontext. Hg. von W. Wittkowski. Tübingen 1984,

S. 378–396) verdanke, werden Philologen ohnehin erkennen, wogegen die Nachweise im einzelnen für den hier ins Auge gefaßten Zusammenhang entbehrlich scheinen konnten. Die Faust-Zitate sind nach der Hamburger Ausgabe gegeben.

1 Artemis-Ausgabe Bd. 17, S. 712 (Natur).
2 Artemis-Ausgabe Bd. 16, S. 864 (Polarität).
3 Weimarer Ausgabe Bd. 15, 2. Abteilung, S. 126.
4 Karl Kerényi: Das Urkind. In: Humanistische Seelenforschung. München/ Wien 1966, S. 69.
5 Weimarer Ausgabe Bd. 11, 2. Abteilung, S. 173 f.

Über die Autoren

Gunter Gebauer, Dr. phil., geb. 1944, Habilitation in Philosophie mit einer Arbeit über das Problem des Verstehens und die Analytische Sprachtheorie, lehrt an der Freien Universität Berlin; Mitglied des Forschungszentrums für Historische Anthropologie der FU Berlin. – Veröffentlichungen zu der Thematik dieses Bandes: Sprachgebrauch – Wortbedeutung (1971); Der Einzelne und sein gesellschaftliches Wissen (1981); Das Laokoon-Projekt – Pläne einer semiotischen Ästhetik (Hg.; 1984); Mitherausgeber der Reihe «Historische Anthropologie», Berlin 1988ff.

Dietmar Kamper, Dr. phil., geb. 1936, zunächst Professor für Erziehungswissenschaft in Marburg, derzeit Professor für Soziologie an der Freien Universität Berlin und Mitglied des Forschungszentrums für Historische Anthropologie. – Veröffentlichungen u. a.: Zur Geschichte der Einbildungskraft, München 1982; Zur Soziologie der Imagination, München 1986; Hieroglyphen der Zeit, München 1988; mit Ch. Wulf Herausgeber von 12 Bänden unter dem Rahmenthema «Logik und Leidenschaft»; Mitherausgeber der Reihe «Historische Anthropologie», Berlin 1988ff.

Dieter Lenzen, Dr. phil., geb. 1947 in Münster (Westfalen), ist Professor für Philosophie der Erziehung an der Freien Universität Berlin und Mitglied des Forschungszentrums für Historische Anthropologie. – Veröffentlichungen u. a.: Herausgeber der «Enzyklopädie Erziehungswissenschaft», 12 Bände, Stuttgart 1982ff; «Pädagogische Grundbegriffe», 2 Bände, Reinbek bei Hamburg 1989; «Mythologie der Kindheit», Reinbek bei Hamburg 1985; Mitherausgeber der Reihe «Historische Anthropologie», Berlin 1988ff.

Gert Mattenklott, Dr. phil., geb. 1942, Literaturhistoriker und Essayist; Professor für Literaturwissenschaft in Marburg und Amherst (USA). – Veröffentlichungen zur Allgemeinen Kultur- und Literaturgeschichte u. a.: Melancholie in der Dramatik des Sturm und Drang, Stuttgart 1968, Königstein [2]1985; Bilderdienst, München 1970, Frankfurt/M.

[2]1985; Der übersinnliche Leib. Beiträge zur Metaphysik des Körpers, Reinbek bei Hamburg 1982; Karl Bloßfeldt. Fotografischer Naturalismus um 1900 und 1930. In: Karl Bloßfeldt 1865–1932, München 1981; Blindgänger. Physiognomische Essais, Frankfurt/M. 1986; Deutsche Briefe 1750–1950 (Hg. gemeinsam mit Hannelore und Heinz Schlaffer), Frankfurt/M. 1988; Jüdische Intelligenz in deutschen Briefen, Frankfurt/M. 1988.

Christoph Wulf, Dr. phil., geb. 1944, Studium der Erziehungswissenschaft, Philosophie, Geschichte und Literaturwissenschaft in Berlin, Marburg, Paris und in den USA, Professor für Allgemeine und Vergleichende Erziehungswissenschaft und Mitglied des Forschungszentrums für Historische Anthropologie an der Freien Universität Berlin. – Veröffentlichungen u. a.: Theorien und Konzepte der Erziehungswissenschaft, München [3]1983; (Hg.) Wörterbuch der Erziehung, München [6]1986; (Hg.) Lust und Liebe. Wandlungen der Sexualität, München 1985; mit D. Kamper Herausgeber von 12 Bänden unter dem Rahmenthema «Logik und Leidenschaft»; Mitherausgeber der Reihe «Historische Anthropologie», Berlin 1988 ff.

Konrad Wünsche, geb. 1928, Studium der Kunst- und Altertumswissenschaften, Pädagogik und Philosophie in Leipzig, Tübingen und Bonn; Professor der Erziehungswissenschaft an der Technischen Universität Berlin, Mitglied des PEN. Arbeitsschwerpunkte: Reformpädagogik, pädagogische Anthropologie, Beziehungen zwischen Pädagogik und Literatur. Veröffentlichungen u. a.: Die Wirklichkeit des Hauptschülers, Köln 1972, [8]1978; Der Volksschullehrer Ludwig Wittgenstein, Frankfurt/M. 1985.